INTERNATIONAL COMMERCIAL ARBITRATION:
THEORY AND PRACTICE

国际商事仲裁理论与实践专题研究

杜新丽 ◎ 著

中国政法大学出版社

前言
Preface

　　古希腊的神话故事中，Paris 王子就 Hera、Athena 与 Aphrodite 三位女神中最美丽的一位作出裁决，由此引发了著名的特洛伊战争；古巴比伦时代的犹太人的记事中，关于某人是否有罪的认定是由犹太人社区中自行进行的审判程序决定的；也有观点认为仲裁最古老的渊源是村庄中遇到纠纷时请年长者依据公正来决断。虽然调整商事关系的准则与仲裁活动在古罗马法中已有体现，但当时商品交易在空间上与规模上的有限性，使得相关商业准则的影响力较为薄弱。中世纪时，来自不同城邦、不同港口进行商事交易的商人们，通过自行设立的行商法院（Piepowder）解决争议，这样的行商法院开始具有现代调解或仲裁庭的性质。随着 11 世纪十字军的东征，威尼斯成为大批军队与后勤保障的转运口后，商品交易与货物运输的迅速发展促成了商人习惯法的萌芽与现代商事仲裁制度雏形的形成。自 1697 年英国议会正式承认仲裁制度、产生了第一个仲裁法案起，作为一项古老争议解决机制的仲裁呈现出显著的发展前景，从国内仲裁扩展到了国际商事仲裁。

　　国际商事仲裁源远流长，其中蕴涵的法理基础、实证规则与价值规范更是博大精深。历经上千年的发展，国际商事仲裁逐步形成了在世界范围内得以普遍接受的基本规则。随着现代商业领域日益广泛与复杂，交易逐步呈现出开放性与相关性，作为国际商事争议解决机制的仲裁也必然要在持续变化改良的法学环境中发展改进：传统上不具有可仲裁性的争议事项开始纳入了可仲裁事项的范畴，经典的契约相对性理论出现了例外并引发了对合同中仲裁条款的效力争论；中间措施、调解与仲裁员责任等一系列程序问题冲击并影响着商事仲裁规则的改良与演进，实施了半个世纪的《纽约公约》也面临着如何规制实践中出现的新情形以达到增强争议解决领域的可预见性与安全性目标的问题。随着全球经济一体化的纵深拓展，为融入全球化浪潮、开拓国际市场以获取新的发展机遇，越来越多的中国当事人参与了国际经济贸易活动。参与国际经济贸易活动，必然要遵循国际惯例，自然也要了解国际商事仲裁规则。由于国际商事仲裁制度适应了国际经济贸易发展的新趋势，使得仲裁在解决国际商事争议中发挥了越来越重要的作用。本书的写作初衷，即在于对近年来国际商事仲裁领域中新出现的问题及其发展趋势进行研究，对其中所包含的理论、学者观点以及国际公约、示范法、各国立法例与判例进行剖析，以促进我国仲裁制度的发展。

仲裁协议篇主要包括争议事项的可仲裁性与仲裁协议效力的扩张两个主题。虽然各国社会、经济制度，所处的社会发展阶段，以及对内实施的公共政策不尽相同，具有可仲裁性的争议事项范围也不尽一致，但是在经济全球化进程的带动下，商事交往日趋广泛化与相关化，国际商事仲裁也在朝着协调统一的方向发展，各国对仲裁所实施的监督与审查标准趋于统一。在这样的背景下，争议事项的可仲裁性问题逐步呈现出可仲裁事项范围日渐扩大的发展趋向，其中包括金融争议、反垄断争议、知识产权争议以及破产争议等。在资本市场，高度的专业化往往使得相关争议所涉及的技术问题、事实与法律问题较为复杂。争议发生后，当事人基于时间成本、机会成本与资金成本的考虑，希冀快速解决争议，以投入到新的商业活动中；同时，出于对商誉、商业秘密的保护，当事人也希冀不公开的争议裁断过程。国际商事仲裁无疑是当事人可资选择的理想途径之一，因此，赋予证券纠纷等金融争议事项的可仲裁性，符合国际商事仲裁的发展趋向。

作为国际商事仲裁基石的仲裁协议，其效力的认定通常以传统的契约理论为衡量标准。但是，契约法的基本功能是阻止人们对契约的另一方当事人采取机会主义行为，以促进经济活动的最佳时机选择

(the optimal timing of economic activity),并使之不必要采取成本昂贵的自我保护措施。[1] 在对契约法的经济分析下,仲裁协议效力的认定也应当使当事人避免采取成本昂贵的自我保护措施,既然未签字的第三人成了合同权利义务的承继者,仲裁条款的效力就应当突破合同相对性的法律障碍而扩张至未签字第三人。事实上,信息技术的飞速发展使地球村在电报、传真、电子数据交换以及互联网作用下变得越来越小,国际商事交往更为频繁与广泛,以电子数据交换或网络为载体的新通讯方式对仲裁协议的传统书面形式要件提出了挑战,未经当事人签署的仲裁协议的效力亟待明确。传统的书面形式要件、合同相对性以及仲裁条款的自治性等理论与规则不断地受到冲击,依托衡平禁止反言原则、揭开公司面纱理论、公司集体理论以及公平合理期待原则等理论与学说,仲裁协议的效力在合同转让、代理、代位求偿、关联协议与关联方、法人合并与分立以及提单等国内仲裁中获得合理的扩张,并在国际仲裁中得到体现。

仲裁程序篇主要包括中间措施、仲裁与调解相结合、仲裁员的责任三个主题。程序要件不充分的决定,即使其目的是正当的,也容易引起争论,从而给贯彻执行带来障碍。[2] 早在古罗马查士丁尼大帝时代,人们就已认识到"正义是给予每个人他应得的部分的这种坚定而恒久的愿望"。[3] 程序正义对于国际商事仲裁这样的民间争议解决方式显得尤为重要,通过不当程序作出的裁决,将被撤销或难以获得其他国家的承认与执行。在国际商事仲裁程序中,中间措施的发布与国际合作,将直接影响仲裁的审理进程,甚至影响裁决的有效执行。联合国国际贸易法委员会于2006年通过的《国际商事仲裁示范法》第四

---

〔1〕[美]理查德·A.波斯纳:《法律的经济分析》(上),蒋兆康译,中国大百科全书出版社1997年版,第117页。

〔2〕季卫东:《法治秩序的建构》,中国政法大学出版社1999年版,第37页。

〔3〕[古罗马]查士丁尼:《法学总论——法学阶梯》,张企泰译,商务印书馆1997年版,第5页。

章之二"临时措施和初步命令",较为全面地规定了中间措施制度。新文本是联合国国际贸易法委员会7年来努力的结晶,标志着国际社会在国际商事仲裁中间措施问题上取得了高度一致的共识,新文本对各国商事仲裁将起到借鉴与指导的作用,有助于推动各国商事仲裁立法的协调、融合与统一,加速商事仲裁的国际化,同时促进中间措施的国际合作。相对而言,我国对中间措施的法律规制不尽完善,缺乏实践操作性,与国际商事仲裁的普遍做法和发展趋势仍有不小的差距。以《国际商事仲裁示范法》作为蓝本,修订我国中间措施的发布、行为保全与证据保全等规则,将助益于我国商事仲裁程序实现正义的终局价值取向。

作为东方经验的调解,已被逐步推广到诸多国家的争议解决程序中。例如在美国,公众对调解的鼓励在过去的20年里迅速扩张,目前上百万的公众资金被用于资助调解项目;心理学家Tom R. Tyler的调查显示,替代性纠纷解决项目评价中最为显著的一面是这些项目受到了普遍的欢迎。[1] 仲裁与调解相结合(Arbitration - Mediation)的争议解决方式结合了仲裁与调解的特点,此种具有较强兼容性的复合式争议解决方式,在尊重当事人意思自治、维系双方当事人的商业合作关系、节省当事人的时间、精力与金钱方面具有无可比拟的优势。诸多国家已开始认可了仲裁与调解相结合的正当性,但调解制度在仲裁中的具体应用,如何把握其中的程序性与技术性问题,更多地还是倚赖仲裁员的专业素养与办案经验。如果操作得当,在仲裁程序中进行调解并不会违背程序正义原则,而且存在着相关的制度保障规制调解不成后仲裁员对其所获知信息的使用与处理,以及对和解裁决风险的救济与防范,因此对仲裁与调解相结合程序进行实证归纳,无疑具有

---

〔1〕[美]斯蒂芬·B. 戈尔德堡、弗兰克. E. A. 桑德、南茜·H. 罗杰斯、塞拉·伦道夫:《纠纷解决——谈判、调解和其他机制》,蔡彦敏等译,中国政法大学出版社2004年版,第159~160页。

重要的实践意义。

　　缘于商事关系的日益复杂化,在仲裁程序中,可能出现仲裁员过失或故意滥用权力导致裁决不公,也可能出现当事人恶意起诉仲裁员与仲裁机构,这都将直接影响仲裁裁决的有效性,进而危及裁决的承认与执行。仲裁员的责任论与责任豁免都具有一定的合理性,相对而言,责任的有限豁免在保证仲裁员不受当事人的不当影响与司法干扰,从而保持仲裁员的独立性以及仲裁程序的独立性和完整性的同时,亦得以要求仲裁员在职责履行上的勤勉认真,以减少仲裁员滥用职权现象的发生。结合我国缺乏商业传统、现代仲裁理念以及较为完善的诚实信用意识之现状,我国立法明确规定了仲裁员对特定不当行为的责任,其中刑事责任的相关规定值得深思。2006年通过的《刑法修正案(六)》增设了枉法仲裁罪,但仲裁员的不当行为是否触及刑法所维护的社会正义的底线,将达摩克利斯之剑悬于仲裁员头上是否合理,实践中该如何认定相关事实与适用法律,这一系列的问题都无法从修正案的条文中得到答案。在民事责任方面,笔者则试图论证将第三者责任保险机制引入到仲裁员责任承担方式中的合理性与可行性,建构完整的仲裁员责任承担体系。

　　承认执行篇主要探讨在《纽约公约》框架下仲裁裁决的承认与执行问题。拉丁法谚云:"执行乃法律之终局及果实。"国际商事仲裁较之于诉讼的无可争议的优势就在于,仲裁裁决可以依据《纽约公约》在全球140多个国家获得承认与执行。作为联合国通过的最为成功的国际公约之一,《纽约公约》极大地推动了缔约国之间仲裁裁决的执行效力,对于促进国际商事仲裁的发展起到了无可替代的作用。实施了50年的公约,经历了之于个人的为半百、知天命,依然显现出强大的生命力。在加入《纽约公约》的20多年间,中国法院先后发布了多个关于执行公约的通知,一再强调要严格按照公约的规定审查是否承认与执行外国仲裁裁决,切实履行公约规定的国际义务。随着时代的发展,对《纽约公约》中有关条文的理解也有了新的发展,这将给各国的仲裁实践与司法审查带来新的挑战。秉承鼓励与支持国际商事仲裁、促进仲裁裁决执行的政策，各国对《纽约公约》条文进行了扩大解释，尤其是对公约核心条文第 5 条的解释与适用出现了新的发展。实际上，《纽约公约》第 5 条的条文规定较为简要，且缺乏适当的条文解释，因此各缔约国在执行公约时难免出现对公约的理解与适用的不同观点，而这也正是对公约第 5 条进行探究的意义之所在。诚然，法院支持仲裁裁决执行的趋势并未改变，但在现有体制下采取灵活的应对态度毋庸置疑是可取的。

"明镜所以察形，往古者所以知今"，《国际商事仲裁法：法理、规范与实证》写在《纽约公约》实施 50 周年之际，这一重要的历史时刻与历史意义将敦促我们依据公约的精神与理念，借鉴业已形成的国际商事惯例，立足于当前我国仲裁发展的情形，不断地完善我国相关的商事仲裁立法，以规范商事仲裁实践和推进我国商事仲裁事业朝着国际化的方向发展。事实上，我国经济的蓬勃发展已使其在亚太地区甚至是国际社会赢得了举足轻重的地位，建立与此相适应的法律制度以及国际商事争议解决机制，为经济贸易的良性发展提供充分的保障与后续力量势在必行。给予商事仲裁宽松的发展环境，促进国际商事仲裁的现代化发展，对于改善我国的法治大环境，乃至维护国际经济贸易秩序是至关重要的。

杜新丽

2009 年 6 月 21 日

CONTENTS 目录

前 言 / I

仲裁协议篇

第一章 争议事项可仲裁性的缘起与演进 / 3
第一节 争议事项可仲裁性的认定 / 3
一、可仲裁性的性质与法理基础 / 3
二、主客观标准下的可仲裁性界定 / 6
三、可仲裁事项的发展趋势 / 9
四、对中国立法与实践的审视 / 11
第二节 我国反垄断争议的可仲裁性 / 16
一、我国反垄断争议处理的模式 / 16
二、确立我国反垄断争议仲裁程序的必要性 / 19
三、我国反垄断争议提交仲裁的可能性——应然法视角 / 21
四、我国反垄断争议提交仲裁的可能性——比较法视角 / 23
第三节 我国知识产权争议的可仲裁性 / 27
一、知识产权争议的传统解决途径 / 27
二、知识产权侵权纠纷的可仲裁性分析 / 31
三、知识产权有效性争议的可仲裁性剖析 / 35
四、知识产权国际争议的适裁性 / 39
五、我国知识产权争议仲裁的实践 / 41
第四节 我国证券争议的可仲裁性 / 44
一、证券争议仲裁的产生与演进 / 44
二、我国证券争议仲裁立法与实践状况 / 48
三、司法、行政与仲裁在证券争议解决机制中的博弈关系 / 52

四、证券争议强制仲裁辨思 / 56
第五节 破产争议的可仲裁性 / 60
  一、破产与公共政策问题 / 60
  二、破产争议仲裁的比较法考察 / 62
  三、我国破产争议可仲裁性的现状审视与完善建议 / 66

第二章 仲裁协议效力扩张的法理与实证 / 69
第一节 仲裁协议效力扩张的一般性问题 / 70
  一、仲裁协议的形式有效要件 / 70
  二、仲裁协议效力的嬗变与扩张 / 72
第二节 仲裁协议效力扩张的法律障碍及其突破 / 74
  一、形式要件——书面与签署 / 74
  二、合同相对性——原则与例外 / 78
  三、仲裁条款的独立性——传统与发展 / 81
  四、对未签字人的救济——权利与保障 / 85
第三节 仲裁协议效力扩张的法理基础 / 87
  一、衡平禁止反言原则 / 87
  二、公平合理期待原则 / 91
  三、揭开公司面纱理论 / 94
  四、公司集体理论 / 99
  五、仲裁的本质与目的 / 103
第四节 仲裁协议效力扩张的实践剖析——未签字人参与国内仲裁 / 106
  一、仲裁一方当事人的主体资格发生变化 / 106
  二、代理及我国立法引致的困惑 / 109
  三、关联协议与关联方 / 113
  四、合同转让 / 117
  五、代位求偿 / 121
  六、提单项下的仲裁条款效力问题 / 126

第五节 协议效力扩张的实践剖析——未签字人参与
　　　　国际仲裁 / 134

仲裁程序篇

第三章 国际商事仲裁中间措施现状与前景 / 143
　第一节 中间措施一般性问题概述 / 144
　　一、中间措施的定义与类型 / 144
　　二、中间措施的重要性 / 146
　　三、中间措施发布的先决条件 / 148
　第二节 中间措施发布决定权的归属趋向 / 150
　　一、中间措施发布决定权归属的三种基本模式 / 150
　　二、对中间措施权力分配模式的评析 / 156
　　三、仲裁庭发布中间措施的权力渊源 / 158
　　四、仲裁庭组建前的中间措施发布问题 / 162
　第三节 中间措施的国际合作与前景 / 167
　　一、法院对外国仲裁的协助 / 167
　　二、仲裁中间措施跨界执行的障碍 / 171
　　三、前景：联合国国际贸易法委员会的努力与成就 / 175
　第四节 中国法上中间措施的问题与完善 / 182
　　一、我国关于中间措施的规则与立法规定 / 182
　　二、中间措施发布的决定权 / 183
　　三、仲裁前的中间措施 / 191
　　四、行为保全措施 / 194
　　五、仲裁证据保全中的担保 / 197
　　六、中间措施的国际协助 / 199

第四章 调解在仲裁制度中的规则与应用 / 201
　第一节 商事仲裁与调解相结合的形成与特征 / 202
　　一、我国仲裁与调解相结合的社会根源考究 / 202

二、仲裁与调解相结合的涵义、形式与特征 / 206

三、仲裁与调解相结合的优势 / 209

第二节 仲裁与调解相结合的正当性剖析 / 214

一、自然公正原则 / 214

二、同一调解员转换为仲裁员的职能混淆 / 218

第三节 仲裁与调解相结合的各国实践考察 / 224

一、国家、地区与国际组织关于仲裁与调解相结合的规定 / 224

二、仲裁协会与仲裁机构关于仲裁与调解相结合的规则 / 234

第四节 仲裁与调解相结合的程序性与技术性问题 / 242

一、仲裁中调解的原则 / 242

二、调解程序的启动 / 246

三、调解的方式、技术与规则 / 248

四、调解程序的终结 / 250

第五节 和解裁决的风险及其防范与救济 / 255

一、和解裁决的效力与特征 / 255

二、和解裁决的风险及其缘由 / 258

三、和解裁决风险的防范与救济 / 264

第五章 我国仲裁员责任的定性与建构 / 268

第一节 仲裁员责任的定性 / 269

一、仲裁员与当事人之间的关系——契约性与司法性 / 269

二、仲裁员与当事人之间的关系——违约与侵权 / 272

三、我国仲裁员的法律责任辨析——民事责任与行政责任 / 274

四、我国仲裁员的刑事责任辨析——枉法裁决罪 / 278

第二节 仲裁员责任论与责任豁免的立法与实践 / 286

一、仲裁员责任豁免 / 286

二、仲裁员责任论 / 291

三、仲裁员责任有限豁免 / 293

四、对仲裁员责任立法模式的评价 / 295
　　五、我国仲裁员责任的立法模式 / 298
第三节　我国仲裁员民事责任的形式与范围 / 299
　　一、我国仲裁员民事责任的形式 / 299
　　二、仲裁员违约责任范围划定的因素考量 / 301
　　三、我国仲裁员民事责任范围的界定 / 304
第四节　我国仲裁员责任的承担 / 306
　　一、仲裁员民事责任承担的方式 / 306
　　二、责任承担的风险分散——第三者责任保险机制的引入 / 308
　　三、仲裁员行业责任的建构 / 313

承认执行篇

第六章　《纽约公约》项下仲裁裁决的承认与执行 / 321
第一节　方法论的选择及理论的阐明 / 322
　　一、方法论——法律语境论的引入 / 322
　　二、承认与执行外国仲裁裁决的理论 / 325
第二节　拒绝承认与执行仲裁裁决的理由 / 328
　　一、《纽约公约》规定的拒绝承认与执行仲裁裁决的理由
　　　　概述 / 328
　　二、当事人的行为能力 / 330
　　三、仲裁协议的效力 / 335
　　四、正当程序 / 341
　　五、仲裁庭超越权限 / 348
　　六、仲裁庭组成或仲裁程序不符合当事人协议或法律 / 357
　　七、裁决的约束力与停止执行 / 361
第三节　已撤销仲裁裁决的承认与执行 / 365
　　一、已撤销仲裁裁决承认与执行的实践 / 365
　　二、《纽约公约》第5条第1款中"May"的涵义 / 371

三、"更优惠权利条款"的价值探析 / 374
四、已撤销仲裁裁决承认与执行的发展趋势 / 377
五、我国承认与执行已撤销裁决的现状和将来 / 383
第四节 强制性规则与公共政策的适用 / 387
一、比较法上的切入——强制性规则与公共政策的尝试性界定 / 387
二、强制性规则与公共政策之关系及适用
　　——基于辩证视角的阐释 / 391
三、我国法院的实践——从地方保护主义到利益协调与衡平 / 394
四、第三国强制性规则与公共政策的保护——最密切联系原则的引入 / 401

仲裁协议篇

第一章 争议事项可仲裁性的缘起与演进

国际商事仲裁协议项下的争议事项的可仲裁性（Arbitrability），是指一国法律禁止以仲裁解决某些争议或索偿，一项争议不具有可仲裁性，则仲裁庭失去管辖权。[1] 同时，依据一国法律认定仲裁协议项下的争议事项不可仲裁，则该仲裁协议即被认定为无效。进一步地，依据该仲裁协议作出的仲裁裁决将有可能被相关国家的法院予以撤销，执行地国法院亦可按照《纽约公约》第5条第2款第1项的规定拒绝承认与执行该仲裁裁决。由此可知，争议事项的可仲裁性，对仲裁机构的管辖权、仲裁协议的效力以及仲裁裁决的承认与执行均具有重大的意义。然而，缘于各国社会、经济制度与所处的社会发展阶段的不同，对内实施的公共政策相迥异，且《纽约公约》亦未给可仲裁事项划定统一的范围，而将这项权力赋予仲裁裁决的执行地国法院，因此，在国际经贸交往实践中，订立仲裁协议的双方当事人应当考量提交仲裁机构的争议是否具有可仲裁性，以对争议的处理形成可信赖的预期效应。

第一节 争议事项可仲裁性的认定

一、可仲裁性的性质与法理基础

可仲裁性（Arbitrability）与不可仲裁性（Non-arbitrability）是对一个事物从相反两个视角的考察，其实质都与公共政策有关，诚如 Alan Redfern 与 Martin Hunter 教授认为的可仲裁性是"可以在各国公共政策

---

[1] 参见杨良宜、莫世杰、杨大明：《仲裁法（从1996年英国仲裁法到国际商务仲裁）》，法律出版社2006年版，第513页。

所允许的范围内通过仲裁解决的争议的界限"[1]。一方面，在仲裁制度发展的初期，作为国家审判机构的法院基于统一法律适用的立场而对仲裁持不支持的态度，法院经常能轻易地撤销当事人订立的仲裁协议以及依据此仲裁协议作出的仲裁裁决；但凡涉及国家政策与社会公共利益的事项均不具有可仲裁性，不能提交仲裁解决。尽管随着科技的进步与国际经贸的发展，为缓和法院案件过多的情势与维护本国国际仲裁中心的地位，国家开始致力于促进本国仲裁的发展，鼓励当事人通过仲裁方式解决商事争议，但是为维持公平的社会秩序，国家依然颁布相关法律对处于弱势一方的当事人给予法律保护，这些强制性规定非当事人之间的仲裁协议可以排除，实质上是将属于公共政策范畴的事项排除在可仲裁事项的范围外。另一方面，对于《纽约公约》第5条将争议事项不具有可仲裁性与违背公共政策作为拒绝承认与执行外国仲裁裁决的两个并列的理由，有学者主张两个理由具有关联性的见解，认为即使被列为独立的抗辩理由，不可仲裁性仍被普遍接受为公共政策广义概念的一部分。[2] 争议事项的不可仲裁性抗辩与公共政策抗辩相似，且有原因地属于后者，而其之所以被列为一个独立的抗辩理由，主要基于历史原因——先于《纽约公约》的三个主要国际性公约都将争议事项的不可仲裁性列为拒绝执行仲裁裁决的独立理由，而主持制定《纽约公约》的会议未经过实质性讨论而将争议事项的不可仲裁性保留在第5条中。[3] 因此，尽管公共政策与可仲裁性侧重点不同，前者是道德与正义的基本概念而后者强调国家利益，[4] 可仲裁

---

[1] 参见赵秀文：《国际商事仲裁及其适用法律研究》，北京大学出版社2002年版，第56页。

[2] See A. J. van den. Berg, *The New York Arbitration Convention of 1985: towards a Uniform Judicial Interpretation*, Kluwer Law and Taxation Publishers, 1981, p. 360.

[3] See Heather R. Evans, "the Nonarbitrability of Subject Matter Defense to Enforcement of Foreign Arbitral Awards in United States Federal Courts", 21 *N. Y. U. J. Int'l L. & Pol.* (1989), pp. 334~335.

[4] Heather R. Evans, "the Nonarbitrability of Subject Matter Defense to Enforcement of Foreign Arbitral Awards in United States Federal Courts", 21 *N. Y. U. J. Int'l L. & Pol.* (1989), p. 344.

性问题归根结底还是属于公共政策的范畴，一项争议依据一国既定法律能否提交仲裁解决取决于该国法律所确定的公共政策范围。

在表现形式上，公共政策以可仲裁性为体现形式限制了部分争议事项获得仲裁庭裁断的可能性。此种贯穿于仲裁制度发展历程的做法具有内在的理论基础，其最早反映在丰富司法实践的理论与质疑仲裁制度的理论两个方面。换言之，法院执行与解释法律能形成对守法者公开可见的先例，而涉及公共政策的事项对仲裁员而言太复杂，仲裁员具有支持商业的倾向、仲裁程序的不正规以及没有上诉程序都将使公共利益受到损害。然而 William W. Park 教授对这两个理论提出批驳，认为虽然法律的公共解释创造了指引商人的判例，但法院细化法律是为了解决纠纷而非通过诉讼来细化法律；也没有证据表明仲裁员较之法官不值得信任或能力低下。在此基础上，他提出了"公共利益不仅属于纠纷的当事人，更属于社会公众。社会从来没有与谁签订仲裁协议，不是仲裁的一方当事人"的理论。[1] 具体说来，当事人享有自由处分的权利时，才能依意思自治原则协商将双方之间的争议提交仲裁；而当争议影响到公共权利时，由于公共权利属于整个社会，在社会未签订仲裁协议、不是仲裁当事人的前提下，该争议则不能通过仲裁方式解决，即争议不具有可仲裁性。

究其缘由，笔者认为可仲裁性的法理基础在于国家在主权辖区内对合乎本国公共政策的利益的保护。争议标的物的不可仲裁性，反映了国家在以司法方式而不是以仲裁方式解决争议方面具有一种特别的利益，此种利益即是要求国家给予特别保护的社会公共利益。从纵向法律关系的视角看，行政争议之所以被排除在可仲裁事项的范围外，就在于具有"民间性"的仲裁难以承担调整涉及广大民众公共利益的国家公权力的重任，国家也不会轻易将权力授权于民间社团选出的仲裁员，尤其是对内国法了解甚少的外国仲裁员。从横向法律关系的视

---

[1] 参见赵健：《国际商事仲裁的司法监督》，法律出版社 2000 年版，第 171 页注 4；于喜富：《国际商事仲裁的司法监督与协助——兼论中国的立法与司法实践》，知识产权出版社 2006 年版，第 200 页。

角来看，正是因为反垄断、知识产权等纠纷中涉及平等主体的部分争议，不仅影响到双方当事人之间的利益，该争议的解决亦将带来广泛的社会影响；而仲裁所具有的"保密性"使国家难以通过其裁决调整与衡平未签订协议的其他民众的利益，仲裁所具有的"终局性"使裁决的不公难以得到矫正，因此国家应当限制仲裁触角向一些特定领域的延伸，为处于经济实力弱势的当事人及其他民众提供法律保护，以期更好地把握仲裁裁决带来的社会影响，维持公正的社会秩序。毕竟仲裁是"一种可以产生公共后果的私人程序"[1]，而国家的管理职能之一即是通过确立一种良性运转的法律制度以确保这种公共结果的产生，保护社会公共利益。"法律的首要和主要的目的是公共幸福的安排"[2]，在仲裁难以保护未签订协议的广大社会民众利益而司法途径能够"建立或改变不仅对当事人、而且对所有人都产生效力的法律关系"[3]的情势下，国家为保护社会整体的公共利益而以不可仲裁事项的形式肯定公共政策的存在是必需的，也是必然的。因此，国家将涉及公共政策的争议排除在可仲裁性事项的范畴之外，阻却将其通过提交仲裁机构来解决。

二、主客观标准下的可仲裁性界定

缘于各国对于公共政策的理解各有侧重，反映公共政策的立法与司法实践也迥然有别，导致了各国所界定的具有可仲裁性的争议事项的类型与范围不同。一般说来，可仲裁性以两种方式体现于仲裁法律规章中，其一是作为仲裁协议有效性与范围的衡量手段（契约上的不可仲裁），其二是作为仲裁的抗辩事项（实质上的不可仲裁）。契约上的不可仲裁通常不会涉及基本政策或复杂的学说释义，而实质上的不

---

〔1〕［英］艾伦·雷德芬、马丁·亨特等：《国际商事仲裁法律与实践》，林一飞、宋连斌译，北京大学出版社2005年版，第147页。

〔2〕［意］阿奎那：《阿奎那政治著作选》，马清槐译，商务印书馆1982年版，第105页。

〔3〕Daniel Paul Simms, *Arbitrability of Intellectual Property Disputes in Germany.* 转引自杨弘磊：《中国内地司法实践视角下的〈纽约公约〉问题研究》，法律出版社2006年版，第337页。

可仲裁则代表着可仲裁性的传统功能。[1] 换言之，实质上的不可仲裁才能作为拒绝承认与执行外国仲裁裁决的抗辩事由。而界定是否属于实质不可仲裁的传统基础在于对源于契约的请求与源于制定法的请求的区分。源于契约的请求，通常包括契约的成立、适用的法律、履行（例如适时的付款、交付、规格的一致）以及违约责任，可以提交仲裁；而源于制定法的请求（例如涉及破产、商业竞争、货币交易、进出口、税收、证券销售、专利有效的法律）通常超出协议仲裁裁定的范围，因而不能交付仲裁。[2] 在这一理论基础上，将对争议事项可仲裁性的判断导入一个为各国普遍接受的程式化标准，即是界定可仲裁事项时应当遵循客观与主观相结合的双重标准。

所谓客观标准，是指决定争议事项的类型、内容与特征是否具有可仲裁性的因素。一般而言，客观标准涵括三个方面：其一，争议具有可诉讼性，凡可以提起诉讼的争议都可以通过具有"准司法"性质的仲裁加以裁断，而只是要求确认法律事实或权利存在的诸如认定公民民事能力、认定无主财产与确认知识产权权属等争议则不具有可仲裁性。其二，争议具有可补偿性，即争议需体现出财产属性与私权属性。虽然可通过诉讼裁断、但其结果仅涉及法律状态与法律事实的存在而未导致财产关系发生的诸如有关身份、家庭关系与选民争议则无从纳入仲裁的调整范围。其三，争议具有可和解性，又称为权利自主性，指当事人对争议所涉及的权利及其处理方式可依据意思自治原则来决定，从而将行政争议、刑事争议以及不能以和解方式求得解决的民事纠纷排除在仲裁范围之外。例如瑞典1929年《仲裁法》规定将不能和解的亲属事项排除在可仲裁范围之外；德国、日本、奥地利、丹

---

[1] Thomas E. Carbonneau and Francois Janson, "Cartesian Logic and Frontier Politics: French and American Concepts of Arbitrability", 2 *Tul. J. Int'l & Comp. L.* (1994), p. 195.

[2] See Thomas E. Carbonneau and Francois Janson, "Cartesian Logic and Frontier Politics: French and American Concepts of Arbitrability", 2 *Tul. J. Int'l & Comp. L.* (1994), p. 196.

麦、西班牙、芬兰、法国、意大利、荷兰等国家都有类似的规定。[1]

对争议事项可仲裁性界定的主观标准,意指国际商事仲裁协议主体参与仲裁的行为能力,即当国家、由国家控制的国有企业作为国际商事仲裁协议的一方当事人时,能否依其内国法上规定的争议事项的不可仲裁性提出抗辩,以拒绝执行已签署的仲裁协议及根据协议作出的裁决。多数国家的法律一般都规定国家行政机关不能将从事行政行为时产生的行政争议提交仲裁,即这些争议不具有可仲裁性;或者规定国家、行政机关等公法实体须获取必要的授权后方可签订仲裁协议。譬如伊朗1979年《宪法》第139条与沙特阿拉伯1983年4月25日发布的《皇家法令》第3条。[2] 但这样的内国法规定通常不能在国际商事仲裁领域中作为争议不可仲裁性的抗辩理由。国际商会国际仲裁院1968年第1526号裁决就驳回了国家作为仲裁程序中的被申请人以其内国法上关于国家签署的行政合同争议不能通过仲裁解决为由而否认协议的有效性的抗辩。国际商会国际仲裁院1975年第2521号裁决、1986年第4381号裁决以及1988年第5103号裁决等也都表明了同样的立场。[3] 而对主观标准作出了明确规定的,以瑞士1987年《国际私法》为代表。该法第177条第2款规定了国家或国有企业作为一般合同或仲裁协议的一方当事人时,不能就主权国家所享有的豁免权或据内国法规定的争议事项的不可仲裁性提出抗辩。基于维持国际经济交往秩序的考量,认定国家或由国家控制的国有企业作为一方当事人的国际商事仲裁协议的有效性,应当适用国际贸易规则与惯例,协议是否有效应取决于其是否符合国际贸易规则或惯例,而非内国法上的规定。

---

〔1〕 丁建忠编著:《外国仲裁法与实践》,中国对外经济贸易出版社1992年版,第432页。

〔2〕 Albert Jan van den Berg, *Improving the Efficiency of Arbitration Agreements and Awards: 40 Years of Application of New York Convention*, Kluwer Law International, 1999, p. 148.

〔3〕 See Albert Jan van den Berg, *Improving the Efficiency of Arbitration Agreements and Awards: 40 Years of Application of New York Convention*, Kluwer Law International, 1999, p. 152.

三、可仲裁事项的发展趋势

在经济全球化进程的带动下，商事交往日趋广泛化与相关化，国际商事仲裁也在朝着协调统一的轨道发展。反映在仲裁协议中争议事项与仲裁裁决裁断事项的认定上，即各国对仲裁所实施的监督与审查标准趋于统一。在这样的背景下，争议事项的可仲裁性问题也逐步呈现出两大发展趋势。

毋庸置疑的一大趋势是国际上普遍采用对仲裁发展有利的立场来解释争议事项的可仲裁性，其结果是可仲裁事项的范围日渐扩大。这主要体现在两个层面上：首先，仲裁庭日益取得传统上被视为不可仲裁的事项的管辖权。国家基于想发展成为国际仲裁中心、或一直是国际仲裁受益者的整体利益的考虑，对国际仲裁制度与仲裁员水平逐渐信任，并且认为资源有限的法院应当将重点放在本国民众关心的事项而非浪费在私人商业合约争议，因此转而站在支持仲裁的立场上。[1] 在国家发展仲裁的形势推动下，法院也摒弃了以苛刻态度来解释争议事项的可仲裁性的做法。既然若不能使争议的解决具有执行力则导致仲裁失去价值，那么同样的原理则会导致法院在裁决执行力的问题上缩小解释不可仲裁抗辩。[2] 可以说，法院判例在促进可仲裁事项扩大化进程中发挥了重要作用，诚如有学者断言判例逐渐成为仲裁制度的最佳法源。[3] 因欺诈与合谋而产生的民事损害赔偿的可仲裁性，即是美国法院于1987年在 *Shearson/American Express, Inc. v. McMahon* 案的判决中确立的。联邦法院判定由欺诈与合谋而引发的争议具有可仲裁性，因为在《反欺诈与合谋法》（the Racketeer Influenced and Corrupt Organizations Art, RICO）立法过程中，国会从未试图将RICO项下的请

---

[1] 杨良宜、莫世杰、杨大明：《仲裁法（从1996年英国仲裁法到国际商务仲裁）》，法律出版社2006年版，第514页。

[2] Heather R. Evans, "The Nonarbitrability of Subject Matter Defense to Enforcement of Foreign Arbitral Awards in United States Federal Courts", 21 *N. Y. U. J. Int'lL. & Pol.* (1989), p. 351.

[3] 参见杜焕芳：《论国际商事仲裁裁决的撤销理由及其发展趋势》，载《仲裁与法律》2003年第3期，第87页。

求权项排除在仲裁之外。[1] 这一判例为美国仲裁开辟了全新的商业领域，劳资纠纷、船员雇佣合约纠纷等商事纠纷，以及一些因普通法上的基本原则而引发的请求权项（如不公平竞争）都纳入了可仲裁事项范围。同样作为普通法系的英国，在对待欺诈的可仲裁性问题上，1950 年《仲裁法》第 24 条第 2 款规定了欺诈（Fraud）为不可仲裁事项；然而到 1996 年时，《仲裁法》已然删除了该条文。缘于伦敦仲裁在世界范围内的广泛影响力，1996 年《仲裁法》规定的不可仲裁事项已为数不多。通过对各国立法的比较考察可知，具有可仲裁性的争议事项日渐扩大，覆盖了知识产权争议、破产清盘争议、提单争议以及国际贪污、受贿等争议。

其次，随着国际商业客体对象的扩大，不断涌现的新经济现象也扩展了可仲裁事项的范围。在国际经济往来中逐渐受到重视的支付方式——保理，让仲裁庭的管辖权范围得以扩大到因保理产生的争议。20 世纪 80 年代兴起的新的国际投资方式——BOT（Build Operate and Transfer），也使得 BOT 争议纳入仲裁的管辖范围成为可能。

可仲裁事项的扩大化并非一蹴而就，其进程呈现出首先承认某一事项的国际争议可以仲裁、再过渡到承认该事项的国内争议具有可仲裁性的发展趋势。美国第二巡回上诉法院在 *Parsons & Whittemore Overseas Co. v. Société Générale de L'Industrie du Papier*（RATKA）案中就认为"潜藏在真正国际协议中的特别考虑与政策要求对国际层面上的不可仲裁性的限制小于国内层面上的限制"。[2] 反托拉斯争议与证券争议在美国获准仲裁的历程即这一趋势的体现。缘于涉及公共政策，反托拉斯争议与证券争议分别在 1968 年的 *American Safety Equipment Corp. v. J. P. Maguire & Co.* 案与 1953 年的 *Wilko v. Swan* 案中被判定为不具有可仲裁性；而 1975 年的 *Mitsubishi Motors Corp. v. Soler Chrysler-Plymouth, Inc.* 案与 1974 年的 *Scherk v. Alberto-Culver Co.* 案部分改变了司

---

〔1〕 赵秀文编著：《国际商事仲裁法》，中国人民大学出版社 2004 年版，第 148 页。

〔2〕 508 F. 2d 969 (2d Cir. 1974).

法先例，分别确立了国际交易中的反托拉斯争议与证券争议的可仲裁性。此后，经过了 1994 年的 *Nghiem v. NEC Electronics, Inc.* 案与 1989 年的 *Rodriguez de Quijas v. Shearson/American Express, Inc.* 案，反托拉斯争议与证券争议的可仲裁性终于延及国内争议。这两条从不可仲裁到国际仲裁、再到国内仲裁的经络，贯穿于美国对仲裁立场转变的行程中，代表着可仲裁事项的发展前景。虽然个案中仍存在如联邦第 11 巡回法院于 1995 年的 *Kotam Electronics, Inc. v. JBL Consumer Products, Inc.* 案中依据 American Safety 判例认定国内反托拉斯争议不可仲裁的例子，[1] 但综观各国立法与司法实践，反托拉斯争议与证券争议具有可仲裁性是必然趋势。新西兰法院基于国际商业礼让原则效仿了美国做法，承认了竞争法项下的国际仲裁争议的可仲裁性。在德国、荷兰、瑞士、法国与意大利等国家，反垄断或反竞争法的争议都可以提交仲裁解决。[2] 更瞩目的则是 1999 年瑞典《仲裁法》，该法明确规定了仲裁员可以就当事人之间竞争法的民法效力问题作出裁决，这在国际立法中是独树一帜的。[3]

四、对中国立法与实践的审视

我国立法与缔结或参加的国际公约对争议可仲裁性的规定，主要体现在 1986 年《关于我国加入〈承认与执行外国仲裁裁决公约〉的决定》中的互惠保留声明和商事保留声明，1987 年《关于执行我国加入的〈承认与执行外国仲裁裁决公约〉的通知》中对"属于契约性和非契约性商事法律关系"的司法解释，1993 年加入《关于解决国家与他国国民之间投资争议公约》后将由征收和国有化产生的赔偿争议交由 ICSID 管辖的保留声明，以及 1991 年《民事诉讼法》（2007 年修订）、1995 年施行的《仲裁法》与 2006 年施行的《仲裁法》司法解释。

---

[1] 于喜富：《国际商事仲裁的司法监督与协助——兼论中国的立法与司法实践》，知识产权出版社 2006 年版，第 226 页。

[2] 赵健：《国际商事仲裁的司法监督》，法律出版社 2000 年版，第 175 页。

[3] 于喜富：《国际商事仲裁的司法监督与协助——兼论中国的立法与司法实践》，知识产权出版社 2006 年版，第 227 页。

具体说来，依据《纽约公约》的规定，缔约国和非缔约国的仲裁裁决都可依公约规定的条件和程序予以承认与执行，但是任何一个国家在加入公约时都可以声明，该公约的规定仅适用于缔约国，此即互惠保留。而商事保留，则是指我国只承认与执行对属于契约性和非契约性商事法律关系争议作成的仲裁裁决。根据1986年《关于我国加入〈承认与执行外国仲裁裁决公约〉的决定》，我国仅对在另一缔约国领土内作成的仲裁裁决的承认与执行适用公约；亦仅对按照我国法律属于契约性和非契约性商事法律关系引起的争议适用该公约，即由于合同、侵权或者根据有关法律规定而产生的经济上的权利义务关系，例如货物买卖、财产租赁、工程承包、加工承揽、技术转让、合资经营、合作经营、勘探开发自然资源、保险、信贷、劳务、代理、咨询服务和海上、民用航空、铁路、公路的客货运输以及产品责任、环境污染、海上事故和所有权争议等，但不包括外国投资者与东道国政府之间的争端。国内法上，《仲裁法》第2条与第3条对争议事项的可仲裁性作出了原则性规定。第2条确定了"平等主体的公民、法人和其他组织之间发生的合同纠纷和其他财产权益纠纷"可以交付仲裁庭解决，第3条则将"婚姻、收养、监护、扶养、继承纠纷；依法应当由行政机关处理的行政争议"排斥在可仲裁性事项范围之外。

立法对可仲裁事项作了原则性规定，并列举了不可仲裁的事项，看似已完整地规定了争议事项的可仲裁性，实则仍存有可商榷之处。其一，《仲裁法》第2条规定了"平等主体的公民、法人和其他组织之间发生的合同纠纷和其他财产权益纠纷"可以提交仲裁，其中的"其他财产权益纠纷"存有不同解释，尤其是在对人身关系中涉及财产关系的争议的认定上，能否将类似婚姻纠纷中的财产分配问题纳入"其他财产权益纠纷"的范畴。有学者认为这类纠纷中涉及人身和财产两类问题，它们不是绝对不可以分别处理的，婚姻家庭中的财产问题包括离婚后孩子的抚养费分担问题都具有可仲裁性。[1] 但纵观各国

---

〔1〕 乔欣、李莉：《争议可仲裁性研究（下）》，载《北京仲裁》（第53辑），第39页。

立法例与对我国《仲裁法》立法原意的考量，虽然人身关系中存有财产关系，但二者是密切相关、不可分离的，在启动诉讼机制解决纠纷时，并未将财产关系剥离出来，相当多的当事人同意离婚是以对方支付一定的财产为前提的。在中国传统伦理道德的潜在规制下，将婚姻家庭中的人身问题与财产问题剥离开来、分别进行裁断不具有现实基础，因而这样的纠纷应当不具有可仲裁性。其二，《仲裁法》第3条以列举方式明确了六种纠纷或争议的不可仲裁性，从语意上理解此列举是穷尽的，除了所列的六种不可仲裁事项外，其他涉及财产权益的类似贪污受贿争议均可提交仲裁解决。而此种文义推理显然并不切合中国的实践做法。于此，《德国民事诉讼法》第1030条的规定值得借鉴。该条基于争议事项是否涉及经济利益的考量，列举了不可仲裁的专门事项，兼以第3款"根据本编以外其他成文法规定，某些争议不得提交仲裁或只在特定情况下才可提交仲裁，此类规定不受本编影响"的规定，灵活地将不可仲裁事项的列举转为非穷尽的，给实践操作留下了余地。其三，依据《民事诉讼法》第213条第1款第2项与第258条第1款第4项的规定，在不予执行内国裁决与涉外裁决时，将争议事项的可仲裁性作为当事人申请与证明的理由。这显然与《纽约公约》将可仲裁性作为执行地国法院依职权主动审查的规定相悖。虽然《纽约公约》规定的是对外国仲裁裁决的审查，二者对象相异，但此区别对待有重蹈我国法院对内国裁决与涉外裁决的审查实行双轨制之虞。

在对待具体类型争议的可仲裁性问题上，我国立法与司法实践秉承发展的观点加以认识与处理。随着市场经济的不断拓深发展，传统上被视为不可仲裁的诸多争议事项逐步出现了松动。对侵权争议，上海市中院曾在中国技术进出口公司诉瑞士工业资源公司一案中确立了侵权争议不可仲裁的判例，[1] 该案中瑞士工业资源公司在货物没有装船的情况下，向中国技术进出口公司提交了包括提单在内的全套伪造

---

〔1〕 黄进主编：《国际私法与国际商事仲裁》，武汉大学出版社1994年版，第210～211页。

单据，以骗取中国技术进出口公司的巨额货款，瑞士工业资源公司利用合同形式，进行欺诈，已超出履行合同的范围，不仅破坏了合同，而且构成了侵权；因此双方当事人的纠纷，已非合同权利义务的争议，而是侵权损害赔偿纠纷，而这样的侵权争议是无从纳入仲裁庭的管辖范围的。但1998年最高人民法院在江苏省物资集团轻工纺织总公司（"轻纺公司"）诉香港裕亿集团有限公司（"裕亿公司"）、加拿大太子发展有限公司（"太子公司"）侵权损害赔偿纠纷一案中，改变了上述侵权行为不可仲裁的立场，确认了当事人认为对方在履约过程中实施侵权行为的情况下，有关各方仍受仲裁条款的约束。最高人民法院认为，从被上诉人轻纺公司在原审起诉状中所陈述的事实和理由看，其所述上诉人裕亿公司和太子公司的侵权行为，均是在签订和履行CC960505和CC960506号两份销售合同过程中产生的，同时也是在《仲裁法》实施后发生的。而该两份合同的第8条均明确规定："凡因执行本合约所发生的或与本合约有关的一切争议，双方可以通过友好协商予以解决；如果协商不能解决，应提交中国国际经济贸易仲裁委员会，根据该会的仲裁规则进行仲裁。仲裁裁决是终局的，对双方均有约束力。"根据《仲裁法》和《仲裁规则》的规定，中国国际经济贸易仲裁委员会有权受理侵权纠纷，因此本案应通过仲裁解决，人民法院无管辖权。原审法院认为轻纺公司提起侵权之诉，不受双方所订立的仲裁条款的约束，显然是与《仲裁法》和《仲裁规则》相悖的。本案双方当事人在合同中明确约定发生纠纷通过仲裁方式解决，在该合同未经有关机关确认无效的情况下，当事人均应受该合同条款的约束；即使本案涉及第三人，在仲裁庭不能追究第三人责任的情况下，轻纺公司可以以第三人为被告向人民法院另行提起诉讼，当事人的合法权益仍然可以得到维护。[1] 尽管有学者依然持侵权争议应被排除在仲裁之外的观点，认为由于行为人侵犯的总是绝对权利，侵权行为总是与行为人的过错联系在一起，因而侵权关系中受侵害的一方享有绝

---

[1] 参见《中华人民共和国最高人民法院公告》1998年第3期，第110页。

对权利，另一方由于实施侵害行为而有过错，双方地位不平等；且侵权行为的侵害对象包括人身权，而人身权案件是不在仲裁适用范围之内的，因此侵权案件不应该在仲裁的管辖范围之内。[1] 但是，排除人身纠纷之外的侵权争议，倘若双方当事人合意将争议提交仲裁解决，当事人的意思自治应当得到尊重。

除了侵权争议外，证券争议、知识产权争议等原先不可仲裁事项亦逐渐被纳入了仲裁庭的管辖范围。对证券争议，国务院1993年发布的《股票发行与交易管理暂行条例》第79、80条的规定，明确了与股票发行或者交易有关的争议可以按照协议约定向仲裁机构申请调解、仲裁；随后国务院证券委员会指定中国国际经济贸易仲裁委员会为处理证券经营机构之间以及证券经营机构与证券交易场所之间因股票发行或交易引起的争议的仲裁机构。2004年1月18日国务院法制办与中国证监会印发了《关于依法做好证券、期货合同纠纷仲裁工作的通知》，明确规定证券期货市场主体之间发生的与证券期货经营交易有关的纠纷，属于平等民事主体之间发生的民商事纠纷，适用仲裁方式解决。我国第一起申请证券争议仲裁的案例于1994年9月由北京两家证券经营机构因股票发行过程中承销团成员之间承销费用的划分问题发生争议而提起。但总体上证券仲裁案件在我国仍为数不多。对知识产权争议，《著作权法》第54条规定了著作权纠纷的可仲裁性。但知识产权的有效性争议仍无法提交仲裁，因为专利复审委员会与商标评审委员会才分别是专利权与商标权效力的裁定机构，当事人对裁定机构所作决定不服的，可向法院提起诉讼。实践中中国国际经济贸易仲裁委员会就受理了多起中外知识产权争议案件。[2]

整体而言，我国对争议事项可仲裁性问题的立法与司法实践略显谨慎，借用C. Edward Fletcher博士的话，我们仅能希望仲裁的优越性

---

〔1〕 张建华：《仲裁新论》，中国法制出版社2002年版，第98页。
〔2〕 参见宋连斌：《国际商事仲裁管辖权研究》，法律出版社2000年版，第126页。

不会被当前可见的缓慢的立法状态所拖累。[1] 然而尽管当前的做法"远远不足或有失保护中国重大利益,特别是在国际层面,如提单或国家贪污受贿"[2],但立法与实践都在不断地完善。尽管有评论者认为不可仲裁性被普遍接受为公共政策广义概念的一部分,因而第5条第2款(a)项是多余的,[3] 但争议事项的不可仲裁性抗辩仍保留着作为提交仲裁之前的抗辩的价值,虽然此种价值正逐渐减少。[4] 随着可仲裁事项扩大化发展,不可仲裁抗辩权的行使范围在逐步缩小。

第二节 我国反垄断争议的可仲裁性

一、我国反垄断争议处理的模式

诚如前述,可仲裁性的实质与公共政策相关,可仲裁性问题归根结底属于公共政策的范畴,一项争议依据某国既定法律能否提交仲裁程序解决取决于该国法律所确定的公共政策。缘于反垄断法是自由企业的大宪章(the Magna Carta of Free Enterprise),其对维护经济自由与企业制度的重要性如同权利法案保护民众基本权利的重要性,[5] 由于反垄断而产生的争议与市场竞争利益密切相关,更与国家管理市场、维护竞争秩序的公共政策息息相关,因此,反垄断争议不能交由仲裁解决曾是一项固定规则,诸多国家均否定反垄断争议的可仲裁性而将

---

[1] C. Edward Fletcher Ⅲ, "Learning to Live with the Federal Arbitration Act—Securities Litigation in A Post-McMahon World", 37 *Emory L. J.* (1988), p. 138.

[2] 杨良宜、莫世杰、杨大明:《仲裁法(从1996年英国仲裁法到国际商务仲裁)》,法律出版社2006年版,第557页。

[3] See A. J. van den. Berg, *The New York Arbitration Convention of 1985: Towards a Uniform Judicial Interpretation*, Kluwer Law and Taxation Publishers, 1981, p. 360.

[4] Heather R. Evans, "The Nonarbitrability of Subject Matter Defense to Enforcement of Foreign Arbitral Awards in United States Federal Courts", 21 *N. Y. U. J. Int'l L. & Pol.* (1989), p. 352.

[5] *United States v. Topco Associations, Inc.*, 405 U. S. 596, 610 (1972).

其划归为法院专属管辖的范畴。[1] 晚近在国家发展仲裁形势的推动下，各国法院摒弃了以苛刻态度来解释争议事项可仲裁性的做法，可仲裁事项呈现出扩大化的趋势。欧美国家法院与仲裁庭开始调整公共政策范畴，不断削弱以公共政策衡量可仲裁性的重要性，一些涉及公共政策但关乎私益的案件逐步进入仲裁视野。[2] 在美国等国家，反垄断争议已经可以启动仲裁程序解决，这亦代表了反垄断争议应当具有可仲裁性的发展方向。对于我国而言，在新颁布的《反垄断法》未予以明确规定的情形下，如何规制反垄断争议的可仲裁性就具有重要的实践意义。

我国 2007 年 8 月颁布的《反垄断法》规定"垄断行为"涵盖了经营者达成垄断协议、经营者滥用市场支配地位以及具有或者可能具有排除、限制竞争效果的经营者集中三种情形。由此出发，垄断行为将有可能导致两种争议，即主管机构与实施垄断行为的经营者之间因执法行为所致的行政争议与市场经营者之间因限制竞争行为所致的民事赔偿争议。缘于前者中主管机构处于行政管理的地位，非仲裁程序所要求的双方当事人的平等民商事法律关系，因而难以形成双方当事人将争议提交仲裁的合意，故此种纵向型的法律争议一般不能交付仲裁解决。[3] 而对于后者，争议是发生在实施垄断行为的私人主体与因垄断行为而受到损害的私人主体之间，双方当事人就垄断行为产生损失的赔偿事项产生纠纷，属于横向型的私人垄断争议（Private Antitrust Claims）。基于反垄断争议与公共政策密切相关的传统考量，无论是纵向型反垄断争议抑或是横向型反垄断争议均不能交付仲裁庭解决。而

---

〔1〕 Karl-Heinz Bockstiege, "Public Policy and Arbitrability", in *Comparative Arbitration Practice and Public Policy in Arbitration*, ICCA Congress Series No. 3, P. Sanders ed., Kluwer Law and Taxation Publishers, 1987, p. 194.

〔2〕 See Antoine Kirry, "Arbitrability: Current Trend in Europe", 12 *ARB. INT'L*. 386 (1996), p. 375.

〔3〕 例外情形是，依据《解决国家与他国国民之间投资争议公约》（即《华盛顿公约》）的规定，缔约国国民与另一缔约国因投资产生的任何法律争议，经双方同意可以提交至解决投资争议国际中心（ICSID）仲裁解决。

这一传统链条在社会经济的发展中逐步出现松动,并在横向型反垄断争议处发生最早的断裂——美国始将横向型反垄断争议纳入了仲裁庭的管辖范围。

我国在反垄断争议的处理上,着重于主管机构与实施垄断行为的经营者之间因执法适用所引起行政争议的规制,以至于主管机构的作用发挥也涵盖了横向型反垄断争议。从考察竞争法律渊源的角度,我国早期的竞争法律——1993 年《反不正当竞争法》已经对市场上经营者不规范的竞争行为进行了规制。但是整部法律中仅有一个条文规定了"被侵害的经营者的合法权益受到不正当竞争行为损害的,可以向人民法院提起诉讼"的私人执行方式[1]《反不正当竞争法》并不着重考虑各个市场经营者普遍关注的赔偿责任及其承担等争议事项,其法律适用理念主要是定位于强调主管机构的执法适用。[2] 对于不正当竞争行为的处理,《反不正当竞争法》强调监督检查部门的执法,用"第三章监督检查"与"第四章法律责任"明确了执法机构、职责以及可以科处的责任形式。换言之,《反不正当竞争法》无论是对于主管机关管理行为中所产生的纵向型争议,还是就经营者之间因不正当竞争行为导致损害的横向型争议,其解决争议的路径依赖于单一的执法模式;对受害人寻求救济与具体赔偿责任的规定的缺失,亦使受害人仅能在主管机构执法模式中斟酌争议的处理方式,而抑制其主动寻求其他私人执行模式的积极性。

无疑,《反垄断法》在对反垄断行为处理问题上,秉承了《反不正当竞争法》所采用的单一执法模式。《反垄断法》确立了公共执行体制,第 9 条规定了国务院设立反垄断委员会,负责组织、协调、指导反垄断工作;第 10 条规定设置反垄断执法机构依法对涉嫌垄断行为进行调查,同时国务院反垄断执法机构根据工作需要可以授权省、自治区、直辖市人民政府相应机构负责有关反垄断执法工作。对于反垄

---

[1] 参见《反不正当竞争法》第 20 条。
[2] 孔祥俊:《反不正当竞争法的适用与完善》,法律出版社 1998 年版,第 625 页。

断的私人执行问题,只是简单地规定了损害赔偿条款,其力度显然不够,也缺乏操作性。而对于仲裁,《反垄断法》第53条第2款关于"对反垄断执法机构作出的前款规定以外的决定不服的,可以依法申请行政复议或者提起行政诉讼"的措辞,表明解决反垄断争议的机构只能是行政机关与法院,仲裁方式是不被予以考虑的。可以说,《反垄断法》在对反垄断争议处理的问题上,借鉴《反不正当竞争法》中主管机构执法实践经验的同时,亦不可避免地落入了传统的法律适用理念的套路而简单套用《反不正当竞争法》强调主管机构执法的公共执行模式。虽然反垄断法作为经济宪法具有独立的权威性,且垄断行为样态的复杂性需要权威机构的管制,但对反垄断争议的私人执行机制的忽视,特别是仍旧未涉及反垄断争议的可仲裁性问题,显示了我国对反垄断商事纠纷的处理已滞后于国际一般趋势。

二、确立我国反垄断争议仲裁程序的必要性

缘于反垄断争议面对的大多是市场能量极大的跨国公司等机构,因此需要一部强有力的《反垄断法》以及一个具有高度权威性、专业性的主管机构来统一独立执法。因此我国在制定《反垄断法》时,主管机构性质及其职责的设置与确定、主管机构代表国家对市场秩序进行监督管理与受损害的经营者通过特定途径获得赔偿的保障之间的衔接与平衡成为了立法的焦点问题。诚如在立法阶段学者所指出的,反垄断法承担着维护市场经济运行的重要职能,其执法机构权力很大,但主管机关身份的获得不能"因权而争"。[1] 从当前《反垄断法》所确立的公共执行机制来看,将有可能产生权力冲突或权力虚置两种情形,而无论何种情形都将影响到反垄断争议处理程序的高效性、保护商业秘密性与专业性,最终导致反垄断法律无法获得有效的执行。此时引进私人执行机制,合理协调公共执行机制与私人执行机制,更能推进反垄断法律的贯彻实施。20世纪80年代里根总统执政期间,美国反垄断执法机构经费的大幅度削减导致了公共执行案件的相应减少,

---

[1] 孙东辉:《反垄断法仍存两大争议》,载《中国经济时报》2006年6月9日,第1版。

其时美国反垄断法的实施基本上以私人执行作为推动力量，通过私人执行发展了反垄断法并产生了一些著名判例。[1] 美国的经验证明了自身利益受到垄断行为影响的法人或自然人通过向法院提起民事诉讼或通过将争议提交仲裁等私人执行方式，亦能有效地执行反垄断法。

2008年8月份《反垄断法》开始施行时，引起各界关注的反垄断委员会以及国务院反垄断执法机构应当初现端倪。毋庸置疑此次新的监管型反垄断主管机构的设立必然带来庞大的管理与执法体系。反垄断法所体现的法律不确定性决定了实施反垄断法的成本将是巨大的，至少反垄断主管机构应当具有足够的专业人员以应对新的复杂的反垄断争议，并保证处理结果的高效性与商业保密性。而这显然与我国从管理型政府逐步转向服务型的有限政府机构改革理念相悖。从霍布斯与斯宾诺莎阐述有限政府的若干基本理念起，有限政府理论在西方国家的现代发展史中获得完善；但在有限政府理论中，政府依然面临诸如执法资源有限、政府行动不能改善经济效率或收入分配失当的政府失灵等难题[2]，在我国执法资源较之发达国家更为不足的情势下，建立与健全包括仲裁在内的反垄断私人执行制度，对于克服政府失灵、弥补反垄断执法资源的有限性就具有不可估量的意义，且能契合各国普遍认可的"小政府、大市场"的行政模式。

确立反垄断争议的可仲裁性，亦是我国履行公约义务的要求。依据《纽约公约》的规定，任何缔约国对在其他缔约国家或地区内作成之仲裁裁决负有合理的承认与执行的义务。确切地说，当一个以反垄断争议作为裁决对象且裁决程序并不存在瑕疵的外国生效仲裁裁决在我国申请承认与执行时，依据《纽约公约》以及我国现行法律规定，被申请法院将面临一个两难境况：倘若履行公约义务承认与执行该外国仲裁裁决，这在当前国内法上并不能寻求到适当的实体法支持；倘

---

〔1〕 王健：《反垄断法私人执行的优越性及其实现》，载《法律科学》2007年第4期，第109页。

〔2〕 Paul A. Samuelson & William D. Nordhaus, *Economics*, 13th Edition, McGraw-Hill Book Company, 1989, p. 769.

若拒绝承认与执行该仲裁裁决,亦找不到合理的法律依据,因为反垄断争议并不属于《纽约公约》第5条第1款中的五项内容。此时,拒绝承认与执行该外国仲裁裁决的惟一理由即裁决违背我国的公共政策,但这个牵强的理由难免缺乏说服力。随着经济全球化进程的持续推进,在外国竞争势力日渐渗透到我国国内市场的形势下,我国法律的保守姿态必将形成对国内竞争者的约束,无形中削减了其本可以利用的市场资源。因此,承认反垄断争议在我国可以提交仲裁解决,不仅是对本国竞争者合理权益的保护,也是对国际商事仲裁裁决的尊重,履行公约项下的义务。更何况我国存在反垄断诉讼,而仲裁制度具有诉讼制度无可比拟的优越性——仲裁程序的便利性、保密性以及仲裁追求效益的价值取向都切合解决商事争议的经济性要求,且在国际反垄断领域,一项仲裁裁决较之一项法院判决更易于在外国获得承认与执行。

三、我国反垄断争议提交仲裁的可能性——应然法视角

如前所述,我国对争议事项可仲裁性的规定,最早体现在1986年《关于我国加入〈承认与执行外国仲裁裁决公约〉的决定》中的商事保留声明,即我国只承认与执行对依据我国法律认定属于契约性和非契约性商事法律关系所引起的争议作成的仲裁裁决。1987年《关于执行我国加入的〈承认与执行外国仲裁裁决公约〉的通知》中对"属于契约性和非契约性商事法律关系"进行了具体阐释。1994年《仲裁法》第2条与第3条规定平等主体的公民、法人和其他组织之间发生的合同纠纷和其他财产权益纠纷可以仲裁,但排除婚姻、收养、监护、扶养、继承纠纷等涉及身份的纠纷以及依法应当由行政机关处理的行政争议。上述法律规范并未明确反垄断争议应否属于契约性和非契约性商事法律关系所引起的争议,亦未列明非合同性质的其他财产权益纠纷的事项范围,这就给证券、知识产权乃至反垄断等争议交付仲裁留下了空间。从反垄断争议的性质与特征等方面出发,以应然法的视角,反垄断争议完全具备纳入可仲裁事项范畴所需的条件。

对可仲裁事项的本质属性进行考察可知,一项争议应否具有可仲裁性取决于该事项是否符合可仲裁性的三个客观标准,即争议的可诉讼性、可补偿性与可和解性。对于可诉讼性,当事人就反垄断争议向

法院提起诉讼是行政处理以外最常使用的反垄断争议解决方式,譬如我国首个反垄断诉讼案例出现于 2006 年四川德先科技有限公司在上海第一中级人民法院对上海索广电子有限公司和索尼株式会社提起的民事诉讼。

德先科技有限公司诉称索尼公司在其生产的数码相机和数码摄像机电池"InfoLITHIUM"上设置了智能识别码,以识别索尼电池和非索尼电池,由此使索尼品牌的数码相机、数码摄像机与其锂离子电池之间建立了一种捆绑交易关系,损害市场竞争。[1] 判断一个争议的可补偿性,关键在于明确该争议所体现出财产属性与私权属性。主管机构与实施垄断行为的经营者之间因执法行为所致的行政争议体现的是纵向监督管理关系,因而无从将此种争议提交仲裁解决。而市场经营者之间因一方实施垄断行为导致另一方受损,所产生的争议属于平等的私人主体之间的民商事赔偿争议,争议所体现的正是追求经济利益的财产属性与私权属性。且反垄断的最终目的是维护竞争者的经济利益,只要是经济利益,则可用金钱来衡量,也就存在和解的余地。[2] 因此,从应然的角度来看,反垄断争议当属于可仲裁事项。

缘于可仲裁性的概念实质上是公共政策对仲裁在争议解决范围上的限制,与公共政策息息相关的涉及反垄断、婚姻身份、破产清盘与知识产权的争议一般都被排除在可仲裁事项之外。[3] 毋庸置疑反垄断争议关乎社会公共利益,但确立反垄断争议的可仲裁性并不会侵害到反垄断法所要保护的国家公共政策。无论是以行政方式抑或是诉讼方式解决反垄断争议,最终的目的都是通过制裁垄断行为以维护社会经济秩序。在美国,《谢尔曼法》最早规定了任何因违背反托拉斯法所禁止的事项而遭受财产或营业损害的人可获得损害额的三倍赔偿的规

---

〔1〕 参见《中国首次反垄断诉讼和首次反垄断听证会》,载《中国证券报》2006 年 8 月 10 日,第 A07 版。

〔2〕 钱宇宏、马伯娟:《从可仲裁性的发展看司法权的让渡》,载《仲裁与法律》(第 93 辑),法律出版社 2004 年版,第 22 页。

〔3〕 Alan Redfern & Martin Hunter, *Law and Practice of International Commercial Arbitration*, Sweet & Maxwell, 1986, pp. 105~106.

定。日本、我国台湾地区的立法中亦有对反垄断惩罚性赔偿的规定。[1] 这些规定不但涉及私人损害赔偿请求权，亦涉及国家公共政策，即通过惩罚性赔偿达到惩戒违法者、制裁违法行为的目的，并通过违法行为人承担较高损害赔偿责任来威慑具有垄断实力的企业恪守法律规定而不是共谋损害民众与社会的利益，从而保障了市场的开放性与竞争性。于此，仲裁庭对反垄断争议的裁断，同样可以适用反垄断法作出要求违法当事人赔偿对方当事人三倍赔偿的惩罚性赔偿裁决，因而并不会侵害到国家公共政策。此外，在裁决的承认与执行阶段，法院依然能够依职权主动审查反垄断法所维护的公共政策是否已在仲裁裁决中得到体现与保护。赋予反垄断争议具有可仲裁性，与保护国家公共政策并不必然相冲突。

垄断行为样态的复杂性使反垄断争议极具专业性，这意味着反垄断争议的处理当由专业的商业与法律人士来完成。而仲裁委员会所聘任的仲裁员，既有商人，也有来自法学界与科学技术领域的专家学者，仲裁制度所具有的专家性与适应性强的特征完全契合解决反垄断争议所需的条件。因此，早在《反不正当竞争法》在解决争议上过分依赖于行政手段且未规定仲裁事宜的情况下，已有学者依据仲裁法原理认为竞争法方面的争议，包括反垄断法律方面的争议及其赔偿不能被排除在仲裁范围之外。[2] 在我国致力于营造良好投资环境的当前形势下，仲裁解决争议的程序便捷性符合国际贸易投资商的经济利益，将反垄断争议交付仲裁解决亦符合商人对争议解决结果与裁决执行可预测性的需求。因此，以争议的特征为基点，并考量推动我国对外经济贸易发展的因素，我国反垄断争议应然具有可仲裁性。

四、我国反垄断争议提交仲裁的可能性——比较法视角

比较法有助于认识与改进本国法，尤其是在我国对反垄断争议是否能提交仲裁解决的立法与实践远滞后于西方国家的背景下，对美国

---

〔1〕 参见李国海：《反垄断法损害赔偿制度比较研究》，载《法商研究》2004 年第 6 期，第 25 页。

〔2〕 宋连斌：《国际商事仲裁管辖权研究》，法律出版社 2000 年版，第 127 页。

及欧洲国家相关问题的研究更显其重要性与必要性。作为第一个颁布反垄断法律的国家，美国对于反垄断争议可仲裁性的规制，对西方国家影响甚远。依据《谢尔曼法》、《克莱顿法》以及《联邦贸易委员会法》等一系列反垄断法律的规定，美国司法部反托拉斯司可以对垄断行为实施者提起民事或刑事诉讼或者进行行政制裁，联邦贸易委员会（FTC）亦有权向法院提起民事诉讼，但反垄断法律以及仲裁法均未明确反垄断争议是否可以交付仲裁解决。American Safety Equipment Corp. v. J. P. Maguire & Co. 一案中，美国联邦第二巡回法院法官指出，反托拉斯法下的争议并非单纯私人间的纠纷，《谢尔曼法》意在保护国家在竞争经济中的利益；因而涉及反托拉斯的争议不能交由来自普通商业社会的仲裁员来决定。[1] 该案例确立了著名的美国安全规则（American Safety Rule），即反托拉斯争议不具有可仲裁性。随着国际商事仲裁的持续发展，美国法院对反托拉斯争议可仲裁性的解释逐步宽松。在1975年的 Mitsubishi Motors Corp. v. Soler Chrysler-Plymouth, Inc. 案中，联邦最高法院认为不存在公共政策上的缘由以至于禁止将国际反托拉斯争议提交仲裁，即在国际贸易领域中反托拉斯争议可以交付仲裁解决，从而推翻了近20年的美国安全规则。[2] 1994年联邦第二巡回法院在 Nghiem v. NEC Electronics, Inc. 案的判决认定国内反托拉斯争议亦可以通过仲裁方式解决。[3] 从反垄断争议不可仲裁到国际仲裁、再到国内仲裁的经络，贯穿于美国对仲裁立场转变的行程中，代表着反垄断争议可仲裁性的发展前景。

在欧共体建立的基础性条约中，仅有少数条款涉及到仲裁，同时欧共体及其成员国相关的判例亦很稀少。欧洲委员会（European Commission）与欧洲法院（European Court of Justice，ECJ）均是通过间接的

---

[1] 391 F. 2d 826 (2nd. Cir 1968).
[2] 473 U. S. 614 (1985).
[3] 25 F. 3d 1437 (9th Cir. 1994).

方式确认竞争法律争议的可仲裁性。[1] 欧洲委员会通过对《罗马条约》第85条赋予具有排他性授予豁免适用欧洲竞争法的权力的解释，表明了委员会对仲裁方式并非非常信任的态度，但同时又含蓄地确认了有关欧洲竞争法律的争议具有可仲裁性。[2] 欧洲法院则通过 Vaassen 案与 Nordsee 案，以一种不直接的措辞表明欧洲竞争法律争议具有可仲裁性，即确认了仲裁庭可以间接地通过所在国法院向欧洲法院提出就欧洲竞争法律适用问题咨询请求的可能性，咨询请求可以由仲裁庭通过国内法院提出，亦可通过对仲裁裁决司法审查的形式实现。[3] 而英国高等法院已采纳了欧洲法院的此种观点。[4] 具体到欧盟各国的实践上，瑞士最高法院在一个比利时与西班牙公司纠纷的裁决中，强烈确认了欧洲竞争法律下争议的可仲裁性，同时亦将一个明晰的信号传达给仲裁庭，即倘若他们在仲裁裁决中拒绝处理竞争法事项，该裁决将被撤销。[5] 法国巴黎上诉法院于1991年授权仲裁庭对违反强制性规则的行为给予制裁，并于1993年对制裁进行划分，即在欧洲竞争法律下仲裁庭无权裁决作出禁令或者罚款，但可以对违反强制性规则的行为给予民事制裁；随后在1994年 Aplix 案中明确了仲裁庭拥有的适用欧洲竞争法的权力范围。[6] 在立法方面，德国1998年《仲裁程序修订法》删除了《反限制竞争法》第91条第1款关于反垄断争议可仲裁性的传统限制，即合同当事人之间涉及竞争、反垄断的争议可以交付

---

[1] Hamid G. Gharavi, "The Proper Scope of Arbitration in European Community Competition Law", 11 *Tul. Euro. Civ. LF* 185 (1996), p. 187.

[2] See Hamid G. Gharavi, "The Proper Scope of Arbitration in European Community Competition Law", 11 *Tul. Euro. Civ. LF* 185 (1996), p. 189.

[3] Case 102/81, *Nordsee Deutsche Hochseefischerei v. Reederei Mond et al.*, [1982] E. C. R. 1095, p. 1111.

[4] See *Bulk Oil (Zug) v. Sun Int'l Ltd.*, [1984] 2 C. M. L. R. 91, 129 (Comm. Ct. 1983) (U. K.).

[5] Hamid G. Gharavi, "The Proper Scope of Arbitration in European Community Competition Law", 11 *Tul. Euro. Civ. LF* 185 (1996), p. 194.

[6] See CA Paris, 1e ch. A, May 19, 1993, *4 Rev. Arb.* 645 (1993), and CA Paris, 1e ch. C, Oct. 14, 1993, 1 *Rev. Arb.* 164, 165 (1994).

仲裁解决。[1] 1999 年瑞典《仲裁法》第 1 条第 3 款更是直接规定了仲裁员可以就当事人之间竞争法的民法效力问题作出裁决。

从对美国与欧洲国家立法与司法实践的比较考察来看，承认反垄断争议具有可仲裁性已经成为了国际法制趋势。既然从应然的视角剖析，反垄断争议在我国法律语境中应当纳入可仲裁事项范畴，同时有各国司法运作实践可以参考与借鉴，完善我国反垄断争议的解决方式就并非艰难之举。当然，对各国立法例的比较分析，除了力证我国应当确认反垄断争议的可仲裁性外，更在于对我国规制反垄断争议的仲裁解决方式的指导意义。尽管各国普遍认可反垄断争议的可仲裁性，但对仲裁方式解决反垄断争议仍或多或少进行了限制。美国联邦最高法院在前述 Mitsubishi 案中就表示在裁决承认与执行阶段，为保障美国在执行反托拉斯法上的合法利益，法院依然能依据《纽约公约》对裁决进行司法审查以拒绝承认与执行违背美国公共政策的裁决。甚至于有些案例否定了反托拉斯争议的可仲裁性，譬如联邦第十一巡回法院于 1995 年 Kotam Electronics, Inc. v. JBL Consumer Products, Inc. 案中依据美国安全规则认定国内反托拉斯争议不能提交仲裁。[2] 瑞士则规定双方当事人约定把将来的反垄断争议提交仲裁解决的，须同意将争议交由有关法院审查，否则当事人之间的仲裁条款无效。[3] 德国与奥地利均规定了有关卡特尔的仲裁协议只能在争议发生后签订，意大利则规定在竞争法适用于附带法律问题的情况下，争议才能提交仲裁解决。[4] 欧洲委员会与欧洲法院的态度也是在肯定仲裁员适用竞争法律的同时，对仲裁裁决施行更为有效的司法监督，甚至认为对仲裁员适

---

[1] Karl-Heina Bo Chstigel, *National Report: Germany*, Intl. Handbook on Comm. Arb. Suppl. 26, 1998, pp. 9~10.

[2] 59 F. 3d 1155 (11th Cir. 1995).

[3] Klaus Peter Berger, *International Economic Arbitration*, Kluwer Law and Taxation Publishers, 1993, p. 195.

[4] Edita Culinovic-Herc, "Arbitrability of Unfair Competition Disputes", 3 *Croatian Arb Yearbook*, 1996, pp. 63, 70, 64.

用欧共体竞争法的一些裁决进行实体审查是合理的。[1] 由此可知，在我国对反垄断争议的可仲裁性放宽限制的同时，应当加大对仲裁裁决的司法审查力度，包括法院在裁决的承认与执行中进行实体审查，以维护我国在执行反垄断法中的公共政策与合理利益。

总体而言，缘于反垄断法负有对市场竞争秩序根本性的维护重任，反垄断执法机构亦被赋予权威地位与强大职权，被认为具有强烈的公法色彩，因而我国在处理反垄断争议问题上，存在着强调单一的主管机构执法的既定思维，而此种传统模式并不适应我国经济的发展，特别是在国际贸易竞争中远滞后于其他国家在应对国际商事仲裁发展上的普遍做法。无论是采用司法部与联邦贸易委员会双机构同时进行公共执法并允许私人执行机制的美国，抑或是采取单一的反垄断法主管机构"卡特尔当局"执法模式的德国，均逐步确立了反垄断争议的可仲裁性。在我国政府执行体制仍存有诸多弊端的情势下，为履行《纽约公约》规定的义务并充分利用仲裁程序所具有的优势，我国有必要将反垄断争议纳入可仲裁事项范畴。从应然法的角度分析，除了主管机构与实施垄断行为的经营者之间因执法行为所致的纵向型争议外，禁止垄断协议、禁止滥用市场支配地位以及禁止过度企业集中在很大程度上均是发生在平等市场主体间的横向型争议，应然具有可提交仲裁解决的本质属性。在对反垄断争议的可仲裁性放宽限制的同时，亦要借鉴美国与欧洲国家的做法对仲裁裁决实行更为有效的司法审查。

第三节 我国知识产权争议的可仲裁性

一、知识产权争议的传统解决途径

广义上的知识产权（Intellectual Property），包括一切人类智力创作的成果，即《建立世界知识产权组织公约》中对知识产权所划定的范

---

[1] Hamid G. Gharavi, "The Proper Scope of Arbitration in European Community Competition Law", 11 *Tul. Euro. Civ. LF* 185 (1996), p. 201.

围．[1] 包括文学、艺术、科学作品，艺术家的表演、录音制品及广播，人类在各领域的发明，科学发现，工业设计，商品商标、服务商标、商号和其他商业标记，防止不正当竞争，以及所有源于工业、科学、文学、艺术领域智力活动所产生的权利。概言之，知识产权是指版权、商标与专利三项权利。缘于商标与专利是只有国家才可以同意授予的垄断权利，商标与专利的授予仅是国家公共机关考量的事项，因而有关其许可与有效性的任何争议都被排除在可仲裁事项范围之外。[2] 在相当长的时间内，尽管仲裁已广泛应用于国际经济贸易中，在知识产权争议的解决途径中却鲜有仲裁方式的出现，包括法国、日本等诸多国家均规定知识产权争议不具有可仲裁性，不能交由仲裁解决。[3] 传统上，知识产权争议的三大解决途径，即自力救济、公力救济与社会救济，大体体现在协商、调解、行政处理与司法裁决等方式中。

1982年颁行的《商标法》标志着我国知识产权法律体系的建立；发展到现在，三大知识产权法对知识产权争议的解决方式均作出了规定。《著作权法》规定："著作权纠纷可以调解，也可以根据当事人达成的书面仲裁协议或者著作权合同中的仲裁条款，向仲裁机构申请仲裁。当事人没有书面仲裁协议，也没有在著作权合同中订立仲裁条款的，可以直接向人民法院起诉。"[4] 《商标法》则规定侵犯注册商标专用权行为，"由当事人协商解决；不愿协商或者协商不成的，商标注册人或者利害关系人可以向人民法院起诉，也可以请求工商行政管理部门处理。工商行政管理部门处理时，认定侵权行为成立的，责令立即停止侵权行为，没收、销毁侵权商品和专门用于制造侵权商品、伪造注册商标标识的工具，并可处以罚款。当事人对处理决定不服的，

---

[1] 郑成思：《知识产权法》，法律出版社2003年版，第5页。

[2] Alan Redfern and Martin Hunter, *Law and Practice of International Commercial Arbitration*, London: Sweet & Maxwell, 2003, p. 149.

[3] See Mauro Rubino-Sammartano, *International Arbitration Law*, Boston: Kluwer Law and Taxation Publishers, 1990, p. 132.

[4] 参见《著作权法》第54条。

可以自收到处理通知之日起 15 日内依照《中华人民共和国行政诉讼法》向人民法院起诉；侵权人期满不起诉又不履行的，工商行政管理部门可以申请人民法院强制执行。进行处理的工商行政管理部门根据当事人的请求，可以就侵犯商标专用权的赔偿数额进行调解；调解不成的，当事人可以依照《中华人民共和国民事诉讼法》向人民法院起诉。"[1]《专利法》亦作出了与《商标法》类似的规定。[2]

由此可知，除了《著作权法》明确规定了著作权纠纷可以提交仲裁解决外，我国在知识产权执法方面，以行政处理与司法裁决为主，即知识产权争议一般由版权局、工商局、专利局等行政管理机关与人民法院来处理。但是，行政机关的处理在多数情况下并未能达到争议解决的预期效果。以专利侵权纠纷为例，《专利法》规定了行政机关认定侵权行为成立，只能采取责令与调解两种措施，即责令侵权人立即停止侵权行为，若当事人不服可以向人民法院起诉；当事人如果不起诉又不停止侵权行为，专利管理部门可以申请人民法院强制执行；对于侵犯专利权的赔偿数额，行政机关可以调解，调解不成则当事人可以向人民法院起诉。显然，行政机关所能采取的措施并不能形成具有执行力的结果，亦不能形成具有终局性的裁定结果。换言之，行政机关解决专利争议的效力是不确定的，当未能调解成功时，权利人还需启动诉讼机制方有可能获得损害赔偿，且专利复审委员会对当事人的专利有效性申请作出裁定后，当事人对裁定不服的可以提起行政诉讼，以专利管理机关为被告将争议诉诸法院。这将导致本应处于中立地位的政府机关被迫处于某一方的立场上应诉，造成机构资源与人力资源的浪费，而行政机关的审理与司法审理程序相交织亦使专利争议案件延后与积压。即使达成调解，权利人获得损害赔偿，行政机关对侵权人的再次侵权行为也将束手无策，无从防范。

澳大利亚学者 Drahos 认为，知识产权是诉讼上的财产权，是可依

---

〔1〕 参见《商标法》第 53 条。
〔2〕 参见《专利法》第 57 条。

法在诉讼中赢得占有而实际尚未占有的财产。[1] 传统上，大多数的知识产权争议亦是通过司法途径予以解决的。然而，尽管司法裁决的争议处理方式能够获取具有确定力与执行力的裁断，此种方式在面对知识产权的特殊性时亦显得力不从心。其一，知识产权争议通常具有高度技术性与复杂性，一般只有技术专家才能决定一项发明是否具有新颖性。[2] 而科技革命的迅驰发展使知识产权的科技含量与日俱增，知识产权的技术性，尤其是专利技术与计算机软件程序等智力成果的纠纷亟需具有相关理工背景的专家参与纠纷的裁断；而当前法官的遴选并未能充分体现知识产权争议案件的这一特殊要求。其二，知识产权与技术演进密不可分，而技术创新的生命周期变得越来越短，产品的生命周期（Product Life Cycles）当前也是在9到14个月之间。[3] 信息时代的一个显著特点即是知识的更新更为迅速，这导致了知识产权具有很强的时效性。在知识产权产品生命周期对贸易、投资具有潜在的、短期的与长期的利益影响的当前情势下，[4] 如果不能及时解决争议、有效制止侵权行为，弥补权利人的经济损失，则延误时日的案件处理结果即使在理论上是公正的，对权利人而言可能已不复意义，即所谓的迟来的正义非正义（Justice Delayer Is Justice Denied）。而诉讼的周期较长，一个经过初审、终审甚至是再审的案件通常要历经数年；缘于知识产权技术成果本身的技术性与复杂性，认定知识产权侵权要比认定其他侵权行为难得多，加之审理过程中的一些特殊规定，知识产权侵权诉讼审理周期长的现象，不仅在我国且在世界范围内都很普

---

〔1〕 See Peter Drahos, *A Philosophy of Intellectual Property*, Aldershort, Brookfield, USA, Singapore & Sydney: Dartmouth Publishing Company Limited, 1996, pp. 19~20.

〔2〕 Patrick Nutzi, "Intellectual Property Arbitration", *E. I. P. R.* 1997, 19 (4), p. 193.

〔3〕 Patrick Nutzi, "Intellectual Property Arbitration", *E. I. P. R.* 1997, 19 (4), p. 194.

〔4〕 参见黄静波、孙晓琴：《最优关税、专利保护期和FDI——基于产品生命周期理论的模型拓展与实证分析》，载《数量经济技术经济研究》2008年第2期，第123页。

遍。[1] 在此期间权利人将面临往返差旅、调查取证、专家鉴定等费用的耗费，以及诉讼取胜后被侵权的知识产权面临因错过了最佳商业时机而失去了原有的经济价值，甚至相关的专利技术已为新的技术所取代的风险。

二、知识产权侵权纠纷的可仲裁性分析

在衡量争议事项可仲裁性方面，知识产权侵权纠纷无疑符合三个客观标准——争议具有可诉讼性、可补偿性与可和解性。除了前述知识产权侵权纠纷具有可诉讼性外，可补偿性亦是权利人启动纠纷解决机制的动因之一。因为知识产权是对世权，所有人都负有不可侵犯的义务；而义务须有救济权作担保，强制的依据就是裁判规范，在这种场合，同一内容即变成责任。[2] 责任蕴涵着纠纷的成功解决，不仅意味着侵权人将有可能被判令停止侵权与消除影响，更意味着侵权人要返还已经获得的收益，进而为自己的行为进行赔偿。而 1994 年关贸总协定《与贸易有关的知识产权协议》（TRIPs 协议）明确规定的"全体成员……承认知识产权为私权"[3]，标志着知识产权已由"封建特权"演变成一种为世界普遍承认的民事权利，各国知识产权制度获得了广泛的发展与完善。[4] 既是一项私权，则当事人就具有权利自主性，对争议所涉及的权利及其处理方式可依据意思自治原则来决定和解与否，同时不能强行将充分体现当事人私权自治的仲裁等途径排除在争议解决方式之外。此外，依据我国《仲裁法》第 2 条关于"平等主体的公民、法人和其他组织之间发生的合同纠纷和其他财产权益纠纷"的规定，知识产权侵权纠纷与此规定正好契合，即纠纷发生于平等主体之间，且属于财产内容，涉及知识产权中的财产权的争议是民事主体之间因对财产的归属与流转发生的争议，符合财产争议关系的

---

[1] 徐妤：《知识产权仲裁的理论与实践》，载《仲裁研究》（第 14 辑），第 58 页。

[2] 张俊浩主编：《民法学原理》（下册），中国政法大学出版社 2000 年版，第 904 页。

[3] 参见《与贸易有关的知识产权协议》导言。

[4] 陈治东、沈伟：《国际商事仲裁承认和执行国际化趋势》，载《中国法学》1998 年第 2 期，第 115 页。

特征，是财产关系的一个组成部分。因此，在完全符合可仲裁性三个客观标准与相关规定的前提下，当事人理应可以将知识产权侵权纠纷提交仲裁机构解决。

以前鲜有当事人将知识产权侵权纠纷提交仲裁机构，一个重大的缘由是纠纷的发生通常不以双方当事人之间存在合同为前提，因而无法在纠纷发生之前达成仲裁协议，而纠纷发生后当事人的不同利益基础亦阻碍形成仲裁的合意。而随着社会经济的不断发展，经济与贸易环境的转变，为以仲裁的方式解决知识产权侵权纠纷带来了特殊的法律效益。在案件的保密层面，一方面，知识产权争议通常涉及秘密的信息，如商业秘密或专利，[1] 虽然涉及商业秘密的案件法院可以依法不公开审理，实践中权利人在解决知识产权争议中对商业秘密与技术秘密的保护的顾忌亦可能使其倾向于选择更具有程序保密性的争议解决方式，以避免庭审过程中因举证说明而导致诸如专利技术的公开、经济价值的丧失。另一方面，现如今商业信誉（Good Will of a Trade or Business）已成为企业的一种无形资产，具有重要的价值，不断提高商业信誉成为诸多商家在激烈的市场中立于不败地位的重要战略。[2] 为了维护商业信誉，知识产权侵权纠纷的当事人，尤其是侵权人更愿意选择仲裁机构，以求得纠纷解决程序的保密。在争议解决的效率方面，仲裁程序较之法院诉讼更为简化，且仲裁庭还可以通过自身的规则来缩短案件的裁决时间，譬如世界知识产权组织仲裁中心设立的"快速仲裁程序"，该程序对案件听审的时间进行了严格限制——举行听证应在收到请求答辩书和答辩状后30天内进行，除非有特殊情况，听审不应超过3天。因此，仲裁程序更加切合知识产权产品生命周期较短的特性，更能维护权利人的长远经济利益。

在知识产权侵权纠纷可仲裁性方面，美国一直走在世界前沿。在

---

〔1〕 Patrick Nutzi, "Intellectual Property Arbitration", *E. I. P. R.* 1997, 19 (4), p. 193.

〔2〕 王文强：《市场经济下商业信誉保护中的若干问题》，载《科技经济市场》2008年第3期，第93页。

专利方面，立法已承认了专利侵权纠纷的可仲裁性，1982年国会修订了《美国法典》，第三十五编第294条即规定了有关专利或专利项下权利的合同可以通过仲裁的方式解决侵权纠纷。[1] 在1985年的 Rhone-Poulenc Specialties Chimiques v. SCM Corp. 案中，上诉法院就将专利许可协议中仲裁条款的争议范围解释为包括侵权争议在内。[2] 联邦巡回上诉法院总体上亦表现出对仲裁的友好，1992年的 In re Medical Engineering Corporation. 案中，上诉法院就支持了一项专利侵权行为通过仲裁方式解释的地区法院法令。[3]

在版权方面，最初的法律是将版权侵权争议与专利侵权争议一并划入联邦地区法院的原讼司法管辖权（Original Jurisdiction）。[4] 而近期的司法实践已经对这一规定形成了挑战。1982年的 Kamakazi Music Corp. v. Robbins Music Corp. 一案中，在案件不涉及版权有效性的前提下，第二巡回上诉法院认可了版权侵权争议的可仲裁性。该案的原告指控被告在一项版权许可期满后继续印刷与销售版权属于原告的作品，被告辩称案件为违约案件，缘于合同中约定有仲裁条款，因此法院并无管辖权。第二巡回上诉法院认为在该案条件下仲裁员有权根据版权法作出裁决[5]，认为合同中的仲裁条款规定得相当广泛，包括了版权索赔内容，并进一步认定公共政策不禁止将版权侵权索赔交付仲裁解决[6]。

在商标方面，与专利与版权不同，美国商标权利产生于普通法之下。依据普通法，适当地使用特定标志就可以产生商标权。商标侵权

---

[1] 35 U.S.C. § 294.
[2] 769 F. 2d 1569 (Fed. Cir. 1985).
[3] 976 F. 2d 746 (Fed. Cir. 1992) (reported in full at 1992 WL 217763).
[4] 28 U.S.C. § 1338 (a).
[5] in the circumstances of this case, the arbitrator had jurisdiction to make an award under the Copyright Act.
[6] Public policy does not prohibit the submission of copyright infringement claims to arbitration. 684 F. 2d 228 (2 Cir. 1982).

的可仲裁性，取决于法院对仲裁协议与相关规定解释的广泛性。[1] 在 *Wyatt Earp Enterprises v. Sackman, Inc.* 一案中，仲裁即被否决。该案中原告指控被告在商标许可协议期届满后仍然使用商标，地区法院的做法反映了对仲裁的不友好倾向，认为仲裁条款仅适用于届满之前的许可协议，被告是否对原告实施不正当竞争行为是一个超出了简单地由双方合同或相关合同能够说明的问题，将这样的争议交付仲裁解决是不能被接受的。[2] 最后法院认定，缘于索赔系侵权行为所致而非合同争议，因此不在仲裁协议的范围内。[3] 但是3年后，还是在同一个地区法院（但是由不同的法官审理），对商标侵权争议可仲裁性的立场则发生了根本的转变。在 *Saucy Susan Products, Inc. v. Allied Old English, Inc.* 一案中，法院裁定包括商标与商号（trade names）的争议具有可仲裁性。[4] 接着在 *Necchi Sewing Machine Sales Corp. v. Necchi, S. p. A.* 案中，第二巡回上诉法院认定了合同涉及未授权商标使用的，来自或与协议相关的争议事项均具有可仲裁性。[5] 随后，在 *Homewood Industries, Inc. v. Caldwell* 案、[6] *U. S. Diversified Industries, Inc. v. Barrier Coatings Corporation.* 案、[7] *Givenchy S. A. v. William Stuart Industries (Far East) Ltd.* 案[8] 以及 *B. V. D. Licensing Corp. v. Maro Hosiery Corp.* 案[9] 等判例中，联邦法院已形成了所有的商标问题均可提交仲裁解决的倾向。

---

〔1〕 David Plant, "Arbitrability of Intellectual Property Issues in the United States", 50 - SEP *Disp. Resol. J.* (1995), p. 13.

〔2〕 Whether or not defendant has competed unfairly with the plaintiff presents an issue far transcending one merely "arising out of or relating to" the contract between the parties, and it is inconceivable that they intended such a dispute to be settled by arbitration.

〔3〕 157 F. Supp. 621 (S. D. N. Y. 1958).

〔4〕 200 F. Supp. 724 (S. D. N. Y. 1961).

〔5〕 369 F. 2d 579 (2 Cir. 1966).

〔6〕 360 F. Supp. 1201 (*N. D. Ill.* 1973).

〔7〕 Civil No. 83-2124-T (*D. Mass.* October 18, 1982).

〔8〕 85 Civ. 9911 (S. D. N. Y. March 10, 1986).

〔9〕 688F. Supp. 961 (S. D. N. Y. 1988).

三、知识产权有效性争议的可仲裁性剖析

缘于知识产权脱胎于封建君主授予的"特许权",产生之初便具有"公法"性质,[1] 被认为是由国家授予个人的一种社会垄断权,例如专利与商标,都是一种由法律创造的国家许可——有限的垄断或者排他性利用。[2] 这一观点尤其体现在知识产权有效性问题上,也即知识产权是否有效,不仅关乎当事人的权益,亦影响到经济生活中公众的行为,涉及一国的公共政策问题。纵然仲裁具有准司法性质,其具有的民间性亦是毋庸置疑的,因此长期以来是否能将充分体现知识产权公法性质的有效性问题提交仲裁机构解决,一直存在争议。

一般说来,否定知识产权有效性争议的可仲裁性在学理上更易于为各国所接受。在立法层面,依据阿根廷《民事诉讼法典》规定,工业产权的有效性及反托拉斯案件不能提交仲裁;意大利法律作出了与阿根廷相似的规定;俄罗斯联邦1992年《专利法》第31条也规定仲裁员可以考虑仲裁解决与专利权维护有关的争议,但不得处理属于最高专利法院管辖的争议,而所谓属于最高专利法院管辖的争议,有学者分析应为与专利权有效性有关的争议,而专利侵权争议是可以约定提交仲裁解决的。[3] 在司法实践中,意大利最高法院在1977年的 *Scherck Enterprises Aktiengesellschaft v. Soc. Del Grandes Marques* 一案中认为,1942年6月21日第929号皇家法令规定对于国际商标在意大利的诉求,即对商标作为一种无形产权的保护以对抗任何人依据意大利法对商标的存在与有效性的异议,意大利法院的管辖权不容剥夺;当然最高法院亦表明了当事人可以自由处分的因商标特许协议而发生的权利争议可交付仲裁解决。[4]

总体而言,各国基本认定知识产权侵权争议可以提交仲裁解决,

---

[1] 郑成思:《知识产权论》,法律出版社1998年版,第4页。

[2] William Grantham, "The Arbitrability of International Intellectual Property Disputes", 14 *Berkeley J. Int'l L.* (1996), p. 180.

[3] 参见赵秀文:《国际商事仲裁及其适用法律研究》,北京大学出版社2002年版,第83页。

[4] Court of Cassation, Joint Divisions, Sep 15, 1977.

但却规定了处理知识产权有效性争议的专门行政机构或行政与司法程序,从而将仲裁排斥在争议解决方式之外。在此种情形下,将陷入一种境地,即侵权人往往将知识产权无效作为抗辩理由之一,这就要求对该知识产权的有效性进行确认,则当事人将不得不启动行政程序或司法程序以求得争议的解决,长期的仲裁与诉讼期间亦使权利人面临知识产权产品生命周期终止的风险。这时候,对知识产权有效性争议的可仲裁性问题的考量,则要适用社会经济状况的变化,特别是各国对公共政策解释的宽松与对仲裁持鼓励与支持的现实。缘于美国被认为是当今最倾向于适用仲裁方式解决争议的国家,无论是国内还是国际争议,[1]且美国的做法反映了知识产权有效性争议可仲裁性的发展方向,因此以下仍将美国的做法作为阐述的重点。

在专利方面,法院的基本立场是,专利有效性争议基于公共政策的权衡应当由地方法院行使独占管辖权,若通过仲裁方式予以解决将不能获取法院的强制执行。1930 年的 *Zip Manufacturing Co. v. Pep Manufacturing Co.* 案中法官对仲裁法作出狭窄的解释,认定专利有效性争议并不适用仲裁法,且指出仲裁法规定的可仲裁事项仅为商事争议,而"商事"是指商人间的日常交易,从而排斥了专利有效性争议的可仲裁性。[2] 1962 年的 *Leesona Co. v. Cotwool Manufacturing Corp.* 案重申了专利侵权与专利有效性争议的不可仲裁性。[3] 从 1969 年的 *Lear. Ine. v. Adkins* 案开始,法院援引公共政策作为阻却专利有效性争议具有可仲裁性的缘由。[4] 之后,1970 年的 *Beckman Instruments, Inc. v. Technical Develop. Corp.* 案则自然地延续援引公共政策来否定专利有效

---

[1] William Grantham, "The Arbitrability of International Intellectual Property Disputes", 14 *Berkeley J. Int'l L.* (1996), p. 214.

[2] 44 F. 2D 184 (D. Del. 1930).

[3] 204 F. Supp. 141 (W. D. S. C. 1962), aff'd, 315 F. 2d 538 (4th Cir. 1963).

[4] 395 U. S. 653 (1969).

性争议的可仲裁性的判例[1]。

直到 1982 年修改并于 1983 年 2 月 27 日生效的《美国法典》第三十五编第 294 条第 1 款始规定:"涉及专利或任何专利权利的契约可以包含要求将任何与专利有效性或专利侵权有关的争议提交仲裁的条款。在没有仲裁条款的情况下,当事人可以书面约定以仲裁方式解决有关专利有效性或侵权的争议。任何此类仲裁条款或协议应是有效的、不可撤销的和可执行性的,但是具有法律或者衡平法所规定撤销契约的理由者除外"。[2] 第 2 款进一步规定了程序方面的事项:"对专利争议进行仲裁时,在不违背专利法的前提下,仲裁程序适用仲裁法。仲裁员在程序中保障当事人依据专利法第 282 条提出关于专利无效或侵权的抗辩理由。"[3] 这一条款表达了任何专利争议均能提交仲裁的涵义。[4] 基于公共政策的考量,第 294 条第 3 款规定了"仲裁裁决具有终局性,对当事人各方均有拘束力,但对其他人没有法律上的效力。当事人各方也可以约定,如果日后裁决所涉及的专利事项被有管辖权的法院宣布无效或不能执行,该有管辖权的法院可根据一方当事人的请求,对该裁决进行修订,自修订之日起,此修订支配各方当事人的权利与义务"。[5] 自此以后,专利有效性争议在美国具有仲裁性普遍为各个判例所接受。在 1987 年的 Scan-Graphics, Inc. v. Photomatrix Corporation 一案中,地区法院甚至无条件或无其他评论地认为加利福尼亚

---

[1] Such patent law issues were said to be "inappropriate for arbitration proceedings and should be decided by a court of law, given the great public interest in challenging invalid patents". 433 F. 2d 55, 63 (7 Cir. 1970).

[2] 35 U. S. C. § 294 (a).

[3] 35 U. S. C. § 294 (b).

[4] David W. Plant, "Arbitrability of Intellectual Property Issues in the United States", 50-SEP Disp. Resol. J. (1995), p. 9.

[5] 35 U. S. C. § 294 (c).

州的仲裁员可以裁断任何缘于协议的专利争议[1]。

在版权方面,在 1987 年的 *Saturday Evening Post Co. v. Rumbleseat Press, Inc.* 一案中,联邦地区第七巡回上诉法院支持了仲裁员可以在版权许可协议案件中裁决版权的有效性问题。本案涉及在版权许可协议届满后,一方当事人指控对方侵权并提起了仲裁。被告辩称版权无效,且国会在《美国法典》第二十八编第 1338 条第 1 款中授予联邦法院对版权的专有管辖权的决议明确排除了版权有效性争议的可仲裁性。然而法院拒绝了此种申辩,指出"因版权许可合同而引发的争议并不当然地被认为是基于版权法而产生的",因为"这与联邦授予的版权并无直接的联系"[2]。同时,法院还表示,鉴于最高法院并不认为涉及经济垄断(例如反托拉斯)的争议是对公共政策的威胁,那么对涉及相对危险性更小的法定垄断权(例如版权)的争议进行仲裁,显然对公共政策的威胁也更小[3]。且仲裁员的裁决仅对双方当事人具有效力而并无先例的效力,因此减轻了对公共政策的威胁[4]。最终,法院指出,专利所造成的垄断危险更为严峻,然而国会通过了《美国法典》第三十五编第 294 条明确授权了仲裁对专利有效性争议的管辖。换言之,既然专利有效性争议都可以提交仲裁,更不论版权有效性争议了。现在,公共政策似已不再继续作为版权有效性争议仲裁案件的最主要的考量,关于版权有效性争议仲裁案件的未来裁决将取决于法

---

〔1〕 It was "likely that the California arbitrators, while addressing the validity and scope of the 1987 Agreement, will also address whether there has been a transfer of rights to one or more claims of the patent by virtue of the agreement." 1992 WL 2231 (E. D. Pa. January 2, 1992).

〔2〕 "A dispute over the terms of a copyright license is not deemed to arise under the Copyright Act" because it is "too remote from the federal grant (the copyright)." 816 F. 2d 1194 (7th Cir. 1987).

〔3〕 The arbitration of a dispute involving a considerably less dangerous legal monopoly (i. e. , copyright) that could easily be circumvented by the creation of close substitutes presented even less of a threat to public policy. 816 F. 2d. 1198-99.

〔4〕 The public policy danger was further lessened by the fact that the decisions of arbitrators are binding only on the parties involved and have no value as a precedent. 816 F. 2d. 1199.

院选择对仲裁条款解释的方式。[1] 联邦法院已体现出对仲裁的支持立场,更乐于友善地对此种协议进行解释,例如 *Folkways Music Publishers, Inc. v. Weiss* 一案就肯定了仲裁员对版权所有权争议的解决。[2]

在商标方面,前述提交仲裁解决的商标侵权争议案件亦表明了商标有效性争议的可仲裁性。譬如 *U. S. Diversified Industries, Inc. v. Barrier Coatings Corporation* 一案中,法院宽泛地解释了仲裁条款,认为"在协议项下的任何争议均可通过仲裁解决"(Any dispute arising hereunder shall be settled by arbitration),[3] 这即意味着商标有效性争议亦具有可仲裁性。

四、知识产权国际争议的适裁性

进入 20 世纪 90 年代以来,技术创新成为全球经济增长最重要的动力与产业安全的根本保障,世界范围内科技革命继续迅猛发展,将带动科技成果转化和产业更新换代的周期缩短,技术创新作为经济增长引擎与第一生产力的地位和作用日益突出。[4] 世界新技术革命加速了资本与技术在全球的流动,从而亦加速了经济的全球化与一体化。同时,在世界贸易组织框架下,各国之间的经济贸易往来更加活跃。在这样的大环境下,知识产权在经济生活中的重要作用日益显现,国际经济技术合作日趋频繁;但国际知识产权贸易在持续发展的同时,亦不可避免地引发知识产权国际争议的出现与寻求解决途径的探索。

无疑,行政方式并不适宜处理知识产权国际争议,而司法裁决方式亦面临着知识产权地域性原则的障碍。尽管在国际经济贸易与文化艺术交流中,由于国际科技、文化与贸易的迅速发展,知识产权的地域性受到了严重的冲击,[5] 但作为知识产权的主要特征之一,该原则

---

[1] David Plant, "Arbitrability of Intellectual Property Issues in the United States", 50-SEP *Disp. Resol. J.* (1995), p. 12.

[2] 989 F. 2d 108 (2nd Cir. 1993).

[3] Civil No. 83 - 2124 - T (*D. Mass.* October 18, 1982).

[4] 杨丹辉:《世界经济发展的新趋势及其对我国产业安全的影响》,载《国际贸易》2008 年第 1 期,第 38 页。

[5] 赵相林主编:《国际私法》,中国政法大学出版社 2005 年版,第 219 页。

依然未能最终突破。传统知识产权的地域性原则涵括四个方面的涵义：在每一个国家的知识产权效力由该国法决定、知识产权仅影响在其被授予地域内的活动、该权利仅能由被授予国国民或通过法律赋予相似地位的其他人予以主张以及该权利仅可在被授予国法院予以主张或提出异议。[1] 换言之，按照一国法律获得确认和保护的知识产权只在该国具有法律效力，除签有国际公约或双边互惠协定的情况外，知识产权没有域外效力，其他国家没有对一国知识产权进行保护的义务。虽然知识产权法律冲突产生的前提之一是各国在一定条件下承认外国法律在内国的域外效力，但在实践中，通过本国冲突规范的指引而适用外国法律处理知识产权国际争议的情况并不多见，司法裁决中在法律适用上往往限于法院地法而排斥了外国法的适用，因为一国法律原则上只保护本国国民的知识产权。而外国法的适用被排斥，在国际民商事交往中是显失公平的。

虽然当事人可以在多种争端解决机制中进行选择，仲裁方式的确是解决知识产权国际争议的最适当的机制。[2] 相对而言，国际仲裁在解决知识产权国际争议中的优势是不言而喻的。事实上，世界知识产权组织（WIPO）就一直在致力于为知识产权国际纠纷提供非诉讼的争端解决方法。WIPO 最显著的缺陷在于缺少一个有效的争端解决机制，为弥补此缺陷，WIPO 开始起草一个国家间的知识产权争议解决条约。[3] 这个争端解决程序的设置仿照了 GATT 与 TRIPS 协议，因为后者的仲裁程序符合国家间迅速解决争议的意愿。[4] 1994 年，位于瑞士

---

[1] Cornish, *Intellectual Property*, London: Sweet & Maxwell, 1996, pp. 1~19. 转引自徐祥：《论知识产权的地域性》，载《武汉大学学报（哲学社会科学版）》2005 年第 5 期，第 601 页。

[2] Camille A. Laturno, "International Arbitration of the Creative: A Look at the World Intellectual Property Organization's New Arbitration Rules", *9 Transnat'l Law*, p. 359.

[3] See Bal Gopal Das, "Intellectual Property Dispute, GATT, WIPO: of Playing by the Game Rules & Rules of the Game", 35 *J. L. & TECH* (1994), p. 149.

[4] Monique L. Cordray, "GATT v. WIPO", *J. PAT. & TRADEMARK OFF. SOC'Y* 121 (1994), p. 122.

日内瓦的世界知识产权组织仲裁和调解中心建立。与其他仲裁机构的规则不同,WIPO 的仲裁规则并未排斥其他知识产权争议的解决方式,WIPO 在处理知识产权国际纠纷中共设立了四种争端解决程序,即调解、调解—仲裁、仲裁及简易仲裁程序。[1] 实践中,仲裁与调解相结合的方式更利于解决知识产权国际争议。知识产权国际争议往往是与国际贸易、投资等相关联,国际贸易双方当事人通常希望在知识产权争议解决后仍能保持良好的商业合作关系,因此寻求在友好的气氛中解决争议,调解解决无疑是最佳方式之一。但是缘于缺乏必要的法律保障,有可能会陷入久调不决的窘境。WIPO 的调解—仲裁程序则解决了这一矛盾,当事人将首先利用 WIPO 的调解程序尝试争议解决,如在规定时间内无法达成调解协议或者一方拒绝继续进行调解,争议将转而由仲裁程序解决。WIPO 仲裁规则的非特殊性使其能用以解决任何普通的商业与投资争议,[2] 因而,WIPO 是知识产权国际争议的毋庸置疑的卓越解决方式。[3]

五、我国知识产权争议仲裁的实践

诚如前述,我国《仲裁法》并没有明确规定知识产权争议具有可仲裁性,知识产权单行法中也只有《著作权法》规定了著作权纠纷可依据当事人达成的书面仲裁协议或者著作权合同中的仲裁条款向仲裁机构申请仲裁。与专利或商标不同,著作权存在独立于任何国内或国际的注册,且可由当事人自由处分,因此此类争议可以提交仲裁并无疑义。[4] 也有国外学者认为,1995 年施行的《仲裁法》,其可仲裁的

---

[1] Susan W. Tiefenbrun, *A Comparison of International Arbitral Rules*, 15 B. C. INT'L & COMP. L. REV. 25 (1992), pp. 25~49.

[2] Camille A. Laturno, "International Arbitration of the Creative: A Look at the World Intellectual Property Organization's New Arbitration Rules", 9 *Transnat'l Law*, p. 379.

[3] Clark W. Lackert, "International Efforts Against Trademark Counterfeiting", 1988 *COLUM. BUS.*, p. 168.

[4] [英]艾伦·雷德芬、马丁·亨特等:《国际商事仲裁法律与实践》,林一飞、宋连斌译,北京大学出版社 2005 年版,第 148 页。

经济活动不仅包括了商事争议,也包括了知识产权等其他争议[1]。因此,中国国际经济贸易仲裁委员会得以管辖在中国的此类争议[2]。

司法实践中,我国知识产权争议仲裁的发展轨迹,亦是经历了从不可仲裁到可仲裁的过程。不过,可交付仲裁解决的知识产权争议只限于合同争议与侵权争议。例如,在一起外方以技术作为合资企业出资的合资合同争议中,在签订合资合同时,外方作为出资的技术尚未申请专利,但却作为专有技术出资;之后,该专有技术获得了专利权,外方又拒绝向合资企业转让该项技术,由此引发了争议,此项争议被提交至中国国际经济贸易仲裁委员会仲裁。仲裁庭经审理后认为,本案出资所涉及的专利技术,就其技术内容来说,完全等同于最初的专有技术,而双方所考虑的出资方式是专利权的转让而不是专利权的许可。被申请人拒绝出资,就是严重违反了其在合资合同项下的出资义务,对此应当承担违约责任[3]。

随着仲裁在中国的纵深发展,知识产权争议仲裁愈发引起了广泛的关注,各地相继成立知识产权仲裁中心或仲裁院,以期更好地解决知识产权争议。早在2002年,西安仲裁委员会就成立了知识产权仲裁咨询中心,专门提供知识产权仲裁服务[4]。2007年2月14日,厦门仲裁委员会成立国内首个知识产权仲裁中心,将为知识产权纠纷案件提供更方便快捷和专业的解决方式[5]。2007年4月15日,全国首个

---

[1] "Economic" activities include issues arising not only from commercial matters, but also from, inter alia, intellectual property questions.

[2] Sally A. Harpole, "International Arbitration in the People's Republic of China under the New Arbitration Law", *ICC Int'l Ct. Arb. Bull* (1995), pp. 19~21.

[3] 参见黎晓光:《一个在中外合资中涉及专利权的技术出资争议》,载《仲裁与法律通讯》,1997年第5期,第30~35页。

[4] 参见《陕西成立首家知识产权仲裁服务机构》,载在线国际商报:http://ibdaily.mofcom.gov.cn/show.asp?id=13297,2008年7月16日访问。

[5] 荣义:《厦门成立知识产权仲裁中心》,载《中国知识产权报》2007年2月28日,第8版。

知识产权仲裁院——武汉仲裁委员会知识产权仲裁院成立。[1] 2007年5月17日，渭南仲裁委员会成立知识产权技术合同纠纷仲裁中心，旨在为知识产权技术合同纠纷案提供专业、便捷和有效的法律服务，这是目前中国西部首家知识产权技术合同纠纷仲裁机构。[2] 2007年6月13日，天津市仲裁委员会知识产权工作站正式成立，市民个人以及企业间发生专利、著作权等知识产权纠纷，均可寻求"友好仲裁"方式来解决，不仅可以节省时间，而且具有更高的自由度。[3] 2008年4月25日上午，广州仲裁委员会知识产权仲裁中心正式挂牌成立，这将是华南第一家知识产权仲裁中心，标志着知识产权仲裁实践的重大进展，也是广州在建立"知识产权示范城市"中的一大举措。[4]《上海实施〈国家知识产权战略纲要〉若干意见》明确提出了适时建立上海知识产权仲裁院，发挥仲裁处理知识产权纠纷的作用。[5]

尽管起步较晚，但我国知识产权争议仲裁的发展相当平稳。而鉴于当前的现实国情，我国可仲裁事项的范围并不能像美国等国家那样宽泛。例如，虽然修订后的《专利法》、《商标法》均取消了行政主管部门对专利权和商标权有效性的最终认定权，知识产权有效性争议依然不具有可仲裁性。实践中，知识产权管理部门（知识产权局、工商局、版权局）有意愿让更多的知识产权争议通过仲裁方式来解决，积极促成仲裁机构与行政机关合作，但知识产权行政权与知识产权争议中的仲裁权如何协调仍是需要考量的实质问题，因为知识产权争议中常涉及的知识产权效力的认定、权利归属是行政权决定的事项，这在

---

〔1〕参见《武汉仲裁委员会知识产权仲裁院正式成立》，载中国知识产权研究网：http://www.iprcn.com/view_gz.asp?idname=37，2008年7月16日访问。

〔2〕参见《渭南仲裁委知识产权技术合同纠纷仲裁中心成立》，载渭南仲裁委员会网站：http://www.wnac.cn/shownews.asp?id=83，2008年7月16日访问。

〔3〕徐杨：《天津市仲裁委知识产权工作站成立知产纠纷可以友好解决》，载《每日新报》2007年6月14日，第28版。

〔4〕符王润、黄海：《广州成立华南首家知识产权仲裁中心》，载《广东科技报》2008年4月29日，第10版。

〔5〕参见《上海实施〈国家知识产权战略纲要〉若干意见》第三部分第10条。

争议的解决中无法绕开。[1] 作为理论探讨，有学者认为，知识产权争议与效力异议如影随形，否定知识产权有效性的可仲裁性往往使得权利人备受累诉之苦，不利于纠纷的解决，也与知识产权法的发展趋势不符；且否定知识产权有效性的可仲裁性给知识产权管理机关造成了沉重负担，也无益于提高这些机关的办案质量。在此基础上，借鉴《美国法典》第三十五编第294条第3款的规定与国际商会国际仲裁院的第6097号仲裁裁决较好地解决行政机关公权力与非公力救济方式仲裁裁决之间矛盾的经验，提出了下述观点：在多数情况下，对知识产权有效性或真实价值的评价应当只是一项对合同行为进行抗辩的构成要素，因此与合同纠纷有密切联系的争议并不必然转化成为知识产权法范围内发生的争议，并以此否认其可仲裁性；在因单纯的侵权纠纷引发知识产权有效性争议的情况下，只要当事人之间有仲裁协议，也应当承认其可仲裁性；对于仲裁裁决的效力，应只对当事人双方产生拘束力。[2] 这些理论无疑对推动立法观念的转变具有积极的意义。总体而言，我国知识产权合同争议与侵权争议已逐渐纳入可仲裁事项范围，而"有效性问题的可仲裁"仍须待我国行政体制、知识产权立法与执法等诸多状况的衡平与协调。

第四节 我国证券争议的可仲裁性

一、证券争议仲裁的产生与演进

证券争议仲裁可追溯到1872年的纽约证券交易所（New York Stock Exchange, NYSE），自此以后，各证券业自律组织（Self-Regulatory Organizations, SROs）也建立了针对证券争议的仲裁程序。[3] 从渊

---

[1] 徐昇：《知识产权仲裁的理论与实践》，载《仲裁研究》（第14辑），第66页。

[2] 王莹：《试论知识产权有效性争议的可仲裁性》，载《电子知识产权》2003年第3期，第59页。

[3] Constantine N. Katsoris, "Roadmap to Securities ADR", 11 *Fordham J. Corp. & Fin. L.* (2006), p. 417.

源上来看，1925年美国国会制定《联邦仲裁法案》，以矫正司法对仲裁的不友善立场。[1] 其后，国会通过了两个主要立法来规制证券交易，即1933年《证券法案》与1934年《证券交易法案》。1933年《证券法案》以保护预期投资者免受欺诈、提升更高层级的商业道德为初衷，通过对所有与公开销售证券相关的金融资料、数据的公开，使得买卖双方得以公平地作出投资决定。[2] 更进一步地，该法案对虚假陈述与未能做到信息公开两种行为规定了民事责任，并以联邦司法保障此种责任的执行。[3] 此外，法案中规定的权利是不能放弃的。[4] 1934年《证券交易法案》旨在消除金融市场中的滥用行为，保护投资者在二级市场中免受欺诈与不公平的暗箱操作。[5] 不同的是，在1933年《证券法案》项下，任何依据1934年《证券交易法案》而对权利的放弃都是被禁止的。[6]

当前，对证券争议发生前的仲裁协议的执行，很大程度上取决于投资者将其争议置于哪一部法案项下。[7] 在1953年的 *Wilko v. Swan* 案中，个人投资者Wilko在联邦地区法院对Swan经纪公司提起诉讼，诉称经纪公司的账户管理人向他传播虚假消息以及股票买卖的不作为（misrepresentations and omissions in connection with the sale of stock.）。最高法院裁断依据1933年《证券法案》第12条第2款而发生的争议是不能提交仲裁的。[8] 诚如前述，该法案规定任何要求放弃法案所赋予的当事人的权利的合同都是无效的；最高法院认为证券法案创造了保护投资者的特殊权利，这些权利与强烈的公共利益要求法院的保护。

---

[1] Kurt A. Peterson, "The Arbitrability of Claims Under the Federal Securities Laws", 12 *J. Corp. L.* (1987), pp. 356~357.

[2] See H. R. REP. NO. 85, 73d Cong., 1st Sess. 1-5 (1933).

[3] 15 U. S. C. §§ 77k, 77l, 77o (1982).

[4] 15 U. S. C. § 77n (1982).

[5] See S. REP. NO. 792, 73d Cong., 2d Sess. 1-5 (1934).

[6] 15 U. S. C. § 78cc (a) (1982).

[7] Kurt A. Peterson, "The Arbitrability of Claims Under the Federal Securities Laws", 12 *J. Corp. L.* (1987), p. 359.

[8] 346 U. S. 427 (1953).

而在 1985 年的 *Dean Witter Reynolds*, *Inc.* v. *Byrd* 案[1]中，法院对相同问题产生了分歧。[2] 但是，联邦法院在 *Wilko* v. *Swan* 案中的观点，成为了美国法院对证券争议行使独占管辖权的先例，诸多法院都简单地将联邦法院对 *Wilko* v. *Swan* 案的解释延伸到有关 1934 年《证券交易法案》的争议解决中，而未考量 1933 年《证券法案》与 1934 年《证券交易法案》所蕴涵的政策是否一致，例如 *Mansbach* v. *Prescott Ball & Turben* 案[3]、*De Lancie* v. *Birr*, *Wilson & Co.* 案。[4]

1974 年的 *Scherk* v. *Alberto-Culver Co.* 案给最高法院一个在 1934 年《证券交易法案》下扩大解释 *Wilko* v. *Swan* 案所形成的原则的机会。美国公司购买了德国国民的商标和他在一些国家的其他资产，双方在美国、英国与德国进行谈判并在奥地利签署合同，合同约定在瑞士交付执行，并约定了在国际商会仲裁的范围的仲裁条款。本案的特殊之处在于一方当事人是德国人。最高法院认为，依据 *Wilko* v. *Swan* 案形成的先例，国内证券争议不能提交仲裁，但本案争议涉及真实的国际合同（truly international agreement），这将触及与 *Wilko* v. *Swan* 案有重大不同的政策考量。最终法院基于保护投资者在国际商务中利益的考虑，部分改变了 *Wilko* v. *Swan* 案的先例，裁断国际商事纠纷中的证券争议可以交付仲裁解决。[5] 直到 1987 年的 *Shearson/American Express*, *Inc.* v. *McMahon* 案，最高法院终于承认仲裁庭解决 1934 年《证券交易法案》第 12 条第 2 款争议的能力在国际交易与国内交易方面是相同的，在立法史或者《证券交易法案》本身，没有任何迹象表明国会要禁止放弃对法定权利的救济，因此裁断国内证券交易争议具有可仲裁性。[6] 当然，在 *Shearson/American Express*, *Inc.* v. *McMahon* 案之后，

---

[1] 470 U. S. 213 (1985).

[2] See Kurt A. Peterson, "The Arbitrability of Claims Under the Federal Securities Laws", 12 *J. Corp. L.* (1987), p. 359.

[3] 598 F. 2d 1017 (6th Cir. 1979).

[4] 648 F. 2d 1225 (9th Cir. 1981).

[5] 417 U. S. 506 (1974).

[6] 482 U. S. 220, 107 S. Ct. 2332, 96 L. Ed. 2d 185 (1987).

一些州的议会与立法机构仍尝试着否定证券争议的可仲裁性,[1] 但这些尝试均以失败告终。[2] 1989 年的 Rodriguez de Quijas v. Shearson/American Express, Inc. 案则更明确地指出了因《证券交易法案》第 12 条第 2 款产生的国内证券交易争议可以提交仲裁。[3]

与此同时,美国各证券业自律组织也在建立自己的证券仲裁管理规则;1976 年之前,多数证券业自律组织都制定了各自不同的规则。[4] 而依据 1934 年《证券交易法案》成立的美国证券交易委员会(Securities and Exchange Commission, SEC),在 1975 年国会修改《证券交易法案》第 19 条后,获得了监管证券业自律组织仲裁规则的行政权力。在此基础上,证券交易委员会在保证证券业自律组织的仲裁程序的正当性、加强对公众投资者保护等方面作出了不懈的努力。随后,1977 年成立的证券业仲裁委员会(Securities Industry Conference on Arbitration, SICA),由证券业自律组织、证券业协会(Securities Industry Association, SIA)和公众(the public)三方代表组成。[5] 证券业协会成立后,首先制定了旨在解决 2500 美元以下的小额权利请求的简易仲裁程序,并出版了小额争议程序册子;[6] 随后制定了综合性的《统一证券规则》(Uniform Code of Arbitration, UCA),该规则在很大程度上合并与协调了各证券业自律组织的仲裁规则,并对各自律组织所使用

---

[1] See Draft Bill To Restrict Use of Pre-Dispute Agreements, Sec. Arb. Commentator, June 1988, p. 4; Markey to SEC: What Happened?, Sec. Arb. Commentator, July 1988, p. 1; State Actions on Pre-Dispute Clauses, Sec. Arb. Commentator, Aug. 1988, p. 9.

[2] See S. Hinden, GAO Asked To Investigate Securities Arbitration Issues, Wash. Post, Feb. 7, 1990, p. 2; Markey to SEC: What Happened?, Sec. Arb. Commentator, July 1988, p. 1; Securities Indus. Ass'n v. Connolly-Massachusetts Arbitration Rules Preempted, Sec. Arb. Commentator, Aug. 1989, p. 2.

[3] 490 U. S. 477 (1989).

[4] See Constantine N. Katsoris, "The Arbitration of a Public Securities Dispute", 53 Fordham L. Rev. (1984), p. 283.

[5] Constantine N. Katsoris, "Roadmap to Securities ADR", 11 Fordham J. Corp. & Fin. L. (2006), p. 421.

[6] See Report of the Securities Industry Conference on Arbitration to the Securities and Exchange Commission Exhibit D (Nov. 1977).

的仲裁程序进行了编纂。[1] 1979年至1980年间，参加证券业仲裁协会的证券业自律组织接受了《统一仲裁规则》并以之为蓝本制定了自己的仲裁规则。[2] 2001年1月，新的通俗版本的规则取代了原先的版本，《统一仲裁规则》在不断的完善当中。[3]

二、我国证券争议仲裁立法与实践状况

相对而言，缘于我国证券发展的历史尚短，且证券制度的构建步伐异常缓慢，因此我国证券争议仲裁起步较晚。我国的证券争议仲裁制度是随1990年底上海证券交易市场与1991年深圳证券交易市场的建立而产生的。上海证券交易所于1990年制定的《上海证券交易所市场业务实行规则》以专章对证券争议仲裁作出了原则性规定，随后1991年《上海证券交易所仲裁实施细则》进一步作了补充。据此，上海证券交易所对投资者、上市公司、证券商等主体，与上海证券交易所之间因有价证券交易而发生的各种纠纷，可以当事人的合意而提交仲裁。上海证券交易所设立由投资者、上市公司、证券商、会计师事务所以及上海证券交易所的代表组成的仲裁委员会。同时，在国家工商管理局下设立股票纠纷仲裁委员会，专门对股票交易纠纷进行仲裁。且证券主管部门亦可就上市证券的发行者与上海证券交易所发生的证券上市争议，依据当事人达成的合意进行仲裁。这一时期的证券争议仲裁制度带有民间仲裁与行政仲裁并行的特点，仲裁范围狭窄，仅限于股票发行与交易过程中所发生的争议；且实行"先裁后审"原则，仲裁裁决并无终局效力，例如上海证券交易所允许当事人对其裁决提出异议，可请求证券主管部门进行复议，或向人民法院提起诉讼。[4]

---

[1] See Constantine N. Katsoris, "The Arbitration of a Public Securities Dispute", 53 *Fordham L. Rev.* (1984), p. 284.

[2] Fifth Report of the Securities Industry Conference on Arbitration 2 (Apr. 1986), p. 4.

[3] Constantine N. Katsoris, "Roadmap to Securities ADR", 11 *Fordham J. Corp. & Fin. L.* (2006), p. 424.

[4] 杨峰：《我国证券强制仲裁若干问题研究》，载《河南省政法管理干部学院学报》2002年第4期，第106页。

1993年4月，国务院颁布的《股票发行与交易管理暂行条例》确立了任意仲裁与强制仲裁两种形式，这是我国首次以行政法规的形式确立了证券争议仲裁的法律地位。该条例第八章"争议的仲裁"中，规定了两种争议可以交付仲裁解决，即"与股票的发行或者交易有关的争议，当事人可以按照协议的约定向仲裁机构申请调解、仲裁"[1]以及"证券经营机构之间以及证券经营机构与证券交易所之间因股票的发行或者交易引起的争议，应由证券委批准设立或指定的仲裁机构调解、仲裁"[2]。

1994年8月国务院证券委员会发布了《到境外上市公司章程必备条款》。其中，该必备条款最主要规定了到香港上市的公司应当对下列内容载入公司章程：公司外资股股东与公司之间，外资股股东与公司董事、监事、经理或者其他高级管理人员之间，外资股股东与内资股股东之间，基于公司章程、《公司法》及其他有关法律、行政法规所规定的权利义务发生的与公司事务有关的争议或者权利主张，有关当事人应当将此类争议或者权利主张提交仲裁解决；同时该条规定了申请仲裁者可以选择中国国际经济贸易仲裁委员会按其仲裁规则进行仲裁，也可以选择香港国际仲裁中心按其证券仲裁规则进行仲裁；且仲裁机构作出的裁决是终局裁决，对各方均具有约束力[3]。这实质上是规定到香港上市的公司应当对部分"与公司事务相关"的争议实行强制仲裁并写入公司的章程中，其中亦有可能会涉及到证券争议。

1994年，国务院证券委还发布了（1994）20号文件《国务院证券委员会关于指定中国国际经济贸易委员会为证券争议仲裁机构的通知》。同年10月中国证监会发布了（1994）139号文件《中国证券监督管理委员会关于证券争议仲裁协议问题的通知》，通知规定了证券经营机构之间以及证券经营机构与证券交易场所之间因股票的发行或者交易引起的争议必须采取仲裁方式解决，指定了中国国际经济贸易仲

---

[1] 参见1993年《股票发行与交易管理暂行条例》第79条。
[2] 参见1993年《股票发行与交易管理暂行条例》第80条。
[3] 参见1994年《到境外上市公司章程必备条款》第163条。

裁委员会为仲裁机构。此外，通知还要求股票发行或者交易有关的争议采取仲裁方式解决的，应当签订证券争议仲裁协议或者仲裁条款。[1] 但这两个通知被证监会于1999年12月21日发布的《证监会关于废止部分证券部门规章的通知》废止。

1994年《仲裁法》的颁布给我国的证券争议仲裁带来了冲击与影响。作为我国规范仲裁制度的基本性法律，《仲裁法》没有亦不可能具体规定证券争议仲裁制度，但证券争议仲裁的相关规定不可质疑地应当遵循《仲裁法》的一般规定。在总则一章中，《仲裁法》秉承了意思自治原则，规定"当事人采用仲裁方式解决纠纷，应当双方自愿达成仲裁协议"，[2] "仲裁委员会应当由当事人协议选定"。[3] 然而，依据上述证券管理部门的规定，证券经营机构之间以及证券经营机构与证券交易所之间因股票的发行或者交易引起的争议应当采取仲裁方式解决。这一强制仲裁的规则带有强烈的行政干预，与《仲裁法》确立的意思自治原则相悖，在一定意义上"强制仲裁实际是对仲裁制度本质的反动"，而为当事人指定仲裁机构同样违背《仲裁法》的本质属性。

此后，2004年1月18日中国证券监督管理委员会与国务院法制办公室联合发布的《关于依法做好证券、期货合同纠纷仲裁工作的通知》，通知明确规定，证券期货市场主体之间发生的与证券期货经营交易有关的纠纷，属于平等民事主体之间发生的民商事纠纷，适用仲裁方式解决；但对于上市公司与证券市场公众投资者之间纠纷的仲裁，则另行研究确定。由此可知，通知仅是对证券争议仲裁的一个肯定表态与指导，对具体规则并没有涉及。而2006年施行的新《证券法》亦未对证券争议仲裁作出规定。

综合而言，这些零散的法律、法规以及部门通知都是仅就一些原则问题以及证券争议仲裁的些许侧面作出规定，而这些规定无疑缺乏

---

[1] 参见证监发字（1994）第139号文。
[2] 参见1994年《仲裁法》第4条。
[3] 参见1994年《仲裁法》第6条。

从全局的视角来综合考量问题，亦未能为证券争议仲裁设计妥当思路、制定统一的体系与规则；且相对于这些年来证券市场的发展，这些规定已明显滞后，难以适应证券市场不断持续的发展。另一方面，除却《仲裁法》，其他法规与部门通知的法律层级都较低，其权威性并不足以全面支持证券仲裁。而《立法法》明确规定了作为解决民商事争议基本方式的诉讼与仲裁制度只能以制定法律的形式颁布实施，[1] 国务院与证监会只能依法制定部门行政规章，其是否有权在法律未规定的情势下制定证券争议仲裁制度是值得商榷的。我国证券争议仲裁赖以附着的法律依据的缺失，形成了对证券争议仲裁发展的阻碍。

在证券争议仲裁的实践方面，1994年9月北京两家证券公司因股票发行过程中承销团成员之间承销费用的划分问题同另一证券公司发生争议遂提起仲裁，成为我国首个证券争议仲裁的案例。缘于我国缺乏规范证券市场的法律法规且又未形成一套行业惯例与做法，仲裁委员会在受理案件后，依据仲裁规则，在查清事实的基础上，除依据我国现行的法律规范外，更多地参考与借鉴了国外关于承销费用划分的规定与习惯做法而作出裁决。其后的证券争议仲裁涉及证券公司交易中的错误造成一方损失的纠纷、股票发行纠纷以及国债交易纠纷；但与贸易、合资方面的案件相比，证券争议仲裁案件在数量上较少。1995至1996年全国证券交易自动报价系统制定了进行国债回购的回购交易成交报告书，其中的回购主协议第20条规定回购交易中发生的纠纷，如协商解决不成，将提交中国国际经济贸易仲裁委员会仲裁，仲裁地点在北京。此期间以个别券商严重违规的"三·二七国债期货事件"为导火线，中国曾集中爆发国债回购市场问题。[2] 大量的国债回购纠纷成了证券仲裁发展的契机，但缘于当时中国国际经济贸易仲裁委员会受案范围限于涉外纠纷，而国家证券委授权仲裁的也是股票发行与交易产生的争议，国债交易纠纷显然不属于股票争议，将面临因

---

〔1〕 参见《立法法》第8条。
〔2〕 参见《工作组报告交证监会国债回购或将大洗牌》，载新华网：http://news.xinhuanet.com/stock/2004-10/28/content_2147852.htm，2008年7月31日访问。

不属于仲裁委员会受案范围而被撤销之虞；有些国债回购交易的双方未采用回购主协议的格式文本，未将主协议中的条款引用上去，导致纠纷产生时应当仲裁抑或诉讼，双方莫衷一是；且法院认为仲裁机构有抢案源的嫌疑，因此证券争议仲裁未能获得发展。当然，中国国际经济贸易仲裁委员会还是审理了一些证券争议案件。[1]

1994年8月，在被国务院证券委指定为证券争议的仲裁机构后，中国国际经济贸易仲裁委员会立即公布了62名证券仲裁员的名单。待到2003年4月中国国际贸易促进委员会、中国国际商会通过我国仲裁史上第一部适用于特定类型案件的专门仲裁规则——《中国国际经济贸易仲裁委员会金融争议仲裁规则》时，中国国际经济贸易仲裁委员会的金融专业仲裁员名册同步实施。缘于该规则可以适用于证券纠纷，金融专业仲裁员名册中处理证券纠纷的也可以认为是证券仲裁员。严格而言，证券争议专业性、技术性很强，对规则的要求与其他金融争议有较大的差异，因此《中国国际经济贸易仲裁委员会金融争议仲裁规则》尚不能算是我国证券争议仲裁的专门规则。一语概之，虽然已形成了证券争议仲裁制度，但无论是法律规范、机构规则，还是司法实践中的具体操作，我国证券争议仲裁亟待跟上目前证券争议解决需要的步伐，完善对证券争议直接明确的规制。

三、司法、行政与仲裁在证券争议解决机制中的博弈关系

缘于重刑轻民的传统影响，长期以来，我国一直将行政机构与司法机关作为争议解决的核心，民间性的争议解决机制受到的重视不足，受此种惯性思维的影响，当前我国证券业行政主管机关，尤其是法院保持着对证券争议案件处理的垄断性地位，将诉讼默认为对投资者予以保护的最有效甚至是唯一手段，[2] 而此种垄断易使仲裁的作用得不到应有的发挥。显然，行政行为不应当介入商事争议的处理，否则难

---

[1] 参见姚俊逸：《中国证券仲裁实践及其新发展》，载法律教育网：http://www.chinalawedu.com/news/2004_4/15/1522007633.htm，2008年7月31日访问。

[2] 叶红光：《证券仲裁制度：证券诉讼的替代机制》，载《证券市场导报》2002年5月号，第16页。

以使证券市场摆脱我国长期存在的官本位影响。而在证券争议领域，我国相关的司法制度与救济途径亦未完全建立，司法体系仍存在诸多缺陷。现行的法律规范，包括《公司法》、《证券法》以及其他程序法，对于在西方国家行之有效的对证券争议的救济措施均未作出规定，即使有规定也是不够具体的，例如集团诉讼（Class Action）、股份评价请求权（Appraisal Rights）以及公司董事与高级管理人员的诚信责任（Fiduciary Duty）等。

在具体操作中，法院在证券争议的处理中亦存在缺位的情形。

譬如1998年股民姜顺珍与成都红光股份有限公司之间发生的争议，姜顺珍起诉要求判令国泰证券有限公司、何行毅、焉占翠、中兴信托投资有限责任公司、成都蜀都会计师事务所、成都资产评估事务所等24名被告赔偿其损失人民币3136.50元。原告认为，由于听信了上述被告的虚假陈述，作出了对成都红光实业股份有限公司进行投资的错误判断，分6次共买进成都红光实业股份有限公司股票1800股，由于成都红光实业股份有限公司存在编造虚假利润、少报亏损等严重违法违规行为，造成股价下跌；原告将股票尽数卖出后损失了人民币3136.50元。上海市浦东新区人民法院经审查认为，原告的损失与被告的违规行为之间无必然的因果关系，且原告所称的股票纠纷案件不属法院受理范围，遂依照原《民事诉讼法》第108条、第140条第1款第3项的规定，裁定驳回原告姜顺珍的起诉。[1] 这无疑昭示着中小投资者的合法权益无法获得救济。

2001年的银广夏案中，银广夏公司通过伪造购销合同、伪造出口报关单、虚开增值税专用发票、伪造免税文件与伪造金融票据等手段，虚构主营业务收入，虚构巨额利润7.45亿元；4位银广夏小股东诉银广夏与深圳中天勤会计师事务所，请示法院判令被告赔偿因被告制造和披露虚假证券信息而给股民造成的经济损失。这4位股民只是上海

---

〔1〕 参见上海市浦东新区人民法院民事裁定书（1998）浦经初字第3964号。

锦天城律师事务所代理的同一案件中的一小部分委托人。此前，该所通过在媒体发布公告，征集了逾千名在银广夏造假事件中遭到损失的股民，准备集体向银广夏公司和相关中介机构提起索赔诉讼。最终江苏省无锡市崇安区法院以案情复杂为由"中止审理"银广夏索赔案。[1] 同年的亿安科技民事侵权赔偿案中，因庄家违规操纵股票价格，导致大量投资者遭受惨重损失。9月北京中伦金通律师事务所律师团代表受害投资者分别向北京市第一中级人民法院、广州市中级人民法院递交了民事起诉状，正式起诉要求民事赔偿，被告共有广东欣盛投资顾问有限公司等7个。随后北京市第一中级人民法院正式口头通知亿安科技民事索赔律师团，对此案"暂不受理"。[2] 当然，最高人民法院于2001年9月21日发布的《最高人民法院关于涉及证券民事赔偿案件暂不予受理的通知》无疑是这些案件处理的依据，通知以尚不具备条件的含糊理由阻却了投资者寻求司法解决的途径，致使纠纷当事人丧失了行使司法救济获得民事赔偿的正当法律权利。

2002年1月与2003年1月，最高人民法院分别发布了《最高人民法院关于受理证券市场因虚假陈述引发的民事侵权争议案件有关问题的通知》与《最高人民法院关于审理证券市场因虚假陈述引发的民事赔偿案件的若干规定》。但是，这两个文件依然存在诸多缺陷。首先，文件对于证券的概念定义过于狭窄，将证券交易限于发行人向社会公开募集股份的发行市场、通过证券交易所报价系统交易的证券市场、证券公司代办股份转让市场和国家批准的其他证券市场，[3] 而不适用于在国家批准外证券市场进行的交易和通过协议转让方式进行交易引

---

〔1〕参见李峻岭、孙绍林：《证券民事索赔诉讼无门》，载《财经时报》2001年12月26日，第6版。

〔2〕参见李峻岭、孙绍林：《证券民事索赔诉讼无门》，载《财经时报》2001年12月26日，第6版。

〔3〕参见《最高人民法院关于审理证券市场因虚假陈述引发的民事赔偿案件的若干规定》第2条。

发的民事侵权案件。[1] 其次，文件将证券民事诉讼的受理范围仅限于因虚假陈述引发的民事赔偿案件，对内幕交易（Insider Trading）、非法关联交易（Related Party Transaction）与非法操纵市场（Market Manipulation）等其他常见违法行为则无能为力。再次，在司法程序上，不但要求诉讼须以行政前置为前提，即要求提起诉讼时须提交中国证监会与其他行政机关的行政处罚决定书或法院的刑事判决书；[2] 且未考虑证券争议中弱势投资者的利益以及执行中可能发生的地方保护主义，规定了司法管辖原则上仍采用"原告就被告"；[3] 此外，文件对举证责任规定亦不明确，未规定举证责任倒置，导致投资者需要承担沉重的举证责任。最后，文件规定的损失计算标准偏低，民事赔偿责任的承担以投资者因虚假陈述所导致的实际损失为限，并不包括间接损失。[4] 对投资者而言这根本无法全面赔偿其损失。

与司法途径相比较，证券争议的仲裁解决方式的优势是显而易见的。除却仲裁在处理反垄断、知识产权等争议中所体现出的普适性优点外，在证券争议方面，仲裁对于上述两个文件的不足之处都有其解决之道。尤其是在投资者最为关注的损失计算标准上，《若干规定》采用了最为简单而原始的直接计算价差的"填补式"而非"惩罚式"，既未考虑更为现代合理的"市场均价计算法"，亦未考虑投资者所损失的合理预期利润；而若将证券争议提交仲裁机构，则仲裁庭可以根据《民法通则》、《公司法》与《证券法》的具体规定或者原则性规定进行裁决，从而可以采用较高的损害计算方法给予受害方充分的赔偿，甚至有可能裁决惩罚性赔偿，因为法律并未要求仲裁员严格依据其具

---

[1] 参见《最高人民法院关于审理证券市场因虚假陈述引发的民事赔偿案件的若干规定》第3条。
[2] 参见《最高人民法院关于审理证券市场因虚假陈述引发的民事赔偿案件的若干规定》第6条。
[3] 参见《最高人民法院关于受理证券市场因虚假陈述引发的民事侵权争议案件有关问题的通知》第5条。
[4] 参见《最高人民法院关于审理证券市场因虚假陈述引发的民事赔偿案件的若干规定》第30条。

体规定进行裁决。美国联邦最高法院在 1995 年的 *Mastrobuono v. Shearson/American Express, Inc.* 一案中，就明确了仲裁员可以在证券争议的处理中裁断惩罚性赔偿[1]。缘于仲裁具有准司法性，只是行使司法权的主体社会化了而已，且证券法律关系兼具私法与公法性质，因而在特定条件下适用惩罚性赔偿具有一定的合理性。当然，笔者认为，作为仲裁自治基础的是法律关系的民事自治性，而民事赔偿的基本目的在于补偿而非惩罚，因此在证券争议中裁决适用惩罚性赔偿时应当持谨慎的态度。即使在美国，在当前经常出现欺骗、做假账、内幕交易等滥权情况的对投资者很不公平的年代，行业本身成立的仲裁机构所订立的仲裁规则与委任的仲裁员名单肯定会偏向行业而非小股民。美国证券交易商协会（National Association of Securities Dealers, NASD）曾认为证券市场已有太多监管，无须再去作出过高的惩罚性赔偿，否则会令部分经纪人"家破人亡"。这导致了 NASD 在 1998 年引入了规则的修改，将最高的惩罚性赔偿局限在补偿性赔偿（Compensatory Damages）之两倍。[2] 虽然迫于批评与压力，此规定于 2003 年 5 月被撤销，但确是从一个侧面说明了适用惩罚性赔偿的谨慎。但无论如何，我国可以适当借鉴美国的做法在证券争议仲裁中引入惩罚性赔偿，以矫正司法途径在损失计算标准上的缺失。在具体操作上，可以参考我国台湾地区的规定，即在内幕交易赔偿民事责任中的惩罚性赔偿——"其情节重大者，法院得依善意从事相反买卖之一请求，将责任限额提高至 3 倍"。[3]

四、证券争议强制仲裁辨思

我国 1993 年 4 月《股票发行与交易管理暂行条例》第 80 条规定了"证券经营机构之间以及证券经营机构与证券交易所之间因股票的

---

[1] U. S. Supreme Court have made clear that securities arbitrators are permitted to award punitive damages. 115 S. Ct. 1212 (1995).

[2] 杨良宜、莫世杰、杨大明：《仲裁法（从1996年英国仲裁法到国际商务仲裁）》，法律出版社2006年版，第533页。

[3] 参见我国台湾地区"证券交易法"第 157 - 1 条。

发行或者交易引起的争议，应由证券委批准设立或指定的仲裁机构调解、仲裁。"实质上有确定强制仲裁的意味。于此，有学者仍依据中国证监会 1994 年 10 月发布的《关于证券争议仲裁协议问题的通知》关于证券经营机构之间以及证券经营机构与证券交易所之间签订的与股票发行或者交易有关的合同应当包括证券争议仲裁条款的规定，[1] 实属不妥，因为此通知已为证监会于 1999 年 12 月 21 日发布的《证监会关于废止部分证券部门规章的通知》所废止。

证券争议强制仲裁亦易于引起关于其正当性的争鸣。毕竟合意是仲裁的基础，证券争议强制仲裁强行规定了仲裁事项、指定仲裁机构与地点，违背了当事人意思自治原则。然而，证券业是一门专业性很强的行业，证券争议不仅涉及法律知识，还涉及证券、金融等技术方面的知识，案情错综复杂；因而要求争议的解决人精通法律、证券、金融等知识，并对纠纷的背景、程序与技术等方面的因素做全面考量，方能作出准确裁断。前述司法与行政在处理证券争议方面均存有不足之处，且法院其他案件较多，办案人员较少，负担重，因此推广证券争议仲裁解决无疑是应为之举。仲裁员的选任标准严格，一般均由熟识法律、经济、贸易与金融的专家担任，其深厚的专业素养与丰富的经验是处理专业性与技术性强的案件的保障。而从证券实务来看，在争议发生后促成一个仲裁协议的几率几乎是微乎其微的，要推广证券仲裁就不能寄托于当事人在争议发生后达成的合意，而应通过相关的制度设计来保证争议能够被提交于仲裁机构。

在化解推广证券争议仲裁与仲裁双方当事人意思自治原则的冲突方面，美国的做法值得参考。美国仲裁法并未直接规定证券争议必须提交仲裁机构解决，而是通过证券业自律组织（SROs）将证券争议置于仲裁的解决方式下。证券业自律组织规则要求其会员同意将与投资

---

[1] 参见沈四宝、王晓川、沈建中：《关于推进证券仲裁的若干问题》，载《法制日报》2002 年 11 月 21 日；杨峰：《我国证券强制仲裁若干问题研究》，载《河南省政法管理干部学院学报》2002 年第 4 期，第 106 页。

者的争议提交仲裁。[1] 而要想成为会员，须在入会前接受证券业自律组织规则。因此，即使缺少书面仲裁协议，会员仍要受到投资者提出的仲裁请求的约束而接受仲裁。[2] 尤其是在 McMahon 案后，证券业仲裁委员会（SICA）法案增加了第3条以确保投资者知悉并明白签署的协议中所包含着的仲裁条款的效力。McMahon 案决定将证券业自律组织规则中规定的仲裁从一个基本上是自愿的程序，转变成了强制性的方式。[3] 虽然证券争议强制仲裁是否合理一直存在争论，[4] 此种规则一直延续下来。与此同时，法律并未规定发生争议时投资者必须接受证券经纪商的仲裁请求，因此投资者可以依据意思自治原则不受证券经纪商所提出的仲裁请求约束而选择其他争议解决方式。通过这样的制度设计，即通过会员资格认证的方式，美国巧妙地规避了证券争议强制仲裁与仲裁中当事人意思自治的冲突，从而达到对证券经营机构从严监管的目的，又兼顾了投资者的意思自治、尊重投资者的意向。

将美国的做法引入我国证券争议仲裁制度，无疑能满足证券争议仲裁高效的要求，亦能有效避免争议产生后无法达成仲裁协议以致证券争议仲裁制度被架空的尴尬局面。但是，这一做法要获得认可，前提条件是该强制仲裁的格式条款须在我国法律语境下未违背当事人的意思自治原则，否则仲裁庭作出的裁决将面临无法得到承认与执行的风险。我国证券交易所并非实行会员制，并不具备直接移植美国做法的土壤，且当前我国对证券市场的监管仍强调以官方监管为主、行业

---

［1］ Unif. Code of Arbitration § 1 (Sec. Indus. Conference on Arbitration 2005),

［2］ Constantine N. Katsoris, "Roadmap to Securities ADR", 11 *Fordham J. Corp. & Fin. L.* (2006), p. 425.

［3］ The McMahon decision transformed SRO arbitration from a basically voluntary procedure to a largely mandatory one. Constantine N. Katsoris, "Roadmap to Securities ADR", 11 *Fordham J. Corp. & Fin. L.* (2006), p. 470.

［4］ Kenneth R. Davis, "The Arbitration Claws: Unconscionability in the Securities Industry", 78 *B. U. L. Rev.* 255 (1998); Jean R. Sternlight, "Creeping Mandatory Arbitration: Is It Just?", 57 *Stan. L. Rev.* 1631 (2005).

自律为辅，因此最好是采取鼓励证券争议当事人诉诸仲裁解决的方式来推广证券争议仲裁制度。美国证券争议仲裁的历史表明，证券业的有关机构和人士注重倡导与推荐证券仲裁工作，是证券仲裁得以发展、生存、壮大的必由之路。美国证券仲裁产生的直接缘由就是有关人士在设计纽约证券交易所之初即在交易所章程中规定了证券仲裁机制；作为证券发行和交易监管部门的美国证券交易委员会对证券仲裁的鼓励、支持和推动态度亦推动了证券仲裁的发展。[1] 对我国而言，较为可行的方法是，由证监会统一拟定"证券仲裁协议示范条款"，在证券业内的合同关系中加以推荐适用。这个条款可以拟定为：凡是与本合同的解释与执行有关的任何争议应提交某仲裁委员会，依据该仲裁委员会的仲裁规则及其他相关规则进行仲裁；仲裁裁决具有终局性，对双方当事人均具有拘束力。当然，随着我国证券市场的不断完善，宏观监管模式的逐步转型，美国诸多可行之有效的做法亦可适时引入我国，以促进证券争议仲裁制度的广泛应用。

总体而言，证券市场在我国已蓬勃发展起来，相应地需要一套完备的证券争议解决制度与机构来化解争议，方能促进证券市场的健康发展。这就需要证券争议解决的各种方式——协商、调解、诉讼与仲裁各司其职，发挥各自应有的作用。而在证券争议中，仲裁相较于其他争议解决方式具有显著的优势，在我国建立、发展与完善证券仲裁法律制度具有广阔的前景，理论价值与实践意义都很大，对当前与将来的证券市场的发展均有着深远的影响。因此，在我国证券争议仲裁的相关制度、机构设置与仲裁规则基本处于空白状态的情势下，应当秉承保护投资者利益的价值取向，借助金融仲裁独立化的大环境，[2] 对证券争议仲裁制度予以更多的重视与研究。

---

〔1〕 周成泓：《中国证券仲裁制度略论》，载《特区经济》2005 年第 12 期，第 80 页。

〔2〕 参见霍洪涛：《金融仲裁独立化》，载杨润时主编：《商事仲裁理论与实务》，人民法院出版社 2006 年版，第 48 页。

第五节　破产争议的可仲裁性

一、破产与公共政策问题

在法律语境中，破产不仅是调整债务人与债权人关系的实体部门法，亦是复杂的管辖规则与程序规则，这个规则聚焦于债务人偿债与债权人获得分配的流程。[1]但当经营失败与无力偿债问题成为经济发展中的一种常态现象、破产成为一种普遍的社会问题之后，破产所引致的结果将会造成社会经济发展的障碍而使经济交往的进一步扩展变得举步维艰。于是免责制度的产生就水到渠成，继而作为对那些经营水平低下的企业的"诊断和治疗"措施的破产预防制度随即出现。免责制度和破产预防制度的出现作为破产法上的革命性变革，其产生都在极大程度上反映了政府的公共政策考虑。具体而言，破产法赖以建立的基础性社会关系乃当事人之间的债权债务关系，其中以合同之债为主导性内容，债务人出现破产原因时，作用于这种关系之内的制度和规则可能产生的功能失灵，比如因财产分配格局的不合理和分配结果的不公平而对社会秩序尤其是对交易秩序和信用秩序的破坏作为公共政策形成过程中的"政策问题"，并把特定的内部关系中的当事人对这种内部关系基于自身的经济利益与价值标准所产生的不满甚至怨恨以及对他种财产分配规则的需求作为一种"政策诉求"，把政府为解决债务人有限财产分配中可能引发的秩序问题而形成的政策决定称为一种外部规则和制度，这可算作"破产清算"意义上的"公共政策"。与此同时，把产生于破产事件中一般合同关系以外的，包括国家、企业职工在内的其他利害关系人的加入以及对他们利益的考虑首先作为政府公共政策的考虑内容，把政府对这类主体和这类利益关系的关照态度的规范化作为另外一种外部制度和外部规则，这可以算作

---

[1] Alan N. Resnick, "The Enforceability of Arbitration Clauses in Bankruptcy", 15 Am. Bankr. Inst. L. Rev. (2007), p.220.

"破产免责和破产预防意义"上的"公共政策"。[1] 概言之,企业破产立法上的公共政策即为在企业破产的立法环节和立法之后的实施环节,政府对企业破产法的推行所可能抱有的态度。据此,如何在平衡债权人、债务人以及除此之外的其他利益主体之间的利益关系的基础上适度反映出政府的选择倾向,并在必要的时候对政府的选择倾向做出一定的妥协——这些都是企业破产立法中公共政策所要解决问题的集中表现。[2]

破产与公共政策密切相关,破产不仅涉及债务清偿,更重要的是如何使企业摆脱困境,是一整套关乎社会公共利益的拯救与消灭企业的制度。一般说来,有关破产法的争议在大多数国家是不可提交仲裁的,[3] 破产争议是法院专属管辖的事项。对于破产争议的解决,在美国传统上大多数人都不太赞成仲裁,缘于仲裁在司法审查上的局限,[4] 且最高法院也是直到20世纪后期才开始认可仲裁的。[5] 相较而言,诉讼通常被认为是更公正的程序,因为诉讼有很多人参与,而且可以对判决进行上诉。[6] 在1983年的 *Zimmerman v. Continental Airlines, Inc.* 案中,当事人所订立的合同中包含有将任何与合同有关的争议提交仲裁的仲裁条款,但第三巡回法院拒绝了破产程序的继续进行,并拒绝对仲裁条款的执行。[7] 从梳理美国仲裁发展的历史脉络可知,

---

[1] 韩长印:《破产优先权的公共政策基础》,载《中国法学》2002年第3期,第26页。

[2] 韩长印:《破产优先权的公共政策基础》,载《中国法学》2002年第3期,第27页。

[3] 韩健:《现代国际商事仲裁法的理论与实践》,法律出版社2000年版,第457页。

[4] See 9 U. S. C. § 16 (1994).

[5] See generally McMahon, 482 U. S. 220; *Mitsubishi Motors Corp. v. Soler Chrysler-Plymouth, Inc.*, 473 U. S. 614 (1985); *Dean Witter Reynolds, Inc. v. Byrd*, 470 U. S. 213 (1985).

[6] Christina Tillett, "Enforcement Of Pre-Petition Contractual Arbitration Clauses In Bankruptcy: A Case Note on National Gypsum Co. v. NGC Settlement Trust & the Asbestos Claims Management Corp", 50 *Baylor L. Rev.* (1998), p. 1042.

[7] 712 F. 2d 55 (3d Cir. 1983).

在 *Shearson/American Express, Inc. v. McMahon* 案[1]之前，美国最高法院的观点反映了对仲裁作为一种可以接受的争议解决方式的不信任，例如前述的 *Wilko v. Swan* 案[2]。*McMahon* 案是一个转折点，由此开始法院摒弃了对仲裁的怀疑并裁断仲裁协议能够在绝大多数案件中执行。[3] 而这一转折点，也意味着仲裁的触角开始延伸至破产争议。

二、破产争议仲裁的比较法考察

综观各国立法与实践，个人或者法人的破产宣告是不具有可仲裁性的，但与破产相关的争议事项是否能够提交仲裁解决，各国的做法则大相迥异。第一种情形是，直接否定破产争议的可仲裁性。譬如德国1998年《民事诉讼法》对可仲裁性作出如下规定："①任何涉及经济利益的请求可以成为仲裁协议的对象。如果仲裁协议是关于不涉及经济利益的请求，则其在当事人有权就争议问题缔结和解协议的范围内具有法律效力。②有关德国境内住宅租赁合同关系存在与否的争议的仲裁协议是无效的。但其涉及德国《民法典》第556a条第8款所指的住宅种类除外。③根据本编以外其他成文法规定，某些争议不得提交仲裁或只有在特定情况下才可能提交仲裁，此类规定不受本编影响。"[4] 这无疑是排除了破产争议可以提交仲裁的可能性。日本的仲裁制度沿袭自德国，因为可和解标的物的存在是仲裁协议生效的特殊要件，因而日本《破产法》规定了破产的案件不能进行仲裁[5]。同时，日本《民事诉讼法典》第876条规定亦规定了破产争议是不能交付仲裁解决[6]。法国1981年《民事诉讼法典》规定"仲裁协议应当

---

〔1〕 482 U. S. 220 (1987).

〔2〕 346 U. S. 427 (1953).

〔3〕 Christina Tillett, "Enforcement Of Pre-Petition Contractual Arbitration Clauses In Bankruptcy: A Case Note on National Gypsum Co. v. NGC Settlement Trust & the Asbestos Claims Management Corp", 50 *Baylor L. Rev.* (1998), p.1048.

〔4〕 参见德国1998年《民事诉讼法》第1030条。

〔5〕 参见张巍:《日本的仲裁制度》，载《人民法院报》2002年1月3日。

〔6〕 汪祖兴:《国际商会仲裁研究》，法律出版社2005年版，第60页。

确定争议的标的，否则无效"，[1] 在法国，基于破产案件的特殊性与债权人的广泛性的考量，破产争议无从提交仲裁解决。[2] 澳大利亚亦规定了涉及破产的争议不具有可仲裁性。[3]

第二种情形是，将有关的破产争议划分为不同类型，对于债权人与破产人之间的债权债务关系争议，属于平等民事主体之间的争议，可以交付仲裁；对于破产程序中的特殊问题，诸如对有关公司重组与破产程序的争议、逾期未申报的债权问题、破产财产的清偿顺序问题，因为属于破产程序中实质性的核心问题，与普通的债权债务关系有很大区别，因而这些争议是不能提交仲裁解决的。芬兰即是采取区别对待的国家。在芬兰，凡是不涉及破产程序而仅关系当事人之间债权债务的争议可以交付仲裁机构。

Ky Finexim O. Ivanoff v. Ferromet Aussenhandelsunternehmen 案中，捷克公司 Ferromet 依据销售合同向芬兰公司 Finexim 出售钢板，在合同履行过程中捷克公司进行清算（Liquidation），芬兰公司遂要求从破产财产中得到贷款的补偿，但破产财产已售给了另一家公司 Ja-Ro Ab。捷克公司将争议提交仲裁后，芬兰公司对捷克仲裁机构提出抗辩，辩称依据芬兰法律，对破产财产的仲裁条款无效。管辖权异议被驳回，仲裁庭作出了不利于芬兰公司的裁决。1987 年 1 月 14 日，捷克公司向 Tampere（芬兰城市）行政法院申请承认与执行捷克仲裁庭作出的终局裁决。行政法院认为如果债务人在破产前订立了一项仲裁协议，该仲裁协议将约束破产过程中的破产管理人和其他当事人，管理人和其他当事人有权主张将仲裁协议下的争议提交仲裁解决；且该仲裁裁决并未涉及芬兰破产法，而只是针对当事人的个人财产，因此仲裁裁决应

---

〔1〕 参见法国1981年《民事诉讼法典》第1448条。
〔2〕 Yves Derains & Rosabel E. Goodman Everard, "National Report: France", *Intl. Handbook on Comm. Arb. Suppl.* 26（1998），p. 16.
〔3〕 Michael C. Pryles, "National Report: Australia", *Intl. Handbook on Comm. Arb. Suppl.* 13（1992），p. 9.

当具有拘束力。随后 Turku（芬兰城市）上诉法院、芬兰最高法院均肯定了 Tampere 行政法院的决定。[1]

我国香港地区亦采用区别对待的方式，2000年6月香港特区立法会通过的《仲裁（修订）条例》对破产问题专门作出了规定："①如果签署某一合约的当事人破产且该合约的条款规定因该份合约而产生的或与该合约有关的争议和纠纷须提交仲裁解决，该条款对于承认该份合约的破产管理人而言对于该等纠纷具有执行力。②被宣布破产的一方在破产程序开始前如其业已成为仲裁协议的一方当事人时，并且根据协议需要决定某些与破产程序有关的事项时，那么在上述第①小节规定不适用的情况下，协议的其他方，或者在检查委员会同意之下，破产管理人可以向法庭申请命令将该等事项根据协议提交仲裁，而且如果法庭在考虑了该案的各方面情况后认为该等事项应由仲裁决定，发出相应的命令。"[2] 法律明确了破产管理人可以该名义持有各类财产、订立合约、起诉及被起诉、订立对其本人及对其职位继任人具约束力的协定，并作出所有其他因执行其职务而需作出或适宜作出的作为。比利时、澳大利亚的昆士兰亦采用了与芬兰、我国香港地区相似的做法。[3] 这些国家和地区的立法与实践表明了，对于争议双方针对一方当事人的破产清盘程序开始之前订立有效的仲裁协议，则该仲裁协议可以执行，且争议的可仲裁性不因破产而有所变动，仲裁裁决所确定的权益亦可作为破产财产或破产债权向法院申报。

对于美国而言，传统上认为个人抑或做公司的破产清盘是不可仲裁的；[4] 但此种状况已有改观，学者与法官对破产案件的可仲裁性问

---

〔1〕 ICCA YB, *Court Decisions: Ky Finexim O. Ivanoff v Ferromet Aussenhandelsunternehmen-27 February 1989-Supreme Court*, no. 24. See Yearbook Commercial Arbitration. Vol. xvI (1991), pp. 536~539.

〔2〕 参见《香港法例·第340章·仲裁（特指民事仲裁）》第二部分第5条。

〔3〕 宋连斌：《国际商事仲裁管辖权研究》，法律出版社2000年版，第127页。

〔4〕 杨良宜、莫世杰、杨大明：《仲裁法（从1996年英国仲裁法到国际商务仲裁）》，法律出版社2006年版，第537页。

题众说纷纭。但现今被普遍接受的观点的依然是上述的区别对待的做法。确切地说，美国也将同破产相关的问题划分为两类：一类是破产的核心程序（Core Proceedings），这类程序关系到破产法院的主要职责（directly related to a bankruptcy court's central functions），包括公司的重组、破产财产的清偿顺序、对债权人权利要求的证据的异议、拒绝待执行契约的行为等；[1] 另一类则是破产的非核心程序（Non-core Proceedings），一般只涉及到债权人与破产人、破产管理人之间的债权债务纠纷等合同之间的损害赔偿问题。[2] 对于破产的核心程序问题，属于法院的专属管辖事项，仲裁的介入往往会实质性地妨碍债务人重整的努力，因而破产核心问题要求在破产法院受理。在 1994 年的 *Ionosphere Clubs, Inc.* 一案中，联邦第二巡回法院就裁断依据美国《破产法典》确定的破产受偿的顺位争议不具可仲裁性。[3] 而在 1999 年的 *United States Lines, Inc.* 案[4]、2005 年的 *Philips v. Congelton, L. L. C.* 案[5]中，法院均指出由破产法院审理破产核心问题将使企业重组的效率提高，防止当事人不正当的拖延。另一方面，对于破产的非核心问题，则允许当事人将争议诉诸仲裁机构。在 *Sicié té Nationale Algé rienne Pour La Recherche, La Production, Le Transport, La Transformation et La Commercialisation des Hydrocarbures (Sonatrach) v. Distrigas Corp.* 案中，马萨诸塞州法院通过阐明仲裁条款的独立性以及国际仲裁与破产的关系，推翻了下级法院的决定，认为破产法的目的在于拯救企业，但本案的债务人 Distrigas 公司已无能力使企业重整获得商业新生，且在当事人之间的合同争议中没有发现有关破产或公共政策方面的事项，因而在没有复杂的实质性的联邦破产法问题时，债权人阿尔及利亚 So-

---

[1] Alan N. Resnick, "The Enforceability of Arbitration Clauses in Bankruptcy", 15 *Am. Bankr. Inst. L. Rev.* (2007), pp. 193~194.

[2] See In re Nat'l Century Fin. Enter., 312 B. R. 344, 351 (Bankr. S. D. Ohio 2004).

[3] See In re Ionosphere Clubs, Inc., 22 F. 3d 403 (2d Cir. 1994).

[4] In re United States Lines, Inc. 197 F. 3d 631 (2d Cir. 1999).

[5] In re White Mountain Mining Co., 403. F. 3d 164, 169 (4th Cir. 2005).

natrach公司有权依据合同中的仲裁条款，通过仲裁方式解决其与破产公司 Distrigas 之间的违约责任与损害赔偿争议。[1] 换言之，法院认可了仲裁条款的有效性。

同时，作为破产仲裁的一个关键问题，对于双方当事人在破产清算程序开始之前签订的有效的仲裁协议是否可以执行，美国认为破产程序有终止针对破产人所有程序的效果。但是，对于双方当事人在破产清算程序开始之前的有效的仲裁裁决是否可以执行，美国则认为仲裁裁决可以申报债权。在 *Fotochrome, Inc. v. Copal Co., Ltd.* 案中，债务人美国公司 Fotochrome 在破产前曾与债权人日本公司 Copal 订立的合同中含有仲裁条款，美国第二巡回上诉法院认为债权人可以依据在日本作出的仲裁裁决向美国有管辖权的破产法院申报债权，即承认了该案中仲裁条款的有效性，并执行了仲裁裁决。且缘于美国破产法院对该债权人没有属人管辖权，法院没有权利审查该争议的实质性问题，因此债务人只能根据《纽约公约》关于承认与执行外国仲裁裁决的条款进行抗辩。[2] 而在破产清算程序开始之后，就逾期未申报的债权能否提交仲裁的问题，一般认为债权人在申报期间内未申报债权的应视为弃权，纵使原先订立了有效的仲裁协议，在法律上已放弃的债权当是不具有可仲裁性的。

三、我国破产争议可仲裁性的现状审视与完善建议

除了前述直接否定破产仲裁抑或是划分破产争议类型而区别对待的两种模式外，亦有国家未明确规定破产争议可否提交仲裁机构解决，而只是给出了争议事项的可仲裁性标准。例如瑞士1987年《国际私法法规》规定："所有具有财产性质的纠纷都可以提交仲裁。仲裁协议的当事人不得以其本国法律的规定不同为理由来抵制仲裁协议的规定。"[3] 瑞典1999年《仲裁法》规定："当事人得以和解解决事项的争议，可以通过协议提交给一名或数名仲裁员予以解决。此种协议可

---

[1] 80 B. R. 606 (Bankr. D. Mass. 1987).
[2] 517 F. 2d 512 (2d Cir. 1975).
[3] 参见瑞士1987年《国际私法法规》第177条。

用于因协议中特定的法律关系引起的将来争议。争议可以涉及特定事实存在与否。除解释合同外，填补合同空白的问题也可以提交仲裁。仲裁员可就当事人之间在竞争法具有民法效力的问题上作出裁决。"[1]我国的立法同此，并未对破产争议的可仲裁性作出明确的规定，1995年开始施行的《仲裁法》仅在第2条与第3条对可仲裁事项作出了一般性规定。

在2007年开始施行的《企业破产法》中，一些条款蕴涵着我国对待破产争议的立法倾向。对于双方当事人在破产清算程序开始之前签订的有效的仲裁协议是否可以执行问题，《企业破产法》规定了人民法院受理破产申请后，已经开始而尚未终结的有关债务人的仲裁程序应当中止，但当管理人接管债务人的财产后，该仲裁继续进行。[2]且明确了管理人代表债务人参与仲裁程序。[3]对于仲裁程序中的债权，《企业破产法》允许债权人将仲裁未决的债权进行申报。[4]最后，对于在破产财产分配时仍处于仲裁程序中的未决债权，破产管理人应当将其分配额提存；自破产程序终结之日起满2年仍不能受领分配的，法院则将提存的分配额分配给其他债权人。[5]由此可知，《企业破产法》并未禁止对破产案件中债权人与债务人之间因合同履行引致的一般民事债权债务争议进行仲裁。

综观各国立法与实践，笔者认为，在现行立法已表明不禁止对破产案件中的普通债权债务争议进行仲裁的情形下，我国可以借鉴美国、芬兰、比利时等国家的做法，进一步将破产争议进行划分，对诸如公司重组与破产程序的争议、逾期未申报的债权问题、破产财产的清偿顺序等问题，因为属于破产程序中的实质性核心问题，应当由法院行使专属管辖权而不能提交仲裁；对破产案件中一般的民事债权债务争

---

[1] 参见瑞典1999年《仲裁法》第1条。
[2] 参见《企业破产法》第20条。
[3] 参见《企业破产法》第25条第7项。
[4] 参见《企业破产法》第47条。
[5] 参见《企业破产法》第119条。

议，则应允许当事人启动仲裁程序。这亦符合了各国关于破产争议事项可仲裁性问题的发展趋向。

关于破产可仲裁问题需要作出如下探讨：其一，当事人在破产清算程序开始之前签订了有效的仲裁协议，在法院受理破产案件后，如果是以债务人为仲裁申请人，仲裁案件应当中止，待管理人接管债务人的财产后，管理人代表债务人继续进行仲裁程序；如果是以债务人为被申请人，仲裁案件亦应当中止，申请人可以先向管理人申报债权，有异议的可直接向受理破产案件法院起诉。其二，虽然当事人在破产清算程序开始之前订立了有效的仲裁协议，但破产程序开始时仲裁程序仍未启动，则仲裁协议是否就随着破产程序的开始而归于无效呢？笔者认为，破产程序开始之前签订的有效仲裁协议，并不应当随着破产程序的启动而归于无效。因为破产程序的启动不应当具有否定债务人一切程序权利的效力，破产程序开始前签订仲裁协议的主体并未发生变更，破产一方的法人地位仍然存在，只是实施法律行为的代表机关变为破产管理人而已。至于争议的客体只要处分不违背相关法律规定并不损害其他债权人的合法权利，则应符合可仲裁事项的标准，因而是有效的。当然，在存在有效仲裁协议的前提下，倘若债权人是破产人，则破产人是否愿意启动仲裁程序来追回其债权，则应当由管理人根据具体情况来决定，法律不应当有所限制。因此，此种仲裁协议是可以执行的。其三，仲裁裁决所确定的权益可以作为破产财产或者破产债权向法院申报，但是，对于未申报的债权不能成为破产债权，不能以破产人的财产受偿，债权人破产程序结束后亦不能申请仲裁。

第二章

仲裁协议效力扩张的法理与实证

仲裁协议是国际商事仲裁的基石（the Foundation Stone of International Commercial Arbitration），是当事人将争议提交仲裁的合意（Consent）的证明,[1]因此是整个仲裁程序得以启动的基础。在传统的仲裁理论中，合意外化为一项有效仲裁协议的形式——"书面"与"签署"两个要件。这意味着，只有签署书面仲裁协议的双方当事人才应当享有并承担仲裁协议对其权利与义务的约定，且受到依据该仲裁协议作出的裁决的拘束。基于此，传统仲裁协议效力的法理基础亦是以契约理论为依据，因而当事人意思自治原则等理论成为判定仲裁协议效力的标准。然而，随着信息技术的飞速发展使地球村在电子数据交换以及互联网作用下变得愈来愈小，以电子数据交换或网络为载体的新通讯方式对仲裁协议的传统形式要件提出了挑战，且随着现代商业发展的广泛性与复杂性，使交易逐步呈现出开放性与相关性的特点，包含有仲裁条款的主合同在签订之后可能会有诸多当事人参与到合同的实际履行，争议亦会在合同当事人与非当事人之间产生。这就要求作为商事争议解决机制的仲裁应当在持续变化改良的法学与商业环境中发展改进。因而在20世纪70年代以来国际与国内支持、鼓励与发展仲裁的大背景下，为了适应时代的需要，传统仲裁协议的效力被赋予了新的内涵，其效力出现了嬗变与扩张——在合理与必要的情形下，仲裁协议的适用范围与作用可以扩张到仲裁协议表面形式未签署的第三人。

综观各国的立法与司法实践，肯定与支持仲裁协议效力扩张至未签字第三人的立法与案例已并不鲜见。相对而言，虽然我国在司法实

---

[1] Alan Redfern and Martin Hunter, *Law and Practice of International Commercial Arbitration*, London: Sweet & Maxwell, 2003, p. 135.

践中出现过支持仲裁协议对未签字人的扩张效力,但亦存在诸多持相反立场的案例。相较于实践操作的混乱,我国《仲裁法》以及主要仲裁机构的仲裁规则在仲裁协议对未签字人的效力问题上,均未作出明确的规定,而仅仅在2006年《最高人民法院关于适用〈中华人民共和国仲裁法〉若干问题的解释》中对合同转让、法人合并与分立等几个情形规定了仲裁协议对未签字人的效力扩张。当前我国对外经济贸易的日渐发展使得我国当事人有更多机会参与国际商务,而由此产生的国际商事仲裁亦随之增多。国内立法在仲裁协议效力向未签字第三人扩张问题上的不完善,难免导致一些案件的处理结果与各国普遍做法或国际商业惯例脱轨,从而使当事人难以获得高效与公正的争议解决。对仲裁协议扩张效力进行法理层面与实证层面上的研究,对矫正我国立法与司法实践中的缺陷具有重要的理论价值与实践意义。

第一节 仲裁协议效力扩张的一般性问题

一、仲裁协议的形式有效要件

仲裁协议是双方当事人保证将仲裁条款项下的争议提交仲裁解决的协议。《纽约公约》从形式、内容、仲裁法律关系的性质等几方面对仲裁协议的定义进行了规范:"仲裁协议为当事人以书面协定承允彼此间发生或者可能发生之一切或者任何争议,如关涉可以仲裁解决事项之确定法律关系,无论为契约性质与否。"[1] 虽然此定义将仲裁协议的范围划定得较为狭窄,在某种程度上与持续发展的商事习惯相脱离,但《纽约公约》的广泛认知度与影响力让这一定义在此后较为长期的时间内被广泛接受。联合国国际贸易法委员会(United Nations Commission on International Trade Law,简称 UNCITRAL)于1985年公布的《国际商事仲裁示范法》(UNCITRAL Model Law on International Commercial Arbitration)则将仲裁协议定义为:"当事各方同意将在他

---

[1] See Article 2 (1) of the 1958 Convention on Recognition and Enforcement of Foreign Arbitral Awards.

们之间确定的不论是契约性或非契约性的法律关系上已经发生或可以发生的一切或某些争议提交仲裁的协议。仲裁协议可以采取合同中的仲裁条款形式或单独的协议形式"。[1] 概言之,仲裁协议(Arbitration Agreement)是指当事人为了解决业已发生或将来可能发生的特定争议,而自愿达成的旨在将争议通过仲裁方式予以解决的共同意思表示。这种意思表示主要体现为当事人签订的主合同项下的仲裁条款(Arbitration Clause)或独立订立的仲裁协议书(Submission Agreement)。作为现代商事仲裁制度的基石,一项有效的仲裁协议既是当事人将争议交付仲裁的依据,也是仲裁机构对仲裁案件行使管辖权的依据,同时是法院对根据此仲裁协议作出的仲裁裁决承认与执行的必要前提。

仲裁协议的基本要素在于当事人将争议提交仲裁的合意,其基础是契约理论中的当事人意思自治原则(Parties' Autonomy),"判断仲裁协议的效力自然也应以仲裁协议是否符合当事人意思自治理论为标准"[2]。因而仲裁协议需要经双方当事人一致同意方可签订。此种双方当事人的一致同意,在表现形式上即为一项有效的仲裁协议的两个形式要件——"书面"(In Writing)与"签署"(Signed)。国际公约大抵均对此作出了规定,如《纽约公约》就规定了"书面协议是指当事人所签订的或者来往书信、电报中所载明的仲裁条款或仲裁协议"[3]。换言之,书面仲裁协议涵括当事人签署的仲裁条款或仲裁协议以及当事人未直接签署但在来往的书信、电报中所载明的仲裁条款或仲裁协议。这意味着,只有仲裁协议的双方当事人才应当享有并承担仲裁协议对其权利与义务的规定,且受到依据该协议作出的仲裁裁决的拘

---

〔1〕 See Article 7 (1) of the 1985 UNCITRAL Model Law on International Commercial Arbitration.

〔2〕 杨秀清:《约定仲裁机构不明确仲裁协议的有效性——从契约角度对仲裁协议效力的重新审视》,载《北京仲裁》(第51辑),第46页。

〔3〕 See Article 2 (2) of the 1958 Convention on Recognition and Enforcement of Foreign Arbitral Awards.

束,[1] 即仲裁协议的效力范围仅限于签字的双方当事人,其效力的触角无从延伸至未签字的第三方当事人。传统商事仲裁理论亦认为仲裁协议仅对签署书面仲裁协议的当事人产生约束效力,未在仲裁协议上签字则无需受仲裁协议的约束,以体现当事人意思自治原则与仲裁协议的契约本质。

实质上,在《纽约公约》的适用实践中,各缔约国对"书面形式"与"签署"的理解却存有争议,这主要体现在:首先,仲裁协议是否确实需要双方当事人签署;其次,来往的书信、电报中只有一方当事人签署甚至双方均未签署是否符合公约的规定;再次,从网络包括电子邮件中拷贝的信息应否构成书面形式;最后,网络数字签字能否达到公约的要求。[2] 无疑,《纽约公约》与联合国国际贸易法委员会《国际商事仲裁示范法》对仲裁协议"书面"与"签署"的要求是考虑到商事仲裁法的首要原则是当事人的意思自治原则。[3] 但是,随着晚近仲裁制度在逐步多元化的社会经济中不断发展,为符合支持仲裁、鼓励仲裁的目的,人们开始重新思考传统仲裁中的某些理论与制度,为了使其适应时代的需要,而赋予其新的概念与内涵。[4] 在这样的大背景下,仲裁协议的效力已经不再恪守传统的形式要件标准,出现了对"书面"与"签署"的新的见解与实践,仲裁协议的效力逐步呈现出嬗变与扩张的趋势。

二、仲裁协议效力的嬗变与扩张

作为古老争议解决方式的仲裁制度,在日新月异的国际经济贸易往来中面临着如何在规制大量出现的各类新型争议中更好地发挥作用

---

〔1〕 M. J. Mustill & S. C. Boyd, *The Law and Practice of Commercial Arbitration in England*, 2nd Edition, London: Butterworths, 1989, pp. 42 ~ 43.

〔2〕 参见江显和、吴姿虹:《论仲裁协议的书面形式》,载徐学鹿主编:《商法研究》(第3辑),人民法院出版社2001年版,第435页。

〔3〕 [英]施米托夫:《国际贸易法文选》,赵秀文选译,中国大百科全书出版社1993年版,第611页。

〔4〕 See Lalonde, "The Evolving Definition of Arbitration and Arbitrability", *ICCA Congress series-no.* 9, pp. 189 ~ 196.

的新问题。传统上,对书面与签署的苛刻要求无疑导致了仲裁效率的逐步降低,并因此引致了三个不可避免的难题:其一,信息技术的飞速发展使地球村在电报、传真、电子数据交换以及互联网作用下变得愈小,国际商事交往更为频繁与广泛,以电子数据交换或网络为载体的新通讯方式对仲裁协议的传统书面形式要件提出了挑战,未经当事人签署的仲裁协议的效力亟待明确;其二,现代商业发展的广泛性与复杂性使交易呈现出开放性与相关性的特点,含有仲裁条款的主合同在签订之后,可能会有诸多当事人参与合同的实际履行,争议亦会在合同当事人与非当事人之间产生,此时将争议提交仲裁解决是否符合传统仲裁理论的规定;最后,倘若仲裁的权益归属涉及未签字第三人的利益,在仲裁制度没有类似于诉讼第三人程序的情势下,保障未签字第三人的利益无疑成为仲裁制度的缺失,并将导致仲裁在解决国际商事争议中的地位与作用的降低。客观现实的改变,昭示着仲裁制度中仲裁协议效力的嬗变与扩张。

解决上述问题的最好方式,即是赋予仲裁协议扩张至未签字的第三人的效力。司法实践中,在特定情形下仲裁协议已不再恪守传统的仲裁理论,仲裁协议的效力范围出现了扩张的现象与趋势,即不少国家的"司法和仲裁实践、仲裁理论逐步承认仲裁协议对未签字的当事人具有法律约束力",仲裁协议的"胳膊"正在"伸长"[1]。虽然仲裁是合意的体现,双方当事人须以仲裁协议的方式确定同意仲裁,这是仲裁的原则和基本出发点,但是这并不排除在合理和必要的情形下,将仲裁条款的适用范围和作用扩大到表面形式上未签约的第三方[2]。

例如瑞典最高法院在 1997 年对德国船公司 Emja 与芬兰发动机制造商 Wartoila 因发动机交货质量问题所致争议的判决中,认定仲裁条

---

[1] 赵健:《长臂的仲裁协议:论仲裁协议对未签字第三人的效力》,载《中国国际私法与比较法年刊》(2000 年第三卷),法律出版社 2000 年版,第 515 页。
[2] 中国国际商会仲裁研究所编译:《国际商事仲裁文集》,中国对外经济贸易出版社 1998 年版,第 301 页。

款随主合同的转让而移转。[1] 即仲裁协议对未签字第三方产生法律拘束力。在该案中，德国船公司 Emja 与荷兰造船厂 Ferus 签订造船合同，Ferus 再与分包商 Biljisma 签订分包合同，而 Biljisma 从芬兰制造商 Wartoila 购买船的发动机。在 Biljisma 与 Wartoila 的发动机交货合同中，双方援引了 ECE188 一般条件与 TP73E 一般条件，这两个条件中都包含有仲裁条款。船交 Emja 后，因机械故障给 Emja 造成严重经济损失。在 Ferus 与 Biljisma 将合同项下对 Wartoila 的所有权利转让给 Emja 后，Emja 便以此为据向瑞典地区法院起诉，要求损害赔偿。地区法院以及上诉时的最高法院均认为在债权让与中，原合同的仲裁条款对受让人有效。随着商事仲裁与司法实践中对仲裁协议效力范围的认定持尽量使其有效的宽松态度，仲裁协议逐渐突破传统的仲裁理论，并在司法实践的现实基础上寻求法理上的依托与支撑。

第二节　仲裁协议效力扩张的法律障碍及其突破

一、形式要件——书面与签署

《纽约公约》第 2 条第 2 款对书面仲裁协议的规定涵括了"书面"与"签署"两个方面，基于这一规定，显然未签字第三人并不符合《纽约公约》关于仲裁协议书面形式有效要件的要求，仲裁协议效力的扩张即首先遇到了书面形式这一法律障碍。但是随着商业实践的发展以及科技的进步，《纽约公约》的此种规定逐步显得狭隘、苛刻、脱离实际，在某种程度上成为仲裁发展的阻碍。[2] 《纽约公约》订立于 20 世纪 50 年代，电报是当时较为先进的通讯方式，因而最便捷的缔约方式即是通过函电往来。如今《纽约公约》已经实施了 50 周年，这期间通讯技术取得了突破性进展，电传、传真、无纸贸易的电子数据交换（Electronic Data Interchange, EDI）以及电子邮件等一系列先进

---

[1] See Peter Dyer & Jan Sallnas, "Sweden: Arbitration and Assignment of Contract", *Int. A. L. R.* 1999, 2 (1), N2-3.

[2] 杨良宜：《国际商务仲裁》，中国政法大学出版社 1997 年版，第 120~121 页。

的沟通与交流手段相继问世,并开辟着商事交易的新形式。因而可以说,现代通讯方式的迅驰发展使得《纽约公约》对仲裁协议的定义看起来已经过时了。[1]

基于此,新颁行的立法文件以及各国近期的实践都对仲裁协议的书面形式要件进行了扩展。长期以来,联合国国际贸易法委员会都在致力于克服《纽约公约》关于书面规定的瓶颈,《国际商事仲裁示范法》开始对书面仲裁协议作了独立的、扩大化的规定,"仲裁协议应当是书面的。协议加载于当事各方签字的文件中,或载于往来的书信、电传、电报或提供协议记录的其他电讯手段中,或在申请书和答辩书的交换中,当事一方声称有协议,而当事他方不否认即为书面协议。在合同提交参照载有仲裁条款的一项文件即构成仲裁协议,如果该合同是书面的而且这种参照足以使该仲裁条款构成该合同的一部分的话"。[2]《国际商事仲裁示范法》规定不但改变了《纽约公约》对仲裁协议的定义,且扩大了仲裁协议的适用范围,使之更加科学与缜密,并且更加符合当今世界科学技术的发展与现代商业习惯的需要。随后,在1996年《电子商务示范法》中进一步规定了"可以调取以备日后查用的数据电文"(the information contained therein is accessible so as to be usable for subsequent reference)满足法律对书面形式的要求。[3]

《国际商事仲裁示范法》对于协调与统一各国的仲裁立法发挥了重要的作用,目前该法已为诸多国家与地区的立法机关采纳为立法蓝本,例如澳大利亚、加拿大、德国、美国的加利福尼亚州、康涅狄格

---

[1] Alan Redfern and Martin Hunter, *Law and Practice of International Commercial Arbitration*, London: Sweet & Maxwell, 2003, p. 5.

[2] An agreement is in writing if it is contained in a document signed by the parties or in an exchange of letters, telex, telegrams or other means of telecommunication which provide a record of the agreement, or in an exchange of statements of claim and defence in which the existence of an agreement is alleged by one party and not denied by another. See Article 7 (2) of the 1985 UNCITRAL Model Law.

[3] See Article 6 (1) of the 1996 Model Law on Electronic Commerce.

州等以及中国香港地区。[1] 在各国的立法中，1996年英国《仲裁法》无疑是其中的典范。该法第5条规定："……②书面形式的协议系指：协议以书面形式形成（无论当事人签署与否）、协议以互换书面通讯形式形成、协议以书面形式证实；③当事人非以书面形式同意援引书面形式的条件，视为达成书面协议；④非书面形式的协议为协议当事人授权之一方当事人或第三者录制，即为被书面证实；⑤通过仲裁或诉讼程序中互换意见书，一方当事人宣称存在非书面形式的协议以对抗另一方当事人，另一方在答辩中未予否认，宣称的效果构成当事人间的书面协议；⑥本节中，援引任何书写的或书面形式的材料包括其任何方式的录制形式"，其实质是将《国际商事仲裁示范法》"扩大的书面形式"扩展到"可证明的书面形式"阶段。[2] 有学者认为英国1996年《仲裁法》中的"书面"已被界定为包括口头达成的协议。[3] 继英国后，德国1998年对《民事诉讼法典》中有关仲裁协议的形式亦作了与英国类似的宽泛决定。[4] 实际上是承认了非书面形式仲裁协议

---

[1] 参见赵秀文：《国际商事仲裁及其适用法律研究》，北京大学出版社2002年版，第11~12页。

[2] 杨弘磊：《中国内地司法实践视角下的〈纽约公约〉问题研究》，法律出版社2006年版，第106页。

[3] Alan Redfern and Martin Hunter, *Law and Practice of International Commercial Arbitration*, London: Sweet & Maxwell, 2003, p. 5.

[4] 德国1998年《民事诉讼法典》第1031条关于仲裁协议的形式规定：

(1) 仲裁协议应包括在当事人签署的文件或交换的信件、电传、电报或其他可提供协议记录的电讯中。

(2) 如仲裁协议已包括在一方传递给另一方或第三方传递给双方的文件中，并且（如果在有效期内并没有被提出异议）其内容根据惯例被视为合同的一部分，则应认为符合第1款规定的形式要件。

(3) 符合第1款或第2款的形式要件的合同中援引包含有仲裁条款的文件，如该援引是为了使所属仲裁条款成为合同的一部分，则该援引构成仲裁协议。

(4) 如海运提单明确援引了租船合同的仲裁条款，则提单的签发也可以达成仲裁协议。

(5) 消费者是一方当事人的仲裁协议应包括在当事人亲笔签署的文件之中。除诉诸仲裁的协议外，此类文件中不应包含有其他的协议，但这不适用于公证的情形。就引致争议的交易而言，消费者是指为了为其行业或自营职业之外目的而行事的自然人。

(6) 在仲裁程序中对争议实体进行讨论即可弥补任何形式要件的不符合。

的有效性。美国《仲裁法》第 2 条规定有效的仲裁协议应该是书面形式，但是书面形式无需双方当事人签字。[1]

在司法实践方面，荷兰法院曾在案例中表达了对默示接受协议的立场，通过对《纽约公约》第 2 条第 2 款的扩大解释，书面形式要求有了新的含义。这一做法虽然有悖于《纽约公约》制定的初衷，但也反映了默示接受协议仍有可能被确认为有效。从整个国际实践来看，对书面形式作出宽泛的解释是符合商业惯例的，《瑞士国际私法法案》第 178（1）条的规定即与荷兰法院的做法相似，因而赋予默示接受协议的效力符合国际商业交往的发展。英国上诉法院于早前的 1986 年 *Zambia Steel v. Clark Eaton* 案中认为仲裁协议以书面形式表现出来，但是当事人同意或接受该条款无须通过书面形式，只要通过口头的、书面的、当事人的行为以及其他证据证明当事人同意接受，或说服法官推断仲裁协议存在，则该仲裁协议就符合书面形式要件的要求。[2]

仲裁协议效力的扩张突破传统书面形式要件的障碍，已成为国际上认定仲裁协议书面形式要件的发展趋势。从根本上说，仲裁是个合同问题，由此合同当事人依据他们的正式协议也许只能将争议提交仲裁解决。[3] 不过，这项原则有一些重要的例外，且这些例外已经在普通法"默式同意"的概念下发展起来。这些例外原则起的作用有可能是有益的，亦可能会损害仲裁协议未签字人的利益。因为有可能未签字第三人会迫使仲裁协议的签字人将争议提交仲裁解决，也有可能未签字第三人被强迫将以仲裁方式解决争议，尽管其从未在仲裁协议上签字。[4] 美国最高法院长期以来就有支持仲裁的国内政策，这些例外

---

〔1〕 杨弘磊：《中国内地司法实践视角下的〈纽约公约〉问题研究》，法律出版社 2006 年版，第 106～107 页。

〔2〕 *Zambia Steel v. Clark & Eaton* (1986) 2 Lloyd's Rep. 225. 转引自杨良宜：《国际商务仲裁》，中国政法大学出版社 1997 年版，第 77～78 页。

〔3〕 See *Livadas v. Bradshaw*, 512 U. S. 107, 127 (1994).

〔4〕 See Carroll E. Neesemann, "The Law of Securities Arbitration", in *Securities Arbitration 2002: Taking Control of the Process* 821, 855 (PLI Corp. Law & Practice, Course Handbook Series No. B0-01A6, 2002).

原则正是这项国内政策的反映。[1] 未签字第三人参与仲裁，从当事人的意思自治与仲裁协议的关系来看，两者应当是内容与形式的关系，当事人的意思自然要借助一定的形式来体现，但确定什么样的表示将被视为当事人的意思则是一个法律解释的问题。法律解释并非亘古不变，但都应当以公平合理为解释的原则。[2] 科学技术的进步带来通讯手段的变更，引致了大量的第三人并未在传统书面仲裁协议上签字，但只要通过仲裁方式解决争议符合该第三人的公平合理期待，法律就当尽量满足当事人的需求，以体现司法对仲裁支持的政策。

二、合同相对性——原则与例外

合同的相对性，在大陆法系中称为"债的相对性"，该规则最早起源于罗马法。在罗马法中，债（Obligation）被称为"法锁"（Juris Vinelum），意指当事人之间之羁束（Gebundenheit）状态，即债能够且也只能对债权人和债务人产生拘束力。缘于债本质上是当事人之间一方请求他方为一定行为或不为一定行为的法律关系，所以债权不能像物权那样具有追及性，与物权能对抗一切不特定第三人的绝对性（Absolutheit）截然不同，而只能对特定人产生效力。[3] 在英美法系中，法律上并不存在债的概念及其体系，因而大陆法系中的"债的相对性"规则在英美法被称为"合同的相对性"（Privity of Contract），意指合同项下的权利义务只能赋予当事人或加在当事人身上，合同只能对合同当事人产生拘束力，而非合同当事人不能诉请强制执行合同。[4] 英国是19世纪后逐步发展与完善合同对价（Consideration）原则，至此合同相对性原则得到贯彻；相对而言，合同相对性原则在美国合同法上并不具有显著地位。概言之，合同相对性原则认为只有合同的双方当事人彼此能对他方提起诉讼而强制他方履行约定的义务，一项合

---

[1] Michael P. Daly, "Come One, Come All: The New and Developing World of Nonsignatory Arbitration and Class Arbitration", 62 *U. Miami L. Rev.* (2007), p. 99.

[2] 杜新丽、孙蓓：《仲裁协议在合同转让中的效力问题研究》，载《仲裁与法律》2003年第2期，第32页。

[3] 参见王利明：《论合同的相对性》，载《中国法学》1996年第4期，第63页。

[4] 董安生等编译：《英国商法》，法律出版社1992年版，第175页。

同不得赋予合同当事人以外的任何第三人以合同上的权利，亦不得使其承担合同上的义务。合同相对性原则是传统契约理论的基石。缘于"仲裁实质上是解决争议的一种合同制度"[1]，仲裁协议本身就是一项契约，因而依据合同相对性原则，无论是主合同中的仲裁条款还是独立订立的仲裁协议书，其效力仅及于签订主合同或协议书的双方当事人。显然，合同相对性原则是仲裁协议效力扩张原始而根本的法律障碍。

但是，早在罗马法时期，在交易发展中就已逐渐承认了一项适用于合同相对性原则的例外情形，即当缔约人与第三人有利害关系时，更准确地说，当向第三人给付是一种本来就应该由缔约人履行的给付时，合同当事人为第三人利益缔约是有效的。[2] 罗马私法中存在一种特殊的诉讼形式，即利用诉讼（Actio Utilis），在此种诉讼方式下第三人可针对合同当事人直接享有诉权，譬如有条件赠与合同（Donation Sub Modo）、向第三人归还物品的保管合同等合同中第三人可直接通过此种诉讼方式要求债务人向其直接履行。[3] 随着现代市场经济中以合同为纽带的市场关系具备了前所未有的广泛性与复杂性，恪守合同相对性原则已成为经济发展的桎梏；换言之，严格的合同相对性原则已难以衡平社会利益以及满足实现司法公正的需要。于是，作为古典契约理论构建基础的合同相对性原则，在商事交易日趋复杂化与实践中审判需要的影响下逐渐拓宽了原本的内涵，出现了合同相对性原则的例外。与合同缔约有利害关系的第三方不参与合同关系显失公平，而允许第三方介入、对其实施救济的几千个案例的研究表明，对被告人没有任何不公正，相反那些合同第三方被拒绝给予救济的案件则在事

---

〔1〕 [英] 施米托夫：《国际贸易法文选》，赵秀文选译，中国大百科全书出版社1993年版，第674页。

〔2〕 王利明：《论合同的相对性》，载《中国法学》1996年第4期，第64页。

〔3〕 Reinhard Zimmermann, *The law of obligations-Roman foundations of the civilian tradition*, New York: Oxford University Press, 1996, p. 344.

后被认为与现存道德有惊人的冲突。[1]

现如今,合同的相对性原则已经发生了演变,正在更深层次上反映着保护合同第三人利益的需求,合同相对性原则的例外在债权保全、租赁权的物权化、涉他合同以及第三人侵害债权等情形中出现。这最早表现在利他合同(Third Party Beneficiary Contract)的出现。利他合同亦称为第三人利益合同,指当事人在合同中约定一方需向第三方履行某些义务,第三方基于合同履行享有一定利益,常见的第三人受益合同包括保险合同、信托合同、运输合同、公益合同以及其他以第三人受益作为合同目的的一般商业合同。[2] 各国立法基于实践需要与契约自由原则,逐渐承认合同当事人可以约定债务人向第三人直接给付,第三人对债务人享有直接请求给付的权利,除非第三人表示不愿意享受利益。例如德国联邦法院于 20 世纪 50 年代创设的"附保护第三人作用的契约"(Vertrag mit Schutzwirkung fur Dritte),这一判例学说意指特定合同一经成立,不但在合同当事人之间发生权益关系,同时债务人对于与债权人有特殊关系的第三人,负有注意、保护的附随义务,债务人违反此项义务,就该特定范围内的人所受的损害,亦应适用合同法原则,负赔偿责任。[3] 美国《统一商法典》第二章第 318 条亦确立了"利益第三人担保责任"(Third Party Beneficiaries of Warranties Express or Implied)。英国在实施 1999 年《合同(第三人权利)法案》之前,除非合同中已明确授权合同受益人起诉义务方,否则当义务方不履行合同时第三人并不享有合同诉权;而法案使这种状况有了根本的改变,其第 1 条规定,只要当事人在合同中赋予第三人受益地位,即使没有明确授予合同诉权,受益人均可以依据该法案行使合同救济权利。这表明在第三人问题上,英国从请求权约定主义转向了请求权法

---

[1] 参见[美]A. L. 科宾:《科宾论合同》(下册),王卫国等译,中国大百科全书出版社 1998 年版,第 177 页。

[2] 李永军:《合同法》,法律出版社 2005 版,第 523~259 页。

[3] 王泽鉴:《民法学说与判例研究》(第二册),中国政法大学出版社 1997 年版,第 32 页。

定主义。[1]

合同相对性原则的例外在仲裁领域中的体现,即仲裁协议的效力扩张到合同当事人之外的第三人——合同受益人。受益人与当事人就仲裁管辖发生争议通常有两种表现形式,其一为受益人不知或不赞同当事人自行签订的仲裁条款,在相对方违约时受益人直接起诉该方;其二为受益人依据合同仲裁协议向违约方提请仲裁,但违约方以受益人不是仲裁协议当事人或签字人抗辩受益人无仲裁请求权,要求受益人通过诉讼解决其主张。无疑,排除合同第三人的仲裁权利将会导致仲裁协议只能在一些严守合同相对性的简单、原始的合同中适用。笔者认为,在第一种情形中,第三人虽未书面签署仲裁协议,但在其明知合同事项归于仲裁管辖时仍然积极主张来源于并等同于合同当事人的权利,那么依据这一积极主张行为可以合理推定第三人同时作出同意以仲裁方式主张权利的表示。在第二种情形中,判断合同第三人的地位应首先看其是否行使或主张含有仲裁条款的合同的实体权利,而该主体是否亲自签署仲裁协议、是否仲裁协议当事人并非其受约束的决定性因素。换言之,原合同当事人之间订立有仲裁条款,当特定第三人依据合同约定或法律规定向有关的合同当事人主张权利时,出于保护与救济第三人的目的,仲裁条款对第三人应有拘束力,第三人可以依据原合同中的仲裁条款主张权利。倘非如此,将无从应对第三人合理权益的保障与救济。因此,第三人应可根据原合同中载明的仲裁条款向原合同当事人主张程序救济权利。

三、仲裁条款的独立性——传统与发展

仲裁条款被普遍认为是一种特殊类型(sui generis)的协议,[2] Schwebel 法官认为"当签订一项包含仲裁条款的合同时,他们达成的

---

[1] 参见叶金强:《第三人利益合同研究》,载《比较法研究》2001 年第 4 期,第 70~72 页;张民安:《论为第三人利益的合同》,载《中山大学学报(社会科学版)》2004 年第 4 期,第 60~62 页。

[2] [英]施米托夫:《国际贸易法文选》,赵秀文选译,中国大百科全书出版社 1993 年版,第 626 页。

不是一项而是两项合同"[1]。与调整合同当事人在合同项下的权利义务关系的条款不同，仲裁条款规定的是合同争议的解决方式，是作为实现当事人商事权利的救济手段而存在，具有相对的独立性。仲裁协议的这种性质在学理上称为仲裁条款的独立性（Independence），也称作仲裁条款自治权（Doctrine of Arbitration Clause Autonomy）、可分离性（Separability）或可分割性（Severability）理论或学说，[2] 其精髓在于仲裁条款与包含它的主合同是相分离的。按照二战后发展起来的仲裁协议独立性原则的理论与实践，无论仲裁协议是在争议前或争议后订立，也无论是一项单独订立的协议还是主合同项下的条款，都可以独立于它所依据的合同而存在。在国际商事仲裁立法与实践上，承认仲裁条款的独立性，已成为国际仲裁的理论基石。《纽约公约》、联合国《国际商事仲裁示范法》均对仲裁条款自治性原则作出了规定。在各国立法中，荷兰《仲裁法》第1053条、瑞士1989年《国际私法草案》第178条第3款、保加利亚1988年《国际商事仲裁法》第19条第2款、埃及1988年《国际商事仲裁法案》第8条第2款等亦对仲裁条款自治性原则作了明确的规定。我国《仲裁法》第19条亦规定了"仲裁协议独立存在，合同的变更、解除、终止或者无效，不影响仲裁协议的效力"。

仲裁条款独立性不仅作为一种学说或者法律原则，亦广泛应用于仲裁司法实践中，且在司法实践中，其内涵得到了进一步的充实。一般认为最早确立仲裁条款独立于主合同而存在的判例是1942年英国上议院审理的 *Heyman v. Darwins Ltd.* 案。该案中英国钢铁制造商 Darwins 与营业地在纽约的 Heyman 订立了独立销售代理人的合同，该合同中规定"由于本合同引起的任何争议应通过仲裁解决"。后因 Darwins 拒绝履行合同，Heyman 诉诸法院。Darwins 请求法院中止审理案件，依据

---

〔1〕 S. Schwebel, "The Severability of the arbitration agreement", *International Arbitration*: *Three Salient Problems*, Grotius Publications, Cambridge, 1987, p.5. 转引自刘晓红：《国际商事仲裁协议的法理与实证》，商务印书馆2005年版，第135页。

〔2〕 谢石松主编：《商事仲裁法》，高等教育出版社2003年版，第156页。

合同中的仲裁条款将争议交由仲裁解决。上诉法院指出,仲裁条款可以独立于主合同而存在,没有履行合同的问题应由仲裁员而不是法院决定。[1] 美国最高法院于 1967 年 Prima Paint v. Flood & Conklin Manufacturing Co. 案中,将仲裁条款的独立性提高到一个新水平,确立了仲裁条款可独立存在于自始无效的欺诈合同。在该案中,法官在解释 1926 年《联邦仲裁法》时指出:"作为联邦法的原则,仲裁条款是与包含它的合同'相分离'的。如果当事人并未断言仲裁协议本身是由于欺诈而订立的,那么,一项广泛的仲裁条款将可以作为对以欺诈作手段所签订的合同争议进行仲裁的依据。"[2] 这些案例表明,纵使主合同采用欺诈方式订立,或者违背了相关国家的法律而归于无效,合同中的仲裁条款仍独立于该无效合同而存在,除非该仲裁条款依照应适用的法律被认定是无效的,否则当事人之间的争议仍依据合同中的仲裁条款交付仲裁解决。

仲裁条款具有扩张效力的反对者声称,鉴于仲裁条款具有独立性,是程序上的权利,不受支配合同实体权利的规则的约束,也即仲裁协议与主合同是可分的,它的效力独立于主合同的效力而单独存在。[3] 由此出发,可知仲裁条款不随着主合同转让而自动移转。且仲裁条款具有"人身性",是特定当事人之间的一种合意,[4] 此种合意是在特定的法律关系中对特定的关系人所作的承诺,而当特定的法律关系发生变化时合意的对象即承诺的对象也消失,此种承诺就失去对承诺人的约束力。所以说仲裁条款中规定的权利是个人权利,并不适用一般的转让规则,当主合同转让时仲裁条款的效力并不跟着一同移转。

仲裁条款的独立性已为现代国际商事仲裁立法与实践普遍接受为具有法律拘束力的原则,但上述否定仲裁条款具有扩张效力的观点无

---

〔1〕 赵健:《国际商事仲裁的司法监督》,法律出版社 2000 年版,第 77 页。

〔2〕 陈治东:《国际商事仲裁法》,法律出版社 1998 年版,第 132 页。

〔3〕 蒋敬业:《论债权转让中仲裁协议的效力》,载《仲裁与法律》2001 年第 10 期,第 67 页。

〔4〕 张露、郑马威:《浅析国际商事仲裁协议的效力扩张》,载《湖南财经高等专科学校学报》2007 年第 12 期,第 16 页。

疑是对仲裁条款的独立性的一种传统而片面的解读。首先，仲裁条款独立性的本意旨在支持仲裁，仲裁条款的独立性在适用中的目的是为了推动仲裁制度的发展，最大限度地实现当事人的仲裁意愿，其基本功能正是确保当事人以仲裁方式解决他们之间争议这一愿望能够顺利实现。仲裁条款如果因为合同的转让而失去效力，就不能及时妥善地解决争议，这无疑与仲裁条款自治说的初衷相违背。[1] 其次，具体说来，在合同转让时通常都是将合同项下的全部权利、救济与利益一同转让，转让含有仲裁条款的合同时往往视合同为一个整体。而且转让合同项下的权利义务时受让人不可能不知晓该合同中含有仲裁条款，其未提出异议而签字，就应当为此承担相应责任。而且，订立仲裁条款的目的是保证主合同约定的权利义务的履行，以至因主合同履行发生争议时能够使该争议得到及时解决。仲裁条款始终是为保障主合同项下的权利义务的实现而订立的，因此仲裁条款应当是从属于主合同的一项条款。例如依据我国《合同法》第81条关于"债权人转让权利的，受让人取得与债权有关的从权利，但该从权利专属于债权人自身的除外"的规定，在合同转让中，仲裁条款随着合同一并移转。最后，认为仲裁条款是基于人身关系而订立的见解是有失偏颇的。在现代商业交易实践中，合同当事人之间是因为"存在人身信任关系并因此才订立仲裁条款，是极为罕见的"。[2] 当然，缘于早期的法院与仲裁庭都认为仲裁协议是人身性协议，因此仲裁协议对未签字人的扩张是被严格禁止的。但是，此种观点在现代商业社会显然是不合时宜的。当事人选择仲裁，大多是考虑到仲裁程序的便利、保密性、仲裁地的可选择性、指定仲裁员的自治性以及仲裁追求效益的价值取向。尤其是在国际商事仲裁领域，当事人选择仲裁还因为仲裁裁决较之法院判决更易于在外国得到承认与执行。因此，仲裁条款的独立性并不否定

---

〔1〕 杨秀清、韦选拾：《仲裁协议效力扩张若干问题研究》，载《仲裁研究》（第11辑），第20页。

〔2〕 赵健：《长臂的仲裁协议：论仲裁协议对未签字第三人的效力》，载《中国国际私法与比较法年刊》（2000年第三卷），法律出版社2000年版，第524页。

仲裁协议效力的扩张性，合同转让则应意味着仲裁条款的自动移转。不过，倘若仲裁协议确实是基于合同当事人之间的信任关系或者当事人的特定技能而订立的，合同当事人在仲裁条款中明确加入了他们的名称或身份，则此种仲裁条款的效力一般是不能扩张的。[1] 倘若合同是基于双方的特殊身份，特别是转让人的特殊身份而签订的，此种仲裁条款亦往往被认为是具有人身性而不可扩张至未签字人。[2] 例如美国 1965 年的 Import Export Steel Corp. v. Mississippi Valley Barge Line Co. 案中，合同双方在仲裁条款中注明"船东与租船方"之间的争议提交仲裁解决，法院最终裁断缘于仲裁条款明确限定了当事人，因此未签字人不能要求仲裁，否则将扩大解释了仲裁条款。[3]

四、对未签字人的救济——权利与保障

仲裁协议效力扩张至未签字第三人，表明该第三人选择了仲裁方式解决争议，实质上是放弃了向法院提起诉讼的权利，进而放弃了诉讼审级制度的救济途径。在契约领域，对于允诺者而言，作出允诺时的预期是他将得到的利益（即对方给予他的对价）大于他所放弃的利益（即他给予对方的对价）。[4] 对于承受含有仲裁条款的合同的当事人而言，这个放弃诉讼程序救济的对价即是合同另一方将争议提交仲裁解决所带来的程序便捷、保密，或者裁决更易于在外国获得承认与执行等潜在利益。然而，当仲裁裁决有失公允，第三人因为仲裁无上诉制度使失误难以甚至无法得到救济。倘若当初第三人自愿接受含有仲裁条款的主合同，期望获取一份终局裁决，以避免繁琐、漫长的上诉程序，那么立法就应当在第三人丧失通过上诉程序纠正裁决可能发生的错误与第三人通过终局裁决带来的潜在效益的合理期待之间寻求

---

〔1〕 Daniel Girsberger & Christian Hausmaniger, "Assignment of Rights and Agreement to Arbitrate", 8 Arb. Int'l. (1992), p. 126.

〔2〕 Daniel Girsberger & Christian Hausmaniger, "Assignment of Rights and Agreement to Arbitrate", 8 Arb. Int'l. (1992), p. 129.

〔3〕 351 F. 2d 503 (2d Cir. 1965).

〔4〕 张利宾：《美国合同法：判例、规则和价值规范》，法律出版社 2007 年版，第 62 页。

一个平衡点，否则置第三人救济途径于不顾显然有失公平，不利于保障第三人利益。

第三人在接受主合同时，如未作出明确的相反意思表示，则视为其承认了主合同项下仲裁条款的效力，这是各国的普遍共识。而当第三人在接受合同时斟酌到若将争议提交原合同中约定的仲裁机构对其可能产生不利影响等事由时，应否赋予第三人变更仲裁条款或更改争议解决方式的权利长期以来一直存有分歧。以保障第三人权益为出发点，给以第三人变更仲裁条款或更改争议解决方式的权利正是对其进行救济的有效途径。提交仲裁以双方当事人自愿为前提，没有当事人的合意就没有仲裁程序的进行。"商事仲裁法的首要原则，是当事人的意思自治原则"[1]，订立仲裁协议自然属于意思自治原则调整的范畴。因而仲裁条款的内容须经当事人协商确定，而不能强制合同的承受者接受。如以仲裁解决争议不符合合同承受者的利益，他有权与合同的相对方当事人协商变更争议解决方式，否则导致的后果则是合同转让的失败。另一方面，如果相关当事人认为仲裁协议的效力不应扩张至自己，或不应及于其他第三人，均可对仲裁协议的效力提出异议，从而使自己不受相关仲裁协议效力的拘束。以权利救济的视角视之，这些对仲裁协议的异议具体可涵括仲裁协议不存在、无效、未生效、失效或不可能实行等[2]。例如我国《仲裁法》就规定了："当事人对仲裁协议的效力有异议的，可以请求仲裁委员会作出决定或者请求人民法院作出裁定。一方请求仲裁委员会作出决定，另一方请求人民法院作出裁定的，由人民法院裁定。"[3]

此外，即使第三人接受了含有仲裁条款的主合同，仲裁制度中的各项监督措施依然能使当事人享有充分的程序保障权，例如仲裁裁决

---

[1] [英]施米托夫：《国际贸易法文选》，赵秀文选译，中国大百科全书出版社1993年版，第611页。

[2] 陈建：《仲裁管辖权纠纷决定权由仲裁机构行使之我见》，《国际经济法论丛》（第四卷），法律出版社2001年版，第588页。

[3] 参见《仲裁法》第20条第1款。

的撤销制度与不予承认与执行的司法监督等。例如我国《仲裁法》规定了:"当事人提出证据证明裁决有下列情形之一的,可以向仲裁委员会所在地的中级人民法院申请撤销裁决:①没有仲裁协议的;②裁决的事项不属于仲裁协议的范围或者仲裁委员会无权仲裁的;③仲裁庭的组成或者仲裁的程序违反法定程序的;④裁决所根据的证据是伪造的;⑤对方当事人隐瞒了足以影响公正裁决的证据的;⑥仲裁员在仲裁该案时有索贿受贿,徇私舞弊,枉法裁决行为的。人民法院经组成合议庭审查核实裁决有前款规定情形之一的,应当裁定撤销。人民法院认定该裁决违背社会公共利益的,应当裁定撤销。"[1] 对于外国仲裁裁决,《纽约公约》规定的不予承认与执行制度[2]亦是当事人的救济途径。由此可知,仲裁协议效力的扩张,并不影响未签字第三人对自己权益的救济。

第三节 仲裁协议效力扩张的法理基础

一、衡平禁止反言原则

中世纪的英国由于严格的令状(Writ)制度制约与普通法院诉讼规则日显机械与僵化,在衡平法院应运而生后,衡平法(Law in Equity)以判例的形式逐渐发展起来。衡平法源于道德的构架,是为了防止被告方非公正的行事并且在受害方处取得任何不当利益。禁止反言(Estoppel)[3] 基于衡平理念而生,意为阻止一方当事人以相互矛盾的语言与行为来主张自己对他人的权利。衡平禁止反言(Equitable Estop-

---

〔1〕 参见《仲裁法》第58条。

〔2〕 See Art. 5 of the 1958 Convention on the Recognition and Enforcement of Foreign Arbitral Awards.

〔3〕 禁止反言因发生的具体情况不同可分为四类,即因契约产生的禁止反言、因判决产生的禁止反言、行为性禁止反言与公平法禁止反言(Equity 也可译成公平法)。参见蒋为廉:《普通法和公平法原则概要》,中国政法大学出版社2002年版,第273~275页。在仲裁领域被援引的主要为衡平法上的衡平禁止反言与附随禁止反言(Collateral Estoppel),但后者的适用情形与仲裁协议效力扩张无直接联系。

pel)原则以仲裁的契约性为基础,以当事人的合理期待为立足点,用衡平的方式来调节当事人之间的利益。作为判例法国家,法官造法的传统使英美国家的法官对仲裁协议适用范围的解释随着社会现实的改变而变化,一系列的司法判例使衡平禁止反言原则成为认定仲裁协议效力的判断标准,尤其是涉及仲裁协议对未签字第三人的效力问题。

衡平禁止反言原则在仲裁协议效力扩张方面具有两个适用标准。美国1981年第七巡回上诉法院审判的 Hughes Masonry Co. v. Greater Clark County School Bldg. Gorp. 案首次确立了衡平禁止反言原则在仲裁协议效力扩张上的适用标准,而真正确立这一适用标准的则是1999年美国 MS. Dealer, Serv, Corp, v. Franklin 案;2000年第五巡回上诉法院在 Grigson v. Creative Artists Agency, L. L. C. 案则使这一适用标准得以最终确立。这一标准认为,仲裁条款的签字人利用合同中的实体条款来主张自己对未签字第三人的权利时,该主张事实上确认了双方之间合同的存在,而且签字人的主张来源于合同或与合同的内容有关;此时若签字人否认未签字第三人的仲裁权利,则衡平禁止反言原则将会限制其提起诉讼的权利,使其只能与未签字第三人将争议提交仲裁。[1] 另一方面,未签字第三人也会因为使用了含有仲裁条款的协议而被赋予仲裁的义务。因此,未签字第三人可能因接受了合同的利益同时又宣称自己未在仲裁协议上签字而要求排除合同中仲裁条款的适用。衡平禁止反言原则将适当地阻止未签字第三人忽视公平、且与仲裁法案制定目的相悖的举动。[2] 贯穿于这一标准的衡平理念在于当事人以合同的实体条款主张权利,就不能反言以形式问题否认合同中仲裁条款的效力,另一方当事人的仲裁申请得到法院支持,体现了自然法的公平正义原则。在适用衡平禁止反言原则方面,美国阿拉巴马州法院认

---

〔1〕 See MS Dealer Serv. Corp. v. Franklin, 177 F. 3d 942, 947 (11th Cir. 1999); JLM Indus., Inc. v. Stolt-Nielsen SA, 387 F. 3d 163, 177 – 78 (2d Cir. 2004); In re Humana Inc. Managed Care Litig., 285 F. 3d 971, 975 (11th Cir. 2002).

〔2〕 Michael P. Daly, "Come One, Come All: The New and Developing World of Nonsignatory Arbitration and Class Arbitration", 62 U. Miami L. Rev. (2007), p.101.

为当合同的一方签订一项含有仲裁协议的合同、明确表明由合同条款引起的未签字第三人的责任应当交付仲裁时，在此种情况下，衡平禁止反言是当事人想进行仲裁的一种合法的代理。签字人同意一项载有广义仲裁条款的合同意味着同意由此合同产生的争议应当提交仲裁解决。当合同签字人利用合同条款向未签字人要求承担责任时，签字人行为的动机表明与潜在的合同有密切的关系，其行为的动机建设性地令未签字方成为合同的一方。此时有没有该未签字第三人对该合同及所附的仲裁条款的赞成是无关紧要的。[1]

适用衡平禁止反言原则的第二个标准是：若仲裁条款的签字人主张的权利是针对其他签字人与未签字第三人在实质上相互依存、不可分割（Substantially Concerted and Interdependent）的不当行为而提出的，此时未签字第三人可以援引仲裁条款。例如在 *Staples v. The Money Tree, Inc.* 案中，原告依据其与贷款人之间的贷款合同，诉称共同被告——该贷款人和两个抵押物的保险人共同欺骗其购买不必要的保险，并依据合同中的仲裁条款，将争议交付仲裁。但本案中只有贷款人是合同的签字人，两个保险人并未在合同上签字。因而两个保险人试图否认仲裁协议而欲以诉讼的方式解决争议。缘于原告对贷款人与保险人的诉求不仅相似，而且在实质上相互依存，且不当行为都是由签字人与未签字方共同实施的，因此法院适用衡平禁止反言原则，裁定案件以仲裁方式解决。[2] 基于仲裁条款签字人与未签字第三人的共同过错（Contributory Fault），未签字第三人有理由相信自己能依据宪法所保障的正当程序去参与争议解决过程，以对针对自己的指控进行有效抗辩。[3] 为避免已仲裁裁决的争议以诉讼形式再次提出，保证仲裁裁

---

[1] David F. Sawrie, "Equitable Estoppel and the Outer Boundaries of Federal Arbitration Law: the Alabama Supreme Court's Retrenchment of an Expansive Federal Policy Favoring Arbitration", 51 *Vand. L. Rev.* (1998), p. 757.

[2] See *Staples v. Money Tree, Inc.*, 936 F. Supp. 856, 858 (M. D. Ala. 1996).

[3] 徐磊：《禁止反言原则在美国仲裁司法实践中的发展》，载丁伟、朱榄叶主编：《当代国际法理论与实践研究文集国际私法卷》，中国法制出版社 2002 年版，第 252～253 页。

决的稳定性、权威性与终局性，法院适用衡平禁止反言原则而"合并仲裁"（Consolidate the Issue）。然而合并仲裁破坏了仲裁的意思自治原则与保密特征，使得裁决难以得到有关国家的承认与执行。美国最高法院虽没有关于合并仲裁的直接判例，但在1983年的 *Moses H. Cone Memorial Hosp. v. Mercury Construction Corp.* 案中表露出不支持合并仲裁的意见，而联邦第二巡回法院等都有否定合并仲裁的判例。[1] 其他国家，例如英国在起草1996年《仲裁法》时，曾有动议要求在法律中对合并仲裁作出明确规定，但终因顾问委员会基于合并仲裁会否定当事人的意思自治原则的考量而未被采纳。[2]

事实上，尽管有诸多判例认可了衡平禁止反言原则在仲裁协议效力扩张中的运用，对这一原则的适用仍存在着争议。对仲裁可适用性的普遍扩张，已开始集中于对已签订的仲裁协议的范围的解释。[3] 依据前述 Grigson 案而确立的衡平禁止反言原则不合理地将仲裁的适用范围延伸到那些在争议当事人之间事实上没有仲裁协议的案件，这种延伸是没有根据的，将会导致为进行仲裁而剥夺一方当事人进行民事诉讼的权利，完全是另外一回事。简言之，衡平禁止反言原则过分地扩展了仲裁的可适用性。在必要情形下，法院应当仅仅根据代理的传统理论、第三方受益人学说以及在极少数情况下传统的衡平或允诺禁止反言而要求签字人与未签字人进行仲裁。通过找到一种合意的形式在争议当事人之间进行仲裁，使得代理权理论与第三方受益人学说符合双方当事人对契约公正的期望。[4] 前述阿拉巴马州法院也适当地限制

---

〔1〕 参见杨良宜：《国际商务仲裁》，中国政法大学出版社1997年版，第458~459页。

〔2〕 Alan Redfern and Martin Hunter, *Law and Practice of International Commercial Arbitration*, London: Sweet & Maxwell, 2003, p. 181.

〔3〕 See, e. g., *Circuit City Stores, Inc. v. Adams*, 532 U. S. 105, 115-19 (2001) (construing the FAA's exception for employees "engaged in commerce" to apply only to employees actually engaged in "transportation"); *Doctor's Assocs., Inc. v. Casarotto*, 517 U. S. 681, 683 (1996) (holding that the FAA preempts a Montana statute from making formal requirements on arbitration agreements).

〔4〕 Frank Z. LaForge, "Inequitable Estoppel: Arbitrating with Nonsignatory Defendants under Grigson v. Creative Artists", 84 *Tex. L. Rev.* (2005), p. 254.

了衡平禁止反言对签字人主张的关于潜在的含有仲裁条款的合同的审查，当签字人与未签字第三人在单一交易中的关系并非极其密切时，不应该产生仲裁的意向；如果合同签字人的主张本质上是通过强加的责任迫使未签字第三人不情愿地接受合同的条款，由于主张本身存在强迫性，签字人不得执行合同中的仲裁条款。[1] 因此，法院不应当运用衡平禁止反言原则强制签字人就其对未签字第三人提出的请求进行仲裁，这一方法无论是在学理推导还是在其所产生的结果方面均存在缺陷。衡平禁止反言原则对原告与未签字第三人之间关系的固有关注，混淆了美国仲裁法案支持仲裁的政策对合意协定的影响，这与衡平禁止反言原则意图倡导的公正结果不同。此外，通过偏离传统衡平禁止反言原则的基本要求——主张禁止反言作为一种抗辩事由的一方当事人已经对另一方当事人的错误陈述产生了不利的信赖，衡平禁止反言学说导致了一种明显不公平的结果，即原告必须放弃进行民事诉讼的权利，且与从未同意仲裁的人就争议进行仲裁。[2] 纵然如此，作为普通法的重要补充，衡平法弥补了普通法救济方式的不足，根据实践变化以适应现实需求，从而实现法律所追求的终极目的——公平，所以渗透衡平法理念的衡平禁止反言原则在仲裁领域的适用得到学界与实务界的关注与研究。

二、公平合理期待原则

合同双方的期待利益是双方在签订合同时依据自己的判断预期通过合同项下的允诺交换与履行将得到的通常为物质的或者经济的利益；当一方违约时，判断违约行为的不道德、对合同的期待利益的解释，所依据的价值规范即是公平。[3] 所谓公平合理期待（Fair and Reasona-

---

[1] David F. Sawrie, "Equitable Estoppel and the Outer Boundaries of Federal Arbitration Law: the Alabama Supreme Court's Retrenchment of an Expansive Federal Policy Favoring Arbitration", 51 *Vand. L. Rev.* (1998), pp. 757~758.

[2] Frank Z. LaForge, "Inequitable Estoppel: Arbitrating with Nonsignatory Defendants under Grigson v. Creative Artists", 84 *Tex. L. Rev.* (2005), pp. 254~255.

[3] 参见张利宾：《美国合同法：判例、规则和价值规范》，法律出版社2007年版，第3页。

ble Expectation）原则是指在解释合同时应当根据合同当事人的合理利益来推定当事人的真实意思表示，而不应拘泥于合同的书面文字意思，以期避免合同法上公平合理期待利益的落空（Frustration）而构成信赖利益损失（Detriment in Reliance）。公平合理期待原则偏离了传统合同法基本原理与理念——"明示合同条款必须严守与履行"，将当事人的利益期待建立在"公平合理"的抽象概念上，使法院基于自由裁量权排除或否定一些含义明确的合同条款的效力，具有主观随意性。但是从渊源上来看，公平合理期待依然是当事人意思自治原则与诚实信用原则的体现。一些大陆法系国家已经开始逐渐采纳公平合理期待原则。譬如1804年《法国民法典》（即《拿破仑法典》）规定了"解释契约时，应寻求缔约当事人的共同意思，而不拘泥于文字"、"文字可能作两种解释时，应采取最适合于契约目的的解释"。[1] 由此可知，1804年《法国民法典》确立的是以当事人意思为准来解释合同的意思主义，这与传统罗马法的精神是一脉相承的。但随着国家在垄断资本主义阶段对社会经济干预的逐步加强，1804年《法国民法典》确立的以当事人意思为准来解释合同的意思主义也逐渐为表示主义所替代，即法官探求的是当事人的行为使第三人确信他的意思是什么。当仲裁协议约定不明确时，法官依据公平合理的客观标准去判定对于一个平常第三人而言当事人的行为所表达出来的意思。在英美法系国家，美国曾在 Lucy v. Zehmer 案中确立了一个规则，即双方合意的基础是根据当事人外在表示的意思（Outward Expression），而不是他或她的内心意志世界；美国法官判断一个合同条款或文字的意思时，采用的标准不是一方当事人内心的主观意思标准，而是双方选择使用的外在的客观标准。此种外在客观表达并不仅限于合同本身的文字，法官为了进行解释而对事实进行探究的领域包括双方当事人在订立合同过程中的语言与行为、订立合同后双方对合同的履行过程、双方先前可以比拟的

---

〔1〕 参见1804年《法国民法典》第1156、1158条。

类似交易先例以及双方进行交易的市场上的行业惯例与做法。[1]

反映在仲裁制度上，如果仲裁协议约定不明确时，法官在解释仲裁协议条款时依据公平合理期待的标准来裁断对于一个一般第三人来说当事人的行为所表达出来的意思。国外的一些仲裁庭或法院常将"公平合理期待"作为依据，考察当事人的期望及这种期望的公平合理性，并参考具体案件的各个方面，以确定当事人的期望是否公平合理，进而确定仲裁协议效力范围的问题。[2] 美国法院在司法实践中即采用公平合理的期待原则，否定只有仲裁协议的签订者才受仲裁协议条款约束的观点，认为在确定哪些当事人要受仲裁约定的约束时，应替代适用有关合同和代理的一般原则；当申请人作为被代理人、第三方受益人或受让人取得权利后，基于其权利就合同本身起诉时，必须遵守作为追索的优先条件的有关合同中规定的仲裁要求。[3] 前文引述的瑞典最高法院在1997年对德国船公司Emja与芬兰发动机制造商Wartoila因发动机交货质量问题所致争议的判决中就认为，在债权让与中，原合同另一方当事人的初衷是将争议提交仲裁庭解决，倘若因为原合同一方当事人债权转让的单方行为而使得另一方当事人希冀以仲裁方式解决争议的期待落空，这无疑有悖于原合同另一方当事人的公平合理期待。

在国际商事仲裁中，公平合理期待原则对于未签字第三人应否受到原合同中仲裁条款的拘束，最重要的是对合同当事人与未签字第三人的公平合理利益的剖析。具体说来，首先，此种利益应为合理的，即应为当事人自己合理的利益而不应是其追求过分的利益，这要求当事人要秉承诚信原则把握好利益衡量的尺度；其次，此种利益应为公平的，当事人所追求的利益应是基于公平的理念，在期待自己利益最

---

[1] 张利宾：《美国合同法：判例、规则和价值规范》，法律出版社2007年版，第264页。

[2] 韩健：《派生仲裁请求权和代位仲裁请求权之刍议》，载《仲裁与法律》（2001年合订本），第70~71页。

[3] 参见赵秀文主编：《国际商事仲裁案例评析》，中国法制出版社1999年版，第55~66页。

大化的同时兼顾另一方当事人的利益,而决不允许将个人利益建立在损害对方当事人利益的基础上。一般说来,倘若未签字第三人实际参与合同的订立或履行且其提出的请求与提交仲裁的争议密切相关,或者仲裁裁决的作出将对未签字第三人的权利义务产生影响或使其丧失从合同中获得的正当利益,以及现有的当事人在仲裁程序中无法完全代表未签字第三人的利益这三种情形时,[1] 出于维持程序正义的考量,法院或仲裁庭在仔细权衡案件双方当事人对争议解决的期待以及此种期待的合理性之后,可以允许非合同当事人适用合同中的仲裁条款。

公平合理期待原则在仲裁协议效力扩张理论的适用性,在处理代理人与委托人之间的关系以及流转票据如提单等问题、尤其是在合同转让中得到很好体现。在合同转让中,推定仲裁协议在当事人没有约定时转让,最能保证当事人合理的利益,而又没有不当扩大他们的不合理利益。[2] 与合同变更不同,合同转让并未改变合同内容,债权人享有的权利、债务人应履行的义务均未改变,而仲裁条款也正是债权人与债务人签订的,表示他们同意将因合同产生的争议提交仲裁解决,这是他们的真实意思表示。在当事人普遍选择仲裁作为解决争议方式的情况下,如果仲裁协议不可转让,对转让人而言合同的转让就变得十分困难。转让人为了追求自己的利益应赞同仲裁协议的转让。对合同受让人而言,决定接受合同权利或承受合同义务时,是在已充分衡量了是否选择仲裁以及该仲裁地、仲裁机构对其控制成本、评估风险是否有利后作出的,其对通过仲裁解决争议所带来的程序便利等后果具有公平合理的期待。因此,公平合理期待原则是仲裁协议的效力向未签字第三人扩张的重要理论基础之一。

三、揭开公司面纱理论

一般而言,公司具有独立的法人人格,以其全部资产对外承担责

---

[1] S. I. Strong, "Intervention and Joinder as of Right in International Arbitration: An Infringement of Individual Contract Rights or a Proper Equitable Measure?", 31 *Vand. J. Transnat'l L.* (1998), p. 921.

[2] 杜新丽、孙蓓:《仲裁协议在合同转让中的效力问题研究》,载《仲裁与法律》2003 年第 2 期,第 34 页。

任,股东仅以其出资为限对公司的债务承担有限责任,以确保股东在不承担个人风险的前提下鼓励与促进有效的投资。这是传统的法人有限责任原则,符合法人独立人格理论。但当公司独立人格被滥用,例如股东利用公司从事不正当交易以谋求法外利益,并以公司独立人格作为挡箭盾牌,这时有必要否定公司的独立人格。早在19世纪,美国就注意到法人人格的优点与弱点问题,试图让公司承担无限责任,让大股东承担有限责任,"刺破公司(法人)的面纱",建立公司法人人格否定制度。[1] 法人人格的缺陷与弊端,影响了社会公正与正义,必然要求确立法人人格否定制度。揭开公司面纱理论(The Theory of Lifting the Veil of Corporation),也称为刺破公司面纱(Piercing the Corporation's Veil)、公司法人人格否定(Disregard of Corporate Personality),意指"为阻止公司独立人格的滥用和保护公司债权人利益及社会公共利益,就具体法律关系中的特定事实,否认公司与其背后的股东各自独立的人格及股东的有限责任,责令公司的股东(包括自然人股东和法人股东)对公司债权人或公共利益直接负责,以实现公平、正义目标之要求而设立的一种法律措施"。[2]

法人有限责任原则的出发点在于降低投资风险、实现经济利益的鼓励投资政策。在股东有限责任的原则下,出资人利用公司形式从事经营,实质上是利用公司法人独立原则之屏障将股东与公司的债权人隔开,因为股东并不对公司的债权人直接负责而仅以其出资额为限对公司承担有限责任。此时,如果公司为追求高额利润而从事极度冒险事业或者资本不足空壳经营,则在公司及股东获取利润的同时将损失转嫁于社会公众,此种"既能使其在生意兴隆时坐享其成,又能使其在经营失败时逃之夭夭的灵丹妙药"[3] 的公司独立人格的弊端使法人

---

[1] 朱景平:《关于法人人格及法人人格否定制度的探讨》,载《山东科技大学学报(社会科学版)》2001年第4期,第49页。

[2] 朱慈蕴:《公司法人格否认法理研究》,法律出版社1998年版,第75页。

[3] 刘俊海:《强化公司的社会责任——建立我国现代企业制度的一项重要内容》,载王保树主编:《商事法论集》(第二卷),法律出版社1997年版,第71页。

制度的公平正义价值目标遭受严峻挑战。特别是在处理公司集团尤其是跨国公司内部处于支配地位的母公司与受控的子公司之间的关系时，倘若子公司为母公司控制以至丧失了自己的独立意志，成为事实上的傀儡公司（Marionette Company）时，子公司订立的合同所产生的权利义务实际上是直接由母公司承担的。而这极易引发道德风险（Moral Hazard），即母公司利用与子公司相互独立核算的法人外壳，进行不合理的财产交易与转移，严重损害与子公司缔结合同的债权人利益。这种实践中母子公司一套人马、两块牌子，借公司独立人格之名、行逃避债务之实的现象，使揭开公司面纱理论具有较强的实务指导意义。

公司法人人格否定由美国首先确立。早在20世纪初期，在 *United States. v. Milwaukee Refrigerator Transit Co.* 案中，法官的判决中就写到"如果确定一种原则的话，那就是公司被作为一种法律实体是一般原则，除非出现了相反的情况；但是法律实体被用来妨碍公众便利、庇护不法行为，保护欺诈或者包庇犯罪行为时，法律将会视法人为无权利能力的数人组合体（个人合伙）"。[1] 揭开公司面纱理论是由鲍威尔（F. Powell）于1931年提出，随后为 *Lowendahl v. Baltimore & Ohio Railroad.* 案所采用，而逐渐成为广泛适用的学说。其时大量的托拉斯企业利用母子公司的特殊关系来规避法律，已经成为了相当严重的社会问题。以至于在1939年的 *Taylor et al. v. Standard Gas & Electric Co. et al.* 案中，美国法院创立了"深石原则",[2] 用于解决在对子公司出资不足的情形下，母公司对子公司的债权能否获得清偿以及清偿顺序

---

〔1〕 C. C. Wis., 142 F. 247 (1905).

〔2〕 深石原则又称为衡平居次原则（Equitable Subordination Rule），其理念来源于著名的深石案件。深石公司为从属公司，法院认为深石公司在成立之初即资本不足，且其业务经营完全受被告公司（控制公司）所控制，经营主要为了被告公司的利益，因此判决被告公司对深石公司的债权次于深石公司其他债权受清偿。深石原则本质上是刺破公司面纱原则的延伸，故有学者称其为刺破公司面纱的姐妹原则。深石原则的重要贡献在于法院将判决建立在公司的资本要求和母公司的诚信义务的要求上，同时要求居次规则的标准必须是客观的，既是一种有条件的居次规则。参见施天涛：《关联企业法律问题研究》，法律出版社1998年版，第175~176页。

问题，以期解决母子公司之间以及母子公司各自债权人的利益关系失衡问题，最终达到有效遏制母公司滥用法人人格独立的现象。[1] 此后，英国、德国、日本等国家都相继确立了揭开公司面纱理论。

对于揭开公司面纱理论得以适用的前提，一般认为包括三个因素：其一，控制是全面支配以及包括有关交易的政策与商业做法的控制，以至于该法人实体此时已没有独立的意志、意思或其自身不再存在；其二，此种控制须已被用来进行欺诈或不当行为、违反法定的或其他确定的法律义务或违反原告法律权利的不诚实与不公正的行为；其三，上述控制与违反义务造成所指控的损害或不公正的损失。[2] 换言之，倘若事实表明存在着过度控制，并有对债权人造成损害的不公平行为的证据，就可以否定公司的独立人格以实现公正。持"工具论"学说的学者则主张在适用法人格否认理论时，不仅强调是否有欺诈、滥用、违反公序良俗的行为，而且特别注重是否将公司作为工具使用并导致不公平的结果。[3]

在上述揭开公司面纱理论具有适用性的情形下，未在仲裁协议上签字的公司可能会受该协议的约束，如果这份协议是由它的母公司，子公司或分支机构签署的。[4] 虽然并没有关于揭开公司面纱的统一联邦法存在，但是当未签字公司控制另外一个公司且让该公司作为签字公司来达到不适当的目的的情况下，如进行欺诈或者带来实质性的不公平或不平等，法院通常情况下还是会裁断未签字公司受到仲裁协议的约束。[5] 此种思路在理论上具有充分的合理性，在实践中亦具有可行性。详言之，既然子公司为母公司所控制，则母公司对子公司订立

---

[1] 306 U.S. 307, 59 S. Ct. 543, 306 U.S. 618, 83 L. Ed. 669 (1939).

[2] 参见余劲松：《论跨国公司责任的法律依据》，载《法商研究》1995年第3期，第60页。

[3] 朱慈蕴：《公司法人人格否认法理研究》，法律出版社1998年版，第81页。

[4] See Dwayne E. Williams, "Binding Nonsignatories to Arbitration Agreements", 25 *Franchise L. J.* (2006), p.179.

[5] See Michael P. Daly, "Come One, Come All: The New and Developing World of Nonsignatory Arbitration and Class Arbitration", 62 *U. Miami L. Rev.* (2007), p.101.

的仲裁协议应当知情。在司法实践中，债权人通常将母公司与子公司列为共同被告，如果债权人向子公司追偿需要进行仲裁，向母公司索赔则需要通过诉讼解决，那么债权人要应对仲裁庭与法庭两个战场，造成时间与金钱上的浪费，也为母子公司串通逃避债务提供便利，而仲裁庭与法庭独立裁决有可能造成相互矛盾的裁决与判决，这对保护债权人权益、降低解决纠纷的社会成本与维护法律的尊严都是极为不利的。[1] 毋庸置疑，揭开公司面纱理论在处理仲裁协议的效力扩张至未签字第三人方面，为法院作出恰当的解释提供了切实的理论基础。在具体案件的处理中，美国是首个采用揭开公司面纱理论来考量仲裁协议效力扩张的国家。在 1960 年的 Fisser v. International Bank 案中，法官在适用《联邦仲裁法》时指出："即使一方当事人没有在仲裁协议上签字，根据合同法原理仍有可能受仲裁协议约束……子公司和漠视其独立地位而对其实施控制的母公司应被看做是同一实体"。[2] 这表明，在揭开公司面纱理论下，未签字人也有可能受到仲裁协议的约束。Interwoven Shipping Co. v. National Shipping and Trading Corp. 案[3] Oriental Commercial & Shipping v. Rossel NV. 案[4] Bridas S. A. P. I. C. v. Gov't of Turkm. 案[5] 以及 InterGen N. V. v. Grina. 案[6] 等案例进一步证明了仲裁协议的扩张效力。在国际商会仲裁第 4131 号案例中，仲裁员亦认为由于母公司对子公司签订协议上的绝对控制力以及在合同缔结、履行、终止上有效的参与，仲裁条款也应当视为被母公司所接受。无论在法律上是否是独立的实体，整个公司集团都构成了一个同一的经济实体。仲裁员还引用了美国国内法院判决说："排除在事业

---

[1] 参见赵健：《长臂的仲裁协议：论仲裁协议对未签字第三人的效力》，载《中国国际私法与比较法年刊》（2000 年第三卷），法律出版社 2000 年版，第 530 页。

[2] See 282 F. 2d 231, 234 (2d Cir. 1960).

[3] See 523 Fed. 527, 529 (2d Cir. 1975).

[4] See 702 F. Sipp. 1005, 1019 (S. D. N. Y. 1988).

[5] 345 F. 3d 347, 359 (5th Cir. 2003).

[6] 344 F. 3d 134, 148 – 49 (1st Cir. 2003).

中同样拥有利益、并作为同一公司家族成员的要求既不明智也不现实。"[1]

四、公司集体理论

揭开公司面纱理论在公司法律责任领域已得到广泛认同,通过公司法人人格否定从而将仲裁协议的效力在母子公司之间进行扩张亦得到了实践的肯定。但是,揭开公司面纱理论是以否定公司的法人人格来实现其适用的,而对关联公司成员的责任的追究并非要求在任何情况下都否定公司的法律人格。为了弥补揭开公司面纱理论的局限,晚近法院与仲裁庭发展了公司集体学说(Group of Companies Doctrine)。依据公司集体理论,仲裁协议的效力有可能扩张至合同一方的未签字的母公司或其他关联分公司,如果这样的未签字公司参与了合同的缔结(Conclusion)、履行(Performance)或者终止(Termination)。[2]需要澄清的是,公司集团(也称为关联公司)是指为达到一定的经济目的而通过特定手段所形成的企业之间的联合,此种特定手段主要是通过资本参与的方式,如基于转投资行为而形成的公司之间的持股或控股关系。联合的成员企业在法律上仍保持着各自的独立性,但在经济事实上却很可能失去了其自主性。比如母子公司就是典型的公司集团。而此处的"公司集体"并非一种公司组织形式,只是强调数个公司在特定交易中形成了密切关系,因而公司集体在范围上有可能正好是一个公司集团,或者一个公司集团中的部分公司,抑或是数个原先就毫无关联的公司。

法国仲裁实践于20世纪70年代早期为公司集体理论的形成打下了基础。这一理论的首次提出,则是在国际商会仲裁院审理 *Dow Chemical v. Isover Saint Gobain* 案时。该案案情可简单概括如下:

---

〔1〕 See *Yearbook Commercial Abitration* (1984, Vol. IX), General editor: Pieter Sanders, Kluwer Law & Taxation Publisher, 1984, p. 136.

〔2〕 Stephan Wilske, Laurence Shore, Jan-Michael Ahrens, "The 'Group Of Companies Doctrine' —Where Is It Heading?", 17 *Am. Rev. Int'l Arb.* (2006), p. 74.

美国 Dow Chemical 公司有四个子公司，其中一家子公司于 1965 年与法国甲公司签订了专利产品销售合同，合同中约定了仲裁条款；其他子公司或参加了合同的谈判与缔结，或参与了合同的履行。合同经过数次转让，最后的收货人法国乙公司在法国起诉 Dow 公司及其各子公司。本案的争点在于，对于并未签署合同、但却参与合同谈判、缔结与履行的当事人，合同中的仲裁条款是否对其有拘束力。最终，仲裁庭认定，Dow Chemical 公司及其子公司之间构成了"公司集体"，虽然合同是其中一个成员签署的，但其他成员实质性地参与了合同的谈判、缔结与履行，这些公司形成了一个事实上的经济实体（economic reality, une realite economique unique），因此该成员与第三人签订的仲裁条款对其他成员具有拘束力。[1] 仲裁庭的裁决随后得到了巴黎地区法院的肯定。[2] 由此可知，仲裁庭没有运用传统的揭开公司面纱理论来扩张仲裁条款的效力，而是提出了新的理论。

对于公司集体理论的适用，一般并不强调是母子公司之间，只是要求各公司之间具有密切联系，存在着内在不可分性（Inherently Inseparable）。通常情况下，未签字公司对一笔交易具有实质性参与的行为（Substantive Participation）方可判定公司之间存在密切联系，未签字公司对于合同谈判、缔结与履行的实质性参与被视为了对仲裁条款的默示同意。[3] 未签字公司对交易的实质性参与往往导致第三人有合理理由判断这些公司的身份产生了混同，因为无法辨别这些公司的独

---

[1] *Dow Chemical v. Isover Saint Gobain*, ICC Case No. 4131 of September 23, 1982, 9 Y. B. COM. ARB. 131 (1984). The arbitrators were Prof. Pieter Sanders (Chairman), Prof. Berthold Goldman and Prof. Michel Vasseur.

[2] *Isover St. Gobain v. Sociétés Dow Chemical France et autres*, Paris (Court of Appeal), 1984 *REV. ARB.* 98, 100.

[3] See Bernard Hanotiau, "Problems Raised by Complex Arbitration involving Multiple Contracts-Parties-Issues: An Analysis", *J. Int'l Arb.* 18 (3), 2001, Kulwer Law International, p. 273.

立人格,因而将它们视为了一体。[1] 一旦此种情形发生,法院与仲裁庭将推定这些公司形成了公司集体,因而仲裁协议的效力在这些公司之间扩张适用。除了 Dow Chemical 案外,国际商会仲裁院在第 5103 号案件、法国法院在 KIS France SA v. SA Société Générale (France) 案中都采用了公司集体理论。[2] 法国法院认为,通过公司集体理论扩张适用仲裁条款,实质上是基于当事人的明示或者默示同意。[3]

缘于公司集体理论与揭开公司面纱理论的基本作用与目的相同,即均是为仲裁协议效力扩张适用于未签字但却参与合同谈判、缔结、履行或者终止的公司提供理论的支持,且二者适用背景也大抵相同,即通常在母子公司与第三人签订仲裁协议的情形中适用,因而在一些案件中会发生对二者不加区别地混用。其实,公司集体理论与揭开公司面纱理论存在着显著的差异。首先,在适用效果上,揭开公司面纱理论的适用将导致被控制公司的独立法人格被否认,是对公司人格的最根本的否定,使其丧失了独立存在的价值;而公司集体理论的适用并不当然导致这些公司的独立法律人格被抹杀,不强调、甚至也不试图否定一个公司的独立人格,而是在认同公司人格独立性的前提下来扩张仲裁条款的效力。其次,在适用要件上,揭开公司面纱理论的适用要件是公司之间存在"足够控制",使得一个公司成为另一个公司的"工具"或"化身";而公司集体理论的适用要件则是多个公司对于同一笔交易具备"实质性参与"的要素,法院与仲裁庭需要考察的是公司之间对于同一笔交易的参与程度,并据此来决定仲裁条款的效力是否可以拓展,而对于这些公司之间存在的特定交易之外的关系,

---

〔1〕 See Bernard Hanotiau, "Problems Raised by Complex Arbitration involving Multiple Contracts-Parties-Issues: An Analysis", *J. Int'l Arb.* 18 (3), 2001, Kulwer Law International, p. 276.

〔2〕 John Leadley & Liz Williams, "Peterson Farms: There Is No Group of Companies Doctrine in English Law", *Int. A. L. R.* 2004, 7 (4), p. 112.

〔3〕 Emmanuel Gaillard & John Savage, *Fouchard Gaillard Goldman on International Commercial Arbitration*, CITIC publishing house, 2004, p. 285.

法院与仲裁庭一般并不进行考察。[1] 无疑,揭开公司面纱理论的适用效果较之公司集体理论更为激进,而揭开公司面纱理论的适用要件较之公司集体理论也更为严格,但公司集体理论较之揭开公司面纱理论更具有针对性。

虽然公司集体理论在仲裁界引起了广泛的注意,但令人惊异的是,并没有严谨的理论能证明该学说适用的正当性。[2] 虽然 Dow Chemical 案的裁决恰当地坚持了各成员之间的共同意向与法律行为,仲裁员亦信赖于公司集体理论,并将之作为深入分析的替代,而不是去臆造当事人之间的合意。[3] 但是直到现在,公司集体理论仍未获得普遍的接受,反而经受着更多的批判。例如有学者认为,第一,建立在公司集体理论上的规则不够清晰,不足以支持其确切地适用(the rules developed under this doctrine are not clear-cut and definite enough to permit their unambiguous application);第二,合同相对性原则的基本原理被弄得模糊不清;第三,没有任何理由去背离能够保证法律适用更深层次确定性与预见性的传统方法。第四,公司集体学说通常也与当事人的意图背道而驰。[4] 因而公司集体理论亦被一些仲裁庭所否决,比如英国法院裁断的 *Caparo Group Ltd v. Fagor Arrastate Sociedad Cooperative* 案。[5] 瑞士法院曾明确表示,瑞士法并不在意公司集体的概念,瑞士法依然坚持公司与其股东相互独立、母子公司之间相互独立。[6] 缘于美国早

---

[1] 参见池漫郊:《如何确定仲裁协议在关联公司中的效力》,载《人民法院报》2008年1月9日,第5版。

[2] Stephan Wilske, Laurence Shore, Jan-Michael Ahrens, "The 'Group Of Companies Doctrine' —Where Is It Heading?", *17 Am. Rev. Int'l Arb.* (2006), p. 77.

[3] Emmanuel Gaillard & John Savage, *Fouchard Gaillard Goldman on International Commercial Arbitration*, CITIC publishing house, 2004, p. 284.

[4] Otto Sandrock, "Arbitration Agreements and Groups of Companies", *The Int'l Law.* 941 (1993).

[5] Commercial Court, Queen's Bench Division, August 7, 1998.

[6] See Bernard Hanotiau, "Problems Raised by Complex Arbitration involving Multiple Contracts-Parties-Issues: An Analysis", *J. Int'l Arb.* 18 (3), 2001, Kulwer Law International, p. 282.

已发展代理原则、第三人利益、衡平禁止反言原则等机制来扩张仲裁协议对第三人的效力,他们会基于美国仲裁法审查仲裁庭的管辖权,因而公司集体理论不适用于美国。实践中,只有法国实际上已认可此项理论。[1]

笔者认为,公司集体理论具有独立的理论价值,在肯定法人独立人格的前提下,将仲裁协议的效力扩张适用于关联公司之间。仲裁庭在 Dow Chemical 案中恰当地坚持了仲裁中合意的基本要求,使得既不需要当事人重新起草合同并拉着其他当事人进入仲裁程序,也不需要未来的仲裁员依据合同法的适用原则仔细审查与分析详细的事实,以确定仲裁协议应否可以扩张至未签字人。[2] 该学说的好处是解决因谈判的疏忽和国际协议的起草所产生的争议,但是确也被证明了容易被滥用。然而,从某种意义上来说,公司集体理论是对衡平禁止反言原则与合同相对性原则例外中的利他合同(第三人利益合同)的一个变体。换言之,倘若数个公司都实质参与了一笔交易,则法院与仲裁庭是可以权衡着适用衡平禁止反言原则或者合同相对性原则例外中的利他合同来判定仲裁协议的效力扩张至未签字的公司。因此,对于公司集体理论,完全没有必要持否定的态度。相反,公司集体理论的确立是商法与仲裁法朝着多元化演进的具体体现。

五、仲裁的本质与目的

关于仲裁的本质,在学理上存在着四种具有代表性的学说,即认为仲裁活动是契约原则的体现与反映的契约论(Contractual Theory)、主张一国的司法权是现代仲裁制度的灵魂的司法权论(Jurisdictional Theory)、持结合契约性与司法性来解释仲裁本质见解的混合论(Mixed or Hybrid Theory)以及晚近发展的强调仲裁是自身独立发展的自治论(Autonomous Theory)。以哲学视角来看,本质是事物的根本属

---

[1] Stephan Wilske, Laurence Shore, Jan-Michael Ahrens, "The 'Group Of Companies Doctrine' —Where Is It Heading?", 17 *Am. Rev. Int'l Arb.* (2006), p. 86.

[2] Stephan Wilske, Laurence Shore, Jan-Michael Ahrens, "The 'Group of Companies Doctrine' —Where Is It Heading?", 17 *Am. Rev. Int'l Arb.* (2006), p. 87.

性,是组成事物基本要素的内在联系,由事物固有的特殊矛盾所组成。探求事物的本质,必须区分事物的现象与本质。就现代仲裁制度而言,作为争议解决方式的仲裁,其存在的开始是仲裁协议的订立,进而由国家赋予依据该仲裁协议作出的仲裁裁决强制力。因此,仲裁的基本要素在于当事人的意思自治和国家的司法协调与干预,二者的内在联系即为仲裁固有的特殊矛盾。在理论上,仲裁包括两方面的因素:合同因素与司法因素,倘若没有当事人自愿将争议提交仲裁,则无从谈及仲裁程序的进行;而国家出于利益与公共秩序的考虑对合法有效的意思自治予以肯定,赋予仲裁裁决强制效力,终究仲裁裁决的实现必须以国家强制力作为执行的依托。但是在仲裁本质的权衡中,契约性与司法性并非是等量齐观的,契约性是现代仲裁制度本质的根本特征,是仲裁本质的主要方面。[1]

从仲裁的起源来看,原始仲裁形成于国家、法律、法院出现之前,是争议解决的社会需求使仲裁成为与自力救济并存的一种争议解决机制。古希腊的神话故事中,一个广为流传的故事即是帕黎斯就三个女神中最美丽的一位作出的裁决;古巴比伦时代的犹太人的记事中,关于某人是否有罪的认定就是由犹太人社区中自行进行的审判程序决定的;抑或仲裁最古老的渊源是村庄中遇到纠纷时请年长者依据公正来决断。[2] 因而,仲裁的实践自然就出现在原始的法律主体中。在国家设置法院且诉讼成为最普遍的争议解决方式后,仲裁基于较之诉讼更

---

[1] 对于契约性与司法性的地位,学界多强调契约性优先,如有学者主张"在契约性和司法性之中,契约性占主导地位,为仲裁的本质特征",参见赵健:《国际商事仲裁的司法监督》,法律出版社2000年版,第4页;有学者认为"从仲裁制度的发展趋势来看,国际商事仲裁中的合意因素逐渐起主导作用,当事人意思自治原则得到充分体现,法院审查则限制在有限范围内",参见宋航:《国际商事仲裁裁决的承认与执行》,法律出版社2000年版,第17页。

[2] 参见赵秀文:《国际商事仲裁及其适用法律研究》,北京大学出版社2002年版,第3页。

为灵活且成本更低的特点而继续存在着。[1] 而关于国际商事仲裁，中世纪时来自不同城邦国家、不同港口进行商事交易的商人们，通过自行设立的行商法院（Piepowder）解决他们之间的争议，此种行商法院具有现代调解或仲裁庭的性质。进入19世纪末后，随着纠纷持久、案情复杂且需要一定程度行政管理的现实需求，现代仲裁制度在适应国际商事争议的变化中获得飞跃性发展，现代商业社会是现代仲裁制度得以建立、发展与完善的土壤。仲裁的历史演进展示了仲裁的目的在于解决交易纠纷，特别是当今仲裁较之诉讼更为商人所青睐就在于仲裁能高效、灵活地处理商人之间的争议。

仲裁协议效力的扩张正是基于契约性主导的仲裁本质，也符合仲裁的目的。例如对于代位求偿的债权人而言，签订仲裁协议的债务人与次债务人是在认为该特定争议通过仲裁解决更能确保他们的利益，债权人继承了债务人的到期债权，若不承受原仲裁协议，则需与次债务人另行订立诉诸法院解决争议的新合同，这与次债务人当初希冀将争议提交仲裁的意思表示相冲突。对于提单持有人而言，由于国际海上运输的货物价款较大，若提单中的仲裁条款效力不扩张至持有人，则持有人需要在托运人或承运人所在国法院起诉，需要承担不公平诉讼权利的风险，而胜诉的几率也很小。因而从保护交易安全、鼓励交易的立场出发，仲裁条款效力的扩张是提单持有人的实际意思表示。并且，未签字第三人承受主合同时也应当明白立法规定仲裁一裁终局，不能上诉。既然国家规定了诉讼与仲裁两种争议解决方式，而且各国普遍承认仲裁具有其他争议解决方式无法比拟的优势，认识到现代仲裁对于商人的意义，已形成对仲裁协议采取越来越宽松的解释，不轻易否定其效力的国际趋势，那么承认仲裁协议效力的扩张适应了这一趋势，也切合了仲裁高效灵活解决争议的目的。

---

[1] Holdsworth, History of English Law (1964), Vol. XIV, p. 187. See Alan Redfern and Martin Hunter, *Law and Practice of International Commercial Arbitration*, London：Sweet & Maxwell, 2003, p. 3.

第四节　仲裁协议效力扩张的实践剖析
——未签字人参与国内仲裁

一、仲裁一方当事人的主体资格发生变化

仲裁一方当事人的主体资格发生变化时，譬如法人合并、分立与解散抑或自然人死亡引起的法律预先设定的权利义务承继，在这些情形中继受者对合同事项的承受并不起始于其主动的意思表示，而是法律规定或推定他们的承继地位，尽管在一定情形下其可拒绝或约定排除自己的继受地位。因而合同中的仲裁协议应否扩张适用于原合同主体的承继者，应当考量在法律拟制继受地位时各方当事人的合意仲裁的期待利益。

一项仲裁条款可能适用于含有仲裁条款的协议的未签字人，这经常运用于"承继"的情况，即一个新法人要继续进行原来的法人发起的仲裁程序，例如美国 *Imp. Exp. Steel Corp. v. Miss. Valley Barge Line Co.* 案。[1] 具体说来，法人的合并是指两个或两个以上的法人依据法律规定或合同约定合成一个法人的行为，包括新设合并与吸收合并两种类型。两个以上的法人合并成一个新的法人，原法人人格消失、其权利义务由新法人承受的行为即为新设合并。一个或多个法人合并后仅其中一个法人存续而其他法人解散的行为即为吸收合并，也称兼并，兼并后存续法人承受被吸收法人的权利义务。法人的分立是指一个法人分为两个或两个以上法人的行为，包括创设式分立与存续式分立两种类型。创设式分立是法人以其全部资产成立两个或两个以上新法人的行为，原法人的人格消灭；存续式分立是法人以其部分资产成立一个或多个新法人的行为。综观各国立法与实践，新设的法人或存续的法人对因合并而消灭的法人的权利义务的承受都是概括的，不得选择，而因分立而消灭的法人的权利义务亦由分立后的法人承受。我国立法

---

〔1〕　351 F. 2d 503, 506 (2d Cir. 1965).

规定符合国际上的普遍做法。例如《公司法》规定了"公司合并时，合并各方的债权、债务，应当由合并后存续的公司或者新设的公司承继"；"公司分立前的债务由分立后的公司承担连带责任。但是，公司在分立前与债权人就债务清偿达成的书面协议另有约定的除外"。[1]《合同法》对此亦有规定，该法明确了"当事人订立合同后合并的，由合并后的法人或者其他组织行使合同权利，履行合同义务。当事人订立合同后分立的，除债权人和债务人另有约定的以外，由分立的法人或者其他组织对合同的权利和义务享有连带债权，承担连带债务"。[2]甚至于最高人民法院《关于适用〈中华人民共和国民事诉讼法〉若干问题的意见》也有"企业法人合并的，因合并前的民事活动发生的纠纷，以合并后的企业为当事人；企业法人分立的，因分立前的民事活动发生的纠纷，以分立后的企业为共同诉讼人"的相同规定。[3]由此可知，从立法意图的角度，对于法人的合并抑或是分立而言，原仲裁协议的效力都应该对法人的继受者具有约束力，即仲裁协议的效力扩张至这些未签字的第三人。

自然人死亡引发的权利与义务的继承，在仲裁协议效力扩张问题上的理由类似于法人的合并与分立，除非继受者明确表示放弃继承权，否则在继承过程中被继承人签订的仲裁协议对继受者具有拘束力。事实上，多数国家与地区的立法对此均有明文规定。对自然人继承，澳大利亚1984年《商事仲裁法》规定了："除非仲裁协议另有相反表示，如果仲裁协议的一方当事人死亡，则协议不应解除，仲裁员或公断人的权力不因该方当事人的死亡而被撤销，无论死者的个人代表赞成或反对，协议均应执行。"[4]荷兰《民事诉讼法典》在"一方当事人死亡"情形中规定了"①除非当事人已另有协议，仲裁协议或仲裁庭的

---

[1] 参见《公司法》第175、177条。
[2] 参见《合同法》第90条。
[3] 参见最高人民法院《关于适用〈中华人民共和国民事诉讼法〉若干问题的意见》第50条。
[4] 参见澳大利亚1984年《商事仲裁法》第52（1）条。

委任均不应因为一方当事人的死亡而终止。②仲裁庭应在其决定的期间内中止仲裁程序。仲裁庭可以根据死亡的一方当事人的法定继承人之请求,延长此期间。仲裁庭应给予另一方当事人机会,倾听其对延期请求的意见。③除非当事人已另有约定,仲裁程序在中止之后,应自原到达的阶段继续进行"。[1] 英国 1996 年《仲裁法》规定了:"除非当事人另有约定,仲裁协议不因一方当事人的死亡而解除,它仍然可由或向该当事人的个人代表执行。"[2] 香港 2000 年《仲裁(修订)条例》也规定了:"①如仲裁协议的任何一方死亡,仲裁协议仍然有效,但须由死者的私人代表执行该协议,或对该私人代表具有执行力。②仲裁员的授权也不得应指定方之死亡而撤销。③本节规定不影响根据其他法例或法律一诉讼权利将因死亡而消灭的情形。"[3]

对于仲裁一方当事人主体资格发生变化时仲裁条款的效力问题,我国最早是在地方司法解释以及实践中有所反映的。早在 2001 年的《上海市高级人民法院关于执行〈中华人民共和国仲裁法〉若干问题的处理意见》就规定了"订立仲裁协议的当事人被合并、分立或终止,原仲裁协议对其权利义务继受者是否具有约束力的问题根据仲裁法第 19 条规定,'仲裁协议独立存在,合同的变更、解除、终止或者无效,不影响仲裁协议的效力。'因此,在仲裁协议有效的情形下,订立仲裁协议的主体发生合并、分立或终止,其权利义务继受者与仲裁协议相对方未达成新的仲裁协议或未达成放弃仲裁的协议时,原仲裁协议对各方当事人具有约束力,各方当事人应当按照原仲裁协议,通过仲裁解决争议。"[4]

在司法实践方面,最高人民法院关于清华同方股份有限公司(下

---

[1] 参见荷兰 1986 年《民事诉讼法典》第四编第 1032 条。
[2] 参见英国 1996 年《仲裁法》第 8 条。
[3] 参见香港 2000 年《仲裁(修订)条例》第二部分第 4 条。
[4] 参见 2001 年《上海市高级人民法院关于执行〈中华人民共和国仲裁法〉若干问题的处理意见》第 5 条。

文简称"清华同方")、清华同方光盘股份有限公司（下文简称"清华光盘"）申请撤销［2002］贸仲裁字第 0095 号仲裁裁决一案的请示的复函中，最高人民法院认为，撤销申请人清华光盘作为继受人并非《赠与及相关领域合作合同》的当事人，《赠与及相关领域合作合同》中的仲裁条款对其并不当然产生约束力。但是合同相对人鱼谷由佳基于清华光盘承继了被继受人——《赠与及相关领域合作合同》当事人清华大学光盘国家工程研究中心的权利义务，以清华光盘为被申请人提起仲裁后清华光盘作为当事人参与仲裁并进行实体答辩，直至仲裁庭作出裁决，始终未就管辖权问题提出异议。为了维护经济秩序稳定，减少当事人不必要的讼累，依据上述事实以及《中国国际经济贸易仲裁委员会仲裁规则》的规定，应该认定清华光盘接受了仲裁庭对本案的管辖，且丧失再对仲裁庭管辖权提出异议的权利。[1] 当然，本案中最高人民法院的复函虽然肯定了合同继受人受到仲裁条款的约束，但其理由是清华光盘没有在程序进行时提出管辖异议且进行了实体答辩，复函并未正面回答合同仲裁条款对继受人的效力问题。

2006 年《最高人民法院关于适用〈中华人民共和国仲裁法〉若干问题的解释》终于对仲裁一方当事人主体资格发生变化时仲裁条款的效力问题作出了明确规定。该解释规定："当事人订立仲裁协议后合并、分立的，仲裁协议对其权利义务的继受人有效。当事人订立仲裁协议后死亡的，仲裁协议对承继其仲裁事项中的权利义务的继承人有效。前两款规定情形，当事人订立仲裁协议时另有约定的除外。"[2]

二、代理及我国立法引致的困惑

代理在现代商业交易中扮演重要角色。作为民事法律中的代理制度，在大陆法系与英美法系中具有不同的理论及其分类，而这也导致了不同法系中仲裁协议效力扩张的差异。大陆法系的代理制度最重要

---

［1］ 最高人民法院［2003］民四他字第 2 号。

［2］ 参见 2006 年《最高人民法院关于适用〈中华人民共和国仲裁法〉若干问题的解释》第 8 条。

的特征是把委任（Mandare，即委托人与代理人之间的合同）与授权（Authority，即代理人代表委托人与第三人签订合同的权力）的概念严格区别开来，通过委任契约规定的对代理人权限的限制，原则上对第三人无拘束力。[1] 由此原理出发，大陆法系的代理分为直接代理与间接代理两种类型。直接代理是代理人以被代理人（又称为委托人、本人）的名义对外为法律行为，由被代理人承受该行为产生的权利义务。间接代理则是代理人以自己的名义对外缔结合同，并由代理人承受该行为的后果，主要表现形式为行纪。显然，在直接代理情形中，如果代理人签订的合同中含有仲裁条款，则仲裁条款可以直接对被代理人生效。但在间接代理情形，代理人是完全以自己的名义对外缔结合同，委托人并不知道第三人，而第三人对委托人亦不知情。此时，委托合同与代理过程中签订的合同是两份没有必然联系的合同，且这两个独立的法律行为约束的分别是委托人与代理人、代理人与第三人，因此代理人与第三人订立了载有仲裁条款的合同，此仲裁条款的效力并不扩张至委托人。

英美法系的代理制度把委托人与代理人的等同论（The Theory of Identity）作为理论基础，其涵义是"通过他人去做的行为视同自己亲自做的一样"（quifacit per alterum facit perse）。[2] 在等同论基础上，代理被划分为披露本人的代理（Agency of Disclosed Principal）与未披露本人的代理（Agency of Undisclosed Principal）两种类型；其中，披露本人的代理又可划分为显名代理（Agency of Named Principal）与隐名代理（Agency of Unnamed Principal）。显名代理具体表明了被代理人，而隐名代理只是表明为他人代理的身份，并未指明被代理人。

在披露本人的代理情形中，仲裁协议的未签字人可能会因为传统

---

〔1〕［英］施米托夫：《国际贸易法文选》，赵秀文选译，中国大百科全书出版社1993年版，第371~372页。

〔2〕［英］施米托夫：《国际贸易法文选》，赵秀文选译，中国大百科全书出版社1993年版，第381页。

的代理法律而须通过仲裁来解决仲裁协议规定的争端。[1] 本人同样也须通过仲裁解决争议，这是基于含有代理人签订的仲裁条款的协议的要求。而披露本人的代理人通常不会因为执行这样一项协议而受到仲裁的约束，除非有证据确切表明代理人想要受其约束。[2] 换言之，由于在披露本人的代理中，委托人才是合同的真正当事人，因而若合同中含有仲裁条款，均能直接约束委托人。在隐名代理中，代理人签订合同但未能揭示出其与委托人的关系，代理人自身也有可能与委托人一起会被强制接受仲裁。[3] 例如，当存在可归因于代理人的不当行为（Wrongful Conduct）或者代理人从合同中受益（derived a benefit from the contract）的情况下，法院会强制代理人进行仲裁。[4] 当然，关于原告针对代理人提出主张的仲裁，代理人有权要求在其代理权限内进行。

在未披露本人的代理情形中，纵然委托人未在合同上签字，但法律规定了委托人在违约救济上的权利——如果基于可归责于第三人的事由使代理人未能向委托人履行义务，委托人人可行使介入权，根据代理人与第三人缔结的合同直接向第三人主张权利，此时若主合同中含有仲裁条款，效力及于本人与第三人；如果基于可归责于委托人的事由使代理人未能向第三人履行义务，在代理人披露委托人后第三人可以行使选择权，向代理人抑或委托人行使请求权，所以若主合同中订有仲裁条款，自然应当在委托人、代理人与第三人之间发生法律效力。当然，对于未披露本人代理的仲裁条款效力扩张均不适用于第三

---

〔1〕 Charles Lee Eisen, "What Arbitration Agreement? Compelling Non-Signatories to Arbitrate", *Disp. Resol. J.*, May-July 2001, p. 44.

〔2〕 See *Lerner v. Amalgamated Clothing & Textile Workers Union*, 938 F. 2d 2, 5 (2d Cir. 1991); see also Carolyn A. Lamm & Jocelyn A. Aqua, "Defining the Party—Who Is a Proper Party in an International Arbitration Before the American Arbitration Association and Other International Institutions", 34 *Geo. Wash. Int'l L. Rev.* (2003), p. 720.

〔3〕 See *Beck v. Suro Textiles, Ltd.*, 612 F. Supp. 1193, 1194 (S. D. N. Y. 1985).

〔4〕 See *Am. Bureau of Shipping v. Tencara Shipyard S. P. A.*, 170 F. 3d 349, 353 (2d Cir. 1999).

人与代理人在缔结合同时如果知道被代理人就不会缔约的情况。在美国法院的司法实践中，运用代理理论来决定仲裁协议对未签字人（一般为委托人）的效力，与运用第三方受益人理论与衡平禁止反言原则一起，成为最常被援引的理论依据。[1]

从上述分析可知，两大法系关于代理的理论对仲裁条款在委托人、代理人以及第三人之间的效力问题是明朗的。而在我国，这一问题则颇显复杂，这主要归因于我国代理制度体系的混乱。最初规定代理制度的《民法通则》秉承大陆法系的精神，规定了"代理人在代理权限内，以被代理人的名义实施民事法律行为。被代理人对代理人的代理行为，承担民事责任"的直接代理。但1999年的《合同法》在承袭大陆法系概念的同时又移植了英美法系的内容，规定了"受托人以自己的名义，在委托人的授权范围内与第三人订立的合同，第三人在订立合同时知道受托人与委托人之间的代理关系的，该合同直接约束委托人和第三人，但有确切证据证明该合同只约束受托人和第三人的除外"的隐名代理，[2]以及"受托人以自己的名义与第三人订立合同时，第三人不知道受托人与委托人之间的代理关系……"的未披露本人的代理。[3] 接着，《合同法》第二十二章又用"行纪合同"整章内容构建了我国类似于大陆法系的间接代理制度。这种将英美法系与大陆法系代理制度合二为一的规定不仅给代理的具体操作带来问题，亦对一些实际案件中仲裁条款效力的认定带来困惑。譬如，代理人接受被代理人委托，但未披露自己是代理人的身份，而以自己的名义与第三人签订含有仲裁条款的合同，那么这属于大陆法系上的间接代理（行纪），抑或是英美法系上的未披露本人的代理？此种情形的认定对仲裁协议效力的扩张至关重要，因为如果行为属于间接代理，则仲裁条款的效力只在代理人与第三人之间产生法律上的拘束力，但并不扩张至委托

---

[1] Frank Z. LaForge, "Inequitable Estoppel: Arbitrating with Nonsignatory Defendants under Grigson v. Creative Artists", 84 *Tex. L. Rev.* (2005), p. 230.

[2] 参见《合同法》第402条。

[3] 参见《合同法》第403条。

人；而如果属于未披露本人的代理，则在行使选择权后，仲裁条款的效力扩张至委托人。换言之，相同的情形，有可能导致相悖的结论——这就是我国代理制度在仲裁条款效力扩张上的疑惑。倘若我国在代理制度的构建上，只是借鉴大陆法系或者只是沿袭英美法系，都不至于在此问题上产生相互矛盾的结论，因此，只有完善我国的代理制度，方能解答这个困惑。

三、关联协议与关联方

判断某些未签字人是否仲裁协议签字人的关联方或者是否具有参加或提起仲裁的权利或义务，主要可能依赖于以下条件：即他们是否参与了契约的实际履行以及他们是否受到违约行为的损害。[1] 依据这个条件，关联协议的主要表现形式为前述的公司集体、母子公司以及合伙协议与担保（涵括保证、抵押、质押三种）合同，因此关联公司、担保人与合伙人均可以成为仲裁协议签署当事人的关联方。

对于关联协议中的母子公司而言，揭开公司面纱理论为仲裁协议效力扩张至未签字的母公司提供了法理基础，在商事仲裁实践中有助于母公司滥用法人人格独立与股东有限责任原则、凭借仲裁条款达到欺诈、逃避义务的案件的解决。除了前述美国 *Fisser v. International Bank* 案等案例外，我国也已有案例肯定了子公司签订的仲裁协议效力扩张至母公司，例如广东省化工原料公司诉粤海企业（巴黎）有限公司确认仲裁协议效力案。[2] 鉴于公司制度的一般性大于特殊性，当今资本市场的国际化和一体化趋势，以及维护交易安全是现代公司法的重要使命之一，我国 2006 年的《公司法》引入了揭开公司面纱制度："公司股东滥用公司法人独立地位和股东有限责任，逃避债务，严重损害公司债权人利益的，应当对公司债务承担连带责任"。[3] 但是，缘

---

〔1〕 唐蕴峰：《仲裁协议对第三人的效力》，载《电子科技大学学报》2002 年第 1 期，第 79 页。

〔2〕 广东省深圳市中级人民法院 1998 年 12 月 30 日民事裁决书，参见宋连斌：《国际商事仲裁管辖权研究》，法律出版社 2000 年版，第 175 页。

〔3〕 参见《公司法》第 20 条第 3 款。

于我国公司制度仍欠发达，为了妥善平衡股东的权利与义务、兼顾投资兴业之促进与交易安全之维护、实现兴利除弊的双重立法目标，法院或者仲裁机构在解释与适用揭开公司面纱理论时既要考虑中国市场经济背景下的中国特有的公司现象，亦要考虑到全球公司现象中的内在规律和一般性，注重借鉴美国等市场经济国家在揭开公司面纱制度方面的先进经验，对控股股东滥用法人独立地位和股东有限责任的认定应当主要考虑以下两种情形：股权资本显著不足（Undercapitalization）以及股东与公司之间人格的高度混同。[1]

对于关联协议中的担保而言，当主合同中含有仲裁条款而担保合同没有仲裁条款时，就存在了仲裁条款的效力应否扩张至担保合同的问题。依据担保责任形式的种类，又分为两种情形，即连带担保合同与非连带担保合同。在连带担保合同中，以实务操作的反证推理，在连带担保中倘若主合同仲裁条款的效力不拓展至担保人，则仲裁庭不能越权裁决担保人承担责任，导致了连带担保责任失去了存在的价值——担保人与债务人承担无限连带责任，这样的结果有违当事人缔结合同的原意，对权利方显失公平。因而担保人愿意承担连带责任，则推定其知晓或理应知晓主合同中仲裁条款的存在，该仲裁条款对担保人有效。在非连带担保合同中，只有在担保合同明确写有担保合同是主合同不可分割的组成部分时，仲裁条款才对担保人产生约束力。当然，明确写有争议解决方式或未尽事宜依据主合同规定的担保合同，仲裁条款的效力也扩张至担保人。司法实践中，*Inex Film and StéIneterexport v. Universal Pictures*（1978）案很好地说明了担保合同中仲裁条款的效力问题。在该案中，由于一家南斯拉夫政府实体通过协议形式担保了一家南斯拉夫实体对一家美国公司的胶卷生产合同义务，而被认为该政府实体也接受了仲裁条款。[2]

---

〔1〕参见刘俊海：《新公司法中揭开公司面纱制度的解释难点探析》，载《同济大学学报（社会科学版）》2006年第6期，第115~117页。

〔2〕参见唐蕴峰：《仲裁协议对第三人的效力》，载《电子科技大学学报》2002年第1期，第79页。

对于合伙而言，只在无限合伙形式中有必要探讨仲裁协议效力扩张的问题，例如 1989 年 *Hanseatisches Oberlandesgericht* 一案中，汉堡上诉法院就对有限合伙人与无限合伙人作了区分。[1] 合伙企业的特殊性在于其系合伙人共同出资、共同经营、共享收益、共担风险、并对合伙组织承担无限连带责任的企业形式。在合伙企业事务管理上，企业的经营活动由全体合伙人共同决定，当然也可以选出若干负责人进行经营管理活动。但合伙企业负责人与其他人员经营活动所产生的民事责任，也都由全体合伙人共同承担，且对外债务由全体合伙人承担连带责任。所以，毋庸置疑合伙企业负责人或其他人员在经营活动中与第三人签订仲裁协议时，该仲裁协议对全体合伙人均有效。实践中，国际商会仲裁院审理的 *Westland Helicopters Ltd. (U. K.) v. Arab Organization for Industrialization (AOI) and others* 案[2]即说明了合伙中仲裁条款的效力问题。虽然本案不属于国内仲裁，但缘于本案堪称经典，于此详述。埃及、沙特阿拉伯、阿拉伯联合酋长国与卡塔尔于 1975 年发起创立的阿拉伯工业化组织（AOI）。AOI 总部设在开罗，其日常运作由各国指派部长组成的管理委员会负责。1978 年，AOI 和英国政府签订了一个谅解备忘录，规定四国政府对于英国的投资提供保证。随后，AOI 与英国 Westland 公司签订了一份包含国际商会仲裁条款的"股份合同"，合资成立阿英直升机公司（ABH）。此外，ABH 与 Westland 公司还签订了多份合同，这些合同中也都包含国际商会仲裁条款。1979 年，由阿拉伯联合酋长国政府指派的部长担任 AOI 的总干事。缘于政治原因，该总干事宣布阿拉伯联合酋长国、沙特阿拉伯、卡塔尔一致同意解散 AOI，并成立清算委员会对其进行清算。但埃及对此表示反对，并颁布法令继续承认 AOI 的法人资格。1980 年，Westland 公司向

---

[1] See *Yearbook Commercial Abitration* (1990, Vol. XV), Kluwer Law & Taxation Publisher, 1990, pp. 128～133.

[2] Interim award in ICC Case No. 3879 of 1984, 23 I. L. M. 07 (1984), pp. 1071～1089; see also *Yearbook Commercial Abitration* (1986, Vol. XI), General editor: Albert Jan Van Den Berg, Kluwer Law & Taxation Publisher, 1986, pp. 128～133.

国际商会仲裁院提起仲裁，该公司不仅将 ABH 列为被申请人，还将 AOI 和四个国家同时列为被申请人。

本案中，缘于 ABH 与 AOI 均与 Westland 公司签订了仲裁条款，因此仲裁庭对于 ABH 与 AOI 的管辖权很容易确定。争点在于，AOI 的四个创始国，包括埃及，是否也受到 ABH 或 AOI 与 Westland 公司之间的仲裁条款的约束？埃及对于仲裁庭的管辖权提出了异议，认为仲裁协议是 AOI 与 Westland 公司签订的，并非其自身签订的，因此不承担仲裁的责任，其主要理由有两方面：其一，AOI 与埃及是相互独立的两个主体，埃及作为 AOI 的创始国不应为 AOI 自身的活动负责；其二，无论如何，埃及作为主权国家享有豁免权，因此应免于受到仲裁管辖。仲裁庭要证明国家从事商事行为构成对豁免权的放弃，则须证明国家对其"代理人"实施了控制。鉴于国家作为法律主体的特殊性，在考察这种控制之时，不仅要考察国家对"代理人"的经济控制，还要特别关注相关非经济因素，即制度控制。[1] 仲裁庭指出 AOI 的管理委员会是其决策机构，而该委员会却是由四个国家指派的部长组成的，且委员会还代表四个国家与英国政府签订了旨在保护投资的"谅解备忘录"，这些因素都在很大程度上体现了国家的授权与该"代理人"在国家行政管理体制中的地位与作用，可以被视为存在制度控制的证明。进一步地，要求国家为其"代理人"的商事行为承担责任的障碍除了来自归责问题之外，还来自于国家豁免的问题，因为即使可以将"代理人"的商事行为归责于国家，但国家作为国际法的主体往往可以声称其享受豁免，以规避责任，因此寻求法律依据对国家豁免权进行限制方能最终解决问题。国家主权豁免问题在国际上至今仍未形成统一的看法，但在现代商业社会中，国家的豁免权在国家从事商业行为时

---

[1] 所谓制度控制是指，从行政管理体制上看可以将"代理人"视为国家的一个机构。为了确定国家对其"代理人"存在制度控制，法院和仲裁庭需要考察该"代理人"在国家行政管理体制中的地位与作用、国家对其的授权状况、其在该国相关产业中的职能、国家对其的管理与控制的决定权等各种因素。参见池漫郊：《论国家对商事行为的责任承担》，载《太平洋学报》2007 年第 2 期，第 19 页。

应受到限制，这就意味着国家须为其国有公司的行为承担责任。2004年第59届联大通过的《联合国国家及其财产管辖豁免公约》就在第17条"仲裁协议的效果"规定了"一国如与外国一自然人或法人订立书面协议，将有关商业交易的争议提交仲裁，则该国不得在另一国原应管辖的法院有关下列事项的诉讼中援引管辖豁免：①仲裁协议的有效性、解释或适用；②仲裁程序；或③裁决的确认或撤销，但仲裁协议另有规定者除外"。[1] 现在普遍接受的说法，也是[2]一国接受了仲裁条文则表明放弃了国家豁免。在实践中，出于尊重国家主权、同时须达到要求国家承担责任的目的，法院与仲裁庭有时并不会对于国家豁免权本身进行直接否定，而是通过案件事实推定国家已经有效地放弃了豁免权，因此尽管国家未明确表示放弃豁免权，但只要与第三人签订了仲裁条款，则可认为国家已经放弃了豁免权。本案中，仲裁庭表示，埃及（以及其他三个国家）通过 AOI 与 Westland 公司签订了仲裁协议本身就表示它们已经放弃了豁免，因为在签订仲裁协议之时，它们理应预见到未来可能会发生争议从而被要求仲裁。[3] 最终，仲裁员裁断 AOI 实质上并非有限责任形式的独立实体，而是一个合伙，因而支持了 Westland 公司将仲裁条款扩张适用于上述四国的请求。

四、合同转让

合同转让，准确地说应当是合同权利、义务的转让，指在不改变合同关系内容的前提下，合同关系的一方当事人依法将其合同的权利与义务全部或者部分地转让给第三人的法律行为。[4] 按照合同转让权利义务的不同，合同转让可以划分为三种类型：合同的承受、债权让

---

〔1〕 See Art. 17 of 2004 United Nations Convention on Jurisdictional Immunities of States and Their Property.

〔2〕 杨良宜、莫世杰、杨大明：《仲裁法（从1996年英国仲裁法到国际商务仲裁）》，法律出版社2006年版，第44页。

〔3〕 池漫郊：《论国家对商事行为的责任承担》，载《太平洋学报》2007年第2期，第22页。

〔4〕 崔建远主编：《合同法》，法律出版社2000年版，第173页。

与以及债务承担。在标准合同原则下，受让人拥有一定的权利与义务，[1] 例如保险合同的受让人可能有权发起对保险公司的仲裁程序。另一方面，任何含有仲裁条款的合同的受让人可能负有义务将源于合同的争端交付仲裁解决，尽管他们从未在合同上签字。[2] 这项原则还有这样一个信条为根据，那就是未签字的受让人在没有尊重合同仲裁条款的情况下应该禁止取得前任签署人留下的合同利益。[3]

合同的承受又称为合同的概括转让，即合同转让人经合同另一方或其他方当事人的同意，将其在合同中的整体权利义务概括移转给受让人。倘若此时主合同中含有仲裁条款，那么仲裁条款的效力直接扩张适用于合同的受让人与合同的其他方当事人，这就是所谓的自动移转规则（Automatic Assignment Rule）。[4] 合同承受属于我国《合同法》第88条与第89条规定的"权利和义务一并转让"的情形，但转让方须经对方当事人同意。换言之，只要转让人、受让人、转让人的合同相对方同意合同承受，则合同中的仲裁条款对受让人具有约束力。在这一点上，我国的司法实践走在了立法的前头。在香港龙海（集团）有限公司（下文简称"龙海公司"）诉武汉中苑科教公司（下文简称"中苑公司"）合资经营纠纷一案中，龙海公司与武汉东湖新技术开发区进出口公司（下文简称"东湖公司"）签订包含仲裁条款的合资经营企业合同。之后东湖公司与中苑公司签订协议将其与龙海公司合资

---

[1] James M. Hosking, "The Third Party Non-Signatory's Ability to Compel International Commercial Arbitration: Doing Justice without Destroying Consent", 4 *Pepp. Disp. Resol. L. J.* (2004), pp. 493~494.

[2] See Anthony M. DiLeo, "The Enforceability of Arbitration Agreements by and Against Nonsignatories", 2 *J. Am. Arb.* (2003), p. 63.

[3] Carolyn B. Lamm & Jocelyn A. Aqua, "Defining the Party—Who Is a Proper Party in an International Arbitration Before the American Arbitration Association and Other International Institutions", 34 *Geo. Wash. Int'l L. Rev.* (2003), pp. 726~727.

[4] See Sigvard Jarvin, "Assignment of Rights Under a Contract Containing an Arbitration Clause-Assignee Bounded to Arbitrate, Decision by Sweden's Court in the 'EMJA' case", *Swedish and international Arbitration 1997 Yearbook of the Arbitration Institute of Stockholm Chamber of Commerce*, p. 65.

企业的股权全部转让给中苑公司。中苑公司与龙海公司签订协议书，约定中苑公司替代东湖公司承担原合资企业的债权债务，并对原章程、经营范围等事项作了部分变更，但协议书未对原合资合同中的仲裁条款进行约定。最高人民法院审查认为中苑公司与龙海公司签订的协议书只是对原合营合同部分条款的变更，未变更的原合营合同的其他条款仍然有效，应视为中苑公司与龙海公司对原合营合同中的仲裁条款是认同的，双方因合营合同发生的争议应当按约定交付仲裁裁决。[1] 而直到2006年《最高人民法院关于适用〈中华人民共和国仲裁法〉若干问题的解释》的施行，我国才有了对这一问题的法律规范，该司法解释规定："债权债务全部或者部分转让的，仲裁协议对受让人有效，但当事人另有约定、在受让债权债务时受让人明确反对或者不知有单独仲裁协议的除外。"[2] 这一规定，明确了主合同转让时，仲裁协议的效力扩张至受让人。

在债权让与情形中，缘于转让人将其债权转让给第三人时并不需要获得合同另一方当事人即债务人的同意，此时受让人与债务人之间是否具有仲裁的合意并不明晰，因而学界对原合同中仲裁条款的效力是否扩张至受让人存在分歧。有学者认为，仲裁条款应视为一项从属于合同项下的权利，是主合同的一个组成部分，受支配附属权利转让规则的支配，因而应该与合同其他条款项下的权利一并随主合同转让。[3] 国内外的司法实践中，仲裁条款的效力在债权让与情形里扩张至受让人已为多数国家的案例所确定。前文所引用的瑞典最高法院对 *Emja* 案的认定就说明了债权让与时主合同中载有的仲裁条款的效力延及原合同债务人与合同受让人。我国亦有相应的案例：

---

〔1〕 参见最高人民法院1998年5月12日法经（1998）212号函。

〔2〕 参见2006年《最高人民法院关于适用〈中华人民共和国仲裁法〉若干问题的解释》第9条。

〔3〕 赵秀文：《国际商事仲裁及其适用法律研究》，北京大学出版社2002年版，第49页。

在中国有色金属进出口河南公司（下文简称"河南公司"）与辽宁渤海有色金属进出口有限公司（下文简称"辽宁公司"）债权转让协议纠纷上诉案中，河南公司与鑫泉贸易（私人）有限公司（下文简称"鑫泉公司"）签订 AL0606/98 号合同，约定鑫泉公司供给河南公司氧化铝，河南公司供给鑫泉公司"SML"牌铝锭，总货值均约500万美元；合同第5条约定："仲裁：FTAC 中国"。随后鑫泉公司又与辽宁公司签订"债权转让协议书"，约定将与河南公司的受偿权利全部转让给辽宁公司，并拟函将上述"债权转让协议书"通知河南公司。1999年10月辽宁公司依据债权转让协议书向河南省高级人民法院起诉，请求判令河南公司按债权转让协议的数额偿还债务；河南公司在有效期内提出答辩，并对河南高院的管辖裁定提起上诉。河南高院除认定仲裁条款对仲裁机构约定不明应属无效外，[1]还认为辽宁公司是以债权转让纠纷为由提起的诉讼，其与河南公司未直接签订合同，事后双方又未能达成仲裁协议，故辽宁公司在本院提起诉讼，符合法律规定，因此依照原《民事诉讼法》第38条之规定，裁定驳回河南有色金属公司对管辖权提出的异议。本案最后上诉至最高人民法院，最高人民法院就认定：鑫泉公司与辽宁公司签订债权转让协议并书面通知了河南公司，因该债权是基于原合同产生的，且需依附于原合同实现。辽宁公司接受债权转让协议，其中应包括解决争议的条款。而依据鑫泉公司与河南公司所签订的合同的约定，双方解决权利义务争议要通过仲裁裁决，因此，辽宁公司要实现其受让的权利，亦需要通过仲裁解决。故本案应当依据仲裁条款的约定，通过约定的仲裁机构予以裁决，人民法院不应受理。[2]

---

〔1〕关于仲裁条款约定的问题，"Arbitration：FTACOFCHINA"应为合法有效的仲裁条款。英文名称缩写的 FTACOFCHINA 的仲裁机构只有一家，其译文为中国对外贸易仲裁委员会，为中国国际经济贸易仲裁委员会的原名称，根据1998年5月10日施行的《中国国际经济贸易仲裁委员会仲裁规则》第79条第1款的规定，该仲裁条款应为有效。最终最高人民法院也是这样认定的。

〔2〕参见最高人民法院民事裁定书（2000）经终字第48号。

在合同转让的三种情形中,债务承担中仲裁条款的扩张效力问题是比较明晰的。一般说来,各国民法中均规定债务人转让债务的前提条件是债权人的同意。当同意债务转移时,债权人会权衡到将其与受让人之间的争议提交仲裁解决是否符合预先期待的利益,并依此进行选择争议的解决方式。换言之,倘若债权人不同意继续将争议交付仲裁,则应当作出明确的意思表示,并与合同受让人达成新的争议解决条款。如果在合理的期限内债权人未作出任何对原合同争议解决方式的保留与声明等相反的意思表示,则推定债权人同意仲裁条款随合同债务一并转移给受让人,即仲裁条款的效力扩张至受让人。

五、代位求偿

"债务人怠于行使其权利时,债权人因保全债权,得以自己名义,行使债务人之权利",这就是代位求偿。换言之,债权人代位求偿权是指当债务人怠于行使其对第三人享有的权利而有害于债权人的债权时,债权人为保全自己的债权,可以自己的名义代位行使债务人的权利。倘若债务人与次债务人之间订立有仲裁协议,则仲裁协议的效力是否应当扩张至行使代位权的债权人,美国法院的判例对此早有说明。在美国最高法院1995年判决的 *Vimar Seguros Y Reaseguros, S. A., Petitioner v. M/V Sky Reefer, her Engines, etc., et al.* 案中,作为保险公司的原告在向货主 Bacchus 作出赔偿后取得了代位权,进而以自己的名义向被告进行追偿。由于提单中订有仲裁条款,地区法院认为仲裁条款违背了美国《海上货物运输法》第3条第8款而裁定仲裁条款不能执行[1]。最高法院最终判定仲裁条款对原、被告有效,并没有因为原告代位权人的法律地位而否定其仲裁主体资格。[2]

---

[1] Rejecting the argument of petitioner and the distributor that the arbitration clause was unenforceable under the FAA because, inter alia, it violated § 3 (8) of the Carriage of Goods by Sea Act.

[2] 515 U. S. 528, 115 S. Ct. 2322, 132 L. Ed. 2d 462. Supreme Court of the United States, No. 94 - 623.

我国《合同法》第73条第1款规定了："因债务人怠于行使其到期债权，对债权人造成损害的，债权人可以向人民法院请求以自己的名义代位行使债务人的债权，但该债权专属于债务人自身的除外。"但是这一条文并未明确债务人与次债务人在债权人行使代位权之前已经订立了有效的仲裁协议，则仲裁条款的效力是否应当扩张至行使代位权的债权人。学界对此亦存有争议，有学者主张，债务人与次债务人之间的仲裁条款，只对债务人与次债务人有约束力，不影响债权人行使代位权，其依据如下：第一，从代位权的性质看，代位权是债权的法定权能，是法律赋予债权人对次债务人的请求权，属于法定权利，源自法律的直接规定，并非源自当事人的约定；代位权当事人不能通过约定的方式排除其适用，其行使当然不应受债务人与次债务人之间的约定的约束。第二，从程序法与实体法的关系分析，仲裁的约定不应影响当事人行使代位权。当事人约定的仲裁条款为程序法的内容，程序法的目的为保障实体法权利的实现，程序法不应对实体法的权利进行限制。代位权属于实体法上的权利，缘于我国合同法规定代位权只能以向法院提起诉讼方式行使，并没有规定可以通过仲裁方式行使，因而倘若债权人行使代位权受仲裁条款的限制，那债权人将无法行使代位权，从而剥夺了债权人行使代位权的权利，不符合程序法与实体法关系处理原则。第三，从仲裁协议的效力看，仲裁协议是债务人与次债务人之间关于解决争议的方式的合同，原则上只对合同当事人有约束力，不具有对外效力，不能约束合同之外的其他当事人。第四，仲裁条款是债务人与次债务人之间解决纠纷的约定，在次债务人逾期履行债务时，债务人与次债务人均未向仲裁机构提起仲裁，应该视为主债务人与次债务人已经放弃了仲裁条款的约定。第五，代位权诉讼的提起，是由于债务人怠于行使债权，次债务人又没有主动履行债务引起，债务人与次债务人均有过错，在此情况下，应该优先保护债权人的利益，允许债权人行使代位权，否则对债权人不公平。最后，依照《合同法解释（一）》第14条的规定，代位权诉讼由被告（即次债务人）住所地人民法院管辖，在一般情况下，此种管辖不会给次债务人造成不便。[1]

笔者认为，倘若在债权人提起代位权诉讼之前债务人与次债务人之间签订了有效的仲裁协议，则仲裁协议的效力应当扩张至债权人，即债权人受到仲裁协议的拘束而不能向法院提起代位权诉讼。前述见解虽然从代位权的性质及程序法与实体法关系等方面进行论证，但此种观点对仲裁的认识显然有失偏颇。对于前述第一个理由，立法只是规定了债权人"可以"向法院请求而非"应当"、"只能"，因而这条授权性条款虽未明文规定以仲裁方式行使代位权，但也未排除这种可能性，从而为仲裁条款在代位求偿情形下的效力扩张留下了空间。从现行司法解释来看，《最高人民法院关于适用〈中华人民共和国合同法〉若干问题的解释》关于"合同法第73条规定的'债务人怠于行使其到期债权，对债权人造成损害的'，是指债务人不履行其对债权人的到期债务，又不以诉讼方式或仲裁方式向其债务人主张其享有的具有金钱给付内容的到期债权，致使债权人的到期债权未能实现"[2]的规定至少表明了在制定法律规范时，已然考量到了债务人通过仲裁方式行使其到期债权的可能性。对于第二个理由，债权人代位行使债务人的权利不能超越于债务人的权利。债务人与次债务人之间约定的仲裁条款，实际上排斥了法院的管辖，债权人应当承继债务人的仲裁权而不能超越债务人所享有的权利，此时这种对仲裁程序的选择并未限制实体法权利的行使。何况立法措辞"可以"，并不表明代位诉讼权是"应当行使"的权利。约定仲裁为当事人在程序法上的权利，属于当事人意思自治的范畴，允许债权人提起代位权诉讼，等于否定了当事人约定的仲裁协议的效力，干预了当事人行使民事权利。对于第三个理由，显然是忽略了合同相对性原则的例外的内容，此部分内容前文已经论及，此不赘述。对于第四个理由，从未有案例表明争议发生后当

---

[1] 参见王静：《代位权诉讼若干问题研究》，载《法律适用》2001年第4期，第20页。

[2] 参见2006年《最高人民法院关于适用〈中华人民共和国合同法〉若干问题的解释》第13条。

事人未立即提起仲裁就视为当事人放弃了仲裁条款的约定，实践中对争议解决条款的约定并没有时间上的限制，当事人可以先行协商解决，达不成解决方案再将争议交由仲裁解决是经常的事，也是完全合理的。第五个与第六个理由是基于当事人的合理利益述及的，于此，笔者认为债务人与次债务人订立仲裁协议，表明其同意将该合同项下的有关争议交付仲裁庭解决，债权人代位债务人行使仲裁请求权，所提交争议的内容、范围并未改变，仍是债务人与次债务人之间的债权债务纠纷。在订立仲裁条款时，次债务人已衡量到将来可能发生的争议适合交付仲裁解决，没有理由在次债务人面临的仲裁请求未存在实质变化的状态下剥夺他的公平合理期待。综上，在债权人提起代位权诉讼之前，债务人与次债务人之间签订的有效的仲裁协议应当约束行使代位权的债权人。

在保险领域中，经常发生代位求偿情形，即保险人在赔付了被保险人的全部或部分损失之后，取代了被保险人的地位，行使被保险人所拥有的对损失的一切权利与救济。就具体的保险代位求偿而言，债务人与次债务人之间的仲裁协议约束代位求偿的债权人有利于在有限的司法资源中实现债权人的利益。保险人的代位求偿权要受到法定的限制，即不能损害被保险人获得足额损失补偿的权利。这主要体现在不足额保险中，保险人在取得代位求偿权后，其拥有的代替被保险人向第三人要求损害赔偿的请求权以不超过其对被保险人的补偿金额为限，被保险人仍然享有就剩余部分的损失向第三人要求损害赔偿。此时，倘若被保险人与第三人之间订立有仲裁协议，而该仲裁协议却不能约束代位求偿权人，无疑将出现类似上文中论及的公司法人人格否定中的债权人向子公司追偿需要进行仲裁、向母公司索赔则需要通过诉讼解决的现象，即被保险人与第三人之间的争议将通过仲裁解决、代位求偿权人与第三人之间的争议启动诉讼程序，亦将可能导致实体权利上的不公平，而且还将带来累讼，从而大大提高了整个社会的法律成本。[1] 所以，以法律成本与效率的视角，代位求偿权人与第三人

---

[1] 赵月林、李倩：《合同当事人之间的仲裁协议能否约束保险代位求偿权人的探讨》，载《大连海事大学学报（社会科学版）》2005年第2期，第10页。

之间的争议应当受到仲裁条款的约束。

然而，与美国判例不同的是，虽然我国的司法解释已考虑到了债务人通过仲裁方式行使其到期债权的可能性，但在司法实践中亦出现了否定仲裁协议对取得保险代位求偿权的保险人具有拘束力的案例。

在某海事法院审理的甲公司与丙公司管辖异议案件中，甲公司是航次租船合同的出租人，乙公司是该航次租船合同的承租人，也是所承运货物的收货人和货物的被保险人，而丙公司为所承运货物的保险人，其中甲公司与乙公司签订了含有仲裁条款的航次租船合同。丙公司赔偿乙公司货物短少损失后，取得代位求偿权，并向卸货港海事法院提起对甲公司的诉讼，甲公司以其与承租人之间签订有有效的仲裁协议为由，提出管辖异议。海事法院经审理认为，涉案航次租船合同系双方当事人的真实意思表示，应为合法有效，航次租船合同合同及附件中约定的"共同海损/仲裁：伦敦，适用英国法"和"如果承租人和出租人之间产生争议，双方应当尽量努力通过协商解决纠纷，否则该纠纷应当根据本租约的规定提交伦敦仲裁解决"条款对承租双方具有法律约束力，丙公司提起的代位求偿之诉，应受租约中的仲裁条款约束，该院对此案无管辖权，裁定甲公司的管辖异议成立，驳回丙公司的起诉。但在丙公司不服海事法院的裁定而向某省高级人民法院提起上诉后，该法院经审理认为，尽管甲公司与乙公司之间的航次租船合同中的仲裁条款有效，但由于保险代位求偿权人丙公司非该仲裁条款的一方当事人，而仲裁协议又具有合意性与独立性的特点，须以自愿为前提，因此，该仲裁协议对取得保险代位求偿权的保险人丙公司没有约束力，为此，撤销海事法院的裁定，并指令该海事法院进行审理。[1]

笔者认为海事法院裁定甲公司的管辖异议成立并驳回丙公司起诉

---

[1] 赵月林、李倩：《合同当事人之间的仲裁协议能否约束保险代位求偿权人的探讨》，载《大连海事大学学报（社会科学版）》2005年第2期，第5~6页。

的做法符合各方利益的合理期待，也符合代位求偿下的仲裁条款效力扩张的国际一般惯例，高院的做法无疑忽视了代位求偿中当事人的期待利益。由此可知，我国法院在处理代位求偿情形中的仲裁协议效力问题时，仍有待矫正固有的仲裁协议只约束签署的双方当事人的见解。

六、提单项下的仲裁条款效力问题

按照1978年《联合国海上货物运输公约》（即《汉堡规则》）第1条第7项的规定，提单（Bill of Lading，简称B/L）是由承运人签发的，用以证明海上运输合同的订立与货物已经由承运人接收或者装船，以及承运人保证据以交付货物的单据。单证中关于货物应交付指定收货人或按指示交付，或交付提单持有人的规定，即构成了这一保证。无论是在班轮运输中还是租船合同下签发的提单[1]，都是承运人与托运人缔结货物运输合同的证明，同时是承运人与提单持有人之间的终结性证据。由于提单是在承运人与托运人议价实力、地位不平等的基础上，由承运人事先单方拟订并印刷的格式条款，使得提单仲裁条款表面上缺少承、托双方的合意，而且提单仲裁条款未经托运人或提单转让后的第三方持有人签字，缺乏《纽约公约》与《示范法》关于仲裁协议书面形式要件的要求，因而提单仲裁条款的效力长期存在争议。因此，对于提单项下的仲裁条款而言，存在两个问题：一是提单中的仲裁条款是否有效；二是当提单流转后其中的仲裁条款是否约束承运人与提单持有人。

持提单中仲裁条款无效见解的学者认为：首先，不论是班轮提单或者是租约提单，其项下的仲裁条款并非双方当事人合意的表达且缺少协商性，违背了仲裁所要求的当事人的意思自治。在国际贸易的航运业务中，提单中常常并入航次租船合同的仲裁条款。在货物由出租人接收或者装船后，根据承租人的要求，承运人有签发提单的义务。此类提单往往有并入条款，使租约条款成为提单条款的一部分，通常表现为提单正面印刷有"to be used with charterparties"（与租船合同合

---

[1] 提单一般都是在班轮运输中签发，但在船舶出租情况下也可以签发。

并使用），提单背面印刷有"All terms and conditions liberties and exceptions of the charterparty, Dated as overleaf, including the law and arbitration clause are here with incorporated."（租船合同的所有条款、条件、自由权和除外责任，包括法律和仲裁条款均并入本提单）。并入条款与租约中的仲裁条款，显然缺乏当事人之间的合意。其次，提单中的仲裁条款缺少仲裁协议必须具备的书面形式，不符合《纽约公约》关于仲裁协议书面与签署的形式要件的要求。缘于提单只是托运人与承运人之间海上货物运输合同的证明，并非海上货物运输合同本身，在实践中，班轮提单的仲裁条款是由班轮公司拟定的，发货人到船公司拿订舱单填上货物的详细情况，交还船公司由其确认，船公司订舱位给他，这个订舱单有时会写上依据提单的条款和条件；而租约提单一般由承租人准备一套买卖合同或信用证要求的提单，根据大幅收据填入货物细节，然后交由船长签发。换言之，不论何种提单均是由船长或承运人签发的，不需要托运人或收货人或提单持有人在提单上签字，因而不符合一个完整的书面合同要求。在1992年的 *Hissan Trading Co. v. Orkin Shipping* 一案中，虽然依照英美法律下的结论，租约中关于"All term, conditions and exceptions including Arbitration Clause of relevant Charterparty dated February 6, 1990 at Tokyo are herein fully incorporated."的约定应当是有效的仲裁条款，但是香港的 Mayo 大法官认定仲裁条款无效，原因是解释示范法的联合国当时的工作报告对提单中仲裁条款的有效性问题并无定论，且提单既没有双方的签字，也没有书面交往来证明双方已经达成了仲裁协议。[1]

笔者认为，缘于班轮运输又称为件杂货运输或零担运输，这一称谓形象表述了班轮运输货物数量少而票数多的特点，因此要求承运人在同一航次中就每一票货物与每一位货主协商确定提单条款的具体内容，依各个托运人的不同需求而签发多份条款不同的提单显然不符合现实。但是这并不表示提单不具有当事人合意的因素。其实，托运人

---

〔1〕 参见杨良宜：《国际商务仲裁》，中国政法大学出版社1997年出版，第123页。

填写订舱单，承运人接受，则表明托、承双方达成合意使货物运输合同成立，尔后签发提单只是承运人履行运输合同的一个环节。关于书面形式要件问题，前文已经述及仲裁协议书面形式要件的国际发展趋势，此不赘述。因此，提单项下的仲裁条款具有法律效力。诸多国家的立法也已肯定了这一结论，譬如1997年澳大利亚《海上货物运输法》第11条第3款规定提单中的仲裁条款如果订明仲裁在澳大利亚进行，则该仲裁条款有效；1998年修订的《德国民事诉讼法典》第十编第1031条第4款规定了提单一经签发，其中的仲裁条款即已达成。此外，英国、荷兰、加拿大、挪威、新西兰等国家均承认了提单中仲裁条款的效力。[1]

缘于提单具有可转让性，因此在国际贸易航运中经常发生提单流转，由此引发了提单中仲裁条款的效力是否能扩张至第三人即提单持有人的问题。有学者认为提单仲裁条款中的第三人，对于班轮提单而言，是指承、托双方之外的包括收货人在内的提单持有人或提单受让人；对于依租约签发的提单而言，是指出租人、承租人之外的提单持有人。缘于提单持有人并非运输合同或租约的当事人，未参与运输合同或租约的订立，亦未签署过运输合同或租约，所以，提单中的仲裁条款以及被并入提单的租约仲裁条款并未体现提单持有人的书面意思表示，即缺少协商性与合意性；且提单中的仲裁条款应当与普通合同中的仲裁条款一样具有独立性，因此提单转让之后，提单中的仲裁条款对提单受让人不具有约束力，除非提单受让人与承运人就此另行达成书面协议。[2]

笔者认为，提单中的仲裁条款对提单持有人应当具有法律拘束力。以契约正义的角度来剖析，提单仲裁条款约束第三人是公平合理的，因为提单仲裁条款具有可知性，提单持有人事先可以知道或应当知道

---

〔1〕赵健：《长臂的仲裁协议：论仲裁协议对未签字第三人的效力》，载《中国国际私法与比较法年刊》（2000年第三卷），法律出版社2000年版，第517页。

〔2〕李海：《关于提单仲裁条款效力若干问题的思考》，载《中国海商法年刊》2005年第十五卷，第121页。

提单的内容——倘若提单持有人是托运人,他可以对提单条款提出更改或与承运人协商签发何种提单,若托运人对提单条款没有提出异议,基于提单作为海上货物运输合同的证明的考量应视其为默认;倘若提单持有人是收货人,虽然其未直接与承运人协商提单条款,却仍可以在与托运人之间的贸易合同或信用证中对签何种提单或提单内容作出限制性规定,且作为受让人的提单持有人认为提单条款不甚合理即完全可以拒绝接受作为物权凭证的提单。[1]英美的合同法理论不仅将提单视为一项"准合同"(quasi-contract),认为起到了与合同相同的作用,是为了要在这种合同下取得公正的效果,而且还发展了默示合同理论,认为"提单是一种新产生的合同,虽然运输合同是承运人和托运人签订的,但当收货人凭提单向承运人提货,承运人发货时,在收货人和承运人之间就形成了一份新合同。收货人提示提单构成要约,而承运人放货则构成承诺。"[2]在实践中,1991年10月2日美国佛罗里达中部管区联邦地区法院判决的"哈夫尼亚"号船一案[3]证明了此种观点。该案法院判决认为,本案中并入条款规定的"作为根据本租约引起的任何索赔"相当于其他法院已确认的对非租约当事人有约束力的并入条款的规定,且该租约仲裁条款的文字也没有限定只适用于船东与承租人之间的纠纷,因此并入提单的该仲裁条款证明当事人已经就以仲裁方式解决提单纠纷达成协议。这一判例充分肯定了提单仲裁条款不仅约束承运人和托运人,对非租约当事人——持有提单的第三人同样具有约束力。[4]

---

〔1〕 参见王艳华、韩立新:《提单仲裁条款法律效力问题研究》,载《大连海事大学学报(社会科学版)》2002年第3期,第36页。

〔2〕 [美]格兰特·吉尔莫:《契约的死亡》,载梁慧星主编:《民商法论丛》(第三卷),法律出版社1995年版,第228页。

〔3〕 本案双方非系所涉租约当事人(为持有提单的第三者)。原告托运人因提单争议在伦敦起诉。被告根据并入提单的伦敦仲裁条款要求中止诉讼程序。该并入条款规定:"1990年3月22日签订的租约的全部条款、条件、义务、除外责任、附加条款和仲裁条款均同时并入提单中。"

〔4〕 转引自王艳华、韩立新:《提单仲裁条款法律效力问题研究》,载《大连海事大学学报(社会科学版)》2002年第3期,第36页。

长期以来，因为缺乏统一的规定或标准，我国法院处理提单中仲裁条款效力问题上并不一致。

1997年的"艾诺"（INO）轮并入提单的仲裁条款效力案中，新加坡D. R. J公司与被告樱桃谷公司签订了租船合同，约定由D. R. J公司承租樱桃谷公司所属"艾诺"轮装运散装豆子，该合同第58条规定："任何由本合同产生的经过友好协商不能解决的争议或分歧，应在伦敦通过仲裁的方式解决……本合同适用英国法律。"货物装船后船方一共签发了11套提单，本案争议因第二套提单而产生，该提单背面第1条规定："正面所注明日期的租约中的所有条件、条款、权利和除外事项，包括法律适用和仲裁条款，都并入本提单。"后因货物不符提单签发时的条件，使得原告和德公司无法正常使用，故原告向法院提起诉讼，请求法院判决被告赔偿原告货物损失及其他直接经济损失。但被告辩称，本案所涉提单中有仲裁条款，法院无管辖权；本案应适用双方所约定的英国法作为准据法，同时适用《海牙规则》；因而请求法院驳回原告的诉讼请求。广州海事法院经审理认为，虽然本案租约中含有仲裁条款，但因提单并入的租约仲裁条款只是针对承租人和承运人约定的临时仲裁，并没有对提单持有人如何指定仲裁员作出规定，该仲裁条款对作为提单持有人的原告来讲是一种不能执行的仲裁条款。[1] 因此，法院不承认该仲裁条款的效力，案件由法院继续审理。同年，武汉海事法院审理的上海农工商对外贸易公司诉天津远洋运输公司海上货物运输合同货损索赔纠纷案，仲裁条款亦经受了同样的命运。该案中，被告以其所属"大兴"轮由印度运货至中国签发的提单中含有"与租船合同合并适用"，且船东与航次租船合同中订有"船东同租船人就租船合同发生任何争议，应提交伦敦仲裁"条款为由，要求法院驳回原告提起的诉讼请求。法院经审查认为，仲裁事项仅系租船合同争议而非海上货物运输合同货损索赔争议，而且租船合

---

[1] 金正佳主编：《海商法案例与评析》，中山大学出版社2004年版，第356页。

同中的仲裁条款与提单的标的并非直接相关，不能通过笼统的并入条款并入，故驳回被告提出的管辖权异议。[1] 在 2004 年中国人民财产保险股份有限公司深圳市分公司诉广州远洋运输公司海上货物运输合同货损纠纷案中，法院认为，仲裁条款系争议解决条款，其独立于合同的其他条款，体现的是合同当事人关于争议解决方式的意思表示，因此，在合同的权利义务主体发生变化的情况下，除新权利人或新义务人依约定或者法律规定概括地承受合同所有权利义务外，仲裁条款对新权利人或新义务人没有约束力。当事人转让债权的，仲裁条款对债权受让人没有约束力，但是有充分证据证明当事人与受让人同谋规避仲裁条款的除外。[2] 由于该案中并无证据证明当事人之间有通谋规避仲裁条款的情形，因此该仲裁条款对于债权受让人没有拘束力，即广州海事法院对该案有管辖权。

不过，在 1998 年湖南省天心实业总公司贸易部与东越船运公司、约翰·麦克林克有限公司案中，上海海事法院就作出了完全相反的判决。该案中，1997 年 12 月 31 日，被告签发了 1 号和 2 号提单，将原告湖南天心 2000 吨鱼粉从秘鲁钦博特港运往中国上海港，由于严重不合理绕行与承运人管货不当，致使鱼粉因受热及烟熏而自燃，造成货损。该案受理后，被告在答辩期内提出管辖权异议，认为该纠纷所涉提单系租船合同项下的海运提单，提单正面印有"……租船合同中的仲裁条款在此一同并入提单"的字样；同时，根据租船合同的约定，该合同项下的任何争议应交由伦敦仲裁。因此，租船合同条款已并入提单，故租船合同中的仲裁条款对提单纠纷应具有效力，请求法院驳回原告起诉。上海海事法院审理认为：本案所涉提单已将租船合同中的仲裁条款有效并入，并明确显示于提单正面，该仲裁条款对提单当事人应

---

〔1〕 徐少林：《论并入提单的仲裁条款》，载《法学评论》1998 年第 4 期，第 54 页。

〔2〕 参见最高人民法院《关于中国人民财产保险股份有限公司深圳市分公司诉广州远洋运输公司海上货物运输合同货损纠纷一案仲裁条款效力问题的请示的复函》，载万鄂湘主编：《涉外商事海事审判指导》（2005 年第 2 辑），人民法院出版社 2006 年版，第 141 页。

当具有约束力,被告异议成立。据此,裁定驳回原告的起诉。一审裁定后,湖南天心不服,提起上诉。二审法院上海高院经审理认为:本案所涉租船合同仲裁条款约定的是船东与承租人之间产生的任何争议应进行仲裁,排除了船东与提单持有人之间的纠纷,因此虽然该租船合同仲裁条款已并入提单,但对提单持有人不具有约束力。上海海事法院是合同的履行地,享有管辖权。据此裁定本案由上海海事法院管辖。[1]

从我国近几年来的海事审判案例可以看出,多数情况下,法院否定了提单中仲裁条款对提单持有人的效力。究其缘由,大抵为以下几个方面:首先,当事人自愿是国际上普遍遵循的仲裁的基本原则。而提单中并入的租约仲裁条款对非承租人的提单持有人而言,并非其与承租人充分协商达成一致的结果,其只能被动地接受提单,没有机会表达自己的真实意愿。因而不能视为其与承运人之间的有效协议。其次,并入的仲裁条款多是承运人或船东单方面设定的,为了保护其自身的利益,往往选择对自己有利的国家去仲裁。而非承租人的提单持有人处于缔约弱势方,从法律保护弱势群体的角度,应给予其充分的自由,来决定是否将争议提交法院审理或受提单中并入的仲裁条款的约束。[2] 当然,在提单转让时仲裁条款的效力问题上,我国的司法审判也有案例肯定了仲裁条款对提单持有人与承运人之间的效力。我国最高人民法院在《关于福建省生产资料总公司与金鸽航运有限公司国际海运纠纷一案中提单仲裁条款效力问题的复函》中认为,福建省生产资料总公司虽然不是租船合同和海上货物运输合同的签约人,但其持有承运人签发的含有合并租约和仲裁条款的提单,并明示接受该仲

---

[1] 参见 (1998) 沪海法商字第 509 号与 (1999) 沪高经终字第 174 号, 载上海国际海事信息与文献网: http://www.simic.net.cn/news/detail.jsp?id=14721, 2008 年 8 月 12 日访问。

[2] 宋金凤:《并入提单的租约仲裁条款有关法律问题的思考》,载《珠江水运》2005 年第 4 期,第 34 页。

裁条款，因此，该条款对承运人和提单持有人均有约束力。此案中，我国法院应承认该临时仲裁条款的效力。[1]

2006年《最高人民法院关于适用〈中华人民共和国仲裁法〉若干问题的解释》出台后，上述较为混乱的司法状态有望得以终结。该司法解释规定的"债权债务全部或者部分转让的，仲裁协议对受让人有效，但当事人另有约定、在受让债权债务时受让人明确反对或者不知有单独仲裁协议的除外"[2]应当适用于提单情形。根据该条司法解释的规定，即使认定提单中的权利义务部分转让给了提单受让人，提单中的仲裁协议依然发生转让给提单受让人的效力，提单受让人应受提单仲裁条款的约束。对于提单中明确载明的仲裁条款，提单受让人也无理由主张自己在接受提单时明确反对或不知道有仲裁协议。虽然仲裁协议有其独立性，但提单受让人并没有排除其转让。因此，提单中的仲裁条款在承运人和提单受让人之间也是有效的。[3]此外，综观我国海事司法实践，长期以来包括中远、中外运在内的大部分远洋运输公司的提单上规定"应提交中华人民共和国海事法院审理"的争议解决条款，这种做法与国际上通过仲裁方式解决海运纠纷的通行做法相距甚远，从许多航运大国的实践来看，通常情况下，提单中订有的法院管辖权条款往往会被当地法院以不方便法院地（Forum Non-convenience Doctrine）[4]为由被拒绝承认。与此同时，为了应付国外货物索赔人在"方便法院"的诉讼行为，我国有关船公司则会面临申请国外法院中止诉讼的高额费用，使其陷于非常被动的局面。[5]

---

[1] 参见最高人民法院1995年10月20日法函（1995）135号。

[2] 参见2006年《最高人民法院关于适用〈中华人民共和国仲裁法〉若干问题的解释》第9条。

[3] 蔡鸿达、牛磊：《仲裁法新司法解释对海事仲裁协议效力的影响》，载《中国律师2006年海事业务研讨会论文集》，第85页。

[4] 参见赵相林主编《国际私法》，中国政法大学出版社2005年版，第409页。

[5] 刘晓红：《论提单中仲裁条款的效力》，载《政治与法律》2004年第3期，第61页。

第五节 协议效力扩张的实践剖析
——未签字人参与国际仲裁

从某种意义上而言，每一个仲裁都是"国内"仲裁，因为仲裁必须在特定的地点进行，且须受该国国内法制的规制。[1] 当然，这是从一个角度看待问题，实际上非内国仲裁（Denationalized Arbitration）理论已经对仲裁程序地国的法律提出了挑战，非内国裁决的效力不受任何权威机构的控制而只服从当事人的共同意思与裁决所寻求救济的国家法院地法的要求。[2] 但是，仲裁并不限于一国境内，实践中区分国内仲裁与国际仲裁已成为了一种惯例。通常来说，有两个主要的标准被单独或者共同使用来界定国际商事仲裁中的"国际"，一是争议的国际性质（the international nature of the dispute），一般被认为是货物或资金的国家间流动；二是当事人的国籍（the nationality of the parties），这涉及到国籍、居所与营业地等方面。[3]

对于国内商事仲裁与国际商事仲裁的划分，在仲裁协议效力扩张至未签字第三人问题上，略有差异之处。事实上，在多数情形中，未签字第三人参与国际仲裁的可能性较之参与国内仲裁更容易一些。譬如，在关联协议与关联方情形中，在一起作为销售合同的从合同的贷款合同，德国联邦最高法院与保加利亚仲裁庭均认为，贷款合同与销售合同紧密相连，可被看做后者的一个条款，因此贷款合同争议也应适用仲裁条款；但在国内仲裁中，这却存在着分歧。[4] 笔者认为，在

---

　　[1] Alan Redfern and Martin Hunter, *Law and Practice of International Commercial Arbitration*, London: Sweet & Maxwell, 2003, p. 12.

　　[2] Jan Paulsson, "Arbitration Unbound: Award Detached From the Law of Its Country of Origin", 30 *Int'l & Comp. L. Q.* (1981), p. 358.

　　[3] Alan Redfern and Martin Hunter, *Law and Practice of International Commercial Arbitration*, London: Sweet & Maxwell, 2003, pp. 14~16.

　　[4] Mauro Rubino-Sammartano, *International Arbitration Law*, Kluwer Law and Taxation Publishers, 1990, p. 181.

一国主权辖区内,仲裁庭的裁决要受到一国统一法律规范的规制,倘若立法或者司法解释尚未明确某种特殊情形下仲裁协议的适用,争议当事人通常不能获得法律规定以外的权利。而在国际仲裁实践中,国际仲裁通常与进行仲裁程序的国家没有关联,且当事人有可能是公司与国家实体,而不仅仅是个人,因此所涉国家对此类仲裁可以采取更为宽松的态度(take a more relaxed attitude towards such arbitrations)。[1]国际商事仲裁实践涉及到的是两个或者多个国家当事人的利益,这就需要选择准据法,而更多的时候,仲裁庭也会依据确定的事实、推定的意思,从国际商事交易惯例以及当事人利益的综合考量等诸多方面进行个案的裁决,如果仲裁庭认为裁决的理由合理且正当,那么这样裁断就应当是理所当然的。在国际商事仲裁的实践中,还有一种仲裁形式叫友好仲裁(ex aequo et bono, amiable compositeur),就是要求仲裁员依据公平与良心(according to equity and good conscience)裁决。[2]即仲裁庭经争议当事人授权,在认为适用严格的法律规则会导致不公平结果的情况下,不按照严格的法律规则,而依据其认为公平善意的标准进行仲裁并作出对争议当事人有约束力的裁决。在这样的情势下,未签字第三人参与国际商事仲裁的概率会更大一些。

未签字人参与国际仲裁被描述为国际仲裁的一个棘手和争议的方面。[3]被认为"关于国际商事仲裁的最重要国际条约"[4]的《纽约公约》对未签字人参与仲裁这个问题的反映是,要求仲裁协议必须是书面形式并且由双方当事人签署,或者包含在往来书信函件中,方是可执行的。美国法学界对于法院应当严格还是宽松地解释《纽约公

---

〔1〕 Alan Redfern and Martin Hunter, *Law and Practice of International Commercial Arbitration*, London: Sweet & Maxwell, 2003, p. 12.

〔2〕 杨良宜、莫世杰、杨大明:《仲裁法(从1996年英国仲裁法到国际商务仲裁)》,法律出版社2006年版,第18页。

〔3〕 Jan Paulsson, "Arbitration Without Privity", 10 *ICSID Rev.* —*Foreign Investment L. J.* 232 (1995), p. 257.

〔4〕 Alan Redfern and Martin Hunter, *Law and Practice of International Commercial Arbitration*, London: Sweet & Maxwell, 2003, p. 67.

约》的要求的意见并不一致。但诸多评论者认为这项要求显示出了这样的事实：《纽约公约》是在1958年制定的，现在已经有些跟不上时代了（beginning to show its age）。[1] 现如今，只要存在一些合意仲裁的书面证据，甚至于由任何一方当事人或第三方当事人记录的口头仲裁协议，许多国际仲裁庭也会忽略《纽约公约》严格的书面形式要求。在某些法律制度中，口头的仲裁协议如果是依据"援引书面条款"（by reference to terms which are in writing）作出的，或者"由协议各方当事人授权的一方当事人或第三人予以记录"（is recorded by one of the parties, or by a third party, with the authority of the parties to the agreement）的，则被认为是"书面的"。在现代的仲裁法律中，事实上实体已经胜于形式，只要存在仲裁协议的某种书面证据，则记录该协议的形式是无关痛痒的。[2]

国际合同越来越倾向于包含混杂的多层的法律义务。因此，怎样处理卷入争议的未签字人，这已经不再仅仅是个理论问题了。更确切地说，这已经成为国际仲裁庭面临的一个常见问题。[3] 仲裁庭往往会在这样的争议案件中遇到未签字第三人的问题，比如建筑公司、海事各方，州立实体和投资条约争议。[4] 仲裁庭也处理第三方的证据问题，在某些国家，例如英国和美国，第三人可能被通过传票的方式强制参与庭审提供证据和文件，且法院可以协助仲裁庭强制此类证人出庭。[5] 这说明，仲裁庭对争议处理的权力已经进一步加强了。在各种

---

[1] Alan Redfern and Martin Hunter, *Law and Practice of International Commercial Arbitration*, London: Sweet & Maxwell, 2003, p. 67.

[2] Alan Redfern and Martin Hunter, *Law and Practice of International Commercial Arbitration*, London: Sweet & Maxwell, 2003, pp. 142~143.

[3] James M. Hosking, "Non-Signatories and International Arbitration in the United States: The Quest for Consent", 20 *Arb. Int'l* (2004), p. 289.

[4] James M. Hosking, "The Third Party Non-Signatory's Ability To Compel International Commercial Arbitration: Doing Justice Without Destroying Consent", 4 *Pepp. Disp. Resol. L. J.* (2004), p. 479.

[5] Alan Redfern and Martin Hunter, *Law and Practice of International Commercial Arbitration*, London: Sweet & Maxwell, 2003, p. 319.

各样的反映关于未签字人仲裁问题的国内法律理论影响下,仲裁协议的未签字人可能会受国际仲裁庭仲裁的约束。在前述的公司集体理论的支持下,源于仲裁协议的利益与义务可能会延伸到公司集体的其他成员或股东、办公人员、甚至签字公司的管理者。在前文述及的 *Dow Chemical v. Isover Saint Gobain* 案中,国际商会仲裁院就认定了仲裁协议的未签字母公司和分公司同样要受到仲裁协议的拘束。这样的母公司和分公司由于与签字原告的特殊关系可能会与签字公司一起成为一项争议的原告。随着经济全球化浪潮的不断推进,触角延及传统工业、新兴高科技产业乃至信息社会中蓬勃发展的服务业的跨国公司无疑是国际贸易、金融投资、技术转让等领域的弄潮儿。因此,这样的现象会愈来愈多。而在 1995 年 6 月 20 日美国最高法院审理的 *Vimar Seguros Y Reaseg v. M/V Sky Reefer* 案中,判决没有否定提单中仲裁条款对作为受让人的提单持有人(即买主)的效力,而是确认了提单中的把争议交由国外仲裁机构仲裁的条款有效。该案被认为是结束争论、肯定外国仲裁条款的重要判例。[1]

在国际商事仲裁领域,对由于法律规定产生的合同一方变更所引致的仲裁协议效力问题,基本上已经有了定论,即仲裁协议应当继续约束因为法律运作而引发的合同主体变更的合同承受者与原合同一方。[2] 一项仲裁条款有可能适用于未签字第三人,如果他隐含地表示了仲裁的意思,因而未签字人的行为是决定性因素(the nonsignatory's conduct is a determinative factor)。[3] 显然,未签字人不能以自己的行为表明了仲裁的意图,而在仲裁之后又声称由此作出的仲裁裁决是无效的。[4] 合同的受让人同意承接合同的权利或者义务,其行为已经表示

---

〔1〕 郁志轰:《美国对提单外国仲裁条款的立法趋势》,载《中国海商法协会通讯》1999 年第 5 期,第 3~4 页。

〔2〕 See Emmanuel Gaillard & John Savage, *Fouchard Gaillard Goldman on International Commercial Arbitration*, CITIC publishing house, 2004, Part 2 Chapter 11 Section 1.

〔3〕 *Gvozdenovic v. United Air Lines, Inc.*, 933 F. 2d 1100, 1105 (2d Cir. 1991).

〔4〕 See *In re Transrol Navegacao S. A.*, 782 F. Supp. 848, 851 (S. D. N. Y. 1991).

了接受合同中的仲裁条款，否则在合同转让时可协商变更合同争议的解决方式，或者直接放弃承继合同。此种做法亦得到了学者与一些国家仲裁实践的支持。美国学者科宾即认为，如果债务人与让与人订立的合同中规定，因该合同发生的争议用仲裁解决，那么这一条款正如同可适用于让与人一样，它可由受让人适用或对受让人适用。[1] 司法实践中，*Technetronics Inc. v. Leybold-Geaeus GmbH, Leybold AG and Leybold Technologies, Inc.* 案印证了这一点。

在该案中，被告作为卖方与一家芬兰公司签订了一份含有仲裁条款的买卖合同，并规定芬兰公司有权将其在合同中的所有权利义务转让给原告（美国宾夕法尼亚的一家公司）。原告受让合同权利义务后，履约过程产生争议，原告遂向宾夕法尼亚州法院起诉，而被告基于合同中的仲裁条款，向法院申请驳回原告的诉求。原告诉称，其未在芬兰公司与被告签订的仲裁协议上签字，因而不应当受到合同中仲裁条款的拘束。法院审理认为，依据《宾夕法尼亚统一仲裁法》的规定，原告接受合同项下的权利义务构成了一项确定的承诺，表示着其将履行已经接受的义务，且包括执行强制的国际商事仲裁条款的义务，因此判定未在合同上签字并不能阻止仲裁条款的执行。[2] 前文述及的瑞典最高法院在1997年对德国船公司Emja与芬兰发动机制造商Wartoila因发动机交货质量问题所致争议的判决中，亦认定仲裁条款随主合同的转让而移转。

从统计学上讲，未签字人参与国际仲裁的数量将会越来越多，其参与的途径可能会是通过私法领域的转让、代理或者承继。美国法院

---

〔1〕 参见 [美] A. L. 科宾：《科宾论合同》（下册），王卫国等译，中国大百科全书出版社1998年版，第322页。

〔2〕 *Technetronics Inc. v. Leybold-Geaeus GmbH, Leybold AG and Leybold Technologies, Inc.* No. 93-1254（E. D. Pa. June 10, 1993）; see Arbitration & the Law-AAA General Counsel's Annual Report (1993-94), United States District Court LEXIS 7683 (United States District Court, Eastern District of Pennsylvania, 1993), p. 21.

已经适用了代理原则将代理人的国际争议置于仲裁庭的管辖范围内，例如1996年的 *Alamria v. Telcor Int'l, Inc.* 案；[1] 代理人也将受到给他带来利益的协议的拘束，例如1999年的 *Am. Bureau of Shipping v. Tencara Shipyard S. P. A.* 案。[2] 同样地，法院已经将衡平禁止反言原则适用于国际争端，倘若未签字公司与争议具有固有的不可分的（Inherently Inseparable）关系，法院将强制未签字公司参与仲裁，例如1998年的 *J. J. Ryan & Sons, Inc. v. Rhone Poulenc Textile, S. A.* 案，[3] 2004年的 *JLM Indus., Inc. v. Stolt-Nielsen SA* 案。[4] 一些欧洲国家甚至制定了法规，要求未签字第三人将这些国家之内的特定的争端提交仲裁。[5]

自1697年英国议会正式承认仲裁制度、产生了世界上第一个仲裁法案起，作为一项古老争议解决机制的仲裁得到了巨大的发展，从最初的一国范围内的民商事仲裁扩展到国际经济贸易仲裁、海事仲裁、解决国家间争端的仲裁等多种仲裁形式。作为商事仲裁制度基石的仲裁协议，也必然逐步呈现出适应科技进步、通讯设施改进以及国际商事交易加强等时代需求的变化，尤其是向未签字第三人的效力扩张。在国际普遍支持仲裁的形势下，对仲裁协议效力作出认定的总的发展趋势是"只要仲裁协议不为国际公共政策所禁止，就应当认定其为有效"，[6] 仲裁协议效力的扩张也正是基于这一趋势。虽然仲裁协议向未签字第三人的效力扩张面临着仲裁协议书面形式要求、仲裁协议的自治性原则、合同的相对性原则等法律障碍，但依托衡平禁止反言原则、揭开公司面纱理论、公司集体理论以及公平合理期待原则，仲裁

---

〔1〕 920 F. Supp. 658, 669 – 74 (D. Md. 1996).

〔2〕 170 F. 3d 349, 353 (2d Cir. 1999).

〔3〕 863 F. 2d 315, 320 – 21 (4th Cir. 1988).

〔4〕 387 F. 3d 163, 177 – 78 (2d Cir. 2004).

〔5〕 See Otto Sandrock, "'Intra' and 'Extra-Entity' Agreements to Arbitrate and Their Extension to Non-Signatories Under German Law", 19 *J. Int'l Arb.* (2002), p. 433.

〔6〕 赵秀文编著：《国际商事仲裁法》，中国人民大学出版社2004年版，第498页。

协议的效力在合同转让、代理、代位求偿、关联协议与关联方、法人合并与分立以及提单等国内仲裁中获得合理的扩张，并在国际仲裁中得到体现。但也正因为仲裁协议的发展就是"仲裁制度的发展"[1]，在合意仍然是仲裁协议效力根本的当前，仲裁协议效力的扩张应以此为基础而不能无限延伸。对于缺乏协商与合意过程的转让，仲裁协议对受让人的效力还存在着分歧，特别是考虑到司法实践中来自当事人与法院的双重阻力。但是仲裁协议突破传统理论，在特定情形中出现效力扩张的现象却是不容置疑的事实，而亟待进行的即是对这一现象的法理论证与法律规制的完善。

---

[1] 宋连斌：《仲裁协议的新发展：理论与实践》，载《仲裁与法律》（2001年合订本），第331页。

仲裁程序篇

第三章 国际商事仲裁中间措施现状与前景

中间措施在仲裁程序中发挥着举足轻重的作用，不仅可以推动仲裁程序的顺利进行，促进仲裁庭作出公正裁决，同时可以有效避免因财产损耗、被申请人隐匿、变卖与转移财产等原因而导致将来的裁决得不到执行。随着经济全球化的纵深推进，各国间的贸易、投资大幅增长，而由此引致的国际商事争议亦逐渐增多。国际商事仲裁以其程序的便捷性、中立性、保密性以及裁决在世界范围的具有的广泛的强制执行力，而成为国际贸易当事人倾向于选择的争议解决方式。[1] 但是，仲裁仍存在一些缺陷，特别是在当事人来自不同国度时的中间措施问题，例如对中间措施的执行问题，对仲裁庭组建之前当事人申请仲裁中间措施程序的缺失，应否作出单方中间措施，以及仲裁庭是否愿意作出中间措施的裁定等。[2] 基于维系当事人对国际商事仲裁程序的确定性、可预见性与有效性的合理期待，各国已开始逐步完善有关中间措施的规定，联合国国际贸易法委员会以对《国际商事仲裁示范法》中关于中间措施的内容进行了修订。反观我国商事仲裁法律制度，我国对中间措施的法律规制不尽完善，立法规范较为笼统，缺乏实践操作性，而且在仲裁庭是否有权发布中间措施等问题上，表现出过于保守的立场，脱离了国际商事仲裁的普遍做法与发展趋势，无疑这将阻碍我国仲裁事业的进一步发展。因而，在完善我国仲裁法律规范时，

---

[1] Richard Allan Horning, "Interim Measures of Protection: Security for Claims and Costs; and Commentary on the WIPO Emergency Relief Rules (In Toto)", 9 *Am. Rev. Int'l Arb.* (1998), p. 156.

[2] Stephen M. Ferguson, "Interim Measures of Protection in International Commercial Arbitration: Problems, Proposed Solutions, and Anticipated Results", 12-*WTR Currents*: *Int'l Trade L. J.* (2003), p. 55.

对中间措施的修订是不容忽视的事项。

第一节 中间措施一般性问题概述

一、中间措施的定义与类型

在仲裁过程中，仲裁庭或者法院在特定情形下有必要发布证据保全、财产保全以及通过其他方式在仲裁程序结束之前保持现状的裁定，此类裁定即为中间措施（Interim Measures）。[1] 虽然中间措施是一国法律体系中不可或缺的制度设计，但不同国度的法律规范与仲裁规则对中间措施有着不同的称谓。联合国国际贸易法委员会1976年《仲裁规则》[2] 2006年《国际商事仲裁示范法》[3] 与美国仲裁协会《仲裁规则》[4] 将之称为临时性保全措施（Interim Measures of Protection），《国际商会仲裁规则》的英文文本则将之称为临时或保全措施（Interim or Conservatory Measures）、法文文本称为"mesures provisoires ou conservatoires"，[5] 英国在实践中称其为玛瑞瓦禁令（The Mareva Injunction），禁令意味着冻结被告人的财产以防止其将财产转移出法院管辖范围之外，[6] 瑞士则称之为临时或保全措施（Provisional or Conservatory Measures），[7] 我国《民事诉讼法》与《仲裁法》一般称为财产保全或证据保全措施。[8] 在这些不同的术语中，"Interim Measures"与"Provisional Measures"侧重于强调措施的性质，即一个过渡性或临时性的措施是不能约束法院或者仲裁庭对实体问题的审判，而"Protec-

---

[1] Alan Redfern and Martin Hunter, *Law and Practice of International Commercial Arbitration*, London: Sweet & Maxwell, 2003, p. 345.

[2] Art. 26 of Uncitral Arbitration Rules.

[3] Art. 9 of Uncitral Model Law.

[4] Art. 21 of American Arbitration Association (AAA) International Arbitration Rules.

[5] Art. 23 of International Chamber Of Commerce (ICC) Arbitration Rules.

[6] *Mareva Compania Naviera S. A. v. International Bulkcarriers S. A.*, 2 Lloyd's Rep. 509 (1975).

[7] Art. 183 of Swiss Private International Law Act.

[8] 参见《民事诉讼法》第92、93条，《仲裁法》第28、86条。

tive or Conservatory Measures"则侧重于发布这种指令的目的。[1]

缘于各国法制的差异,中间措施在国际上并无统一的称谓与定义,对中间措施定义的探究通常是通过对其范围与类型的考察。一般说来,中间措施可以包括仲裁庭在对争议作出最终裁决之前发布的任何临时性裁定。[2] 法院与仲裁庭作出的中间措施一般有扣押(attachments)、禁令(injunctions)、分批付款(partial payment of claims)以及费用担保记录(posting of security for costs)。[3] 由于第二工作组在讨论中认为中间措施的种类是无法穷尽的(no-exhaustive nature of list of provisional measures),[4] 因此联合国国际贸易法委员会于2006年举行的第39届大会上通过的关于《国际商事仲裁示范法》第17条的修订条文中将中间措施的范围划定为"临时保全措施是任何采取裁决书形式或另一种形式的暂时性措施,依据此种措施,仲裁庭在作出最终裁决之前随时命令一方当事人:①在判定争议之前维持或恢复原状;②采取行动防止目前或即将对仲裁程序发生损害或影响,或不采取可能造成这种损害或影响的行动;③提供一种保全资产以执行后继裁决的手段;或者④保全对解决纠纷可能具有相关性和重要性的证据。"[5] 概言之,示范法将仲裁庭可以作出的中间措施分为四类,即维持现状或恢复原状、防止损害或影响仲裁程序、财产保全与证据保全。更为简洁地说,中间措施一般有三种类型,其一为证据保全(Preservation of evidence),例如关键性证据的调取以及重要证据的不被毁损;其二为维持现状

---

〔1〕 任明艳:《国际商事仲裁中仲裁员发布临时性保全措施问题》,载《北京仲裁》(第61辑),第79页。

〔2〕 Raymond J. Werbicki, "Arbitral Interim Measures: Fact or Fiction?", 57-JAN *Disp. Resol. J.* (2003), p. 69.

〔3〕 Grégoire Marchac, "Interim Measures in International Commercial Arbitration under the ICC, AAA, LCIA and UNCITRAL Rules", 10 *Am. Rev. Int'l Arb.* (1999), p. 123.

〔4〕 Yves Derains & Eric A. Schwartz, *A Guide to the New ICC Rules of Arbitration*, The Hague (et al): Kluwer Law International, 1998, p. 274.

〔5〕 See United Nations Commission on International Trade Law, Report of the Working Group on Arbitration and Conciliation on the work of its 44th session, A/CN. 9/592 (2006), p. 19.

(preserving the statue quo),例如要求当事人继续履行工程项目合同；其三为确保终局裁决有效执行的措施，在国内法中通常称为裁决前救济(prejudgment remedy)，例如查封、扣押或冻结当事人的资产等。[1]

二、中间措施的重要性

中间措施在仲裁程序的进程中发挥着举足轻重的作用，此种重要性主要体现在三个方面。首先，中间措施旨在保障仲裁程序的顺利进行。中间措施强制当事人按照有益于仲裁程序成功进行的方式行事，避免了当事人自力救济，保护当事人的合法权利，也保证了当事人之间的平和关系。[2] 具体说来，为了确保仲裁庭能够依据客观存在的证据对案件进行公正的审理，仲裁庭可以发布临时措施，当事人应当按要求对争议标的物及其相关文件进行查验、不得对证据现场进行改动、不得泄露与开庭相关的事项等，从而保证了仲裁程序的顺利进行。同时，通过采取中间措施，亦挫败了一方当事人企图采取拖延战术的恶意，保证了当事人出于意思自治而选择的仲裁程序不至于持续到有损于当事人利益的局面，从而保护了当事人的合法权利。此外，中间措施的发布基于尽可能地维持仲裁当事人主体地位的考量，确保当事人在仲裁程序进程中的地位在终局裁决作出前不发生变化。

其次，中间措施有效避免了争议标的物的灭失与损坏。在争议解决期间，当事人之间的合同有可能还在继续履行当中，因此为了能妥善地解决争议，仲裁庭可以发布中间措施要求当事人为或不为特定的行为。较为典型的例子是当货物是时鲜产品或者易腐烂产品，倘若当事人之间的争议不能及时解决则极易给当事人造成不可挽回的损失。此时仲裁庭可以采取中间措施，要求当事人先行变卖产品并将所得进行提存，待争议解决后用以支付相关费用。又如工程项目承包合同争

---

[1] Houston Putnam Lowry, "Recent Development in International Commercial Arbitration", 10 *ILSA J. Int'l & Comp. L.* (2004), p.340.

[2] Stephen M. Ferguson, "Interim Measures of Protection in International Commercial Arbitration: Problems, Proposed Solutions, and Anticipated Results", 12-*WTR Currents: Int'l Trade L. J.* (2003), p.55.

议，在合同履行过程中发现一些不可预期的问题从而加大了履行原合同的难度是经常有的事，由此引发争议后，尽管一方当事人已将提出了其有权暂停工程项目的施工，仲裁庭仍可视特定情形，基于公共利益等诸多方面的权衡而要求当事人继续进行其所承包的基础设施工程项目。

最后，也是最重要的一点，中间措施保证了仲裁裁决的切实执行。许多从业者所关心的是，倘若中间措施不能发布，或者发布了而得不到切实地执行，那么一个有利于己方的终局裁决将变得毫无意义。[1]尤其是在国际商事仲裁案件中，从审理到结案可能会历经数年，在如此长的时间周期内，双方当事人争议的标的物、案件所涉证据以及当事人的资产均有可能发生变化，此种变化可能是客观的，亦可能是人为的。例如，倘若不能发布查封、扣押、冻结当事人财产的中间措施，则当事人有可能隐匿、转移、甚至变卖财产，当事人基于此种可能性的预防，将威胁到仲裁程序对当事人的吸引力。近些年来，中间程序的重要性持续递增，就是因为更多的当事人寻求此种临时性救济（seeking interim relief）。在一个对争议解决研究全球中心国际仲裁员的调查中，64个受调查者确认了50个独立案件中采用了临时措施，包括限制或持续某一行为（restrain or stay an activity）、要求特定履行（order specific performance）、或者提供费用担保（provide security for costs）。这些数据显示了寻求中间措施救济的案件持续递增。[2]当事人选择将争议提交程序较之诉讼更为便捷的仲裁，最终所希冀的不仅是一份具有终局拘束力的裁决，亦是一份能够获得有效执行的裁决。因此，发布禁止当事人转移财产的禁令，或者将财产交由第三人保管等，对裁决作出后的执行就具有不可估量的意义。

---

〔1〕 Possible Future Work in the Area of International Commercial Arbitration Note by the Secretariat, U. N. GAOR UNCITRAL, 32nd Session, 117, *U. N. Doc. A/CN.* 9/460 (1999).

〔2〕 See Mark Appel, "Emergency and Interim Relief in International Arbitration", 7 *ADR Currents* (2002), p. 1.

三、中间措施发布的先决条件

缘于中间措施属于强制性措施，且其发布具有一定的风险性，对当事人的利益有较大的影响，为预防当事人对此权利的滥用，各国法律均对中间措施的发布规定了先决条件。在英国，限制债务人移转、处分财产以确保将来裁决执行的方式是通过申请玛瑞瓦禁令（The Mareva Injunction）[1]来实现的。申请人成功申请玛瑞瓦禁令须满足以下四个条件：其一，申请人须有一个良好论据的案情（a good arguable case），至于什么是良好论据的案情则由法官裁断。Mustill法官在 The Niedersachsen 案[2]中认为正确的程序是采纳表面良好论据案情的测定方法，案件不仅仅是具有争议性，但也不必达到表面看来50%的胜诉机会（yet not necessarily one which the Judge believes to have a better than 50% chance of success）。其二，被申请人的资产会有流失或消失的危险。申请人只须证明经"客观察验"（objective test）会有此种危险即可，而无需证明被申请人在主观方面有此种预谋。[3] 其三，禁令的发布公平且方便，是否公平与方便由法官视具体个案确定，一般情况下法官会从这三个方面做文章，即首先需要考虑被申请人资产的性质，其次考虑发布禁令是否会不适当干预无辜第三人的正当利益，另外还要考虑不去毁灭被申请人的生意或生活。最后，申请人应对其请求未被满足而可能发生的损害赔偿提供担保。[4]

在大陆法系，比如德国与日本，中间措施主要是指"假扣押"与"假处分"[5] 其中，限制被申请人处分财产以确定终局裁决执行的中

---

〔1〕 依据1999年4月26日的英国诉讼规则，玛瑞瓦禁令（The Mareva Injunction）已经正式更名为冻结令（Freezing Order）。

〔2〕 *The Niedersachsen*, (1983) 2 Lloyds LR 600.

〔3〕 *Ketchum International plc v. Group Public Relations Holdings Limited* (1997) 1 WLR 4.

〔4〕 参见杨良宜、杨大明：《禁令》，中国政法大学出版社2000年版，第321～343页。

〔5〕 大陆法系国家依据执行标的是否为金钱而分为假扣押与假处分两种措施，假扣押是指债权人就金钱请求，欲保全强制执行之制度；假处分制度有两种，即为债权人就金钱以外之请求，欲保全强制执行，或于争执之法律关系，有定暂时状态之必要，所为之保全制度。参见（台）陈计男：《程序法之研究》（二），台湾三民书局1995年版，第167页。

间措施是假扣押,而发布假扣押应具备的条件大抵是:其一,申请人有假扣押申请权,这要求债权人在本案或将来案件中的请求须是金钱债权或可转换为金钱的债权;其二,存在假扣押的理由,即在终局裁决作出前,债务人有采取措施致使将来裁决不能或难以执行的可能;其三,须由债权人提出申请;其四,申请人提供担保,倘若申请人未提供担保,在存在假扣押请求权与假扣押理由的必要情形下,法院亦可在命令当事人提供担保后实行假扣押。[1]

  总体而言,缘于各国法制背景与执行境况的不一致,对发布中间措施的先决条件亦存在差异。归纳起来,仲裁庭发布中间措施时至少应当考量以下一般性条件。首先,仲裁庭需要考量其是否有权作出此类裁定。这取决于立法与仲裁规则的规定,因为各国立法与仲裁规则赋予仲裁员的权力不尽相同。例如,在发布维持现状的措施时,仲裁庭的权力范围似乎受限于"争议标的"与"成为争议标的的货物的保全",在解决投资争端国际中心(International Centre for Settlement of Investment Disputes,简称 ICSID)规则下,仲裁庭所能做的就是向当事人提出建议(make a recommendation)。[2] 其次,仲裁庭需要考量是否存在严重的不可挽回损害的风险。紧急性的界定是当事人寻求中间措施救济的出发点。最后,仲裁庭需要考量发布中间措施是否会在事实上影响仲裁的结果,这要求在表面证据上有合理的预期表明申请人能够胜诉。为统一各国的实践,2006 年联合国国际贸易法委员会第 39 届会议新通过的《国际商事仲裁示范法》第 17 条之二规定了仲裁庭发布中间措施的条件:"①一方当事人请求采取第 17(2)条(a)、(b)和(c)项所规定的临时措施,应使仲裁庭确信:(a)不下令采取这种措施很可能造成损害,这种损害无法通过判给损害赔偿金而充分补偿,而且远远大于准予采取这种措施而可能对其所针对的当事人造成

---

  [1] 参见梁书文主编:《民事诉讼法实施问题研究》,人民法院出版社 2000 年版,第 224 页。

  [2] Alan Redfern and Martin Hunter, *Law and Practice of International Commercial Arbitration*, London: Sweet & Maxwell, 2003, p. 354.

的损害;而且(b)根据赔偿要求所依据的案情,请求方当事人相当有可能胜诉,但对这种可能性的任何判定不得影响仲裁庭此后作出任何裁定的自由裁量权。②关于对第17(2)(d)条所规定的临时措施的请求,本条第①款(a)和(b)项的要求只有在仲裁庭认为适当的情况下适用。"从对条文的解读可知,仲裁庭发布有关维持现状或恢复原状、防止损害或影响仲裁程序以及财产保全这三类中间措施时对这两个条件的满足须缺一不可;但仲裁庭在发布证据保全措施时,上述两项条件是否适用则属于仲裁庭的自由裁量范畴。

第二节 中间措施发布决定权的归属趋向

一、中间措施发布决定权归属的三种基本模式

(一)法院专属权力

中间措施发布决定权的归属是整个仲裁中间措施程序运作的前提,对于这一问题,国际上大致存在三种基本模式。最早形成的模式是将发布中间措施的权力赋予法院单独行使。缘于中间措施本质上是具有强制性的措施,会对当事人的利益产生较大的影响,因而由具有权威性的国家审判机关来决定是否发布中间措施是一种稳妥而谨慎的做法。法院对仲裁中间措施的决定权,来源于体现一国国家政策法律的授权,公权力进入仲裁不仅可以支持仲裁程序顺利进行,对仲裁中间措施这种严厉地处置当事人权益的强制措施亦可起到潜在的监督作用。且不论其究竟是监督还是支持,只要这种决定权通过合理的程序在适当范围内采取,在国家允许的条件下进行,即不是对仲裁协议的违背。[1]相对而言,仲裁庭只是依据当事人之间的协议而组成的民间性机构,缺乏强制执行力,即便是仲裁庭拥有发布中间措施的决定权,终究是要依靠司法机关的协助方能执行。因此法院的介入是必需的,为使争议得以顺利解决,法院是中间措施发布决定权的最合适的主体。而且,

---

[1] 乔欣、段莉:《仲裁财产保全决定机构之辩证和重构》,载《仲裁研究》2004年第1期,第5页。

即使赋予仲裁庭在发布中间措施上的广泛权力,也会出现仲裁庭不情愿行使的情况。一个可能的原因是仲裁员认为发布一个中间措施的裁定意味着他们倾向于某一方当事人的利益,或者在案件事实上作出了预先判断。[1] 另一个原因则是如果当事人不能提供中间措施所要求的担保,一个有效的诉求可能就无从获得救济了。[2]

基于此种合理性,部分国家采用了将中间措施发布决定权作为法院专属权力的模式。最初国际商会仲裁院即未赋予仲裁庭在仲裁中或仲裁前任何中间措施发布的决定权,相反,当事人被告知中间措施的申请只能向法院提出。[3] 意大利 1994 年《民事诉讼法典》就明确规定了仲裁庭本身不得扣押财产,亦不得采取其他中间措施。[4] 在实际的案件中,意大利的法官明确指出除非有法律的明确规定否则当事人以协议的形式干扰司法行为是不被允许的。[5] 在奥地利,无论仲裁协议是否将作出中间措施的权力赋予了仲裁庭,仲裁庭都无权裁定中间措施,而奥地利法院则有权对仲裁协议项下的事项作出临时救济措施。[6] 阿根廷同样维持着仲裁庭无权作出中间措施决定的做法。[7] 我国《仲裁法》关于"当事人申请财产保全的,仲裁委员会应当将当事人的申请依照民事诉讼法的有关规定提交人民法院"以及"涉外仲裁的当事人申请证据保全的,涉外仲裁委员会应当将当事人的申请提

---

[1] Grégoire Marchac, "Interim Measures in International Commercial Arbitration under the ICC, AAA, LCIA and UNCITRAL Rules", 10 *Am. Rev. Int'l Arb.* (1999), p. 129.

[2] Noah Rubins, "In God We Trust, All Others Pay Cash: Security for Costs in International Commercial Arbitration", 11 *Am. Rev. Int'l Arb.* (2000), p. 320.

[3] Yves Derains & Eric A. Schwartz, *A Guide to the New ICC Rules of Arbitration*, The Hague (et al): Kluwer Law International, 1998, p. 274.

[4] 参见意大利 1994 年《民事诉讼法典》第 818 条。

[5] 解常晴:《国际仲裁中的临时保全制度及其发展前景》,载《仲裁与法律》2002 年第 3 期,第 10 页。

[6] 参见奥地利 1984 年《民事诉讼法典》第 588、589 条。

[7] William Wang, "International Arbitration: The Need for Uniform Interim Measures of Relief", 28 *Brook. J. Int'l L.* (2003), p. 1092.

交证据所在地的中级人民法院"的规定，[1]表明了我国亦是采用中间措施发布决定权属于法院专属权力的模式。

（二）仲裁庭排他行使

20世纪70年代中期，随着仲裁影响力的不断上升，仲裁独立性的理论得到了较快发展，具有排除法院管辖权的倾向，应由仲裁庭决定中间措施的观点逐渐为各国所接受，最后甚至演变成为一纸禁止法院介入仲裁的驱逐令。[2]这些国家认为仲裁协议具有排除法院管辖的效力，主张将中间措施发布的决定权排他性地赋予仲裁庭。换言之，当事人合意将争议交付仲裁解决，不仅排除了法院对案件实体问题的介入，亦排除了法院发布中间措施的权力。例如韩国最高法院1986年修订的《商事仲裁院仲裁规则》第40条即规定："在任何一方当事人提出申请的基础上，仲裁庭可以在不损害双方当事人利益，不影响争议结果的前提下决定采取必要的保全措施以保护仲裁项下的财产。"[3]在司法实践中，1974年美国第三巡回上诉法院在 McCreary Tire & Rubber Co. v. Ceat S. P. A. 案中认为，依据《纽约公约》的规定，凡是存在有效的仲裁协议，美国法院就不得作出中间措施裁定；如若当事一方向法院申请中间措施，即是逃避仲裁协议的约定。[4]纵然这个判例受到了美国学术界的诸多批评，但仍有一些州的法院继续采用此案的判决理由，比如南纽约州。

在著名的 Channel Tunnel Group Ltd v. Balfour Beatty Construction Ltd 一案[5]中，建造海峡隧道合同的双方 Eurotunnel（隧道所有人与预期

---

〔1〕参见《仲裁法》第28条第2款、第68条。

〔2〕王艳阳：《国际商事仲裁中的临时保护措施制度——兼议我国相关制度的不足》，载《西南政法大学学报》2004年第4期，第88页。

〔3〕王玉婷：《全球化下的国际商事仲裁临时措施制度——兼论我国相关制度的完善》，载《对外经贸实务》2006年第4期，第50页。

〔4〕501 F. 2d 1032 (3rd Cir. 1974).

〔5〕Channel Tunnel Group Ltd. v. Balfour Beatty Construction Ltd [1993] A. C. 334 (HL).

运营商)与Trans-Manche Link(TML,五家法国与五家英国建筑公司)订立有依据国际商会规则在布鲁塞尔进行仲裁的条款。后双方就隧道制冷系统系统的款项支付发生特别重大的争议,1991年10月TML向Eurotunnel发函威胁若是不能满足其要求则将中止制冷系统的工作,而这对工程的完工可能造成非常严重的后果。Eurotunnel向英国法院申请临时禁令,以限制TML的停工威胁。TML则辩称英国法院无权发布禁令进行干预,法院应当中止诉讼并要求当事人将争议提交仲裁。值得深味的是,三个法院在法院是否有权发布禁令或者作出禁令是否适当这一问题上,持不同的观点。一审法院认为其有权发布禁令,且若非TML承诺在法院程序结束之前继续进行工程的工作,法院就已经发布了禁令。上诉法院则主张在此种情形下发布禁令是适当的,但缘于仲裁协议的存在,法院应无权同意发布禁令。上议院持法院确实有权发布禁令的见解,但认为作出禁令是不适当的。[1] 显然在Channel Tunnel案中,上议院认为法院不应当发布中间措施,主要是因为倘若法院作出了中间措施的裁定,留给仲裁员作决定的将微乎其微了。[2]

(三)仲裁庭与法院并存权力

第三种模式是仲裁庭与法院共同行使发布仲裁中间措施的决定权(concurrent power of arbitral tribunal and the courts)。随着愈来愈多的国际与国家立法确认了仲裁当事人在程序与实体方面的自主权,当事人自主选择仲裁机构或法院来作出中间措施裁定的权利得到了诸多国家

---

〔1〕 上议院裁定如下: The House of Lords concluded its decision with the following statement:

Notwithstanding that the court can and should in the right case provide reinforcement for the arbitral process by granting interim relief I am quite satisfied that this is not such a case, and that to order an injunction here would be to act contrary both to the general tenor of the construction contract and to the spirit of international arbitration.

〔2〕 Raymond J. Werbicki, "Arbitral Interim Measures: Fact or Fiction?", 57-JAN Disp. Resol. J. (2003), p. 68.

的尊重。包括联合国《国际商事仲裁示范法》、英国、德国与瑞士等国家的立法均采用了此种模式。

尽管同是采用仲裁中间措施发布决定权的并存权力模式，但对此模式中法院与仲裁庭的决定权的具体分配，各国也有不同的做法。权力分配方式关系到仲裁当事人在不同阶段提起的不同的中间措施申请当由谁决定的问题，通过权力在仲裁庭与法院之间的合理分配可以建立和谐的合作关系，充分发挥并存权力模式的作用。[1] 一般说来，法院与仲裁庭的分工大致可分为三种：其一，当事人可以直接选择向法院或仲裁庭申请作出中间措施决定，被选机构有权根据当事人一方的申请发布中间措施，也称为当事人自由选择型（Free Choice Model）。[2] 由于《国际商事仲裁示范法》旨在最大程度地满足当事人的意思自治，[3] 因此，此种不限定法院与仲裁庭的决定权范围而由当事人决定的做法在《国际商事仲裁示范法》中得到了很好的体现。该法规定："在仲裁程序进行前或进行期间内，当事一方请求法院采取临时保全措施和法院准予采取这种措施，均与仲裁协议不相抵触"，"除非当事各方另有协议，仲裁庭经当事一方请求，可以命令当事任何一方就争议的标的采取仲裁庭可能认为有必要的任何临时性保全措施"。[4] 德国于1998年开始采用了示范法的规定，改变了仲裁庭在发布中间措施方面的权限。[5] 美国仲裁协会《仲裁规则》亦规定了"应任何一方当事人的要求，仲裁庭认为有必要时，得对争议标的采取任何临时性措施，包括对成本争议标的货物的保管在内，诸如将货物交由第三

---

〔1〕 钱程：《论仲裁临时保全措施的决定权归属问题》，载《仲裁与法律》（第103辑），第16页。

〔2〕 William Wang, "International Arbitration: The Need for Uniform Interim Measures of Relief", 28 *Brook. J. Int'l L.* (2003), p.1089.

〔3〕 See Klaus Peter Berger, "The Implementation of the UNCITRAL Model Law in Germany", 13 *Mealey's Int'l Arb. Rep.* (1998), p.38.

〔4〕 Art. 9 and 17 of Uncitral Model Law.

〔5〕 See Klaus Peter Berger, "Germany adopts the UNCITRAL Model Law", 1 *Int. A. L. R.* (1998), pp.121~126.

者保管或出售易腐坏的货物","当事人中任何一方向司法当局要求采取临时性措施不得认为与仲裁协议的规定有抵触或认为系对该协议的放弃"。[1] 缘于此种方式具有较为灵活的实践操作性,亦体现了仲裁当事人的意思自治,因而得到了澳大利亚、新西兰与中国澳门等国家或地区的肯定。

其二,法院发布仲裁中间措施的权力须经双方当事人的合意授予,否则中间措施发布的决定权由仲裁庭行使,当然紧急情况或者个别情况下的申请例外,也称为法院辅助型(Court Subsidiarity Model)。[2] 英国1996年《仲裁法》旨在使仲裁法律简化与清晰化,并在国内推定仲裁的发展,[3] 因此在中间措施问题上1996年《仲裁法》未采用《国际商事仲裁示范法》作为蓝本,而是采取了一种相对创新的方法,将法院作为了最后的救济途径(regards the court as the last resort)。该法规定了:"除非当事人另有约定,法院有权就财产保全发出命令;如果案情紧急,法院可以在一方当事人的申请下或者可能成为仲裁申请人的申请下,在必要时采取财产保全;如果案情并不紧急,法院只有经一方当事人的申请(经通知对方当事人和仲裁庭)并得到仲裁庭的准许,或其他当事人的同意,方可采取保全措施;且在任何情况下,如果当事人已经授权予仲裁庭、或者其他仲裁机构或者其他机构或者个人此项权力,则法院无权或不能行使此项权力;即使法院作出了保全的命令,该命令也将全部或部分失效。"[4] 解决投资争端国际中心《仲裁规则》、国际商会1998年的《仲裁规则》也都有类似在当事人有明确约定的情形下或者其他适宜发布情形下法院才有权发布中间措施的决定。

其三,与法院辅助型相反,若当事双方未约定的情形下,由法院

---

[1] Art. 22 of American Arbitration Association (AAA) Arbitration Rule.

[2] William Wang, "International Arbitration: The Need for Uniform Interim Measures of Relief", 28 *Brook. J. Int'l L.* (2003), p. 1085.

[3] David Fraser, "Arbitration of International Commercial Disputes under English Law", 8 *Am. Rev. Int'l Arb.* (1997), p. 1.

[4] Art. 44 of 1996 Arbitration Act.

来行使发布中间措施的权力,换言之,只有当事人明确约定,仲裁员才有权作出中间措施裁定。此种权力分配方式在一定程度上尊重了当事人的意思自治原则,但在实践中,当事双方订立的仲裁协议并不一定约定得如此细致,因而在当事双方未约定的情形下即表明其否定了仲裁庭对发布中间措施的决定权,这未必符合当事人的本意。采用此种方式的立法较少,1998年之前的瑞典旧《仲裁法》属于此种方式,规定在当事人有明确约定的情形下,仲裁员才有权作出临时救济措施,而且此临时救济措施的执行不得针对瑞典当事人一方或针对位于瑞典的财产。

二、对中间措施权力分配模式的评析

第一种模式将中间措施发布的决定权作为法院的专属权力,存在着明显的硬伤:第一,易造成仲裁程序的延缓,增加当事人的负担。在仲裁程序进行过程中,当事人遇到紧急情形需要申请中间措施时,缘于仲裁庭没有发布中间措施的决定权,当事人只能向法院提出申请,或者向仲裁庭提交申请再由仲裁庭转交法院。而法院在决定发布中间措施之前,需要对仲裁案件的实体部分进行初步审查,方可确定是否有发布中间措施的必要。由于法院并不负责该案件的实体审理,仅凭当事人提供的有限书面材料,有可能作出不恰当的裁定。于此,仲裁庭对案情更为熟悉,更能迅速而公正地作出裁定,也易于在审理中及时发现裁定的错误而直接作出矫正。且这一段提交或转交、审查的时间,有可能使当事人丧失采取保全措施的最有利时机。第二,在国际商事仲裁实践中,需要采取保全措施的财产、证据或者其他中间措施针对的当事人经常位于仲裁所在地之外的国家,除非该非仲裁地国未明确对外国法院发布的中间措施予以排斥,否则当事人无从向非仲裁地国法院申请中间措施的。第三,将中间措施的发布决定权作为法院的专属权力,也不符合当前国际上关于法院应尽可能地减少对仲裁的干预的趋势。

由仲裁庭排他性地行使中间措施发布的决定权,无论是学理还是实践中都存在着争议。在前述 *McCreary Tire & Rubber Co. v. Ceat S.*

P. A. 案中，事实上诸多国家对《纽约公约》第 2 条第 3 款[1]的规定均与此案中美国第三巡回上诉法院的理解不同，多数国家认为《纽约公约》的规定并不能阻碍法院在仲裁过程中采取中间措施，有效的仲裁协议确实排斥了法院的管辖权，但并未排斥法院基于当事人或者仲裁庭的请求而发布中间措施的权力。在 Carolina Power & Light Co. v. Uranex 一案中，法官就没有遵循 McCreary 案的先例，而认为公约文本本身并不意味着排斥判决前扣押（nothing in the text of the Convention itself suggests that it precludes pre-judgments attachment）。[2] 在司法实践中，法院依法对仲裁进行监督与协助是不可或缺的，而作为一种较为严厉的强制措施，中间措施的执行终究还是要由法院来完成；且法院发布中间措施并未构成对仲裁争议的实体事项的干预，相反应是法院通过中间措施的发布来促进与支持仲裁。这一模式受到质疑的另外的两个原因是，在仲裁庭未组建之前，法院似乎成为了发布中间措施的惟一主体；且仲裁员的权限来源于当事人之间的仲裁协议，因而仲裁员发布的中间措施只能约束当事人而不能约束第三人。[3]

鉴于前两种模式存在着难以调和的缺陷，仲裁庭与法院并存权力模式已逐渐得到多数国家的认可。相较于法院专属权力模式会导致法院过分干预与管制仲裁、仲裁庭排他行使模式忽视了法院对仲裁庭必要协助的弊端，仲裁庭与法院并存权力模式更具有合理性，亦符合国际商事仲裁的实践需要。国际商事仲裁的发展趋向是扩大仲裁庭的权力，而法院对仲裁的监督以支持与协助的方式为主导，权利并存模式充分体现了仲裁庭与法院的合作关系，使得仲裁程序在法院的协助下得以顺畅进行，对提高仲裁解决争议的效率具有重要的意义。至于在

---

〔1〕《纽约公约》第 2 条第 3 款规定："如果缔约国的法院受理一个案件，而就这案件所涉及的事项，当事人已经达成本条意义内的协议时，除非该法院查明该项协议是无效的、未生效的或不可能实行的，应该依一方当事人的请求，令当事人把案件提交仲裁。"

〔2〕 451 F. Supp. 1044, 1049 (N. D. Cal. 1977).

〔3〕 See Alan Redfern and Martin Hunter, *Law and Practice of International Commercial Arbitration*, London：Sweet & Maxwell, 2003, pp. 346~347.

仲裁庭与法院并存权力模式下，仲裁庭与法院关于中间措施发布决定权的权力分配问题，除了第三种分配方式，即法院的决定权优先因不符合商事仲裁的发展实践而为较少国家采用外，当事人自由选择型与法院辅助型都较好地反映了仲裁的发展趋向。法院辅助型的益处很明显，这也体现了英国在尽量减少法院对民间商事争议干预方面的良苦用心。英国法院仅能够在紧急和个别情形下方可介入仲裁程序，尽可能地限制法院的干预，使法院服务于仲裁庭的需求，是因为法院的介入会严重地延迟并破坏私人争议的解决（court applications can seriously delay and hamper private dispute resolution）。虽然在绝大多数案件中，法院的介入必不可少，尤其是在执行阶段，但英国《仲裁法》已经考虑到这一点，并提供了由仲裁员发布中间措施的专门的执行机制。[1]但是，如何判断案情属于紧急情形，对此的解释极易产生争议，而这也将形成了对案件迟延与困惑的一个根源。[2]相对而言，《国际商事仲裁示范法》所采用的当事人自由选择型，更契合仲裁尊重当事人意思自治的本质。鉴于中间措施只是争议解决过程中的一个组成部分，就其实质而言，还是属于程序法上的问题，因而法院与仲裁庭究竟谁有权作出中间措施的裁定往往很难做到像楚河汉界那样泾渭分明，[3]因此把这个问题交由当事人抉择，无疑是较为妥善的方式。且当事人自由选择型的操作也较为简便，因而得到了美国、德国等国家与地区立法的采纳。

三、仲裁庭发布中间措施的权力渊源

（一）国际公约

从国际公约的角度来看，国际商事仲裁领域中最为重要的《纽约公约》并未对仲裁庭发布中间措施作出规定，但已有国际公约规定了

---

〔1〕 William Wang, "International Arbitration: The Need for Uniform Interim Measures of Relief", 28 *Brook. J. Int'l L.* (2003), p. 1088.

〔2〕 William Wang, "International Arbitration: The Need for Uniform Interim Measures of Relief", 28 *Brook. J. Int'l L.* (2003), p. 1089.

〔3〕 赵秀文：《国际商事仲裁及其适用法律研究》，北京大学出版社2002年版，第138页。

仲裁庭在作出中间措施裁定方面的权力。譬如，1961年的《欧洲国际商事仲裁公约》就规定了："向司法当局请求临时处分或保全处分，不应看作同仲裁协议不相一致，也不应看做是就案件实质问题向法院提出申诉。"[1] 虽然此条款并未直接规定仲裁庭可以发布中间措施，但给仲裁庭发布中间措施留下了空间，即当事人可以向法院申请中间措施，而法院作出中间措施的裁定不意味着当事人对仲裁协议的放弃，当事人仍应将争议交由仲裁解决，同时也可以向仲裁庭申请中间措施。

（二）国内立法

以国内立法的形式赋予仲裁庭发布中间措施的权力是较为普遍的做法，依据赋予权力的范围与条件，此种形式大致可通过三种途径来实现。其一，但凡采纳了《国际商事仲裁示范法》为蓝本的国家与地区，均在本国国内立法上赋予仲裁庭在发布中间措施方面的广泛权力，且此种权力只服从于当事人的决定，即当事人另有约定除外。例如德国1998年《民事诉讼法》第十编第1041条第1款、瑞士1987年《联邦国际私法典》第183条第1款、保加利亚1988年《国际商事仲裁法》第21条与俄罗斯1993年《国际商事仲裁法》第17条。其二，立法规定了仲裁庭只能发布特定种类的中间措施，同时允许当事人对仲裁庭作出其他类型的中间措施作出约定。英国1996年《仲裁法》即采用了此种方式。其三，仲裁庭发布中间措施的权力以当事人达成的协议为前提。美国《联邦仲裁法》就未对仲裁庭发布中间措施作出规定，而是通过法院的判例来确认仲裁庭发布中间措施以当事人的明确授权为基础。

（三）仲裁机构的仲裁规则

一般说来，大多数仲裁机构的仲裁规则都规定了仲裁庭发布中间措施的决定权。倘若缺失仲裁庭发布中间措施的规定，无疑将面临着当事人选择其他仲裁机构的风险。联合国国际贸易法委员会1976年《仲裁规则》就规定了："①仲裁庭可根据一方当事人的请求且认为有

---

[1] Art. 6 (4) of European Convention on International Commercial Arbitration.

必要,可以对争议的标的采取任何中间措施,包括成为争议标的货物的保存在内,诸如将货物交由第三方保存或出售易损的物品;②这些临时性措施应当以临时裁决的方式为之,仲裁庭有权要求为这些措施的费用提供担保;③当事人中任何一方向司法机关要求采取临时性措施不应当被认为与仲裁协议的规定有抵触,或被认为是对协议的摒弃。"[1] 国际商会1998年《仲裁规则》亦对中间措施作出了规定:"①除非当事各方另有约定,案卷移交仲裁庭后,仲裁庭即可依据一方当事人的请求,作出采取其认为适当的临时措施或保全措施。仲裁庭可以在命令采取该措施之前,要求提出申请的当事人提供适当的担保。任何该措施的发布应采用命令的形式,并说明所依据的理由,或者仲裁庭认为合适而采用裁决的形式。②在案卷移交仲裁庭之前,或在其他适当的情况下,甚至在移交至仲裁庭之后,当事人可以向任何有管辖权的司法机关申请采取临时性保全措施。任何一方向司法机关要求采取临时性保全措施,不应当被认为与仲裁协议的规定有抵触或被认为是对该协议的摒弃,也不影响仲裁庭的相关权力。任何向上述司法机关申请这些措施或司法机关准许这些措施,当事人都应当毫不迟延地通知秘书处,秘书处应当告知仲裁庭。"[2] 美国仲裁协会《仲裁规则》也规定了:"仲裁员可以发布他们认为对保全争议标的物有必要的临时措施,但不能偏袒某一方当事人,或对争议的最后裁决有所损害。"[3] 此外,伦敦国际仲裁院(THE London Court of International Arbitration,简称LCIA)1998年《仲裁规则》、[4] 解决投资争端国际中心(ICSID)1965年《仲裁规则》、[5] 世界知识产权组织(World Intellectual Property Organization,简称WIPO)仲裁与调解中心1996年《仲裁规则》[6] 等都对仲裁庭发布中间措施的权力作出了规定。

---

[1] Art. 26 of Uncitral Arbitration Rules.
[2] Art. 23 of ICC Arbitration Rules.
[3] Art. 34 of AAA International Arbitration Rules.
[4] Art. 25 of Lcia Arbitration International.
[5] Art. 26 & 39 of ICSID Arbitration Rules.
[6] Art. 46 of WIPO Arbitration Rules.

(四)仲裁员固有或隐含的权力

从上述两个权力渊源可知,仲裁庭是否有权发布中间措施,归根结底取决于仲裁协议所适用的法律(lex arbitri),例如在英国,倘若英国法为支配仲裁协议的法律,则视为仲裁协议中包括英国法上关于中间措施的采取的规定;仲裁协议本身就赋予了仲裁庭依据英国法规定的权限,包括了裁定当事人作证、出示相关文件、证据保全以及其他一些为达到仲裁目的而采取的措施。[1] 于此,显现出来的一个问题是,倘若仲裁所适用的立法或者仲裁规则并未规定仲裁庭发布中间措施的内容,则是否意味着仲裁庭无权作出中间措施的裁定。有学者发展了一种新的观点,认为在此情形下,仲裁庭拥有发布中间措施的固有的或隐含的权力(Implied Authority)。此种观点的理论依据是既然当事双方通过仲裁协议赋予仲裁庭解决他们之间争议的必要权力,此种权力当然也涵括发布中间措施的权力,因为中间措施是维护当事人权益与使仲裁庭作出的裁决实质有效的必要手段。[2] 当事人的意思自治原则是国际商事仲裁的基石,当事人合意约定通过仲裁解决争议,由双方共同就解决争议的仲裁机构、仲裁庭的组成人员以及仲裁应当适用的仲裁规则与法律等问题达成协议。这就意味着当事人已经通过订立仲裁协议的方式将协议项下的争议提交仲裁解决,那么所有与仲裁协议有关的事项,包括对协议项下的事项采取中间措施,仲裁庭也应当有权发布。不过,即使此种观点具有一定的合理性,也并非是所有的中间措施都可以经由当事人约定后仲裁庭即可获得授权,例如英国法中玛瑞瓦禁令(Mareva injunctions)与安东皮勒禁令(也称为容许

---

[1] D. Alan Bedfern,"Arbitration and the Courts: Interim Measures of Protection-Is the Tide About to Turn?" in *Texas International Law Journal*, No. 1, 1995 Winter, p. 81. 转引自赵秀文:《国际商事仲裁及其适用法律研究》,北京大学出版社2002年版,第123~124页。

[2] Julian D. M. Lew & Loukas A. Mistelis, *Comparative international commercial arbitration*, London: Kluwer Law International, 2003, p. 594.

查察令，Anton Piller orders)[1] 都是只有在紧急情形下方可作出的单方禁令，[2] 但是，这两个禁令只能由法院发布，即便是当事人约定赋予仲裁员此种权力，仲裁员亦无权发布。

四、仲裁庭组建前的中间措施发布问题

缘于仲裁庭是针对具体个案而专门成立的，并不存在解决商事争议的永久仲裁庭，倘若双方当事人签订有仲裁协议而仲裁庭还未组建之前，遇到紧急情形需要采取中间措施，当事人应当诉诸何方？显然仲裁庭在其自身组建之前，是无从发布中间措施的裁定。特别是在国际商事仲裁中，仲裁员一般来自不同的国度，仲裁庭的组建是件耗时的事，在这个期间关键性的证据或者财产有面临灭失的可能性。而且，在当事人约定临时仲裁的情形下，由于缺乏仲裁机构的管理与协助，被申请人有可能故意拖延指定仲裁员进而拖延仲裁庭的组建。在我国某仲裁机构受理的一起涉外案件中，被申请人收到仲裁通知及申请人的仲裁申请书等有关文件后，在仲裁规则规定的指定仲裁员的期限届满之日（即被申请人收到仲裁通知之日起第20天）在CIETAC仲裁员名册中选定了一位外国籍仲裁员。秘书局工作人员在花费相当的时间与该仲裁员取得联系并得知该仲裁员同意接受被申请人的指定后，根据仲裁规则的规定，向被申请人发出了限期预交该外籍仲裁员办理案件的实际费用的收费通知。被申请人在上述收费通知规定的缴费期限届满之日致传真给秘书局，称：考虑到选定外籍仲裁员的费用太高，被申请人重新选定了一位中国的仲裁员。但被申请人这次选定的是一位居住在中国北京以外的其他城市的仲裁员。根据仲裁规则的规定，秘书局工作人员再次向被申请人发出了限期预交该仲裁员赴北京办理

---

[1] 与玛瑞瓦禁令（The Mareva Injunction）已经正式更名为冻结令（Freezing Order）一样，依据1999年4月26日的英国诉讼规则，安东皮勒禁令（Anton Piller orders）也已经正式更为为搜查令（Search Order）。缘于习惯，人们有时候还是会使用The Mareva Injunction与Anton Piller orders。

[2] 其中，Mareva injunctions旨在防止被申请人转移财产，Anton Piller orders则用于证据保全。See Adam Johnson, "Interim Measures of Protection under the Arbitration Act 1996", 1 *Int. A. L. R.* (1997), pp. 9~18, 14.

案件的实际费用的通知。被申请人故技重施,在此收费通知届满之日又传真称其决定选定一位居住在北京的仲裁员,并要求秘书局告知仲裁员名册中哪些仲裁员目前居住在北京。秘书局通过函件满足了被申请人的上述要求,并再次确定了被申请人选定仲裁员的期限。被申请人在该函期限届满之日终于选定了一位高龄的著名法学家为仲裁员。经秘书局联系,该法学家因身体状况欠佳,不能担任本案的仲裁员。秘书局不得不再次给予被申请人选定仲裁员的时间。需要说明的是,在每次给予被申请人重新选定仲裁员的时间上,被申请人均要求20天的期限。缘于仲裁规则对于重新选定仲裁员的期限问题未作明确的规定,为防止在将来裁决执行过程中被申请人提出程序上的异议,秘书局在处理此类问题时往往表现得较为"软弱",过分迁就一方当事人,使该方当事人拖延程序的目的常常能够得逞。之后,被申请人又在重新选定仲裁员的期限内就仲裁委员会对本案的管辖权提出了异议,并要求待仲裁委员会就管辖权事宜作出决定后再行指定仲裁员。由于CIETAC2000年10月1日以前的《仲裁规则》对于此问题未作明确的规定,实践中,仲裁委员会也同意当事人在仲裁委员会作出有管辖权的决定后再选定仲裁员,期限是在被申请人收到管辖权决定之日起20天内。这样,再加上邮寄文件的时间,仅在选定仲裁员这一个环节上,被申请人拖延程序就达半年之久,而某些普通程序的案件的结案时间也不过三四个月。[1]

  仲裁庭的最终成立有可能需要数月,这无疑是给设法申请中间措施的当事人创造了难题。[2] 当事人选择将争议交付仲裁解决的一个因素是仲裁程序的便捷性,倘若仲裁庭迟迟未能组建,当事人快速有效地解决争议的努力将付诸东流,而当事人在紧急情形下对中间措施救

---

  [1] 张烨:《论防止仲裁程序的拖延和破坏(三)》,载中国仲裁网: http://www.china-arbitration.com/readArticle.do?id=8a8a8ae70df21d26010df21eda8901e1, 2008年8月22日访问。

  [2] Gregoire Marchac, "Interim Measures in International Commercial Arbitration Under the ICC, AAA, LCIA and UNCITRAL Rules", 10 *Am. Rev. Int'l Arb.* (1999), p.135.

济的寻求亦无从诉诸。此种情形中，有效的解决途径无疑是诉诸法院这一常设机构。不过，这同样将导致法院的介入是否形成对仲裁的干预的问题，即法院应当事人单方面的申请而发布中间措施与仲裁协议排除法院干预的效力相违背，且有违《纽约公约》中仲裁在裁决生效前独立于法院的精神。日本国际商事仲裁协会《仲裁规则》第31条确定了仲裁当事人须向仲裁机构提出财产保全申请，从而也就否认了仲裁前申请财产保全的可能性。笔者认为，尊重当事人意思自治原则与仲裁协议的效力并不等于排斥法院的介入，法院介入可能导致干涉，亦可能是协助，关键在于其介入的程度。显然法院在仲裁庭组建之前介入，是对这一权力真空地带的有效填补，且非但未影响案件实体问题，反而促进了将来仲裁庭组建对案件的实质公正审理。且在实践中，法院在仲裁庭组建之前发布中间措施较之仲裁案件审理期间发布更具有迫切性与必需性。许多国家的仲裁立法或仲裁机构的仲裁规则都容许当事人在仲裁庭组建之前向法院申请发布中间措施。《国际商事仲裁示范法》明确规定在仲裁程序进行前或进行期间内当事人一方请求法院采取临时保护措施和法院准予采取这种措施，均与仲裁协议不相抵触;[1] 英国1996年《仲裁法》亦规定了倘若案情紧急，法院有权应仲裁程序一方当事人或可能的当事人的申请，以其认为必要的方式下令保全证据或保全财产。[2]

一般说来，针对仲裁庭组建之前的中间措施发布问题，除了向法院申请以外，各仲裁规则均未提供给当事人其他选择的途径。[3] 不过，对于国内学者普遍认可的在仲裁庭组建之前法院发布中间措施是

---

[1] Art. 9 of Uncitral Model Law.

[2] Art. 44 (3) of Arbitration Act.

[3] Richard Allan Horning, "Interim Measures of Protection; Security for Claims and Costs; and Commentary on the WIPO Emergency Relief Rules (In Toto)", 9 Am. Rev. Int'l Arb. (1998), p. 163.

当事人惟一选择的看法。[1] 笔者不能苟同。因为在司法实践中，虽然尚未存在的仲裁庭无法发布中间措施，但法院未必是当事人的惟一救济选择。一些仲裁机构已经开始寻求解决这一问题的新路径。例如荷兰仲裁协会（the Netherlands Arbitration Institute，简称 NAI）2001年《仲裁规则》规定，在正式仲裁庭组建之前为解决中间措施问题，NAI 可以在简易程序中立即委任一名仲裁员。[2] 但是，作出中间措施命令的仲裁员，可能不能再参与接下来的仲裁程序。[3] 美国仲裁协会《仲裁规则》发展了紧急情况下保全措施的选择规则（Optional Rules for Emergency Measures of Protection）。选择规则容许当事人在仲裁委员会的指导下指定一个特别仲裁员，一旦接受指定，该特别仲裁员将审理当事人关于中间措施的申请并裁定是否发布中间措施。特别仲裁员只能够在直接且不可挽回的损失与损害（Immediate and Irreparable Loss or Damage）的紧急救济时方可同意发布中间措施。在选择规则程序下，指定特别仲裁员并获得当事人提交的申请材料只需要几天时间而已。缘于这些规则是选择性的，并非美国仲裁协会《仲裁规则》的组成部分，因此双方当事人需要在仲裁条款中明确他们需要适用选择规则。[4] 国际商会也发展一种与美国仲裁协会选择规则相似的仲裁前裁判程序（Pre-Arbitral Referee Procedures），旨在为当事人于仲裁庭组建

---

[1] 例如钱程：《论仲裁临时保全措施的决定权归属问题》，载《仲裁与法律》（第103辑），第15页；任明艳：《国际商事仲裁中仲裁员发布临时性保全措施问题》，载《北京仲裁》（第61辑），第84页。

[2] Appointment of Arbitral Tribunal: As soon as possible after the receipt of the request, the Administrator shall appoint the arbitral tribunal, consisting of a sole arbitrator, which arbitral tribunal shall decide in summary arbitral proceedings. See Art. 42f of Arbitration Rules of the Netherlands Arbitration Institute.

[3] The mandate of the arbitral tribunal shall last until it has rendered its last final award, without prejudice to the provisions of articles 52 and 53. See Art. 43 (2) of Arbitration Rules of the Netherlands Arbitration Institute.

[4] Stephen M. Ferguson, "Interim Measures of Protection in International Commercial Arbitration: Problems, Proposed Solutions, and Anticipated Results", 12-WTR Currents: Int'l Trade L. J. (2003), p. 58.

之前提供紧急中间措施救济的机制。[1] 根据仲裁前裁判程序，倘若当事人未能协议指定裁判员，则由国际商会仲裁院主席指定一裁判员对紧急中间措施的申请作出决定。该指定在仲裁庭组成之前进行，是因为选择仲裁员通常会减慢仲裁程序。裁判员作出的命令是临时性的，但对当事人具有拘束力，当事人可以向仲裁庭或法院申请复议。当前，此种程序已经在司法实践中得到应用，曾有案例表明中间措施的申请人获得了一份要求国家当事人在实体决定作出之前需要继续履行合同的裁定。[2]

然而，无论是美国仲裁协会的选择规则抑或是国际商会的仲裁前裁判程序的尝试，均未取得非常成功的效果，因为这些规则都是选择性的，需要当事人在仲裁条款中明确采用。[3] 无疑，在订立仲裁条款时，当事人并未能预料到将来需要申请仲裁前中间措施，也不太可能熟知仲裁机构还有这样的规则可以选择适用。与此同时，这些选择性规则不太成功的另一个缘由是当事人倾向于向法院申请中间措施，以获得快速且可执行的救济。[4] 世界知识产权组织也在其《仲裁规则》中实行了类似的程序。世界知识产权组织的紧急救济规则（Emergence Relief Rules）提供了一种迅速的裁定作出者的指定程序，该裁定作出者被赋予在仲裁庭成立之前作出中间措施的权力；且专门成立了一个后备仲裁员小组，以确保在24小时内可以指定紧急仲裁员。后备仲裁员小组的存在亦消除了一方当事人通过对仲裁员提出异议而延缓仲裁程序的可能性。与美国仲裁协会选择规则、国际商会仲裁前裁判程序相同，世界知识产权组织的紧急救济规则也要求双方当事人明确适用

---

[1] Gregoire Marchac, "Interim Measures in International Commercial Arbitration Under the ICC, AAA, LCIA and UNCITRAL Rules", 10 *Am. Rev. Int'l Arb.* (1999), p. 135.

[2] Emmanuel Gaillard & Philippe Pinsolle, "The ICC Pre-Arbitral Referee: First Practical Experiences", 20 *Arb. Int'l* (2004), p. 13.

[3] Raymond J. Werbicki, "Arbitral Interim Measures: Fact or Fiction?", 57-*JAN Disp. Resol. J.* (2003), p. 65.

[4] Gregoire Marchac, "Interim Measures in International Commercial Arbitration Under the ICC, AAA, LCIA and UNCITRAL Rules", 10 *Am. Rev. Int'l Arb.* (1999), p. 138.

该规则。不过，为了不重蹈美国仲裁协会与国际商会选择性规则的挫折，世界知识产权组织将紧急救济规则置于其所推荐使用的仲裁条款当中，并努力推进中间措施的使用。当事人如果不想适用紧急救济规则，需要在仲裁条款中将与紧急救济规则相关的选项勾掉。[1] 由此可知，虽然已有部分仲裁机构作出了创新的举措，但是就目前各国总体状况而言，在仲裁庭尚未组建之前，决定中间措施的发布的主体还是以法院为主。

第三节 中间措施的国际合作与前景

一、法院对外国仲裁的协助

缘于各国立法对法院协助发布中间措施的范围规定具有较大的差异，大多数国家的立法明确规定了法院仅对本国进行的仲裁作出中间措施予以协助，而对法院能否协助在外国进行的仲裁作出中间措施则或者规定不予协助，或者未作规定。因此，以往各国法院在协助仲裁发布中间措施时通常仅针对在本国进行的仲裁。比如印度法院在对1996年《仲裁和调解法》所作解释中认为，印度法院只能为支持国内仲裁而下达临时补救措施令。德里高等法院与加尔各达高等法院的两项判决均认定，由于有关法院中间措施的规定载于《仲裁和调解法》第一部分，而该法适用于在印度进行的仲裁，这也就意味着如果仲裁地点在印度境外，则印度法院没有下达临时补救措施令的权力。[2] 我国香港地区也曾有过相似的案例。1992年的 *Interbulk*（*Hong Kong*）*Ltd. v. Safe Rich Industries Ltd.* 案中，双方当事人之间订立的航次租船合同

---

[1] Richard Allan Horning, "Interim Measures of Protection; Security for Claims and Costs; and Commentary on the WIPO Emergency Relief Rules (In Toto)", 9 *Am. Rev. Int'l Arb.* (1998), p. 170.

[2] United Nations Commission on International Trade Law, Working Group on Arbitration Thirty-third session (Vienna, 20ᵗʰ Nov-1ˢᵗ Dec2000), Settlement of commercial disputes Possible uniform rules on certain issues concerning settlement of commercial disputes, Report of the Secretary-General, A/CN. 9/WG. II/WP. 110, Para. 15.

中的仲裁条款约定，共同海损理算通过仲裁解决，仲裁地点在伦敦，准据法是英国法。争议发生后，船方在香港法院申请到玛瑞瓦（Mareva）禁令，租方则向法院申请撤销这一禁令。Barnett 法官认为，依据香港仲裁法令第 14（6）的规定，虽然双方之间存在有效的仲裁协议，但协议规定在香港以外的地方进行仲裁，因此香港法院无权发布中间措施[1]。

不过，这两个判例都遭到了学者的广泛批评。特别是在 Interbulk 案中，案件的双方当事人均系香港公司，且申请保全的财产亦在香港辖区内，香港法院并非是不可以行使管辖权的。事实上，当前各国对法院协助发布中间措施的范围的不统一，导致了当事人在寻求非仲裁地国法院协助发布中间措施时存有很大的不确定性。在国际商事仲裁实践中，需要被采取保全措施的财产、证据或者其他中间措施针对的当事人，往往处于非仲裁地国的辖区内，如果该国对协助在外国发生的仲裁协助发布中间措施没有明确的法律规定，或者直接予以排斥，那么尽管根据适用法律或仲裁规则申请人享有向法院申请中间措施的权利，实际上此种权力是无从实现的。这无疑将阻碍国际商事仲裁的发展。

为推动商事仲裁的国际合作化，近年来一些国家与地区的立法已开始肯定本国法院可以协助外国仲裁发布中间措施。前述仲裁地点在布鲁塞尔的 *Channel Tunnel Group Ltd v. Balfour Beatty Construction Ltd* 一案中，虽然三个法院对案件的裁断不同，但最终上议院认为只要英国对一个案件具有其他的管辖权，如被告所在地、合约通过英国经纪人成交等，法院就可以协助发布中间措施，即使仲裁是在国外进行。上议院是在认定法院确实有权发布中间措施的前提下，认为基于这个具体个案的特殊性，法院只是不适宜作出禁令而已。待到英国 1996 年

---

[1] Pursuant to s. 14 (6) of the Arbitration Ordinance, Hong Kong courts had no jurisdiction to grant interim relief, in cases where there was a valid arbitration agreement providing for arbitration elsewhere than in Hong Kong. (1992) 2 Hong Kong Law Reports, 185 and 1992 Hong Kong Law Digest, C7.

《仲裁法》时，立法正式确立了容许法院对在英国本土或者是外国的仲裁作出包括 Mareva 禁令在内的中间措施，唯一的条件是关于针对外国仲裁提供的协助，要解释为何英国法院去插手比外国法院更恰当。1997 年的《民事管辖权与审判（临时救济）法令》[Civil Jurisdiction and Judgments Act (Interim Relief) Order] 更进一步明确了法院有权作出玛瑞瓦禁令（Mareva injunctions）与安东皮勒禁令（Anton Piller orders），而无论是针对在世界任何其他地点进行的实质性诉讼（法院或仲裁），也不必有管辖权。[1]

经历了 1992 年的 *Interbulk（Hong Kong）Ltd. v. Safe Rich Industries Ltd.* 案后，香港对外国仲裁寻求中间措施救济的态度也发生了转变。

在 1995 年的 *The Owners of the Ship or Vessel "Lady Muriel" v. Transorient Shipping Limited* 案中，案情涉及轮船 The Lady Muriel 的适航性，当事双方的租约条款中约定了在伦敦仲裁。仲裁程序启动后，鉴于当时船锚泊在香港，承租方向香港高等法院申请检查船只的命令，希望能够获取证据以便在伦敦仲裁中出具。且该申请十分急迫，承租方担心到开庭时可能拿不出证据（例如船有可能因故沉没）。上诉院 Godfrey 与 Bokhary 法官认为，法院在非常谨慎的情况下，可凭其固有的司法管辖权，超越成文法授权的范围，裁定为仲裁一方当事人发布中间措施。依据英国上议院在 *Channel Tunnel Group v. Balfour Beatty Ltd* [1993] AC 334 一案中的裁决，以及 Lord Mustill 在 *S. A. Coppée Lavalin L. V. v. Ken-Ren Chemicals and Fertilizers Ltd* [1995] 1 AC 38 一案中的见解，原则上香港法院没有理由作出搁置香港诉讼的命令并阻碍在此诉讼中判给中间措施，而应当辅助境外仲裁。如果香港境外的国际商事仲裁的一方没有仲裁庭的批准向香港法院申请中间措施，香港法院应拒绝该申请，除非其认定给予救济是必需的，不给予救济申请人将遭受严重的不可弥补的损害。申请人有很重的举证责任证明这一点。

---

[1] 杨良宜、杨大明：《禁令》，中国政法大学出版社 2000 年版，第 284~285 页。

最终,香港法院协助在英国进行的仲裁作出了发布中间措施的裁定。[1]

除了上述的英国与我国香港特别行政区外,荷兰也规定了外国仲裁当事人可以向荷兰法院申请发布中间措施;[2] 新加坡《国际仲裁法》也给予法院与仲裁庭在关于中间措施发布上的相同权力去协助仲裁,而此种权力不限于在新加坡境内进行的仲裁。[3] 出于对国际商事仲裁的尊重,美国的一些州也发布法令明确规定了在中间措施方面对国际仲裁的支持。[4] 此外,还有一些国家容许法院在满足特定条件下发布中间措施以支持外国仲裁。例如奥地利就以外国仲裁裁决可在该国执行为条件;[5] 希腊和德国要求本国法律有关临时补救措施的条件得以满足,方可为支持外国仲裁而发布临时补救措施;德国关于仲裁的规定,即1998年《民事诉讼法》第十编明确指出不论仲裁地是否在德国,德国法院都有权协助仲裁发布中间措施;[6] 加拿大则要求公布所存在的仲裁协议。[7] 司法实践中,在加拿大1992年的 *Ruhrkohle Handel Inter GMBH and National Steel Corp. et al. v. Fednav Ltd. and Federal Pacific (Liberia) Ltd. and Federal Calumet* 案中,双方当事人之间的租约合同中含有仲裁条款,在争议发生之后,法院认为只要公布了仲裁协议,且随后中止了法院程序,即可维持在外国仲裁案件中所作的扣留。[8]

---

[1] Court of Appeal of Hong Kong, CACV 000087/1995.
[2] Art. 1074 of The Netherlands Arbitration Act.
[3] Section 12 (7) of Singapore International Arbitration Act.
[4] Cal. code Civil Procedure, Sections. 1287, 1291, 1295.
[5] Austria, Art. 387 (2) Exekutionsordnung.
[6] Section 1025 (2) of German Code of Civil Procedure.
[7] United Nations Commission on International Trade Law, Working Group II (Arbitration and Conciliation), Thirty-sixth session (New York, 4–8 March 2002), Settlement of commercial disputes Preparation of uniform provisions on interim measures of protection-Note by the Secretariat, A/CN. 9/WG. II/WP. 119, para46.
[8] Published in English and French: 3 Federal Court Reports 1992, 98; Commented on by Tetley in [1993] Lloyd's Maritime and Commercial Law Quarterly, 238.

二、仲裁中间措施跨界执行的障碍

相对于法院在中间措施发布决定权与执行权的统一，即使仲裁庭被赋予中间措施发布的决定权，其本身亦不能采取任何强制性行为。虽然在国际商事仲裁实践中，仲裁庭的权威使得其所发布的中间措施得到多数当事人的自愿履行，仲裁庭本身一些因素亦可促使当事人自愿履行，例如当事人需要给予仲裁庭正面的印象以期获得有利于己方的终局裁决，而拒绝执行中间措施有可能会使仲裁员作出不利于其的推论，且仲裁庭可以责令当事人对不执行中间措施造成的损失进行负责。[1] 不过，在多数情形中，当事人拒绝执行仲裁庭发布的中间措施，仍须借助于法院的强制执行。然而，通常情况下，各国的法律都是仅仅规定了法院协助执行仲裁裁决，而不会对执行境外仲裁庭发布的中间措施予以专门规定。《纽约公约》、1985年的《国际商事仲裁示范法》以及国际商会、伦敦国际仲裁院、美国仲裁协会等机构的仲裁规则无一例外地都未提供中间措施的执行机制。[2]

虽然有国家将中间裁决视为仲裁裁决，从而将中间措施的执行纳入到法院对仲裁裁决的执行体系，例如荷兰2004年《仲裁法》规定了"在第254（1）条规定的范围内，当事人可以协议授权仲裁庭或者首席仲裁员在仲裁简易程序中作出裁决"，仲裁庭"在简易程序中作出的决定将视为仲裁裁决，同时适用本法第三部分至第五部分的规定"。[3] 该法的第三部分至第五部分是关于仲裁裁决、执行仲裁裁决和撤销仲裁裁决的规定。但是，绝大多数国家还是将中间裁决与仲裁裁决区别对待。事实上，通过将《纽约公约》作为依据来执行中间裁决的路径面临重重障碍。首先，《纽约公约》第1条第2款仅对"裁决"作出了一般性规定，即仲裁裁决一词系指由为每一案件选定的仲

---

[1] Stephen M. Ferguson, "Interim Measures of Protection in International Commercial Arbitration: Problems, Proposed Solutions, and Anticipated Results", 12-*WTR Currents*: *Int'l Trade L. J.* (2003), p. 57.

[2] See Houston Putnam Lowry, "Recent Development in International Commercial Arbitration", 10 *ILSA J. Int'l & Comp. L.* (2004), p. 339.

[3] Art. 1051 (1), (3) of The Netherlands Arbitration Act.

裁员所作出的裁决，及由常设仲裁机构经当事人提请而作出的裁决。[1] 尽管公约本身并未明确给"裁决"下定义，但从公约第5条规定的倘若一项裁决"对当事人还没有约束力，或者仲裁已经被仲裁地国或裁决据以进行的那个缔约的指定国的管辖机关撤销或命令停止执行"，[2] 可知公约对可以执行的裁决的要求是具有拘束力（binding）与终局性（final）。而中间措施从本质上而言，是临时性的保全措施，这种临时性意味着该措施有可能会被加以更改与撤销，因而不能构成《纽约公约》所适用的裁决。例如联合国国际贸易法委员会的《仲裁规则》规定，仲裁庭除可以作出终局性的裁决外，也有权作出临时性的、非终局性的或者局部性的裁决；[3] 条文很明确地将终局性裁决与中间裁决分开。其次，仲裁庭发布中间措施时需要审核的标准较之作出一项终局裁决所要审查的标准，显然要低很多。中间措施的发布有时候是在仲裁程序的早期阶段，在非常紧急的情形下，只要符合表面证据良好，仲裁庭一般都同意发布中间措施，甚至有的时候，中间措施是单方面作出的。而这与《纽约公约》中承认与执行仲裁裁决条件之一的正当程序要求，给予双方当事人平等的陈述机会等[4]是不相符的。最后，"裁决"从本质上来说，是对案件的实体争议的裁断，是对当事人权利的最终裁判，而中间措施往往只是临时性的程序指令。由此可知，中间措施的执行并未达到《纽约公约》的要求，不适宜适用公约的规定。

司法实践中，已有判例表明了《纽约公约》并不适用于仲裁庭发布的中间措施。在澳大利亚昆士兰州最高法院1993年审理的 Resort Condominiums International Inc. v. Ray Bolwell and Resort Condominiums

---

[1] Art. 1 (2) of United Nations Convention on the Recognition and Enforcement of Foreign Arbitral Awards.

[2] Art. 5 (e) of United Nations Convention on the Recognition and Enforcement of Foreign Arbitral Awards.

[3] Art. 32 (1) of Uncitral Arbitration Rules.

[4] Art. 5 (b) of United Nations Convention on the Recognition and Enforcement of Foreign Arbitral Awards.

(Australasia) Pty Ltd. 案中,当事人之间的分时业务与商标权的许可协议中,含有依据美国仲裁协会《仲裁规则》在美国印第安纳波利斯进行仲裁的条款。争议发生后,独立仲裁员在被任命后发布了一项禁止 Ray Bolwell and Resort Condominiums (Australasia) Pty Ltd. 同 Resort Condominiums International Inc. 以外的其他公司进行直接或者间接的交易以避免构成对协议的违背。但是,该禁令在申请执行时,遭到了澳大利亚昆士兰州最高法院的拒绝。法院认为,仲裁中一项中间措施的裁决具有与仲裁裁决不同的效力。《纽约公约》要求获得承认与执行的仲裁庭的决定应当是终局的、具有拘束力的,而仲裁庭发布的禁令从本质上具有临时性与程序性,且从根本上亦不能促进争议的最终解决从而无法支配当事人直接的实体权利。因而仲裁庭作出的关于中间措施的裁决并不能构成《纽约公约》意义上的仲裁裁决。[1]

不过,也有判例肯定了在特定情形下,仲裁庭发布的中间措施可以依据《纽约公约》予以执行。在美国第二巡回法院审理的 Sperry International Trade, Inc. v. Government of Israel 案中,双方当事人之间的合同中含有依据美国仲裁协会《仲裁规则》在纽约进行仲裁的条款。争议提交仲裁后,仲裁庭以"裁决"的形式发布一项要求以色列政府禁止使用信用证的禁令。法院认为从本质上来说此项中间裁决是为案件实体争议服务的,对于其所解决的实体问题是终局性,因而裁定禁止以色列政府适用信用证(enjoined Israel from drawing on the letter of credit)。[2] 更有国家通过立法的形式确立了本国法院对外国仲裁庭发布的中间措施予以执行的做法。德国 1998 年《民事诉讼法》第十编第 1041 条规定了法院执行仲裁庭发布的中间措施,执行对象也包括仲裁地在德国境外而发布的中间措施;且第 1062 条进一步规定了仲裁地不在德国境内的,可以由被申请人的住所地、营业所在地、惯常居所地

---

[1] Supreme Court of Queensland, 29 October 1993 [Resort Condominiums International Inc. v. Ray Bolwell and Resort Condominiums (Australasia) Pty Ltd.], Yearbook XX (1995), Australia no. 11, pp. 628~650.

[2] 689 F. 2d 301 (2d Cir. 1982).

或者被申请人财产所在地、争议财产所在地、中间措施涉及的财产所在地的高等法院管辖,若无上述任何联系时,则由柏林地区高等法院执行。[1] 我国香港地区 2000 年《香港仲裁(修订)条例》亦肯定了外国仲裁庭的决定的强制执行,该条例规定,由仲裁庭在仲裁程序中或就仲裁程序所作出或发出的裁决、命令或指示,可犹如具有相同效力的法院判决、命令或指示般以相同的方式强制执行,但只有在得到法院或法院法官的许可下方可如此强制执行;如法院或法官给予该许可,则可按该裁决、命令或指示而作出判决;且本条例适用于在香港或香港以外地方作出或发出的裁决、命令及指示。[2]

尽管已经有国家通过判例或者立法的形式为中间措施的执行提供了司法上的支持,更有国家在中间措施的跨界执行上作出了有益的尝试,但是,采取此种单边途径(unilateral approach)的国家毕竟是少之又少。因此,对于中间措施的跨界执行问题,采用多边途径(multilateral approach),即各国通过签订双边或多边国际条约的方式来解决中间措施的域外承认与执行问题,方是长久之策。有学者认为,《纽约公约》的一个缺点在于,其只要求法院承认与执行特定的仲裁庭作出的裁决,而这些裁决并不包括中间措施的裁定。[3] 因而有学者进一步主张对《纽约公约》进行修订,以增加承认与执行中间措施的条款。[4] 然而,缘于《纽约公约》实施至今已经有 50 周年了,140 多个国家已接受了公约关于仲裁裁决承认与执行的规定,倘若对公约进行修订,势必影响到各国对公约的接受。在跨界执行仲裁中间措施方面,联合国国际贸易法委员会的长期努力毋庸置疑是最重要、最可行的尝试,亦是卓有成效的探索。

---

[1] Section 1041 & of German Code of Civil Procedure.
[2] 参见 2000 年《香港仲裁(修订)条例》第 2GG 条。
[3] See Richard Happ, "40 Years New York Convention: Past, Present and Future", 2 *Vindobona J.* (1998), p. 59.
[4] See Stephen M. Ferguson, "Interim Measures of Protection in International Commercial Arbitration: Problems, Proposed Solutions, and Anticipated Results", 12-*WTR Currents: Int'l Trade L. J.* (2003), p. 58.

三、前景：联合国国际贸易法委员会的努力与成就

联合国国际贸易法委员会（United Nations Commission on International Trade Law，简写 UNCITRAL）制定的 1985 年《国际商事仲裁示范法》对于中间措施的规定只有两个条文，即第 9 条规定了"在仲裁程序进行前或进行期间内，当事一方请求法院采取临时保护措施和法院准予采取这种措施，均与仲裁协议不相抵触"，第 17 条规定了"除非当事各方另有协议，仲裁庭经当事一方请求，可以裁定当事任何一方就争议的标的采取仲裁庭可能认为有必要的任何临时性保全措施。仲裁庭可以要求当事任何一方提供有关此种措施的妥适担保"。作为为各国商事仲裁立法提供导向的示范法，在中间措施方面，却没有规定法院对外国仲裁的协助，即法院应否对在外国进行的仲裁程序发布中间措施，也未规定中间措施跨界执行问题，此种缺失使其所谓的"示范"作用显得有些名不副实。

当前，随着国际经济全球化的纵深推进，商事仲裁也不断地趋向国际化发展，仲裁往往会涉及不同国家与地区的当事人，而仲裁地也往往是与争议双方无任何联系的第三国，[1] 因而本国法院应在外国进行仲裁的当事人发布中间措施，抑或对外国仲裁庭发布的中间措施予以承认与执行的例子将会愈显频繁。有鉴于此，1999 年于维也纳举行的联合国国际贸易法委员会第 32 届会议上，大会决定修改《国际商事仲裁示范法》，其中最为重要的工作之一即是修改《国际商事仲裁示范法》第 17 条关于临时措施[2]的规定，以期为各国制定商事仲裁中间措施提供统一的规范。在将"临时措施的可执行性"作为将来的工作议题后，大会委任第二工作组，即仲裁和调解工作组，对该议题进行研究，同时要求秘书处编写必要的草案供工作组审议。[3] 第二工作

---

[1] Alan Redfern and Martin Hunter, *Law and Practice of International Commercial Arbitration*, London: Sweet & Maxwell, 2003, p. 451.

[2] 通常将《国际商事仲裁示范法》中的"中间措施"翻译成"临时措施"，下文述及《示范法》条文时遵从译法习惯，采用"临时措施"的称谓。

[3] Report of Uncitral on the work of its thirty-second session (Vienna, 17 May-4 June 1999), A/54/17, paras. 371~373.

组于 2000 年 3 月正式着手拟定第 17 条关于临时措施的修订草案，直至 2006 年 7 月为止，在其第 32 届会议至第 44 届会议期间对临时措施的法律制度进行了深入的研究，包括仲裁员发布临时措施的权力、单方作出临时措施的权限以及临时措施的执行等议题。最终于 2006 年 6 月在工作组第 44 届会议上通过了《国际商事仲裁示范法》第 17 条的修订草案，并提交联合国国际贸易法委员会审议。修订草案于 2006 年 7 月在联合国国际贸易法委员会第 39 届会议上获得通过。[1]

大会将草案在《国际商事仲裁示范法》中自成一章，编号为第四章之二，命名为"临时措施和初步命令"，由 5 节 12 个条文组成。新版本较为全面地规定了临时措施制度，第一节规定了仲裁庭发布临时措施的权力、种类与条件；第二节规定了仲裁庭发布初步命令的权力、条件与该命令的有效期；第三节规定了临时措施与初步命令的保障措施，包括临时措施与初步命令的修改、中止与结束、申请人提供的担保、申请人的披露义务以及赔偿责任；第四节规定了法院承认与执行仲裁庭发布的临时措施的义务以及拒绝承认与执行的理由；第五节则规定了法院发布临时措施的范围与应当遵循的标准。具体条文如下：

第四章之二 临时措施和初步命令
第一节 临时措施
第 17 条 仲裁庭下令采取临时措施的权力

（1）除非各方当事人另有约定，仲裁庭经一方当事人请求，可准予采取临时措施。

（2）临时措施是任何采用裁决书形式或另一种形式的短暂措施，根据这种措施，仲裁庭在发出最后裁定纠纷的裁决书之前随时命令一方当事人：

（a）在裁定纠纷之前维持或恢复现状；

---

[1] Press releases: UN Commission on International Trade Law concludes 39th Session in New York, available at: http://www.unis.unvienna.org/unis/pressrels/2006/unisl102.html, visited on 25/08/2008.

（b）采取行动防止目前或即将对仲裁程序发生的损害或影响，或不采取可能造成这种损害或影响的行动；

（c）提供一种保全资产以执行后继裁决的手段；或者

（d）保全对解决纠纷可能具有相关性和重要性的证据。

第17条之二　准予采取临时措施的条件

（1）一方当事人请求采取第17（2）条（a）、（b）和（c）项所规定的临时措施，应使仲裁庭确信：

（a）不下令采取这种措施可能造成损害，这种损害无法通过判给损害赔偿金而充分补偿，而且远远大于准予采取这种措施而可能对其所针对的当事人造成的损害；而且

（b）根据索赔要求所依据的案情，请求方当事人相当有可能胜诉，但对这种可能性的任何判定不得影响仲裁庭此后作出任何裁定的自由裁量权。

（2）关于对第17（2）（d）条所规定的临时措施的请求，本条第1款（a）和（b）项的要求只在仲裁庭认为适当的情况下适用。

第二节　初步命令

第17条之三　初步命令的适用

（1）除非各方当事人另有约定，一方当事人可以不通知其他任何当事人而提出临时措施请求，同时一并申请下达初步命令，指示一方当事人不得使所请求的临时措施的目的落空。

（2）仲裁庭可以准予下达初步命令，条件是仲裁庭认为事先向临时措施所针对的当事人透露临时措施请求有可能使这种措施的目的落空。

（3）第17条之二中规定的条件适用于任何初步命令，条件是根据第17条之二第（1）（a）款评估的损害是下达命令或不下达命令而有可能造成的损害。

第17条之四　初步命令的具体制度

（1）仲裁庭就初步命令申请作出决定之后，应立即通知所有当事方，使之了解临时措施请求、初步命令申请、任何已下达的初步命令以及任何一方当事人与仲裁庭之间与此有关的所有其他通信，包括指明任何口头通信的内容。

(2) 同时，仲裁庭应在实际可行的最早时间内给予初步命令所针对的当事人陈述案情的机会。

(3) 仲裁庭应迅速就任何针对初步命令的反对意见作出裁定。

(4) 初步命令自仲裁庭下达该命令之日起 20 天后失效。不过，在通知初步命令所针对的当事人并为其提供陈述案情的机会之后，仲裁庭可以下达对初步命令加以采纳或修改的临时措施。

(5) 初步命令对各方当事人均具有约束力，但不得由法院执行。这种初步命令不构成仲裁裁决。

第三节　适用于临时措施和初步命令的条文

第 17 条之五　修改、中止和结束

仲裁庭可以在任何一方当事人提出申请时修改、中止或终结其准予采取的临时措施或初步命令，在非常情况下并事先通知各方当事人后，亦可自行修改、中止或终结其准予采取的临时措施或初步命令。

第 17 条之六　担保

(1) 仲裁庭可以要求请求临时措施的一方当事人提供与这种措施有关的适当担保。

(2) 仲裁庭应要求申请初步命令的一方当事人提供与这种命令有关的担保，除非仲裁庭认为这样做不妥当或没有必要。

第 17 条之七　披露

(1) 请求采取临时措施或者准予采取临时措施时所依据的情形发生任何重大变化的，请求临时措施的一方当事人应迅速加以披露。

(2) 申请初步命令的一方当事人应向仲裁庭披露一切可能与仲裁庭判定是否准予采取或维持该命令有关的情形，这种义务应持续到该命令所针对的当事人有机会陈述案情之时。在此之后，申请方当事人对初步命令的披露义务，与本条第（1）款所规定的请求方当事人对临时措施的披露义务相同。

第 17 条之八　费用与损害赔偿

如果仲裁庭后来裁定，根据情况本来不应准予采取临时措施或下达初步命令，则请求临时措施或申请初步命令的一方当事人应对该措施或命令对其所针对的当事人成的任何费用和损害承担赔偿责任。仲

裁庭可以在仲裁程序的任何时候判给这种费用和损害赔偿金。

第四节 临时措施的承认与执行

第17条之九 临时措施的承认与执行

(1) 由仲裁庭发出的临时措施应被确认为具有约束力,并且,除非仲裁庭另有规定,应在遵守第17条之九各项规定的前提下,在向有管辖权的法院提出申请后加以执行,而不论该措施是在哪一国发出的。

(2) 正在寻求或已经获得对某一项临时措施的承认或执行的当事人,应将该临时措施的任何终结、中止或修改迅速通知法院。

(3) 受理寻求承认或执行的国家的法院如果认为情况适当,在仲裁庭尚未就担保作出决定的情况下,或者在这种决定对于保护第三方的权利是必要的情况下,可以命令请求方当事人提供适当担保。

第17条之十 拒绝承认或执行临时措施的理由[1]

(1) 仅可在下列任何情况下拒绝承认或执行临时措施:

(a) 应临时措施所针对的当事人的请求,法院确信:

① 这种拒绝因第36条第 (1) (a) 款①、②、③或④项中所述的理由而是正当的;

② 未遵守仲裁庭关于与仲裁庭发出的临时措施有关的提供担保的决定的;

③ 该临时措施已被仲裁庭终结或中止或被已获此项权限的仲裁发生地国法院或依据本国法律准予采取临时措施的国家的法院所终结或中止的;

(b) 法院认定:

①临时措施不符合法律赋予法院的权力,除非法院决定对临时措施作必要的重新拟订,使之为了执行该临时措施的目的而适应自己的权力和程序,但并不修改临时措施的实质内容的;

②第36条第 (1) (b) 款①或②项中所述任何理由均适用于对临

---

〔1〕 本条之九所载条件的目的是为了限制法院可拒绝承认或执行临时措施的情形。如果一国将采用的可拒绝承认或执行的情形少些,与这些示范条文力求达到的统一程度并无相悖之处。

时措施的承认和执行的。

（2）法院根据本条第（1）款中所述的任何理由作出的任何裁定，均只在为了申请承认和执行临时措施时才具有效力。受理寻求承认或执行的法院不应在作出这一裁定时对临时措施的实质内容进行审查。

第五节 法院下令采取的临时措施

第17条之十一 法院下令采取的临时措施

仲裁程序进行地在法院所在国或另一国的，法院发布临时措施的权力在该临时措施是为了仲裁程序而发布的并且与仲裁程序有关的情况下，应与法院为了法院诉讼程序目的而享有的并且与法院诉讼程序有关的权力相同，而且法院应根据自己的规则和程序行使这种权力，但这些规则和程序须与国际仲裁的具体特征相关。

从新文本可以看出，在协助外国仲裁发布中间措施，以及对外国仲裁庭发布的中间措施的承认与执行这两个问题上，新文本都作出了相当大的变动。在协助外国仲裁发布中间措施方面，联合国国际贸易法委员会示范法修订第二工作组经过对各国立法与实践的比较研究后，多数与会者均赞成法院有权发布中间措施以支持仲裁，不论仲裁进行地是否在法院地国。[1] 最终，新文本第17条之十一规定了："仲裁程序进行地在法院所在国或另一国的，法院发布临时措施的权力在该临时措施是为了仲裁程序而发布的并且与仲裁程序有关的情况下，应与法院为了法院诉讼程序目的而享有的并且与法院诉讼程序有关的权力相同，而且法院应根据自己的规则和程序行使这种权力，但这些规则和程序须与国际仲裁的具体特征相关。"此条款的规定，肯定了法院发布中间措施以支持外国仲裁，有助于促进国际商事仲裁的顺利进行，同时亦可减少中间措施域外执行的阻碍。因为一国法院应外国仲裁的当事人的申请发布中间措施，往往要权衡该中间措施是否符合本国的

---

[1] United Nations Commission on International Trade Law, Report of the Working Group on Arbitration on the work of its thirty-eighth session (New York, 12 – 16 May 2003), A/CN. 9/524, para. 77.

公共政策以及强制性规则等诸多方面的条件，法院通常是在认为该中间措施达到本国法律的一般要求时决定发布中间措施。由此，该国法院亦会依据本国国内执行程序来执行该中间措施。这无疑有效地促进了各国间的司法协助。

在仲裁中间措施的跨界承认与执行方面，新文本主要用第17条之九与第17条之十加以规定。总体而言，第四节的整体结构与《示范法》第八章"裁决承认与执行"的整体结构相同，两个条文分别从正面与反面规定了中间措施的承认与执行。新文本第17条之九第1款规定"由仲裁庭发出的临时措施应被确认为具有约束力，并且，除非仲裁庭另有规定，应在遵守第17条之九各项规定的前提下，在向有管辖权的法院提出申请后加以执行，而不论该措施是在哪国发出的"，从正面肯定了仲裁庭作出的临时措施具有拘束力，能够获得法院的承认与执行。同时，新文本第17条之九第3款规定"受理寻求承认或执行的国家的法院如果认为情况适当，在仲裁庭尚未对担保作出决定的情况下，或者在这种决定对于保护第三方的权利是必要的情况下，可以命令请求当事方提供适当的担保"，亦是出于实践需要的考量。第二工作组在第38届会议上建议执行条文草案应该对法院能否命令申请人提供担保作出规定，多数与会者认为，基于保护被申请人利益的立场，应当赋予法院此项权力[1]。最后，新文本第17条之十第1款规定了拒绝承认或执行中间措施的理由，通过明确列举法院拒绝承认或执行中间措施理由的方式，限制了法院自由裁量权的范围，避免法院重复仲裁庭的决策过程，有利于统一法院执行中间措施的实践。

《国际商事仲裁示范法》新文本是联合国国际贸易法委员会7年来努力的结晶，标志着国际社会在国际商事仲裁中间措施问题上取得了高度一致的共识。在协助外国仲裁发布中间措施，以及对外国仲裁庭发布的中间措施的承认与执行这两个问题上，新文本都作出了适应实

---

〔1〕 United Nations Commission on International Trade Law, Report of the Working Group on Arbitration on the work of its thirty-eighth session (New York, 12 – 16 May 2003), A/CN. 9/524, paras. 72~73.

践需求的改动。作为各国商事仲裁立法的蓝本,新文本对各国商事仲裁将起到借鉴与指导的作用,有助于推动各国商事仲裁立法的协调、融合与统一,加速商事仲裁的国际化,同时促进了中间措施的国际合作。随着越来越多的国家与地区采用《国际商事仲裁示范法》新文本、修改与完善本国商事仲裁立法,各国之间中间措施的协助与合作的前景将愈显明朗化。

第四节 中国法上中间措施的问题与完善

一、我国关于中间措施的规则与立法规定

我国最早规定仲裁中间措施的文件是1956年的《中国对外贸易仲裁委员会的仲裁程序暂行规则》(简称《仲裁程序暂行规则》),该规则第15条规定了仲裁委员会可依一方当事人申请,对同当事人有关的物资、产权等可以规定临时办法,以保全当事人的权利。这表明,在当时《仲裁程序暂行规则》的框架下,仲裁机构享有就仲裁协议项下的事项作出发布中间措施的决定权。但是,随着我国1982年《民事诉讼法(试行)》的颁布,此种做法遭到了变更,因为该法规定了我国涉外仲裁机构根据当事人的申请,认为需要采取保全措施的,应当提请被申请人财产所在地或者仲裁机构所在地的中级人民法院裁定。[1]为了使仲裁规则与《民事诉讼法(试行)》保持一致,中国国际经济贸易仲裁委员会修改了《仲裁规则》,1988年的版本规定了仲裁委员会可以依据当事人的申请与中国法律的规定,提请被诉人财产所在地或者仲裁机构所在地的中国法院作出关于保全措施的决定。[2]

现行立法当中,商事仲裁中间措施的法律渊源主要涵括2007年新修订的《民事诉讼法》与1994年的《仲裁法》。在财产保全方面,关于国内仲裁程序中的财产保全,《仲裁法》规定了:"一方当事人因另一方当事人的行为或者其他原因,可能使裁决不能执行或者难以执行

---

[1] 参见1982年《民事诉讼法(试行)》第194条。
[2] 参见1988年中国国际经济贸易仲裁委员会《仲裁规则》第13条。

的,可以申请财产保全。当事人申请财产保全的,仲裁委员会应当将当事人的申请依照民事诉讼法的有关规定提交人民法院。申请有错误的,申请人应当赔偿被申请人因财产保全所遭受的损失。"〔1〕关于涉外仲裁程序中的财产保全,《民事诉讼法》规定了:"当事人申请采取财产保全的,中华人民共和国的涉外仲裁机构应当将当事人的申请,提交被申请人住所地或者财产所在地的中级人民法院裁定。"〔2〕在证据保全方面,关于国内仲裁程序中的证据保全,《仲裁法》规定了:"在证据可能灭失或者以后难以取得的情况下,当事人可能申请证据保全。当事人申请证据保全的,仲裁委员会应当将当事人的申请提交证据所在地的基层人民法院。"〔3〕关于涉外仲裁程序中的证据保全,《仲裁法》规定了:"涉外仲裁的当事人申请证据保全的,涉外仲裁委员会应当将当事人的申请提交证据所在地的中级人民法院。"〔4〕

CIETAC 于 2005 年修订并通过了新的《仲裁规则》,该规则与《民事诉讼法》、《仲裁法》的规定一脉相承。对于财产保全,新规则规定了"当事人申请财产保全的,仲裁委员会应当将当事人的申请转交被申请财产保全的当事人住所地或其财产所在地有管辖权的法院作出裁定";对于证据保全,则规定了"当事人申请证据保全的,仲裁委员会应当将当事人的申请转交证据所在地有管辖权的法院作出裁定"。〔5〕

二、中间措施发布的决定权

从上述我国的规定可以看出,当事人关于财产保全与证据保全的申请须经由仲裁委员会转交、提请中国法院作出裁定。换言之,我国仲裁中间措施发布的决定权,只能由法院来行使;仲裁机构的角色类似于中介,没有审查与决定的权力。我国采用中间措施发布决定权属于法院专属权力的模式,与我国仲裁设立的背景和体制有关。《仲裁

---

〔1〕 参见《仲裁法》第 28 条。
〔2〕 参见《民事诉讼法》第 256 条。
〔3〕 参见《仲裁法》第 46 条。
〔4〕 参见《仲裁法》第 68 条。
〔5〕 参见 2005 年中国国际经济贸易仲裁委员会《仲裁规则》第 17、18 条。

法》立法之初，我国的仲裁机构多数依附于政府机构而存在，不具有独立性，人员、物力、财力等诸多方面都存在很大的欠缺，均由政府予以扶持。因而将仲裁财产保全与证据保全发布的决定权这项重大权力通过立法授予一个新生的且无任何经验的民间组织，中间措施能否被正确运用、实现积极意义着实是件令人担忧的事，因此立法最终选择了法院专属权力的模式。[1] 然而，随着我国商事仲裁制度的不断发展，仲裁中间措施发布的决定权作为法院的专属权力，已显现出诸多弊端。此种弊端首先体现在对仲裁效率的影响上。一般说来，作为案件的审理机构，仲裁庭对案件事实较为了解，当是最适宜的中间措施的发布主体，但仲裁庭只能将当事人的申请转交至法院，这无疑是增加了中间环节，又拖延了时间，降低了仲裁的效率。经济裁决纠纷乃是仲裁跻身于社会冲突救治的体系的一个根本原因，否则仲裁必将因其固有的缺陷而丧失与诉讼并肩存在的基础，我国在法院与申请人之间增添了仲裁委员会这一环节，显然有悖于仲裁的经济性。尤其是在证据保全上，仲裁庭缺失发布中间措施的决定权，造成了案件审理的严重拖沓。

在英瑞开曼有限公司（以下简称"英瑞公司"）与如皋市玻璃纤维厂（以下简称"玻纤厂"）的纠纷案件中，英瑞公司与玻纤厂签订协议成立合资企业南通泰慕士服装有限公司（以下简称"泰慕士公司"），英瑞公司根据协议约定以及不断增资与扩股，在合资企业中控大股。因出资问题，英瑞公司依据仲裁条款以玻纤厂出资不实为由向中国国际经济贸易仲裁委员会（以下简称贸仲会）申请合资争议仲裁。贸仲会予以受理，案号 V20010246。玻纤厂收到仲裁申请书后，于 2001 年 8 月 30 日向贸仲会提出证据保全申请，要求对合资企业泰慕士公司 2001 年 6 月之前的所有账册凭证进行证据保全。理由：仲裁焦点在于是否存在出资不实的事实，此节事实合资企业泰慕士公司账上应该清楚反映，有据可查，因此合资企业泰慕士公司的账册、凭证

---

[1] 杜开林：《对一起仲裁证据保全案的评析——兼论现行仲裁证据保全法律规定的不足》，载《仲裁与法律》2003 年第 1 期，第 74 页。

在仲裁中起着至关重要的作用；而合资企业目前在英瑞公司的控制下，极有可能被涂改、灭失，为维护合法权益，便于顺利仲裁和裁决公正，故申请。贸仲会收到玻纤厂的证据保全申请，根据《仲裁法》第 68 条的规定，于 2001 年 9 月 6 日将玻纤厂的证据保全申请一式一份提交给证据所在地中级人民法院——江苏省南通市中级人民法院，同时表明"是否采取措施由南通市人民法院根据仲裁法的有关规定予以裁定"。因本案涉及仲裁机构与法院在仲裁证据保全审查权分配以及可否对案外第三人所持有的证据采取保全措施等法律问题，南通中院经审查并向江苏省高级人民法院请示后于 2002 年 2 月 6 日作出裁定，同意对泰慕士公司 2001 年 6 月之前的财务账册、凭证进行证据保全。鉴于财务账册凭证数量非常多，法院采取了就地封存的方式，并通知贸仲会派人交接，贸仲会接到通知后，组织专家在法院的陪同下对所保全的财务账册凭证进行了查看鉴定。[1]

本案中的仲裁证据保全过程凸显了我国中间措施现行规定的缺陷。缘于立法规定仲裁当事人只能向法院寻求中间措施救济，于此，仲裁程序须待法院对当事人的申请作出裁定后方可进行。而立法的原则性的简单规定，导致人民法院在针对个案发布中间措施时缺乏法定指引，因而极易造成仲裁程序的延误。本案中，申请人玻纤厂于 2001 年 8 月 30 日就通过贸仲会提出了证据保全的申请，但南通中院直到 2002 年 2 月 6 日才作出裁定，同意对被申请人泰慕士公司的财务账册与凭证进行证据保全。然而，从时间上来看，这已经延迟了四个多月，直接影响了整个仲裁程序的进程。原本由较为熟知案情的仲裁庭就可决定的事，仍须经过法院的审查进而作出裁定，而法院往往难以深入地了解案情，以致对发布中间措施的必要性难以审查，同时也造成了有限的司法资源的浪费，增加了司法成本。

另一方面，仲裁庭没有发布中间措施的决定权，意味着剥夺了当

---

[1] 参见杜开林：《对一起仲裁证据保全案的评析——兼论现行仲裁证据保全法律规定的不足》，载《仲裁与法律》2003 年第 1 期，第 70～71 页。

事人选择由仲裁庭作出中间裁决的权利,这有可能损害仲裁程序所要求的独立性,与国际商事仲裁的发展趋向相悖。而涉外案件中的涉外案件中的财产与证据保全仅限定由"人民法院",即中国法院作出决定,显然限制了当事人向外国法院申请财产保全的权利。缘于我国涉外仲裁案件中,外国当事人的财产在大部分情形下均在外国,中国法院即使作出财产保全的裁定也未必能在其他国家获得承认与执行。这将使中方当事人陷入寻求仲裁财产保全救济的窘境。

在加利福尼亚中区联邦地区法院2001年审理的 *China National Metal Products Import Export Company v. Apex Digital, Inc.* 一案中,Apex是一家成立地与总部均在加利福尼亚南部城市安大略湖的公司,主要从事家用电器,如电视、DVD影碟机的进口生意。Apex将进口的电器使用自己的商标后再出售给 Circuit City、K-Mart、Best Buy 等零售商。中国金属产品进出口公司是一家依据中国法律设立,并在中国境内开展业务的公司。2000年初,Apex有意购买由江苏新科电子集团有限公司制造的DVD机。但是江苏新科电子集团有限公司没有进出口权,于是Apex与中国金属产品进出口公司达成协议,由中国金属产品进出口公司从江苏新科电子集团有限公司购买DVD机,然后再出口给Apex。[1] 2000年7月至9月,中国金属产品进出口公司和Apex签订了一系列的合同,Apex同意从中国金属产品进出口公司购买DVD机。这些合同明确规定了所订购的DVD机的数量以及单价,每一份合同的第13段都是"QUALITY/QUANTITY DISCREPANCY and CLAIM"(质量/数量误差与索赔)条款,而第15段则都是仲裁条款:仲裁:所有因履行本合同或与本合同有关的争议应提交中国国际经济贸易仲裁委员会仲裁,仲裁应依申请人的选择,并按照申请仲裁时现行有效的仲裁规则在北

---

[1] 所有中国公司只有从中国政府取得进出口权后,才能够从事对外贸易业务。中国金属产品进出口公司就取得了这样的进出口权,并以此通过给中外公司提供便利来获取利益。

京、深圳或上海进行。仲裁裁决是终局的,对双方均具有拘束力[1]。

后因货物质量问题,中国金属产品进出口公司根据仲裁条款向中国国际经济贸易仲裁委员会提起仲裁。缘于 Apex 在中国没有财产,中国金属产品进出口公司遂在美国提起诉讼,要求法院采取保全措施,对美国公司的财产进行查封,以确保其在仲裁中胜诉后能够从 Apex 获得赔偿。依据中国金属产品进出口公司的申请,地方法院的法官发出了财产查封令,Apex 被查封的财产价值为 18 975 059 美元。Apex 申请对查封令进行复议。地方法院法官认为其对于查封令事项具有管辖权,至于中国金属产品进出口公司申请查封令的实体上的问题,地方法院法官认为中国金属产品进出口公司已经证明了其关于违约之诉胜诉的可能性,并且符合颁发查封令的其他前提条件,因此驳回了 Apex 关于抵销的诉讼。Apex 对于地方法院法官关于中国金属产品进出口公司胜诉可能性的主张没有提出异议,然而,Apex 辩称法院没有对事的管辖权,不能颁发查封令,因为,双方均已经同意在中国国际经济贸易仲裁委员会仲裁,并进一步辩称,即便法院确有管辖权,查封的金额应当因 Apex 的抵销之诉而作出相应的减少。依据 Rules12(B)(1)与 Rules12(B)(6),Apex 还以法院没有对事的管辖权为由,要求驳回起诉。由于 Apex 要求驳回起诉以及对地方法官的查封令进行复议均涉及到同一个法律问题,即法院是否有对事的管辖权,因此,法院将 Apex 的两个请求放在一起考虑[2]。

---

[1] "ARBITRATION: All disputes arising from or in connection with this Contract shall be submitted to China International Economic and Trade Arbitration Commission for arbitration which shall be conducted by the Commission in Beijing or by its Shenzhen Sub-Commission in Shenzhen or by its Shanghai Sub-Commission in Shanghai at the Claimant's option in accordance with the Commission's arbitration rules in effect at the time for applying for arbitration. The arbitral award is final and binding upon both parties."

[2] 关于管辖权的问题,法庭不同意 Apex 和判例 McCreary 一案的观点,并认为《纽约公约》第2(3)条没有剥夺法庭在本案中对事的管辖权,特别是作出临时性保全措施的权力,例如在仲裁裁决作出之前颁布查封令的权力。

关于财产保全问题,[1] 法庭驳回了中国金属产品进出口公司的诉

[1] 在财产查封令方面,双方当事人均据理力争。Apex 认为,由于中国国际经济贸易仲裁委员会《仲裁规则》第 23 条对仲裁过程中申请保全措施的程序已经作出了规定,因此,在中国金属产品进出口公司没有按《仲裁规则》行事的情况下,法庭并没有颁布查封令的权力。在 Simula 案中,Simula 声称法院错误驳回了其有关初步禁止令的申请,由于双方同意提交仲裁的瑞士仲裁庭没有作出初步禁止令的权力。第九巡回法院注意到,依据该仲裁适用的 ICC《仲裁规则》的规定,瑞士仲裁庭具有作出保全措施的权力。因此,法院认为由于仲裁庭已被授权对保全措施作出裁决,由地区法院再行对保全措施作出裁决是不恰当的。中国国际经济贸易仲裁委员会《仲裁规则》(2000 年)第 23 条规定:"当事人申请财产保全,仲裁委员会应当将当事人的申请提交被申请人住所地或财产所在地的人民法院作出裁定。"中国金属产品进出口公司辩称,Simula 案没有限制法院对保全措施作出裁决的权力,因为中国国际经济贸易仲裁委员会《仲裁规则》(2000 年)第 23 条没有授权仲裁庭对保全措施作出裁决,相反,该条规定要求仲裁委员会将当事人的申请提交给有管辖权的人民法院。中国金属产品进出口公司认为,除非仲裁庭本身被授权就保全措施作出裁决,Simula 案对法院就保全措施进行裁决的权力没有任何限制。地方法院法官对中国金属产品进出口公司的上述主张表示认同。

Apex 对上述主张表示了异议。Apex 认为,地方法院法官得出法院有权就保全措施作出裁决的结论忽略了当事人约定适用的《仲裁规则》已经对申请保全措施的方式作出了规定,特别是《仲裁规则》规定不是由仲裁委员会,而是由人民法院决定是否采取保全措施。Apex 实质上认为,当仲裁庭自身可以对保全措施作出裁决时,就排除了法院对保全措施进行裁决的权力,然而,尽管《仲裁规则》已经对获取的保全措施的途径作出了规定,却允许法院就保全措施作出裁决,这样的区分没有任何理由。在第一种情况下,法院尊重当事人在特定《仲裁规则》下仲裁的共同意愿,然而,在后者,法院忽略了当事人同意适用的特定的《仲裁规则》。Apex 认为,Simula 案代表了这样一种观点,即双方当事人同意适用的《仲裁规则》对获取保全措施的方式作出了规定,法院对保全措施就不能再行作出裁决,而必须遵从《仲裁规则》的规定。

中国金属产品进出口公司认为,即使 Apex 的上述主张是正确的,Simula 案和本案仍然有所差别,因为,当被保全的财产在中国境外时,Apex 和中国金属产品进出口公司所同意适用的《仲裁规则》对在这种情况下如何获得保全措施没有作出规定。中国金属产品进出口公司将中国国际经济贸易仲裁委员会《仲裁规则》第 23 条解释为:中国国际经济贸易仲裁委员会将当事人的财产保全申请转交给被申请人的住所地或财产所在地的人民法院。由于 Apex 在中国境内既没有住所,也没有财产,也就没有相应的人民法院来接受当事人的保全申请。因此,中国金属产品进出口公司认为,结合本案的事实,对于针对 Apex 的财产获得保全措施的方式,双方同意适用的《仲裁规则》实际上并没有作出规定,因此,中国金属产品进出口公司可以向本法庭申请保全措施。

Apex 认为,双方事先已经对获取保全措施的方式表示同意,因此,中国金属产品进出口公司应受其约束。中国国际经济贸易仲裁委员会对获得保全措施的方式作出了规定。如果这种规定的结果使中国金属产品进出口公司无法获得保全措施,那么,其仅仅是不能得到相应的救济,而不能向本法庭申请查封令。

讼请求，其依据是中国国际经济贸易仲裁委员会《仲裁规则》第23条对仲裁过程中申请保全措施的程序已经作出了规定，在中国金属产品进出口公司没有按《仲裁规则》行事的情况下，法庭没有颁布查封令的权力。法庭还援引了第九巡回法院在 Simula, Inc. v. Autoliv, Inc. 案[1]中确立的先例。在 Simula 案中，Simula 声称法院错误驳回了其有关初步禁止令的申请，由于双方同意提交仲裁的瑞士仲裁庭没有作出初步禁止令的权力。第九巡回法院注意到，依据该仲裁适用的 ICC《仲裁规则》的规定，瑞士仲裁庭具有作出保全措施的权力。因此，法院认为由于仲裁庭已被授权对保全措施作出裁决，由地区法院再行对保全措施作出裁决是不恰当的。最终，法庭作出如下结论：

  本法庭认为 Apex 的主张更具有说服力。如同 Simula 案，在本案中，《仲裁规则》同样对保全措施作出了规定。本法庭认为，在 Simula 案中，ICC《仲裁规则》授权仲裁庭就保全措施作出裁决，在本案中，《仲裁规则》规定仲裁委员会应将当事人的财产保全申请转给人民法院，这两者之间的区别是没有意义的。在两个案件中，对于已经就获得保全措施的方式以及机构作出规定的《仲裁规则》，双方当事人均表示遵从。Simula 案表明法院必须尊重当事人之间的约定，当双方已经就获得保全措施的方式作出约定的情况下，法院就不应当再行作出裁决。本法庭同样同意 Apex 的下述观点，即无论中国金属产品进出口公司最终能否依据《仲裁规则》第23条的规定获得保全措施和本法庭能否就保全措施作出裁决的问题无关。依据 Simula 案所确立的规则，对问题的考察仅限于《仲裁规则》是否对保全措施作出了相应的规定，而中国国际经济贸易仲裁委员会《仲裁规则》作出了这样的规定。如果没有人民法院具备管辖权，并能够接受中国国际经济贸易仲裁委员会转交的当事人的保全申请，中国金属产品进出口公司就必须接受因同意仲裁而产生的后果。本法庭得出的结论是，按照 Simula 案的原则，本法庭无权对仲裁裁决前的保全措施作出裁定。因此，地方

---

[1] 175 F. 3d 716 (9th Cir. 1999).

法院法官所作出的查封令违背了法律规定，必须予以撤销。[1]

由此可知，中国国际经济贸易仲裁委员会当时的《仲裁规则》对中间措施的规定直接阻碍了中方当事人从美国法院获得仲裁财产保全的临时救济。这在一定程度上，影响了中国国际经济贸易仲裁委员会仲裁真正走向国际化。因而，中国国际经济贸易仲裁委员会2005年的新规则为力图体现出CIETAC国际化与现代化的定位，作出了诸多更为合理修订。在财产保全与证据保全方面，新规则规定了"当事人申请财产保全的，仲裁委员会应当将当事人的申请转交被申请财产保全的当事人住所地或其财产所在地有管辖权的法院作出裁定"，以及"当事人申请证据保全的，仲裁委员会应当将当事人的申请转交证据所在地有管辖权的法院作出裁定"。[2] 与2000年的版本相比，新规则规定将当事人的中间措施申请向"法院"转交而不再是向"人民法院"转交。貌似无关痛痒的差别，实则对我国当事人合法利益的保护至关重要。在我国立法尚未赋予仲裁庭发布保全措施的决定权的前提下，倘若再规定仲裁委员会应当将当事人的申请向"人民法院"转交，就相当于限定涉外案件的当事人须向中国法院提出财产保全与证据保全，并由中国法院作出决定。换言之，剥夺了当事人向外国法院申请中间措施救济的权利。在上述 China National Metal Products Import Export Company v. Apex Digital, Inc. 一案中，中方当事人对被申请人在境外的财产将无从采取保全措施，该案法官驳回了中国金属产品进出口公司的诉讼请求，其判决理由就是依据中国国际经济贸易仲裁委员会2000年《仲裁规则》第23条的规定，仲裁委员会应当将当事人的财产保全申请提交给被申请人住所地或财产所在地的"人民法院"作出裁定，因此，该条规定实质上剥夺了美国法院对该事项的管辖权。

此外，本案还隐含了将中间措施发布的决定权作为法院专属权力

---

〔1〕155 F. Supp. 2d 1174 (C. D. Cal. 2001). 本案例参考了钱明强先生的相关评论。

〔2〕参见2005年中国国际经济贸易仲裁委员会《仲裁规则》第17、18条。

的另一个问题,即倘若双方当事人选择了其他仲裁机构的《仲裁规则》在中国国际经济贸易仲裁委员会进行仲裁,且选择了仲裁地在中国某个城市或者未就仲裁地进行选择,无疑仲裁地应当是在中国。依据中国国际经济贸易仲裁委员会的规定,凡当事人同意将争议提交仲裁委员会仲裁的,均视为同意按照本规则进行仲裁;当事人约定适用其他仲裁规则,或约定对本规则有关内容进行变更的,从其约定,但其约定无法实施或与仲裁地强制性法律规定相抵触者除外。[1] 因此,倘若当事人所选择的《仲裁规则》允许仲裁庭发布中间措施,而我国《民事诉讼法》与《仲裁法》明确否定了仲裁庭发布中间措施的权力,于此,中国国际经济贸易仲裁委员会只能否定当事人对《仲裁规则》的选择,即否定了双方当事人的意思自治,最终依据中国国际经济贸易仲裁委员会的《仲裁规则》进行仲裁。当事人依据自己选择的《仲裁规则》进行仲裁并从仲裁庭获得中间措施救济的希冀落空,将对中国国际经济贸易仲裁委员会的形象产生负面影响,国际商事仲裁的当事人有可能会鉴于中间措施的重要性而放弃对贸仲会的选择。综上,在当前我国仲裁制度不断臻于成熟、贸仲会等仲裁机构的地位不断上升的大环境下,法律没有必要对仲裁进行过多的限制,而应当鼓励仲裁的发展。为使仲裁的优势得以体现,应当与国际通行做法接轨,通过立法赋予仲裁庭发布中间措施的决定权。

三、仲裁前的中间措施

按照当前我国法律的规定,虽然并无条文对仲裁前的财产保全与证据保全进行限制,但是仲裁委员会在受理申请人的仲裁申请之前就将申请人提出的保全申请转交至法院似乎也缺乏依据。即使2007年修订的《民事诉讼法》依然保留了关于"利害关系人因情况紧急,不立即申请财产保全将会使其合法权益受到难以弥补的损害的,可以在起诉前向人民法院申请采取财产保全措施。申请人应当提供担保,不提供担保的,驳回申请"[2] 的规定,当事人在将争议提交仲裁前直接向

---

[1] 参见2005年中国国际经济贸易仲裁委员会《仲裁规则》第4条第2项。
[2] 参见《民事诉讼法》第93条第1款。

法院申请财产保全措施，亦面临着该法关于国内仲裁中"申请人在人民法院采取保全措施后 15 日内不起诉的，人民法院应当解除财产保全"[1] 以及"人民法院裁定准许诉前财产保全后，申请人应当在 30 日内提起诉讼。逾期不起诉的，人民法院应当解除财产保全"[2] 的两难境地。与此同时，《仲裁法》与《民事诉讼法》都规定了当事人在合同中订立有仲裁协议或者争议发生后达成仲裁协议的，不得向人民法院起诉。[3] 由此可知，我国立法实质上是剥夺了当事人的仲裁前财产保全的权力。此外，《民事诉讼法》甚至没有诉前证据保全的规定，更无从提及仲裁前证据保全了。

从仲裁实践来看，法院在仲裁前发布中间措施较之在仲裁程序启动后发布更具有必需性，因为转移、隐匿或变卖财产的行为更多情形下是在仲裁开始前发生的。在紧急情势下，倘若不及时采取保全措施，可能将使该当事人的合法权益受到无法弥补的损害，例如一方当事人可能已经开始转移、隐匿或变卖其财产，或者有销毁重要证据的企图，如不允许当事人在仲裁程序开始前直接向有管辖权的法院提出保全申请，就有可能丧失采取相应保全措施的最佳时机，以致直接影响仲裁的公正性以及仲裁裁决的执行效果。从各国的仲裁立法与实践来看，赋予当事人在仲裁程序开始前申请中间措施的权利是发挥中间措施应急救济功能所必不可少的一个因素。如前所述，英国 1996 年《仲裁法》赋予了仲裁当事人此项权利，《国际商事仲裁示范法》也认可了此项权利。因此，笔者认为我国立法亦应当赋予当事人提出仲裁前财产保全与证据保全的权利，并可以参照《民事诉讼法》关于诉前财产保全的相关规定，限制当事人提出仲裁中间措施的条件是在紧急情况下，依不同情况提供相应的担保，并可以要求当事人在一定的期限内提起仲裁。

在仲裁前中间措施发布问题上，我国海事仲裁制度走在了改革的

---

[1] 参见《民事诉讼法》第 93 条第 3 款。
[2] 参见《民事诉讼法》第 250 条。
[3] 参见《仲裁法》第 5 条与《民事诉讼法》111、255 条。

前沿,仲裁前得到法院在仲裁财产保全与证据保全的支持的必要性已为海事仲裁立法所确认。海事立法没有采用《民事诉讼法》中"财产保全"的概念,而是采用"海事请求保全"的措辞。海事请求保全制度是指海事法院根据海事请求权人的申请,为保障其海事请求权的实现,对被请求人的船舶等财产所采取的强制措施。海事请求保全制度归根结底就是扣押船舶的法律制度,在某种意义上是1999年《国际扣船公约》在国内立法的体现。[1] 鉴于海事领域保全措施的重要性,早在1994年7月6日最高法院《关于海事法院诉前扣押船舶的规定》中,第4条第9项就规定了:"扣押船舶,不受当事人之间的关于海事请求在管辖、仲裁或者法律适用方面协议的约束。"[2] 2000年施行的《海事诉讼特别程序法》,在海事仲裁请求保全方面,规定了"当事人在起诉前申请海事请求保全,应当向被保全的财产所在地海事法院提出"、"海事请求保全不受当事人之间关于该海事请求的诉讼管辖协议或者仲裁协议的约束"以及"海事请求保全扣押船舶的期限为30日。海事请求人在30日内提起诉讼或者申请仲裁以及在诉讼或者仲裁过程中申请扣押船舶的,扣押船舶不受前款规定期限的限制"。[3] 在海事仲裁证据保全方面,则规定了"当事人在起诉前申请海事证据保全,应当向被保全的证据所在地海事法院提出","海事证据保全不受当事人之间关于该海事请求的诉讼管辖协议或者仲裁协议的约束"以及"海事证据保全后,有关海事纠纷未进入诉讼或者仲裁程序的,当事人就该海事请求,可以向采取证据保全的海事法院或者其他有管辖权的海事法院提起诉讼,但当事人之间订有诉讼管辖协议或者仲裁协议的除外"。[4] 依据上述规定,订立有仲裁协议的双方当事人在进入仲裁程序前,有权向具有管辖权的海事法院提出有关海事请求保全与证据

---

〔1〕 关正义:《重构海事请求保全制度若干问题的思考》,载《法律适用》2005年第7期,第82页。

〔2〕 参见最高人民法院《关于海事法院诉前扣押船舶的规定》1994年7月6日法发(1994)14号,第4条第9项。

〔3〕 参见《海事诉讼特别程序法》第13、14条与第28条。

〔4〕 参见《海事诉讼特别程序法》第63条与第64条。

保全的申请，且此种申请并不会影响仲裁协议的有效性，即当事人仍应将争议提交仲裁解决。

四、行为保全措施

我国《民事诉讼法》规定了财产保全限于请求的范围，或者与案件有关的财物；财产保全采取查封、扣押、冻结或者法律规定的其他方法。[1] 最高人民法院《关于适用〈中华人民共和国民事诉讼法〉若干问题的意见》则规定了人民法院对季节性商品、鲜活、易腐烂变质以及其他不宜长期保存的物品采取保全措施时，可以责令当事人及时处理，由人民法院保存价款；必要时，人民法院可予以变卖，保存价款。[2] 依据这些条文，且不论我国中间措施的目的较为单一，即仅是为了便利将来裁决的执行，而缺少国际上广泛认可的避免不公正、不必要损失或损害这一目的，我国中间措施所针对的仅是争议财产与非财产性权利，而没有仲裁实践中经常遇到的为保持现状而需要针对行为采取的临时保全措施，比如要求当事人继续履行合同、命令当事人停止侵犯权利等。

所谓行为保全，是指在仲裁裁决作出之前，为了避免当事人或者利害关系人的利益受到不应有的损害或进一步的损害，法院或者仲裁庭责令相关当事人为一定行为或不为一定行为的临时性强制措施。行为保全制度的确立最早可以追溯到古罗马时代的禁止令状（Interdicere）。[3] 经过教会法、欧洲王室法的发展，直到14世纪末15世纪初，英格兰的大法官创立了衡平法管辖权，提供禁止令救济，从而真正建

---

[1] 参见《民事诉讼法》第94条第1、2款。

[2] 参见1992年最高人民法院《关于适用〈中华人民共和国民事诉讼法〉若干问题的意见》第99条。

[3] 禁止令状是罗马执政官根据受害人的请求而发布的禁止从事某项行为的命令，通常所涉及的利益具有准公益性。这种令状具有一定的假设性。人们并不要求裁决者依据令状判罚，而是直接要求当事人在所提出的事实属实的情况下遵从命令。在某种程度上，我们可以认为罗马法的禁止令状已经具备了现代意义上的行为保全的雏形。参见潘伟：《关于知识产权诉前行为保全的法律思考》，载《法律适用》2004年第4期，第43页。

立起了英美法中的行为保全制度——中间禁令（Interlocutory Injunction or Interim Injunction）。当事人通过向法庭申请中间禁令要求禁止被申请人采取某些行为从而达到在诉讼过程中维持现状的目的。在大陆法系，通过19世纪70年代德国《民事诉讼法典》的颁布，以假处分（Einstweilige Verfugung）为标志的行为保全首次确立下来，大陆法系的行为保全制度由此逐步走向定型化。[1] 虽然这些行为保全制度是在民事诉讼实践中形成的，但是随着仲裁的持续发展，行为保全也逐渐被适用于仲裁领域。在仲裁实践中，有时需要针对仲裁当事人的行为采取保全措施以保持现状，例如在大型建筑工程合同中，为了工程的尽早竣工和减少资源的浪费，法院或仲裁庭可命令当事人在争议解决前继续进行工程的建设；在知识产权争议中，为减少知识产权人的损失，法院或仲裁庭可命令对方当事人停止使用著作权、商标或专利，或不得泄漏从对方获取的商业秘密。在案例 *Lauritzen Cool AB v. Lady Navigation Inc.*（2004）EWHC 2607（Comm）/*Lady Navigation Inc. v. Lauritzen Cool AB & Anor*（2005）EWCA Civ. 579 中，被告在1998年同意出租两艘冷藏船给原告，为期10年，由原告以联营方式（Pool）管理及营运，原告可收取管理费及部分利润。之后被告指控原告违反合约，并要求把两条船从原告营运的Pool撤出，双方因此展开仲裁，争议在于被告能否撤船。被告拒绝向原告承诺在仲裁裁决作出前撤船，于是原告依据英国1996年《仲裁法》第44（2）(e)条向英国高等法院申请中间禁令，禁止被告向第三人出租这两艘船。法院批准了有关申请，认为若不作出禁令，最终的损失赔偿救济将难以满足原告的要求。[2]

---

[1] 参见潘伟：《关于知识产权诉前行为保全的法律思考》，载《法律适用》2004年第4期，第43~44页。

[2] 参见杨良宜、莫世杰、杨大明：《仲裁法（从1996年英国仲裁法到国际商务仲裁）》，法律出版社2006年版，第809页。

无论是英美法系抑或是大陆法系均确立了行为保全制度，[1] 2006年修订的联合国国际贸易法委员会《国际商事仲裁示范法》第17条之一第2款亦明确规定仲裁庭可以发布命令当事人作为或不作为的中间措施。我国《仲裁法》与《民事诉讼法》规定的保全措施仍只限于财产保全与证据保全，不免与国际商事仲裁的发展相脱节。在实践中，要求第三人不得实施某种行为时，法院一般会以"协助执行通知书"的方式要求有关部门进行，但这在运用上显然缺乏法律的明确依据。事实上，我国的其他法律规范中，已经存在了行为保全的相关规定。2000年修订的《专利法》即规定了："专利权人或者利害关系人有证据证明他人正在实施或者即将实施侵犯其专利权的行为，如不及时制止将会使其合法权益受到难以弥补的损害，可以在起诉前向法院申请采取责令停止有关行为和财产保全的措施。人民法院处理前款申请，适用《中华人民共和国民事诉讼法》第93条至第96条和第99条的规定。"[2] 随后修订的《商标法》与《著作权法》也分别作了类似的规定。[3] 最高人民法院于2001年6月5日通过了《关于对诉前停止侵犯专利权行为适用法律问题的若干规定》，同年12月25日又通过了《关于诉前停止侵犯注册商标专用权行为和保全证据适用问题的解释》，这一系列规定基本上构建起了知识产权领域的行为保全制度。同时，江苏省南京市中级人民法院受理了我国第一例诉前停止侵犯专利权行为的申请，并发布了"临时禁令"。[4] 此外，我国海事仲裁领域也存在行为保全措施。2000年《海事诉讼特别程序法》规定了："海

---

〔1〕 例如，英国的中间禁令如前述的玛瑞瓦禁令。美国法律则将禁令视为一种"非常的法律救济"，即一种必须严格依据法律才能给予当事人的救济；美国《民事诉讼法》第65条规定了两种中间禁令：预备性禁令（preliminary Injunction）与暂时禁令（temporary Injunction）。德国《民事诉讼法》第940条规定，因避免重大损害或防止急迫的强暴行为，或因其他原因，对于有争执的法律关系，特别是继续性的法律关系，有必要规定其暂时状态时，可以实施假处分。

〔2〕 参见《专利法》第61条。

〔3〕 参见《商标法》第57条、《著作权法》第49条。

〔4〕 一言：《南京知产审判启动"临时禁令"》，载《人民法院报》2001年12月10日，第1版。

事强制令是指海事法院根据海事请求人的申请，为使其合法权益免受侵害，责令被请求人作为或者不作为的强制措施。"[1] 一般认为，海事强制令属于行为保全措施。[2] 该法同时规定了"海事强制令不受当事人之间关于该海事请求的诉讼管辖协议或者仲裁协议的约束"，[3] 表明海事强制令适用于仲裁领域。与此相承，2004年开始施行的《中国海事仲裁委员会仲裁规则》规定了：" 当事人申请海事强制令的，仲裁委员会应当将当事人的申请提交海事纠纷发生地的海事法院；当事人在仲裁程序开始前申请海事强制令的，应当依照《中华人民共和国海事诉讼特别程序法》的规定，直接向海事纠纷发生地的海事法院提出。"[4] 本条款明确了海事强制令适用于仲裁领域，同时亦规定当事人申请海事强制令的程序。基于知识产权领域的行为保全制度以及海事仲裁中的海事强制令，笔者认为在《仲裁法》与《民事诉讼法》中对行为保全作出一般性规定，并不存在实际的操作困难。在修订《仲裁法》与《民事诉讼法》时，完全可以借鉴这些立法规定，对仲裁领域的行为保全措施作出明确、详尽与合理的规定。

五、仲裁证据保全中的担保

如果原告不能对诉求的每一个要件都履行举证责任，这就可以导致一个辩方胜诉的法官判决。[5] 因而为了确保证据在审理期间能作为"呈堂证供"，对证据进行保全至关重要。然而，保全措施是一把双刃剑，尤其是像英国法上的安东皮勒禁令（Anton Piller orders），允许仅根据申请人的单方申请而发布，且在大多数情况下是在仲裁前单方申请、无须通知被申请人一方的情况下作出的。倘若有申请人滥用或错用此禁令，往往可能造成对被申请人不可估量的损害，比如被申请人商业秘密被曝光，或者私人空间被打扰等严重后果。缘于申请财产保

---

[1] 参见《海事诉讼特别程序法》第51条。
[2] 邢海宝：《海事诉讼特别程序法研究》，法律出版社2002年版，第303页。
[3] 参见《海事诉讼特别程序法》第53条。
[4] 参见《中国海事仲裁委员会仲裁规则》第23条。
[5] Ronald J. Allen, Richard B. Kuhns, Eleanor Swift：《证据法：文本、问题和案例》，张保生等译，高等教育出版社2006年版，第105~106页。

全需要提供相应担保，实践中常会发生对价值巨大的固定资产不申请财产保全，而申请证据保全，无须提供担保就可将对方置于被动地位——使双方的诉讼或仲裁地位、权利义务处于不平等状态。所以，各国在对证据保全的条件进行严格限制时，也会考量将证据保全的担保列入其中。实际上，随着社会财富流动性的加快，对证据采取保全措施也表现出了财产性，即首先证据须以一定的形式存在，如物证、书证、视听资料等依附体，依附体表现为一定的财产性；其次对证据的不当使用会给他人造成损失，在知识产权争议中表现尤为突出，如商业秘密的泄露等；最后采取保全措施有时会持续一段较长的时间，往往会对证据的状态或流动作一定的限制，影响了证据依附体应有权能的实现。[1] 因此，要求证据保全提供一定的担保亦是出于现实经济利益的考量。

我国《民事诉讼法》仅规定了财产保全的担保制度，[2] 而未对证据保全的担保作出规定。此时，在面对证据保全不当时，责任的承担将是棘手的问题。对诉讼证据保全不当所造成的损失的赔偿，《国家赔偿法》另有规定；但仲裁证据保全不当所造成的损失，应由司法赔偿、申请人赔偿、还是由仲裁机构予以赔偿以及如何进行赔偿等，法律均未作规定，而要求任何一方赔偿，均于法无据。仲裁证据保全担保制度的引入，将是当前情势下解决这一问题的有效方式。在知识产权领域，已率先规定了证据保全的担保，例如《著作权法》规定了："为制止侵权行为，在证据可能灭失或者以后难以取得的情况下，著作权人或者与著作权有关的权利人可以在起诉前向人民法院申请保全证据。人民法院接受申请后，必须在48小时内作出裁定；裁定采取保全措施

---

〔1〕 杜开林：《对一起仲裁证据保全案的评析——兼论现行仲裁证据保全法律规定的不足》，载《仲裁与法律》2003年第1期，第77~78页。

〔2〕《民事诉讼法》第92条第2款规定："人民法院采取财产保全措施，可以责令申请人提供担保；申请人不提供担保的，驳回申请。"第93条第1款规定："利害关系人因情况紧急，不立即申请财产保全将会使其合法权益受到难以弥补的损害的，可以在起诉前向人民法院申请采取财产保全措施。申请人应当提供担保，不提供担保的，驳回申请。"

的，应当立即开始执行。人民法院可以责令申请人提供担保，申请人不提供担保的，驳回申请。"[1]《商标法》也作了类似的规定。[2] 于此，对于仲裁证据保全的担保问题，笔者的建议如下：首先，在应否提供担保方面，分为三种情形，即申请人于仲裁程序开始前申请证据保全的，提供担保是作出证据保全裁定的必要条件；在仲裁程序进行过程中提出的证据保全申请，法院或仲裁庭可以基于自由裁量权要求申请人提供担保；对于单方裁定，即法院或仲裁庭在未听取被申请人的陈述而作出的证据保全裁定的，申请人不论是在仲裁进行前或仲裁进行过程中申请，均须提供担保。其次，在证据保全责任方面，分为两种情形，即当事人提供担保的，按担保处理；在当事人未提供担保的，由行使自由裁量权的法院或仲裁庭负责；当然，法院在仲裁证据保全过程中有明显过错则应按司法程序赔偿。

六、中间措施的国际协助

对于协助外国仲裁作出中间措施的问题，笔者认为，应当采纳联合国国际贸易法委员会新修订的《国际商事仲裁示范法》的规定。该法17条之十一规定了仲裁程序进行地在法院所在国或另一国的，法院发布临时措施的权力在该临时措施是为了仲裁程序而发布的并且与仲裁程序有关的情况下，应与法院为了法院诉讼程序目的而享有的并且与法院诉讼程序有关的权力相同，而且法院应根据自己的规则和程序行使这种权力，但这些规则和程序须与国际仲裁的具体特征相关。因此，我国在修改相应立法时不应将法院协助作出仲裁中间措施的范围仅限于国内仲裁，但外国仲裁应满足特定的条件，比如考量该中间措施是否符合我国的公共政策以及强制性规则等诸多方面的条件。于此，还可以借鉴前述各国的做法，例如奥地利以外国仲裁裁决可在该国执行为条件，希腊和德国要求本国法律有关临时补救措施的条件得以满足，方可为支持外国仲裁而发布临时补救措施，加拿大则要求公布所存在的仲裁协议。

---

[1] 参见《著作权法》第50条。
[2] 参见《商标法》第58条。

对于中间措施跨界执行问题，《国际商事仲裁示范法》第17条之九规定了由仲裁庭发出的临时措施应被确认为具有约束力，且除非仲裁庭另有规定，应在遵守第17条之九各项规定的前提下，在向有管辖权的法院提出申请后加以执行，而不论该措施是在哪国发出的。简言之，无论临时措施是在哪一国下达的，法院均应该在一定条件下承认与执行该措施。联合国国际贸易法委员会意在鼓励各国以《国际商事仲裁示范法》为蓝本对国内法进行修改，从而通过各国的单边途径（Unilateral Approach）推动中间措施的域外承认与执行。笔者认为，尽管已经有国家通过判例或者立法的形式为中间措施的跨界执行提供了司法上的支持，但是，采取此种单边途径的国家毕竟是极少数，并不具有普遍性。[1] 在当前我国的仲裁形势下，短时期内制定中间措施跨界执行的单边机制，显然不具有现实性与可行性。因此，我国仍应在平等与互惠互利的基础上，与其他国家或地区签订双边协定，通过双边机制规制法院或仲裁庭发布的中间措施的域外执行问题。在时机成熟后，方可借鉴《国际商事仲裁示范法》的相关规定。

---

[1] 德国与我国香港地区的立法规定了法院执行仲裁地在境外的仲裁庭发布的中间措施，参见德国1998年《民事诉讼法》第十编第1041、1062条，我国香港地区2000年《香港仲裁（修订）条例》第2GG条。

第四章
调解在仲裁制度中的规则与应用

作为当代社会最为基本的两种非诉争议解决机制，仲裁与调解具有各自的程序规则与运行模式。随着社会争议的大量出现，仲裁与调解在争议解决上的不足之处逐渐显现，成为各自发展的瓶颈。仲裁与调解相结合，则融合了仲裁与调解两方面的优势。在仲裁中进行调解的制度首创于中国，因其在争议解决过程中尊重当事人意思自治、注重维系当事双方的商业合作关系、节省当事人的时间、精力与金钱以及具有灵活性与终局性的特点，逐渐为诸多国家的仲裁立法与仲裁机构的规则所采用。但是，仲裁与调解两种独立的争议解决机制究竟能否有机地结合起来，实现公正、效益以及和谐的价值目标，国际仲裁界对此的论争此起彼伏。反对者认为，仲裁员采取的私访方式剥夺了当事人平等的听审权与陈述权，包括争议双方在抗辩程序中各自陈述意见与举证的权利，因而有悖于自然公正或程序正义原则。且同一调解员转换为仲裁员容易导致职能混淆，即仲裁员在调解不成后，有可能会利用从一方当事人处获知的信息作出对另一方当事人或者双方当地人均不利的裁决。此外，当事人自行达成和解协议时，仲裁庭通常只对和解协议作形式审查，和解裁决亦不附具理由，因此仲裁庭难以在整体上把握当事人达成和解协议的背景与意图，也难以对和解协议的实体内容进行深入的审查，因而仲裁庭作出的和解裁决有可能会危害到国家利益、社会公共利益或者私人利益。其实，在仲裁程序中进行调解，倘若操作得当，并不会违背自然公正或正当程序原则，且存在着相关的制度保障规制着调解不成后仲裁员所获知信息的使用与处理，以及对和解裁决风险的救济与防范。这一系列的举措与制度，保证着调解制度在仲裁中的适当应用。本章将就仲裁与调解相结合的正当性与合理性、各国立法与仲裁机构规则的实践、仲裁中调解的程序性与技术性以及和解裁决风险等问题作以探究。

第一节　商事仲裁与调解相结合的形成与特征

一、我国仲裁与调解相结合的社会根源考究

英国社会人类学家 Alfred Radcliffe-Brown 认为，社会研究的任务在于发掘安排社会关系的基本法则。而功能分析法的主要工作是描述社会制度和社会需求之间的关系，社会需求乃是社会生存的必备条件，功能是指社会制度对社会需求的贡献。[1] 法律制度是社会制度的基本形式，法律功能则可以理解为法律制度对社会需求的贡献。作为我国法律制度中的一个具体制度，调解制度不仅普遍应用于诉讼程序，亦开始应用于仲裁领域。在仲裁与调解相结合的争议处理方式仍处于赞成与反对的争鸣中时，通过调解在仲裁领域中可能产生的"社会贡献"（功能）的视角，对仲裁与调解相结合的方式进行审慎分析就显得很有必要。而对仲裁与调解相结合的功能体现以及实现径路的探究，都须从社会制度本身着手。

每个国家与社会都有为解决争端、纠纷而建立的各项制度，其性质、结构和运作都是对该社会文化、哲学、世界观以及社会模式和经济政治组织的一种反映。[2] 调解作为一种争议解决机制，并非是无源之水、无本之木，而是有着其赖以存在的社会、经济与文化背景。我国调解方式的出现，最早可追溯至原始社会。据民族学家的调查与考证，在原始社会末期的云南独龙族家庭公社中，有威望的家长被拥戴为整个家族的"长老"，每个公社成员均须遵守长期所形成的习惯与规则，违背传统习惯与规则将受到批评以至处罚；"长老"则是传统习惯与规则的执行者与解释者，公社成员之间发生争执即由"长老"及其助手依据传统习惯与规则进行调解。而在封建社会的文化思想体

---

〔1〕　赵震江主编：《法律社会学》，北京大学出版社1998年版，第205页。

〔2〕　陈弘毅：《调解、诉讼与公正——对现代自由社会和儒家传统的反思》，载《现代法学》2001年第6期，第3页。

系中,占据主导地位的儒家思想更是深刻影响着我国争讼的解决方式。儒家思想的创始人孔子曾曰:"听讼,吾犹人也,必也使无讼乎。"[1] 儒家"无讼"思想首先体现在和合精神,古代中国人在整个自然界寻求秩序与和谐,并将此视为一切人类关系的理想,[2] 他们处理与别人的关系以是否合乎情理为准则,而不要求其他权利,要的只是和睦相处与和谐。[3] 在崇尚和谐的社会里,遇事讲求以和为贵,滋诉与兴讼者反映教化不足,且破坏社会的和谐与秩序。其次,"礼"为实现"和谐"这一理想提供了途径。礼治,就是对传统规则的服膺,生活各方面、人和人的关系,都有着一定的规则。维持礼俗的力量不在身外的权力,而在于身内的良心,此种秩序注重修身,注重克己。[4] 因而官府在调处争讼过程中,将德礼教化寓于其中。最后,将重义轻利作为价值取向的儒家思想宣扬"君子喻于义,小人喻于利",[5] 法律的作用不是为人们满足私利提供合法的渠道,恰恰相反,它是要尽其所能抑制人们的私欲,最终达到使民不争的目的。[6] 在西周和东周时期的铜器铭文便有着调解案例的记载,发展至明清时期,调解已成为纠纷处理常用的基本方式。[7]

辛亥革命推翻了封建帝制后,中国开始进入民主革命时期。一方面,在清末修律时起草的《民事诉讼律草案》的基础上,国民党政府继续引进西方民事司法制度的进程,至 1935 年颁布了《民事诉讼法》。但在乡野,国家政权未能实质上改变地方政府传统的、分化的模式,

---

[1] 参见《论语·颜渊》。"无讼"指人与人之间和睦相处,冲突与摩擦通过各自的忍让协商解决,而非诉诸官府使用法律予以强制解决。

[2] 李约瑟:《李约瑟文集》,辽宁科学技术出版社 1986 年版,第 338 页;转引自梁治平:《寻求自然秩序的和谐》,中国政法大学出版社 1997 年版,第 127 页。

[3] [法] 勒内·达维德:《当代世界主要法律体系》,漆竹生译,上海译文出版社 1984 年版,第 487 页。

[4] 费孝通:《乡土中国》,三联书店 1985 年版,第 55 页。

[5] 参见《论语·里仁》。

[6] 梁治平:《寻求自然秩序的和谐》,中国政法大学出版社 1997 年版,第 203 页。

[7] 张晋藩主编:《中国民事诉讼制度史》,巴蜀书社 1999 年版,第 11 页。

即便是现代法院系统已由国民党组织起来,却从未发挥有效功能,传统的、非正式的人民调解在国民党统治时期仍然是特征性的解纷方式。[1] 我国现代调解制度的雏形孕育于第一次国内革命战争时期的农民运动的大潮中,当时的农民组织都设有负责调解仲裁的机构,如广东海丰农会的"仲裁部"、湖南农村乡民大会选举组织的"公断处"。另一方面,中国共产党领导下的苏维埃政权建立并发展了一种全新的革命法制,在这种革命法制的司法实践基础上,苏维埃政权于1934年颁布了《中华苏维埃共和国司法程序》,新中国的调解制度直接发端于新民主主义革命时期。随后各根据地人民政府大力提倡与积极推进民事调解,颁布并实施了大量的调解法规。抗战后期的陕甘宁地区,马锡五提出"依靠群众,调查研究,调解为主,就地解决"的审判方式,成为新民主主义革命时期民事司法的代表,并长期影响着新中国的民事审判工作。[2]

建国后,我国在民事审判工作方面长期坚持以"调解为主"的方针。但是,过分强调"调解为主",导致了实践中有些法院将"调解为主"加以量化,要求民事调解结案率必须达到70%甚至90%,并且以此作为评价审判人员办案质量的标准,从而导致了审判人员为追求调解结案率而强制当事人调解的不良后果;调解方式走向了极端,民事调解工作出现了暗箱操作、久调不决、强迫调解、欺骗调解等弊端,使法院工作陷于被动办案效率低下的境况。[3] 因此,1982年颁行的《民事诉讼法(试行)》取消了"调解为主"方针,确定为"着重调解"原则,即"人民法院审理民事案件,应着重进行调解,调解无效的,应当及时判决"。[4] 缘于"着重调解"与"调解为主"都偏重于调解,在条文的逻辑分析上均将调解置于判决之前,从而将判决沦为

---

〔1〕 强世功编:《调解、法制与现代性:中国调解制度研究》,中国法制出版社2001年版,第98页。

〔2〕 参见张希坡:《马锡五审判方式》,法律出版社1983年版,第22页以下。

〔3〕 王小莉:《论调解制度在仲裁中的发展》,载《仲裁研究》(第2辑),第17页。

〔4〕 参见1982年《民事诉讼法(试行)》第6条。

无足轻重的辅助手段，因而1991年修订的《民事诉讼法》将"着重调解"修订为"应当根据自愿和合法原则进行调解"。[1] 自愿原则的突出，使得法院调解更加贴近于调解制度的本质，对"着重调解"的否定亦摆正了调解与判决的关系，意味着对调解的作用有了恰当的估计。2007年修订的《民事诉讼法》延续了"根据自愿和合法的原则进行调解"的做法。[2]

由此可知，从古至今，调解在我国争议解决方面发挥着举足轻重的作用，"诉讼与调解相结合"的方式依然普遍适用于当前我国司法系统。作为东方经验的调解，其重大的影响自然也渗入到了争议解决的另一种方式——仲裁。受传统调解文化的影响，中国涉外仲裁机构在仲裁实践中从国情出发，从传统文化中汲取精华，创造性地发展了一套在仲裁中调解的实际做法，在实践中补充了1956年的《中国国际贸易促进委员会对外贸易仲裁委员会仲裁程序暂行规则》。20世纪70年代，随着中国与西方国家在经济贸易领域的往来不断增多，国际商事争议亦持续增加。在解决与西方国家当事人之间商事争议的仲裁实践中，对外贸易仲裁委员会与美国仲裁协会共同创造了新的调解方式，即"联合调解"的方式。在"联合调解"方式下，倘若中美贸易双方当事人发生争议，经友好协商不能解决时，中国公司可以请求对外贸易仲裁委员会出面联系，美国公司可以请求美国仲裁协会出面联系，然后再由双方仲裁机构共同出面，各指派数额相等的调解员，联合调解，解决争议。如果调解无效，争议双方仍然可以按照合同规定的仲裁条款，提请仲裁。1977年中国国际贸易促进委员会对外贸易仲裁委员会和美国仲裁协会首次成功地联合调解了中国纺织品进出口公司与美国帕兰斯棉花合作社在棉花交易中发生的棉花迟装费争议，使这个争议金额高达240万美元的复杂案件得到了圆满解决。[3] "联合调解"

---

〔1〕 参见1991年《民事诉讼法》第9条。

〔2〕 参见2007年《民事诉讼法》第9条。

〔3〕 参见陶春明编著：《中国国际经济贸易仲裁——程序理论与实务》，人民中国出版社1992年版，第6页。

方式将中国传统的调解推广到西方国家,在促进争议快速解决的同时,维持了双方当事人之间的合作关系,因而可以说是仲裁史上的一次创举。

最早在条文中明确规定仲裁中可以采取"调解"方式的,是1988年修订的《中国国际经济贸易仲裁委员会仲裁规则》。该规则不仅规定了仲裁委员会受理的案件,如果双方当事人自行达成和解,申诉人应当及时申请撤销案件;而且规定了仲裁委员会和仲裁庭可以对其受理的案件进行调解,经调解达成和解协议的案件,仲裁庭应当根据双方当事人和解协议的内容,作出裁决书。[1] 这是对仲裁委员会既往实践经验的一个高度总结,为仲裁与调解相结合奠定了法律基础。1994年通过的《仲裁法》,更是首次以基本法律的形式,确认了"仲裁与调解相结合"的争议解决方式。[2] 随后公布的法律法规、司法解释以及仲裁机构的仲裁规则,均进一步对仲裁与调解相结合的争议解决方式作出了规定。这些法律规范,构筑了我国仲裁与调解相结合的完整框架。至此,我国仲裁与调解相结合的争议解决方式臻于成熟。

二、仲裁与调解相结合的涵义、形式与特征

广义上的"仲裁与调解相结合"(Arbitration-Mediation)泛指仲裁与调解的各种结合形式,包括"先调解后仲裁"(Med-Arb)、"影子调解"(Shadow Mediation)、"仲裁中调解"(Arb-Med)、调解失败每方当事人提供一个最后仲裁方案(Medaloa)、"调解仲裁共存"(Co-Med-

---

[1] 参见1988年中国国际经济贸易仲裁委员会《仲裁规则》第31、37条。
[2] 参见《仲裁法》第49~52条。

Arb）以及"仲裁后调解"（Med-Post-Arb）共六种形式。[1] 狭义的"仲裁与调解相结合"仅指"仲裁中调解"，即在仲裁程序启动后，由仲裁员对案件进行调解，调解不成或调解成功后再恢复仲裁程序。本书采用狭义的涵义。

仲裁与调解相结合可以三种形式进行：一是面对面调解，即仲裁员与双方当事人一起讨论案件；二是背对背调解，即仲裁员分别与一方当事人单独谈论案件；三是监督调解，即当事人双方在仲裁庭规定的期限内，在仲裁员并不实际参与的情况下，自行协商。[2] 在第一种形式中，缘于当事人之间本来就心存芥蒂，调解时双方当事人均在场，难免产生不必要的争端，此种形式往往收效甚微。第三种形式是双方当事人自行磋商，在达成一致意见后告知仲裁庭；虽然可以视为在仲裁庭的主持下达成了调解协议，但从性质上更类似于"仲裁中和解"，

---

[1] 其中，"先调解后仲裁"是指当事人为解决争议，先启动调解程序，调解不成后或调解成功后再进行仲裁程序。在"先调解后仲裁"方式中，一般来说调解员和仲裁员不是同一人士，甚至调解机构和仲裁机构是两个不同的机构。"先调解后仲裁"有两种基本模式：新加坡的 Med-Arb 模式与中国的 Med-Arb 模式。

"影子调解"是指当事人为解决争议，先启动仲裁程序。在仲裁阶段的恰当时候，启动平行的调解程序，由调解员对当事人的争议进行调解。如果调解成功，则了结当事人之间的争议；如果调解不成，平行进行的仲裁程序可以确保争议的最终解决。在"影子调解"中，调解员和仲裁员不是同一人士，调解机构和仲裁机构是两个不同的机构。

调解失败每方当事人提供一个最后仲裁方案是一种将调解和后继仲裁相结合的形式，即调解失败后，仲裁庭根据双方当事人的两种方案选定一个，使这种方案产生效力。这种形式为美国仲裁协会所采用。

"调解仲裁共存"是一种结合了调解、影子调解、小法庭和仲裁诸因素的程序变体。调解员和仲裁员相分离，但他们都参加小法庭听证。仲裁员不参加调解员的私下会晤，调解员向仲裁员披露在调解中所获悉的秘密。随着仲裁程序的发展，调解员旁听全过程，并可在适当的时候对当事人进行调解。

"仲裁后调解"是指当事人在仲裁程序终结后利用调解程序解决仲裁裁决执行中的问题。仲裁裁决确定的内容具有法律上的强制执行力，但是当事人在申请执行仲裁裁决的过程中遇到各种各样的困难和阻力的情形时有发生。在特定的情况下，裁决当事人愿意在执行过程中寻求调解以达成执行和解。不过，由于执行中的调解与仲裁程序的终结之间可能存在时间上的不连贯，这种方式更接近于独立的调解或临时调解。参见王生长：《仲裁与调解相结合的理论与实务》，法律出版社2001年版，第78～79页。

[2] 康明：《商事仲裁服务研究》，法律出版社2005年版，第240页。

在实践中也较少运用。实践中较为常用的，是第二种形式。此种形式也称为"私访"、"交替密谈"或"穿梭外交"，在此种形式下，仲裁庭分别听取当事人的意见，不但可以避免当事人的对抗情绪，而且仲裁员处于信息源的上端，可以自身对案件是非曲直的把握提醒当事双方对其所处的地位与优劣势保有较为清晰的认知，致力于在当事双方的底线上达到平衡，从而获得解决方案的最优化。

仲裁与调解相结合是日益普及的 ADR 的一种特殊混合，越来越多的私人争议处理律师逐步意识到它的适用性与有效性。从本质上说，仲裁中调解结合了仲裁与调解两方面的优势，从而为当事人提供了高效而有效的争议解决途径。[1] 作为一种独特的争议解决方式，仲裁与调解相结合具有如下特征：其一，这是一种较为灵活的可选择性争议解决方式。依据一般的仲裁程序规则，调解并非仲裁程序的必经程序，调解的启动取决于争议当事人的意愿、各方的合理期待、仲裁员的威望与调解能力等诸多方面因素的综合权衡。但是，达成调解并不需要特别的书面明示。以契约的视角，仲裁员根据案件的实际需要与仲裁程序规则的规定向当事人征求是否同意调解的建议，此种行为属于商事调解服务合同的要约。倘若当事双方同意，则构成承诺，于是关于商事调解服务的合同就达成了。在中国的仲裁实践中，仲裁中的调解服务合同的要约通常都是在仲裁庭开庭过程中根据实际情况向当事人提出的，因此调解服务合同的达成通常是口头形式，调解服务合同双方明示的合同内容本身不是很多，存在诸多默示内容或默示条款。[2] 同时，争议当事人中的任何一方，均有权提出终止调解程序。调解员亦可视具体情形要求终止调解程序，比如认为双方当事人的调解方案差距较大，达成调解协议的可能性较小的情形。

其二，仲裁与调解相结合涵括了仲裁与调解两种争议解决方式，是一种具有较强兼容性的争议解决机制。作为一种复合式的争议解决

---

[1] M. Beth Krugler, "ADR Update: Are You Maximizing All ADR Has to Offer?", 61 *Tex. B. J.* (1998), p. 1121.

[2] 参见康明：《商事仲裁服务研究》，法律出版社 2005 年版，第 241 页。

方式,一方面,调解程序是在仲裁程序进行过程中促发的,调解程序依附于仲裁程序;另一方面,调解程序又具有相对的独立性。仲裁案件进入调解程序后,仲裁员的身份转换为调解员,此时调解的范围与仲裁的范围可以不一致,调解员需注意的程序事项也有别于仲裁程序。如果当事人同意调解,他们希望在作为调解员的第三人的积极协助下友好地解决他们之间的争议,或者他们至少希望能够友好地解决争议。而如果他们同意仲裁,那么他们就采取相反的态度,要求对他们之间的争议作出裁决,尽管此项裁决是由他们自己选择的私人裁判员而不是由国家指定的法官作出的。尽管如此,调解的最终目标与仲裁的目的是相符的,都基于争议解决的出发点,因而两种程序具有兼容性。在仲裁与调解相结合中,仲裁员的身份经历了从单一仲裁员到仲裁员、调解员双重身份的转变。倘若达成调解,当事人可以请求撤销案件,也可以请求依据调解协议作出调解书或裁决书;如若调解不成,仲裁庭可以继续之前的仲裁程序,此时仲裁员恢复至原先仲裁员的身份,将依据案件的是非曲直作出仲裁裁决。换言之,在争议解决的效果方面,调解成功加速了仲裁案件的完结,尚未进行的仲裁程序无需再进行或者可以简化;调解失败,也并不阻碍仲裁程序的继续进行。

其三,将调解程序融于仲裁程序当中,必然存在特殊的程序事项。调解程序较为灵活,参与者在其中的意见表述与承诺,并不具有拘束力,因而参与各方均可适当地表达意见与承诺。且依据调解原则,调解员无需对调解方案作出明确的肯定或否定的意见,无需对争议作出孰是孰非的判断,只需引导当事双方朝着达成调解协议的方向发展。缘于在调解过程中,当事人的意见、承诺或者方案都是在友好协商、互谅互让的基础上提出的,无关基础合同的过错认定与责任分担,也无关法律规定的权利义务关系。因而倘若调解失败,仲裁程序恢复后,这些意见、承诺、当事人作出的妥协,均不能作为仲裁庭审理的依据以及作出仲裁裁决的理由。

三、仲裁与调解相结合的优势

仲裁与调解相结合的争议解决方式得以形成并获得发展,凸显了其在商事争议解决领域上的优势。缘于当事人拥有对自身权利的处分权，而作为民间组织的仲裁机构，其权利来源于当事人对自身实体权利的有限让渡，倘若有悖于当事人的意志，当事人可以放弃对仲裁与调解相结合甚至是仲裁的方式来解决争议。而尊重当事人意思自治、维系当事双方的商业合作关系正是仲裁与调解相结合的一大优势。在2005年北京召开的世界法律大会上，几位讲演者都强调了调解的重要性，且认为必须双方当事人都愿意进行调解才能成功。[1]事实上，仲裁以当事人的意思自治作为坚实的基础。[2]当事人的意思自治是仲裁生命力与公信力的源泉，仲裁与调解相结合的方式在最大限度上尊重了当事人的意思自治，不仅程序的启动须经双方当事人的同意，调解过程中包括庭上调解、庭外和解、面对面以及背对背等形式均须由当事人选择，程序的终止亦出于当事人的自愿，而且双方当事人所达成的协议内容包括履行的时间、地点以及方式等都是在当事人自愿的基础上作出的。在仲裁与调解相结合的程序中，当事人拥有充分的主动性，并占据主体地位，此种解决途径促使争议向当事人自我解决的方向回归，为和解协议的达成创造良好的氛围，在社会效益上避免了利益冲突的加剧，最终达到双方当事人利益的平衡，维系双方当事人的商业合作关系。

仲裁与调解相结合的第二大优势是节省当事人的时间、精力与金钱。一般说来，争议产生的根源在于利益制衡格局的打破，然后诉求某一程序希冀能协调或者重新分配利益从而达到相对的利益均衡。但出于人性的原本希求，任何一方当事人都会在达成合意时追求自身利

---

[1] 杨良宜、莫世杰、杨大明：《仲裁法（从1996年英国仲裁法到国际商务仲裁）》，法律出版社2006年版，第35页。
[2] Edward Brunet, Richard E. Speidel, Jean R. Sternlight, Stephen J. Ware, *Arbitration Law In America: A Critical Assessment*, New York: Cambridge University Press, 2006, p. 3.

益的最大化。而这极易引发博弈论(Games Theory)[1]中的"囚徒困境"(prisoner's dilemma)。囚徒困境大约于1950年首先由社会心理学家Merrill M. Flood和经济学家Melvin Dresher拟定出相关困境的理论,后来由Albert W. Tucker明确地叙述了这种"困境"。[2]在囚徒困境中,警方逮捕甲、乙两名嫌疑犯,但没有足够证据指控二人入罪。于是警方分开囚禁嫌疑犯,分别和二人见面,并向双方提供以下相同的选择:倘若一人坦白而对方保持沉默,此人将即时获释,沉默者将判监10年;倘若二人都保持沉默,则二人都被判监1年;倘若二人均坦白,则都被判监5年。在此种条件下,甲、乙两人经过理性推理均采取了坦白策略,结局是两人都被判监5年。[3]囚徒的困境,缘由之一在于他们不能商量沟通。[4]虽然这个缘由并非囚徒困境的要害所在,但至少也对问题作了阐释。调解,在一定意义上就是商事争议解决过程中"商量沟通"的最好方式之一。将博弈论应用于商业谈判中,倘若双方当事人均竭力于自身利益得到最大满足、死守底线不肯松手,结果可能就会与囚徒困境所反映出的博弈状态一样,最终只是浪费当

---

〔1〕 博弈论在经济学中占有极为重要的地位,这一理论是由约翰·纽曼(John von Neumann)开创并发展起来的。博弈论指个人或组织面对一定的环境条件,在一定的规则约束下,依靠所掌握的信息从各自选择的行为或策略进行选择并加以实施,并从各自取得相应结果或收益的过程。如今,博弈论已经被广泛运用于经济学、社会科学、工商业活动以及日常生活等各个领域。参见保罗·萨缪尔森、威廉·诺德豪斯:《经济学》,萧琛、樊妮等译,人民邮电出版社2004年版,第173页。

〔2〕 R. Campbell & L. Sowden, Paradoxes of Rationality and Cooperation, *Prisoner's Dilemma and Newcomb's Problem*, Vancouver: The University of British Columbia Press, 1995, p. 3.

〔3〕 推理的过程如下:以甲的立场来看,共有两种可能情况。第一种可能情况是乙采取坦白的策略,此时倘若他也坦白则要入狱5年,而倘若他不坦白则要入狱10年;两相权衡,结论是他应以坦白以应对乙的坦白策略。第二种可能情况是乙采取沉默的策略,此时倘若他也沉默要入狱1年,而倘若他坦白则可获得自由;两相比较,结论是他应以坦白来应对乙的沉默策略。将上述两种可能情况的结论进行归纳,得出的总结论是:无论乙采取坦白策略还是沉默策略,甲都应采取坦白作为对策方能对自己更为有利,因此甲要采取坦白策略。而上述推理显然对于乙亦是适用的。这样,在精心推理之后,两个囚徒都采取了坦白策略。

〔4〕 郑也夫:《走出囚徒困境》,光明日报出版社1995年版,第201页。

事人的时间与精力，导致双方之前良好的商业关系趋于恶化。而仲裁程序中加入了调解程序，双方当事人可以开诚布公地提出和解意见，在友好协商基础上，互谅互让，作出适当的妥协与让步，将能尽快地解决争议，从而节省了参与各方的时间与精力。在仲裁程序中进行调解，当事人无须交纳在单独的调解程序中应当交纳的调解费用。而且当事人无须再纠缠于争议中，为争议的解决进一步寻找证据、准备文件资料，相反可以全身心投入到生产经营活动中。此外，争议解决的过程是保密的，不会对争议企业造成商誉上负面影响，而双方当事人亦有可能将之前的商业关系维持下去，这些都蕴涵着潜在的商业利益，对双方当事人而言无疑是双赢的。

在争议解决中，灵活性与终局性都是当事人所希冀的，而这却也是直接相对的目标——仲裁与诉讼提供终局性的裁判，相对而言缺乏灵活性；调解具有灵活性，却不能保证所达成的协议具有终局执行力；而仲裁与调解相结合则能实现灵活性与终局性的双重目标。[1] 尽管在通常情形下，当事人如果达成和解协议，则和解协议的自动执行的可能性非常大。而如果能够获得终局裁决，无疑更能确保和解协议达成的事项得以履行。于此，仲裁与调解相结合的第三个优势就是在调解获得成功后，当事人可以请求仲裁庭依据和解协议的内容制作裁决书，此种裁决书在我国具有与一般裁决书相同的强制执行力。

最高人民法院在 2004 年 9 月对辽宁省高级人民法院作出的批复确认了这一点，该批复如下：你院（2004）辽执二字第 23 号《关于辽宁省高级人民法院不予执行美国 ICI 公司申请执行涉外仲裁裁决案的请示报告》收悉。经研究，答复如下：美国国际商品与投资有限公司（International Commodity & Investment, INC.，以下简称美国 ICI 公司）与大连水产集团有限公司于 2003 年 4 月 13 日、15 日分别签订了《和解协议》和《和解协议补充修改协议》。该两份协议明确约定由大连

---

〔1〕 Elizabeth A. Hunt, "ARB-MED: ADR in the New Millennium", 42-JAN *Orange County Law* (2000), p. 29.

水产集团有限公司限期办理有关土地使用权、海域使用权出让/转让手续,并在未办理上述手续时赔偿美国 ICI 公司 560 万人民币和 1100 万美元的经济损失。该两份协议还约定将协议内容提交中国国际经济贸易仲裁委员会按照简易程序指定独任仲裁员作出仲裁裁决。中国国际经济贸易仲裁委员会依照当事人的请求指定独任仲裁员作出了(2003)贸仲裁字第 0398 号裁决书。该裁决书裁决:"确认申请人与被申请人于 2003 年 4 月 13 日签订的《和解协议》及于 2003 年 4 月 15 日签订的《和解协议补充修改协议》合法有效,双方应遵照执行"。裁决主文虽然没有明确的支付金额和履行期限,但依照双方当事人签订的和解协议及其补充修改协议的内容,能够确定债务人大连水产集团有限公司应履行的义务以及在未履行义务的情况下应支付的赔偿额及履行期限。因此,不应认定本案仲裁裁决没有执行内容。如无证据表明本案仲裁裁决存在其他法定应不予执行的情形,本案仲裁裁决应依法予以执行。[1]

当然,调解程序把握不当,也可能前功尽弃,造成当事人时间与精力的浪费,甚至会危及诚实信用的一方当事人的合法权益。例如,守约一方的当事人本应在正常的仲裁裁决中获得更大的经济利益,但通过仲裁庭的调解,对违约方作出了经济补偿数额上的让步并达成了和解协议,应得到的损失补偿数额有所减少。这一和解协议如经仲裁庭以仲裁裁决的形式确定下来后,一旦违约方仍拒绝自动履行仲裁裁决,则守约方只得寻求法院强制执行,而可执行的经济利益就比通过正常程序仲裁裁决作出的数额要少,从而使得诚实信用的一方当事人在经济利益上得不到充分的保护。[2] 但是,因为程序存在的些许瑕疵而否定整个仲裁与调解相结合程序,显然是缺乏理智的行为。但凡事物都有两面,是矛盾的对立与统一体,更何况仲裁与调解相结合程序在商事争议解决领域所具有的优越性远远大于其所可能导致的负面效

---

[1] 参见最高人民法院(2004)民四他字第 17 号。
[2] 参见康明:《商事仲裁服务研究》,法律出版社 2005 年版,第 244 页。

应。因此，应当趋利避害，充分发挥仲裁与调解相结合积极的方面，而不能因噎废食，完全否定了仲裁与调解相结合整个程序的价值。

第二节 仲裁与调解相结合的正当性剖析

一、自然公正原则

仲裁与调解相结合的争议解决方式在中国获得发展，被誉为"东方经验"，但仲裁与调解两种独立的争议解决机制究竟能否有机地结合起来，实现公正、效益以及和谐的价值目标，国际仲裁界对此的论争此起彼伏，存在着诸多提倡抑或反对的观点。反对者首先质疑仲裁员采取的私访方式有悖于自然公正或程序正义原则。在调解过程中，仲裁员担任调解员时有义务聆听当事人对有关争议所作的额外的和秘密的陈述，而通过与一方当事人私下会见所获得的相关信息，对方当事人无法通过交叉盘问的方式来进行质证，因此对后来可能进行的仲裁程序构成了不利的影响，从而在程序上造成很大的侵害。而且仲裁员通过和一方当事人私下接触可能已经形成或透露他对各方当事人争议的实质问题的观点，这与公正聆讯的原则全然不符。[1]

英国最早发展出了自然公正（Natural Justice）原则，包括两个要求，即任何人都不得在与自己有关的案件中担任法官以及必须给予当事各方充分的机会来陈述本方的理由。[2] 这些要求制约着任何人在法庭或者仲裁庭的行为方式。在自然公正基础上，美国发展了正当程序（Due Process）原则。正当程序与平等对待当事人的原则紧密相连，正当程序意味着各方当事人应当给予平等机会陈述案情，在贯彻正当程序原则的过程中，有三个方面应当引起特别重视：①倘若各方当事人

---

〔1〕 Charles, Stephen, "Natural Justice and Alternative Dispute Resolution", 60 *Law Institute Journal* (1986), p. 1081. 转引自王生长：《仲裁与调解相结合的理论与实务》，法律出版社 2001 年版，第 159 页。

〔2〕 [英] 戴维·M. 沃克主编：《牛津法律大辞典》，北京社会与科技发展研究所译，"自然正义"词条，光明日报出版社 1988 年版，第 628 页。

被给予机会陈述案情,即使一方当事人决定不陈述案情,也足以认为正当程序的原则得到了遵守;②倘若一方当事人被给予一个合理的期限去陈述案情、提交证据、回答对方当事人的评论,则可以认定该方当事人被给予了满意的陈述意见的机会;③只有在当事人得知仲裁员违反正当程序后立即提出抗辩,并依赖该抗辩,当事人才能以违背正当程序为由,申请法院撤销或拒绝执行仲裁裁决。正当程序问题被视为与国际公共政策概念密切相关的一个问题,在某种意义上,可以说包含于程序性的公共政策概念之中。[1] 倘若在仲裁程序中违背了正当程序原则,仲裁裁决将面临撤销或不予承认与执行的风险,例如《纽约公约》规定了作为裁决执行对象的当事人,没有被给予指定仲裁员或者进行仲裁程序的适当通知,或者由于其他情况而不能对案件提出意见,则可以拒绝承认与执行该裁决。[2] 自然公正与正当程序都可归结为对程序公正的要求,美国学者戈尔丁的程序公正标准理论就是专门针对仲裁程序提出的要求,他将公正标准列为三个标题,即中立性(第1~3项)、劝导性争端(第4~7项)与解决(第8~9项),涵括以下九项内容:①任何人不能作为有关自己案件的法官;②结果中不应包含纠纷解决者个人的利益;③纠纷解决者不应有支持或反对某一方的偏见;④对各方当事人的意见均给予公平的关注;⑤纠纷解决者应听取双方的辩论和证据;⑥纠纷解决者只应在另一方当事人在场的情况下听取对方的意见;⑦各方当事人应得到公平机会来对另一方提出的辩论和证据作出反应;⑧解决的诸项条件应以理性推演为依据;⑨分析推理应建立于当事人作出的辩论和提出的证据之上。[3]

对于自然公正或者正当程序的疑虑主要在于仲裁员转换为调解员后在调解程序中所进行的私访,而在实践中仲裁中的调解程序通常会

---

〔1〕 Emmanuel Gaillard & John Savage, *Fouchard Gaillard Goldman on International Commercial Arbitration*, CITIC Publishing House, 2004, pp. 947~950.

〔2〕 Art. 5 (1) (b) of United Nations Convention on the Recognition and Enforcement of Foreign Arbitral Awards.

〔3〕 [美] 马丁·P. 戈尔丁:《法律哲学》,齐海滨译,三联书店1987年版,第240~241页。

采用私访的方式。私访所获得的信息,对方当事人无法通过交叉询问的方式来进行质证,此种单向性也易使对方当事人产生调解员是否存在有真实的或感觉上的偏向的疑虑,尤其是调解员强调某一意见或方案的时候,对调解员偏向一方当事人而减损裁断公正性的疑虑更为明显。因此,诸多学者表示了疑虑,倘若仲裁员已经与当事人分别单独进行了私下谈论,并告知了其观点或意见,则仲裁员如何方能满足或者表面上满足"不偏私"(impartiality)与"公平裁判"(a fair hearing)的要求呢?[1] 对此,笔者认为,仲裁与调解相结合的争议解决方式并未造成对自然公正或者正当程序的侵害。首先,仲裁中的调解与一般的调解,即调解中心的调解并无其他特殊之处。就二者的性质而言,均属于诉讼外的调解,具有民间性,自始至终均是当事人的意思自治在起着支配作用,且仲裁庭调解案件的原则、程序与实际做法与调解中心基本相同。二者最大的区别在于仲裁中的调解最终能获得具有强制执行力的调解书或者裁决书,而调解中心调解多达成的和解协议只能作为当事人之间的契约,而不具有强制执行力。[2] 但是,仲裁中的调解所达成的和解协议并非是自动获得强制执行力的,而是在不改变其实质内容的基础上通过仲裁庭加以确认后方具有强制执行力。也就是说,仲裁中的调解与一般的调解在实质上并无太大的区别,仲裁程序转化为调解程序后,双方当事人即依照调解中的规则达成协议,既然是依照调解规则,调解员采用包括私访在内的各种调解方式也就不足为奇。[3] 之所以对仲裁中的调解提出自然公正或者正当程序的要

---

〔1〕 Alan Redfern and Martin Hunter, *Law and Practice of International Commercial Arbitration*, London: Sweet & Maxwell, 2003, p. 37.

〔2〕 例如我国最高人民法院1997年4月16日《关于超过诉讼时效期间当事人达成的和解协议是否应当受法律保护问题的批复》规定"超过诉讼时效期间,当事人双方就原债务达成的和解协议,属于新的债权、债务关系。"在各国合同法中,和解协议都是一种独立的合同,许多国家的法律也对此种合同作了明确的规定。因此和解协议仅具有合同的效力。参见王利明:《和解协议形成独立的合同关系》,载《人民法院报》2002年1月14日,第B03版。

〔3〕 宋艳丽:《论仲裁中的调解》,载《北京仲裁》2005年第1期,第70页。

求，其实是过分强调了调解作为仲裁一部分的依附性，而忽略了调解本身所具有的独立性与特性。

其次，在仲裁程序中进行调解，倘若操作得当，并不会违背自然公正或者正当程序原则。自然公正原则有个例外规定，即倘若当事人同意，则不视为对自然公正原则的违背。仲裁与调解相结合的争议解决方式确是在双方当事人完全自愿的基础上进行的，是双方当事人意思自治的体现。缘于存在当事人的合意，仲裁员的身份转换为调解员后当事一方进行直接或间接的单独接触，是当事人合意的延伸，是当事人合意的具体实践，而这并不会改变仲裁员担任调解员的独立性与公正性。正当程序原则的核心要求是给予当事人平等的听审权与陈述权，包括争议双方在抗辩程序中各自陈述意见与举证的权利应当得到仲裁庭的尊重与维护，仲裁庭从其他来源获得的信息应当让当事人知悉并有机会进行评论。在仲裁中进行调解并不会损害各方当事人陈述案情与质证的公平机会。在仲裁实践中，调解程序通常是在当事人已经陈述了案情后才启动，当事人在调解开始前已经被给予适当的机会提交文件、交换证据、陈述与辩论。即使是在调解过程中，作为一个调解技术，调解员也会注重给予双方当事人陈述意见与宣泄情绪，听取当事人的心声。且仲裁员在调解过程中所获得的信息是有限的，掌握这些信息的目的也是促进争议双方的谅解、妥协与让步，而不是用来给仲裁员作出决定的。而在调解结束后，倘若当事人认为仍然存在任何事实上或法律上的问题需要作出进一步的陈述的，当事人有权作出进一步的陈述，也有权要求根据案情的发展举行开庭。因此，无论是在调解程序启动前，还是调解程序进程中，抑或是调解程序结束后，整个过程中当事人的权利并未受到侵害，自然公正或者正当程序的要求并未受到减损。

最后，为了避免违背自然公正或者正当程序，一些有意义的建议已经被提出来，包括订立一条合同条款以排除自然公正或者正当程序，或者在披露全部情况的基础上进行私下的"交替密谈"和"穿梭外交"。笔者认为，订立一条合同条款以排除自然公正或者正当程序的适用，是从本质上推翻了仲裁与调解相结合的正当性，而不是解决如何维护在仲裁中进行调解的程序正义问题。如前所述，在仲裁中进行调解的程序操作得当，并不会形成对自然公正或者正当程序的违背。实际的情况是，仲裁庭所要致力于的，即是维护调解程序过程的自然公正或者正当程序，而非在这个过程中排除自然公正或者正当程序。相对而言，在披露全部情况的基础上进行私访的做法值得提倡。中国国际经济贸易仲裁委员会的仲裁与调解相结合的程序，就是采用了此种做法。由仲裁员转变成的调解员总是将一方当事人私下"交替密谈"或"穿梭外交"会议中所说的话全部告诉另一方当事人，调解不成功而结束和恢复仲裁程序时，由调解员转变成的仲裁员一贯都让各方当事人再说一遍他们在调解过程中说过的事情，特别是在私下"交替密谈"或"穿梭外交"中说过的事情，而且让他们相互辩论，以便在程序进行中保证自然公正和正当程序。[1] 此种做法一方面，仲裁员转换为调解员时将与一方当事人进行私访时获得信息（特别的商业秘密等除外）全部披露给另一方当事人，另一方当事人即可在调解程序中进行答辩；另一方面，倘若存在私访过程中所获取的信息未在调解程序中披露给另一方当事人的，则可在调解失败后予以披露，这样另一方当事人就可以在随后恢复的仲裁程序中进行答辩了。通过这两方面的保证，维护了在仲裁中进行调解的自然公正或者正当程序。

二、同一调解员转换为仲裁员的职能混淆

对于调解不成后由同一调解员转换为仲裁员可能会产生的问题，诸多学者表示了关注与担忧。英国知名仲裁专家 Martin Hunter 强烈反对仲裁员担任调解员调解案件，认为一旦仲裁员和一方当事人就案件的证据进行过私下讨论，那位仲裁员恢复行使其作为仲裁员的职能是明显不合适的，实际上也是不可能的。集仲裁员、调解员、评判员与争议解决培训者于一身的 Roger Pitchforth 则认为仲裁与调解相结合必然导致某种形态的调和与危险，因为仲裁员试图在调解过程中进行调解，调解失败后转而充任仲裁员，他们将会受到当事人的言辞而非证

---

〔1〕 唐厚志：《正在扩展着的文化：仲裁与调解相结合或与解决争议替代办法（ADR）相结合》，载《中国对外贸易》2002年第2期，第54页。

据的影响,他们会考虑只有一方当事人知道而不为另一方当事人所知晓的情况;更严重的是如果仲裁员在调解过程中接收了当事人单方面提供的材料或探知了当事人出价的底线,仲裁员在裁决时难免会有感性的或实际的偏袒。主张仲裁与调解相结合会产生对仲裁员与调解员职能混淆的缘由可归结为仲裁员在调解不成后,有可能会利用从一方当事人处获知的信息作出对另一方当事人或者双方当事人均不利的裁决。尤其是在西方国家,不同于我国仲裁与调解可以作为一个有机组合的程序,仲裁与调解通常是两个不同的程序,倘若仲裁员在仲裁程序启动后身份转换为调解员,在调解失败后再由调解员转换为仲裁员,无疑会造成当事人对程序公正性的质疑。

笔者认为,调解不成后对同一调解员转换为仲裁员的身份认同,反映了英美法系与大陆法系在程序公正与实体公正上的不同侧重与倾向。自然公正与正当程序均是缘起于普通法系国家,程序公正观念肇端于英国,并为美国所继承与发展为正当程序。在这些国家,裁判结果是否正确并不以某种外在的客观的标准来加以衡量,而充实和重视程序本身以保证结果能够得到接受则是程序公正与实体公正共同的精神实质,即只要严格遵守正当程序,结果就被视为合乎公正。[1] 救济先于权利、程序先于权利、诉讼先于实体、诉讼法为实体法之母等说法都在表达着"程序中心主义"这一英美法思想。英美法学家的传统观念在于,倘若在实践中无具体实施的程序规则,那么一项权利便无任何实质意义,因为没有程序切实保障的权利犹如水中月、镜中花。[2] 程序的规则保障是争议解决的关键所在,因此英美法系通常从救济方法的有无出发来看待实体法的权利。[3] 而大陆法系国家则更加

---

〔1〕 赵健:《国际商事仲裁的司法监督》,法律出版社 2000 年版,第 25~26 页。

〔2〕 高其才、肖建国、胡玉鸿:《司法公正观念源流略论》,载《清华大学学报(哲社版)》2003 年第 2 期,第 24 页。

〔3〕 参见[英]梅因:《早期的法律与习惯》,转引自[德] K. 茨威格特、H. 克茨:《比较法总论》,潘汉典、米健、高鸿钧、贺卫方译,贵州人民出版社 1992 年版,第 342 页。

强调实体公正,在传统理论上只要结果正确,过程、方法怎样都无所谓。[1]这亦是调解在中国得以盛行的原因所在。当然,忽视程序正义,只能导致对实体正义的片面追求,以看不见的方式实现的正义无论如何都难以获得社会普遍的认可。程序不再仅仅是保障实体权利的手段,程序公正具有独立价值的理念已开始深入人心;实体公正也不再是评价裁决公正与否的主要标准,程序公正才被看做是反映司法活动规律和内在要求的价值目标。在大部分情形中,程序公正与实体公正具有一致性,相互依存,相辅相成。程序公正是实现实体公正的先决条件,当程序公正的各项要求均得到遵守时,推定其结果符合公正的要求,即便是裁决并不一定符合客观真实,但是在法治社会中则认为它实现了法律上的正义。缺失一套公正的程序,不仅会影响争议的解决,甚至会加剧矛盾与对立。因此,为消除当事人的疑虑,设立一种机制以保证调解员转换为仲裁员后不致受到非证据因素的影响,显然具有必要性。

在一定意义上,调解确实具有反程序的外观。调解不必严格地按照法律规范进行三段论式的推理与论证,也不必遵循一定的步骤查明事实、分清是非,而是灵活与随机地进行一种谋求解决问题式的谈判。此种没有严格程序的解纷方式,如何保障其过程和结果的正当性和公正性引起了各方的质疑。诚然,调解及其结果欲取得公正性的外观,程序的保障必不可少,但是严格的程序设计又会破坏调解的灵活性这一根本特点。这样,调解的灵活性与程序要求之间时常存在着一种紧张的关系,如何在二者之间寻找一个平衡点便成了调解面临的难题。[2]但是这并非表明了不能对调解进一步地规范化与制度化,实际上,调解在程序法的发展中发挥了相当大的作用,并且包含着自身程序化的契机。早在原始社会时,调解就是争取自力救济的合法性和时

---

[1] [日]谷口安平:《程序的正义与诉讼》,王亚新、刘荣军译,中国政法大学出版社1996年版,第1页。

[2] 王建勋:《调解制度的法律社会学思考》,载《中外法学》1997年第1期,第29页。

间的简单程序;在调解程序发展的高级阶段,已经产生了当事人在一定的社会关系的前提下强调自己的主张的正当性和合理性,并且服从合乎正义的判断的论证样式;在现代化过程中,调解的制度化水平进一步得到提高,荷兰的劝解官制度、法国的复合调解制度(conciliation grande, conciliation petite)、日本的调解法等都是著名的事例。美国密执安大学法学院的 Richard Lempter 教授对调解等所谓非正式的程序进行实证研究后认为调解中对于程序性和实体性的各种问题的反复交涉会导致结晶化的现象,形成某种范型和非正式的规则,调解机构承认这些规范的约束力,从而减少了争议解决的恣意性。[1]

事实上,诸多国家的立法或者仲裁机构的仲裁规则已经开始对调解作出了规定,且一些国家的立法或者仲裁机构的仲裁规则对于调解员转换为仲裁员后可能产生的不利影响进行了规制。为消除调解不成对后续仲裁的不利影响,其中一个可行的途径就是仲裁员披露在调解过程中所获得信息。例如香港国际仲裁中心前主席尼尔·客普伦教授支持仲裁与调解相结合,但为了保证自然公正要求符合以下条件:其一,相结合应以当事人协议为准;其二,当事人一旦收回他们的同意(协议),调解程序就应立即停止;其三,如果调解的努力失败,在调解程序中知道的一切实情必须予以披露。[2] 香港 2000 年《仲裁(修订)条例》就规定了:"如一仲裁员或首席仲裁员由协议提交仲裁之一方当事人处获得之保密资料系进行调解程序中获得,且调解程序因未能达成和解而终止,该仲裁员或首席仲裁员在恢复仲裁程序前,如认为上述资料与仲裁程序有关,则应向提交仲裁之他方当事人公布该等资料。"[3] 也就是说,对于在调解过程中所获得的信息和保密资料,向另一方当事人进行披露是仲裁员的义务。2004 年 3 月开始施行的日本新《仲裁法》虽然在这个问题上未规定具体的方法,但第 18 条第 4

---

[1] 参见季卫东:《程序比较论》,载《比较法研究》1993 年第 1 期,第 15 页。

[2] 唐厚志:《正在扩展着的文化:仲裁与调解相结合或与解决争议替代办法(ADR)相结合》,载《中国对外贸易》2002 年第 2 期,第 54 页。

[3] 参见香港《仲裁(修订)条例》第 2B(3)条。

款规定了仲裁员有披露任何可能引起仲裁员自身公正性或者独立性怀疑的事实的义务。日本学者佐藤安信教授认为在调解程序中，当一名仲裁员获知了在仲裁程序中将对裁断起到关键性作用的机密情报时，仲裁员必须披露这一事实，虽然新《仲裁法》未作明确规定，新法也未含有任何注重仲裁员保密责任的规定。当然，仲裁员首次应当征求提交机密情报的一方当事人的同意，否则仲裁员就失去了可信度并将调解程序置于艰难境地，因为双方当事人会自然而然地对公平交流信息和坦白对待仲裁员变得犹豫不决。[1]

制度保障的第二个方面是，仲裁员一般是不得采用在调解过程中所获得的信息。例如中国国际经济贸易仲裁委员会《仲裁规则》对此也作出了规定："如果调解不成功，任何一方当事人均不得在其后的仲裁程序、司法程序和其他任何程序中援引对方当事人或仲裁庭在调解过程中曾发表的意见、提出的观点、作出的陈述、表示认同或否定的建议或主张作为其请求、答辩或反请求的依据。"[2] 换言之，对于在调解过程中所获取的当事人的意见、观点、陈述以及主张等信息，在仲裁程序恢复后是禁止使用的。日本新《仲裁法》虽然尚未有关于仲裁员保密责任的任何规定，然而在案件中，仲裁员一旦使用了调解程序中获得的机密情报，在第18条第1款第2项所列条款规定的基础上，可以对仲裁员提出回避。而且，在前述仲裁员具有披露义务的前提下，倘若当事人不同意披露这一机密情报，而仲裁员认为其会受到该机密情报的影响而不能确信会履行公平对待双方当事人时，仲裁员应当辞职。[3] 因为依据新《仲裁法》第25条的规定，在仲裁程序中，双方当事人应当被公平对待，而且应当给予任何一方当事人完整的陈述案情的机会。在当事人不同意仲裁员披露机密情报时，鉴于另一方

---

〔1〕 [日] 佐藤安信：《日本新仲裁法：它将引起日本调解仲裁实践的变革吗？》，谢慧译，载《仲裁研究》（第10辑），第89页。

〔2〕 参见中国国际经济贸易仲裁委员会2005年《仲裁规则》第40条第8项。

〔3〕 [日] 佐藤安信：《日本新仲裁法：它将引起日本调解仲裁实践的变革吗？》，谢慧译，载《仲裁研究》（第10辑），第89页。

当事人或许会失去对不利信息盘问和辩驳的机会，而仲裁员又认为自己不可避免地受到该信息的影响，仲裁员应当辞职，以确保仲裁与调解相结合程序的自然正义。

司法监督则是制度保障的最后一个方面。依据《纽约公约》第5条第2款的规定，作为裁决执行对象的当事人，没有被给予指定仲裁员或者进行仲裁程序的适当通知，或者由于其他情况而不能对案件提出意见的，法院将拒绝承认与执行该裁决。虽然该条文明确将违背正当程序归为两类，即未给予适当通知与当事人未能申辩，但实际上违背正当程序的行为比此项规定要广泛得多，且此项规定并不阻止法院因其他正当程序问题不予承认与执行仲裁裁决。[1] 仲裁程序中对在调解过程中所获得的信息的使用，也属于正当程序问题。这些信息有可能未能给予当事人适当的通知，也有可能未能给予双方当事人同等而有效的陈述案情的机会，仲裁员对这些信息的使用，将导致仲裁裁决在法院地国得不到承认与执行。此种司法监督制度，在客观上促使仲裁员在作出裁决时所依据的事实与理由必然会经过双方当事人的辩论与质证，从而使得这些非证据的言辞在实践中存在的空间微乎其微。

除了制度层面的保障外，仲裁员本身的素质与道德水平也是程序公正的一个保障。对于有些人认为即使有些国家的立法或者仲裁机构的仲裁规则规定对于调解时私下会见所获得的相关信息不能用于以后的仲裁程序中，但是这种程序互相结合的性质实质上造成了客观上的困难，即仲裁员在调解过程中得知了一方当事人出价的底线而有可能会产生感性的或实际的偏袒，笔者认为仲裁员是否偏袒取决于仲裁员自身的素质与道德水平，而与仲裁员是否进行了调解是没有必然联系的。例如姚壮仲裁员所说的："西方反对仲裁和调解这两个东西结合在一起的理由就是，他们觉得仲裁员作为调解员把双方的底都摸走了，你仲裁的时候，你的公正性就可能失去了。我觉得，这一问题，取决于你既是仲裁员又是调解员本身的品德问题。如果你的品德没有问题

---

〔1〕 赵相林主编：《国际私法》，中国政法大学出版社2005年版，第501~502页。

的话，这一点就没有什么可虑的。"[1] 缘于仲裁机构对仲裁员选聘的严格条件与要求，一般而言仲裁员的素质与道德水平足以保障仲裁程序的公正。在中国，基于以下理由，同一案件、同一程序中仲裁员与调解员的双重身份在实践中并不存在障碍：①仲裁员对案情比较了解，有利于进行调解工作；②不必再另行聘请调解员，可以节省人力、财力；③仲裁员深知保密原则，不存在泄密问题；④仲裁员审理、调解系专家断案，对问题的认识应该是清楚的，不会受不正确思路的影响。[2]

第三节　仲裁与调解相结合的各国实践考察

一、国家、地区与国际组织关于仲裁与调解相结合的规定

（一）中国

作为"东方经验"的争议解决方式，仲裁与调解相结合在中国获得了长足的发展，相关法律规定与规则也日益完善。1994年颁布的《仲裁法》首次以法律的形式对仲裁与调解相结合的争议解决方式作出了规定。《仲裁法》第49条至第52条分别作了如下规定：

第四十九条　当事人申请仲裁后，可以自行和解。达成和解协议的，可以请求仲裁庭根据和解协议作出裁决书，也可以撤回仲裁申请。

第五十条　当事人达成和解协议，撤回仲裁申请后反悔的，可以根据仲裁协议申请仲裁。

第五十一条　仲裁庭在作出裁决前，可以先行调解。当事人自愿调解的，仲裁庭应当调解。调解不成的，应当及时作出裁决。

调解达成协议的，仲裁庭应当制作调解书或者根据协议的结果制

---

〔1〕 参见王生长：《仲裁与调解相结合的理论与实务》，法律出版社2001年版，附录：《姚壮访谈录》。

〔2〕 程德钧主编：《国际贸易争议与仲裁》，对外经济贸易大学出版社2002年版，第203页。

作裁决书。调解书与裁决书具有同等法律效力。

第五十二条 调解书应当写明仲裁请求和当事人协议的结果。调解书由仲裁员签名,加盖仲裁委员会印章,送达双方当事人。

调解书经双方当事人签收后,即发生法律效力。

在调解书签收前当事人反悔的,仲裁庭应当及时作出裁决。

2006年开始施行的《最高人民法院关于适用〈中华人民共和国仲裁法〉若干问题的解释》进一步作了补充规定:"当事人请求不予执行仲裁调解书或者根据当事人之间的和解协议作出的仲裁裁决书的,人民法院不予支持。"[1]

(二) 日本

随着以联合国国际贸易法委员会《国际商事仲裁示范法》为蓝本而修订的日本新《仲裁法》在2004年开始施行,日本已加入到国际仲裁行列中来。日本新《仲裁法》具有几个显著的特点,其中之一即是第38条第4款规定仲裁庭可以应当事人的请求进行调解,该条款反映了国内仲裁与国际仲裁的惯例,也与示范法的规定相一致。[2] 对于仲裁与调解相结合的争议解决方式,新法着力于确保程序的自然正义。日本学者认为在速度与经济(比如时间和费用)之间找出两全的办法,同时确保自然正义或程序公正,原则上须由涉案当事人作评断,即保证自然正义最基本的观点是:为了提供尽可能多的替代方式以使他们可从中做出选择,必须具体说明最低限度的责任。新法如何能体现这一点呢?首先,在仲裁与调解之间的联系方面(仲裁员为解决争议而作的尝试),新法在第38条第4款、第5款中作了如下规定:"④ 一个仲裁庭或由它指定的一个或多个仲裁员应试图依据当事人双方同

---

[1] 参见《最高人民法院关于适用〈中华人民共和国仲裁法〉若干问题的解释》第28条。

[2] [日] 中村达也:《日本新仲裁法的几个显著特点》,范文静译,载深圳仲裁委员会网站:http://www.szac.org/zone_details.asp?newsid=63,2008年9月10日访问。

意的仲裁程序解决民事争议。⑤除非当事人双方同意其他的方法，前款所规定的同意或同意的撤销应当以书面形式作出。"第38条第4款规定了仲裁员尽力促使当事人双方解决争议。在实际约定中，这种尝试等同于调停或调解，因为一项当事人双方可直接协商的纯粹性建议是不需要书面形式同意。甚至新法还规定，仲裁员可直接作出这样一项建议而无需当事人的同意，除非该行为同仲裁员职责相违背。第38条第4款允许仲裁员作出的调解／调停服从于当事人双方在协议程度上的意思表示一致。第38条第5款意旨确保以当事人的意愿为主，第38条的第4款及第5款保证了当事人在选择一个 med-arb 型混合争议程序时的自主权。[1] 其次，在仲裁员与调解员身份相互转换方面，前文述及了虽然新法尚未规定有关仲裁员的保密责任，然而在案件中，仲裁员一旦使用了调解程序中获得的机密情报，在第18条第1款及第2款所列条款规定的基础上，可以对仲裁员提出回避。此外新法第25条规定在仲裁程序中，双方当事人应被公平对待，应给予任何一方当事人完整的陈述案情的机会；倘若一名仲裁员不能确信他/她能够履行本条所强调的职责，他/她应当辞职；辞职免除了愿成而未成的仲裁员在新法第21条第1款及第2款中所规定的责任。通过这些方式，大体上维护了仲裁与调解相结合程序的自然正义。

（三）印度

印度1996年《仲裁与调解法》的第三部分，即从第61条至第81条专门规定了调解（Conciliation）制度。其中，这些规定包括了调解的范围（Application and Scope）、调解程序的开始（Commencement of Conciliation Proceedings）、调解员的指定（Appointment of Conciliators）、调解员与当事人之间的沟通（Communication between Conciliator and Parties)、信息的披露（Communication between Conciliator and Parties）、当事人与调解员的合作（Co-operation of Parties with Conciliator）、和解裁决（Settlement Agreement）、保密（Confidentiality）、调解程序的终止

---

[1] [日] 佐藤安信：《日本新仲裁法：它将引起日本调解仲裁实践的变革吗？》，谢慧译，载《仲裁研究》（第10辑），第89页。

(Termination of Conciliation Proceedings)以及调解程序中所获的证据的可采性(Admissibility of Evidence in Other Proceedings)等。《仲裁与调解法》以联合国贸易法委员会《调解规则》作为蓝本,反映了印度在国际商事争议解决机制中的基本趋向。该法第80条规定了仲裁员经过各方当事人的同意,可以在仲裁程序进行的任何阶段,采用调解或者其他程序鼓励和解。其中,该法规定了:"当事人另有约定的除外,(a)调解员不应当在与调解程序所涉争议标的有关的任何仲裁或诉讼程序中,充任仲裁员、一方当事人的代表或法律顾问;(b)调解员也不应当在仲裁或诉讼程序中担任当事人的证人。"[1]虽然此条款表明了立法倾向于调解员不在同一争议解决的程序中担任仲裁员,但倘若当事人另有协议,调解员也可以在仲裁程序中担任仲裁员,这就是狭义上的仲裁与调解相结合的争议解决方式。

(四)新加坡

新加坡2002年修订的《国际仲裁法》亦鼓励仲裁与调解相结合的争议解决方式。该法第16条第3款规定了:"仲裁协议规定调解员指定以及进一步规定担任仲裁员的人士在调解程序中,未能协助达成当事人都能接受的和解时:(a)不能仅以仲裁员曾经在与仲裁有关的一些或所有事项中担任调解员为由,对该仲裁员的指定或其在仲裁程序中的行为提出异议……"第17条规定了作为调解员时仲裁员的权力:"(1)如果参加任何仲裁程序的全部当事人书面同意且只要没有一方当事人书面撤回他的同意,仲裁员或公断人可以作为调解员;(2)仲裁员或公断人作为调解员的,(a)可以与参加仲裁程序的当事人共同地或单独地联系;(b)应对其从参加仲裁程序的一方当事人了解到的

---

[1] See Art. 80 of Indian Arbitration and Conciliation Act:

Unless otherwise agreed by the parties,

(a) the conciliator shall not act as an arbitrator or as a representative or counsel of a party in any arbitral or judicial proceeding in respect of a dispute that is the subject of the conciliation proceedings;

(b) the conciliator shall not be presented by the parties as a witness in any arbitral or judicial proceedings.

情况予以保密,但该方当事人同意不保密或适用第(3)款规定的除外;(3)仲裁员或公断人在调解程序中和在当事人未能达成和解协议而终止的程序中从参加仲裁程序的一方当事人得到秘密情况时,仲裁员或公断人应在恢复仲裁程序之前,将他认为与仲裁程序有实质关系的情况尽量披露给参加仲裁程序的其他当事人;(4)不得仅仅因为该人曾经依据本节的规定充当过调解员,而反对他进行仲裁程序。"[1]

(五)中国香港地区

香港2000年《仲裁(修订)条例》建立了一个框架,旨在确保仲裁员对争议进行调解而不会违背自然公正原则。条例赋予当事人允许仲裁员中断仲裁而对争议进行调解的一种选择权,程序的启动须双方当事人同意,且程序可依一方当事人的要求而终止;仲裁员可以采取私访的方式;倘若调解不成,调解人将恢复为仲裁员的身份,而密

---

[1] See Art. 16 (3) (a) and 17 of International Arbitration Act:

16 (3) Where an arbitration agreement provides for the appointment of a conciliator and further provides that the person so appointed shall act as an arbitrator in the event of the conciliation proceedings failing to produce a settlement acceptable to the parties—

(a) no objection shall be taken to the appointment of such person as an arbitrator, or to his conduct of the arbitral proceedings, solely on the ground that he had acted previously as a conciliator in connection with some or all of the matters referred to arbitration;

17. (1) If all parties to any arbitral proceedings consent in writing and for so long as no party has withdrawn his consent in writing, an arbitrator or umpire may act as a conciliator.

(2) An arbitrator or umpire acting as conciliator—

(a) may communicate with the parties to the arbitral proceedings collectively or separately; and

(b) shall treat information obtained by him from a party to the arbitral proceedings as confidential, unless that party otherwise agrees or unless subsection (3) applies.

(3) Where confidential information is obtained by an arbitrator or umpire from a party to the arbitral proceedings during conciliation proceedings and those proceedings terminate without the parties reaching agreement in settlement of their dispute, the arbitrator or umpire shall before resuming the arbitral proceedings disclose to all other parties to the arbitral proceedings as much of that information as he considers material to the arbitral proceedings.

(4) No objection shall be taken to the conduct of arbitral proceedings by a person solely on the ground that that person had acted previously as a conciliator in accordance with this section.

谈的相关内容均应被披露。具体说来，条例以"指定调解人"与"仲裁员担任调解人的权力"两个条款对仲裁中调解进行规制：

指定调解人

2A. (1) 如果仲裁协议中规定由第三人来指定调解人，而该第三人拒绝指定或怠于在规定的时间内指定，抑或协议双方未要求规定一个指定时间，法院或法官可应协议任何一方之申请，指定一位调解人，具有同样进行调解程序的权力，并应视其为根据协议而指定的调解人。

(2) 如果仲裁协议对指定调解人有规定，并规定在调解程序不能达致被双方所接受的和解时该调解人应即时充当仲裁员时：

(a) 协议任何一方不得以该指定之人仅系调解人调解部分或全部仲裁事宜为由反对其担任仲裁员进行仲裁；

(b) 如果该等人士拒绝担任仲裁员，除非仲裁协议中另有规定，不得要求其他指定的仲裁员首先担任调解人。

(3) 除非仲裁协议中另有规定，仲裁协议中规定的指定调解人条款中应包括如下规定，即在调解程序未能在指定调解人后的3个月或双方同意的更长一段时间内，或者如果系仲裁协议中列名的调解人，在其收到有关发生争议的书面通知后的3个月内，达成双方接受的调解结果，该调解程序应即终止。

仲裁员担当调解人的权力

2B. (1) 如协议提交仲裁各方当事人书面同意，并且只要该等同意不被任何一方撤回，仲裁员或者首席仲裁员即可担当调解人。

(2) 担当调解人的仲裁员或首席仲裁员：

(a) 可以与提交仲裁双方一起进行调解或单独与其一方进行调解；

(b) 由仲裁双方任何一方获得之资料应视为保密性资料，但该当事人同意或第(3)节适用时则不在此限；

(3) 如一仲裁员或首席仲裁员由协议提交仲裁之一方当事人处获得之保密资料系进行调解程序中获得，且调解程序因未能达成和解而终止，该仲裁员或首席仲裁员在恢复仲裁程序前，如认为上述资料与仲裁资料程序有关，则应向提交仲裁之他方当事人公布该等资料；

(4) 仲裁当事人不得以该仲裁员或首席仲裁员曾担当过调解人而反对其进行仲裁程序。

(六) 英国

长期以来，仲裁与调解相结合的争议解决方式存在于东方，从前述亚洲国家对仲裁中调解的规制可见一斑。现如今，这种文化正在形成一种扩展的趋势，以各种方式向西方与世界其他地区扩展。[1] 在普通法系国家中，早期的英国对仲裁并不信任，法院曾以不信任或厌恶的目光看待仲裁员的活动，他们唯恐法院对法律问题的管辖权被仲裁员剥夺，因而遏制仲裁的发展。[2] 随着仲裁在英国获得了广泛的发展，包括调解在内的其他争议解决替代方式也得到了肯定。自从1999年英国实行民事诉讼制度改革以来，商事调解得到了大力发展。民事诉讼规则第一章第1.4条规定，法院应当通过案件的积极有效的管理来促进案件能够公正审理这一终极目标的实现，这就包括"鼓励当事人使用争议解决替代方式的程序，如果法院认为适用这样的程序是合适和便利的话"。[3] 此处的"争议解决替代方式"，自是包括仲裁与调解相结合的争议解决方式。

(七) 美国

美国联邦仲裁与调解局（Federal Mediation & Conciliation Service，简称FMCS）虽然是致力于仲裁与调解的争议解决方式，但FMCS是一个通过预防、管理和解决工作场所争议以促进劳资和谐的职能系统，一般的商事争议并不在其管辖范围内。传统上，仲裁与调解是作为两个分开的程序来解决商事争议的，即使存在通过仲裁与调解相结合的方式解决争议的案例，亦是以仲裁机构或仲裁协会的规则为依据，而

---

[1] 唐厚志：《正在扩展着的文化：仲裁与调解相结合或与解决争议替代办法（ADR）相结合》，载《中国对外贸易》2002年第2期，第50页。

[2] [英] 施米托夫：《国际贸易法文选》，赵秀文选译，中国大百科全书出版社1993年版，第667页。

[3] 参见康明：《商事仲裁与调解相结合的若干问题》，载《北京仲裁》（第61辑），第101～102页。

缺乏立法上的支持。对于美国仲裁机构或仲裁协会的规则中对仲裁与调解相结合的规定，下文将进行阐述。

（八）加拿大

相对于其他普通法系国家对调解半推半就的姿态，加拿大对仲裁员进行调解的认可始于1986年的《商事仲裁法》（Commercial Arbitration Act），该法体现了对仲裁与调解相结合的支持，规定："①仲裁庭鼓励和解解决争议与仲裁协议并无矛盾，而且在当事人同意之下，可以在仲裁程序中的任何时候使用调解或其他程序鼓励和解。②如果当事人在仲裁程序过程中和解解决其争议，仲裁庭应终止仲裁程序；如果当事人要求而且仲裁庭不反对的话，仲裁庭应以协议裁决的形式记录和解的内容。③协议裁决应依照第31节的规定作出，而且应写明它是一个裁决。④协议裁决与其他任何争议实体的仲裁裁决具有同等的地位和效力。"[1]

（九）澳大利亚

澳大利亚于2006年9月29日生效的《商事仲裁法》（Commercial Arbitration Act）明确表明了对在仲裁程序中进行调解的支持。该法第27条规定了："（1）仲裁协议各方当事人，（a）可以寻求通过调解、调停或其他相似的方式解决他们之间的争议；（b）可以授权一个仲裁员或者公断人作为他们之间的争议的调解员、调停人或者其他非仲裁性的中间人。当事人的以上权利的行使无论是在仲裁程序进行之前或仲裁程序结束后，也不论是否继续进行仲裁。（2）当（a）仲裁员或公断人作为调解员、调停人或中间人时，（b）其行动未能促成争议当事人可以接受的和解，不能仅仅由于该仲裁员或公断人曾经采取过与争议有关的上述行动而反对该仲裁员或公断人在其后的仲裁程序中的仲裁行动。（3）仲裁员依照分节（1）的规定促进和解时受自然公正

---

[1] 参见加拿大1986年《商事仲裁法》第35条。

原则的约束,当事人之间另有书面约定的除外……"[1]

（十）荷兰

国际商事仲裁委员会（ICCA）名誉主席兼荷兰仲裁院名誉主席彼德·桑道斯教授在1996年的"亚历山大讲演"中说道："……同样在仲裁中，就像在法院程序中一样，仲裁员可以在进行程序的任何阶段，指令当事人亲自出庭，以便他们提供情况，或试图达成和解。这是荷

---

[1] See Art. 27 of Commercial Arbitration Act:
Settlement of disputes otherwise than by arbitration
(1) Parties to an arbitration agreement——
(a) may seek settlement of a dispute between them by mediation, conciliation or similar means; or
(b) may authorise an arbitrator or umpire to act as a mediator, conciliator or other non-arbitral intermediary between them (whether or not involving a conference to be conducted by the arbitrator or umpire);
whether before or after proceeding to arbitration, and whether or not continuing with the arbitration.
(2) Where——
(a) an arbitrator or umpire acts as a mediator, conciliator or intermediary (with or without a conference) under subsection (1); and
(b) that action fails to produce a settlement of the dispute acceptable to the parties to the dispute;
no objection shall be taken to the conduct by the arbitrator or umpire of the subsequent arbitration proceedings solely on the ground that the arbitrator or umpire had previously taken that action in relation to the dispute.
(3) Unless the parties otherwise agree in writing, an arbitrator or umpire is bound by the rules of natural justice when seeking a settlement under subsection (1).
(4) Nothing in subsection (3) affects the application of the rules of natural justice to an arbitrator or umpire in other circumstances.
(5) The time appointed by or under this Act or fixed by an arbitration agreement or by an order under section 48 for doing any act or taking any proceeding in or in relation to an arbitration is not affected by any action taken by an arbitrator or umpire under subsection (1).
(6) Nothing in subsection (5) shall be construed as preventing the making of an application to the court for the making of an order under section 48.

兰仲裁法的明文规定。"[1] 缘于大陆法系国家传统上容许法官以调解的方式处理案件，这一实践也或多或少地影响了仲裁程序，但除了荷兰外，其他国家的法律均未对在仲裁中进行调解的方式作出明确规定。荷兰1986年《民事诉讼法典》第四编关于"在程序的任何阶段，仲裁庭可以指令当事人亲自出庭，提供信息或尝试达成和解"[2] 的规定，表明了立法对仲裁与调解相结合争议解决方式的肯定。

（十一）世界知识产权组织

知识产权争议可以通过仲裁、调解以及其他争议解决方法的混合形式进行裁断，而不一定以诉讼的方式进行。ADR争议解决方式具有双重益处，即较之诉讼更为有效的程序与更为低廉的成本，且不同于法院需要遵循先例，仲裁员和调解员可以依据常识作出决定。[3] 这正契合了知识产权争议，尤其是国际知识产权争议处理的需求。世界知识产权组织调解和仲裁中心2002年的《调解规则》就支持了仲裁与调解相结合的争议解决方式，但是，此处的规定应当理解为一种先调解后仲裁的方式，即调解员应该尽一切可能促成当事人争议的解决，若调解员认为不能通过调解解决时，调解员可以建议当事人采用其他争议解决程序或方法，这其中就包括仲裁。《调解规则》规定："（a）调解员应以其认为的任何适当方式促进当事人之间就争议事项达成和解，但无权将和解强加于当事人；（b）调解员认为当事人之间的任何争议事项不能通过调解解决时，在考虑争议的情况与当事人之间的业务关系之后，可以向当事人推荐其认为最有效、最经济以及最具有成效的解决当事人之间争议事项的程序或方法，供当事人考虑。调解员可以特别推荐： （i）由一位专家就一个或多个特定的事项作出决定；（ii）进行仲裁；（iii）由当事人各方提出各自的最后和解方案；据此，

---

[1] 唐厚志：《正在扩展着的文化：仲裁与调解相结合或与解决争议替代办法（ADR）相结合》，载《中国对外贸易》2002年第2期，第52页。

[2] 参见荷兰1986年《民事诉讼法典》第四编第1043条。

[3] Kevin M. Lemley, "I'll Make Him an Offer He Can't Refuse: A Proposed Model for Alternative Dispute Resolution in Intellectual Property Disputes", 37 *Akron L. Rev.* (2004), p. 305.

通过调解仍然不能达成和解，则在所述的最后和解方案的基础上进行仲裁，仲裁庭的任务只限于决定哪一方当事人的方案应被采纳；或（ⅳ）经当事人明示同意，调解员作为独任仲裁员进行仲裁，调解员可以考虑使用在调解程序中得到的信息。"[1]

二、仲裁协会与仲裁机构关于仲裁与调解相结合的规则

（一）中国

2005年通过的中国国际经济贸易仲裁委员会《仲裁规则》对仲裁与调解相结合作了更为详细的规定："①当事人在仲裁委员会之外通过协商或调解达成和解协议的，可以凭当事人达成的由仲裁委员会仲裁的仲裁协议和他们的和解协议，请求仲裁委员会组成仲裁庭，按照和解协议的内容作出仲裁裁决。除非当事人另有约定，仲裁委员会主任指定一名独任仲裁员组成仲裁庭，按照仲裁庭认为适当的程序进行审

---

[1] See Art. 13 of World Intellectual Property Organization Mediation Rules:
Role of the Mediator
Article 13

(a) The mediator shall promote the settlement of the issues in dispute between the parties in any manner that the mediator believes to be appropriate, but shall have no authority to impose a settlement on the parties.

(b) Where the mediator believes that any issues in dispute between the parties are not susceptible to resolution through mediation, the mediator may propose, for the consideration of the parties, procedures or means for resolving those issues which the mediator considers are most likely, having regard to the circumstances of the dispute and any business relationship between the parties, to lead to the most efficient, least costly and most productive settlement of those issues. In particular, the mediator may so propose:

(i) an expert determination of one or more particular issues;
(ii) arbitration;
(iii) the submission of last offers of settlement by each party and, in the absence of a settlement through mediation, arbitration conducted on the basis of those last offers pursuant to an arbitral procedure in which the mission of the arbitral tribunal is confined to determining which of the last offers shall prevail; or
(iv) arbitration in which the mediator will, with the express consent of the parties, act as sole arbitrator, it being understood that the mediator may, in the arbitral proceedings, take into account information received during the mediation.

理并作出裁决。具体程序和期限不受本规则其他条款限制。②如果双方当事人有调解愿望,或一方当事人有调解愿望并经仲裁庭征得另一方当事人同意的,仲裁庭可以在仲裁程序进行过程中对其审理的案件进行调解。③仲裁庭可以按照其认为适当的方式进行调解。④仲裁庭在进行调解的过程中,任何一方当事人提出终止调解或仲裁庭认为已无调解成功的可能时,应停止调解。⑤在仲裁庭进行调解的过程中,双方当事人在仲裁庭之外达成和解的,应视为是在仲裁庭调解下达成的和解。⑥经仲裁庭调解达成和解的,双方当事人应签订书面和解协议;除非当事人另有约定,仲裁庭应当根据当事人书面和解协议的内容作出裁决书结案。⑦如果调解不成功,仲裁庭应当继续进行仲裁程序,并作出裁决。⑧如果调解不成功,任何一方当事人均不得在其后的仲裁程序、司法程序和其他任何程序中援引对方当事人或仲裁庭在调解过程中曾发表的意见、提出的观点、作出的陈述、表示认同或否定的建议或主张作为其请求、答辩或反请求的依据。"[1]

为了更好地规制仲裁与调解相结合的争议解决方式,广州仲裁委员会则制定了专门的《调解规则》,对仲裁中进行调解的程序作出了详细的规定。[2]该规则于2007年1月1日开始施行,适用于广州仲裁委员会及其分会。对于规则未作出规定的,则适用《广州仲裁委员会

---

[1] 参见中国国际经济贸易仲裁委员会2005年《仲裁规则》第40条。
[2] 其主要条款如下:
  第一条 平等主体的自然人、法人和其他组织之间发生的合同纠纷和其他财产权益纠纷,当事人之间为友好地解决争议,同意在提请仲裁裁决之前先行调解时,适用本规则有关规定。
  第二条 当事人可以就其争议向本会或本会授权的调解机构申请调解。经双方当事人同意,调解即可开始。调解在本会或本会授权的调解机构内进行,当事人另有约定的,从其约定。当事人协议将其争议提交本会调解的,视为同意按照本规则进行调解。
  第三条 当事人提出调解申请时,应提交调解协议、调解申请书、证据材料、主体证明材料、授权委托书等材料。
  第四条 调解人数为一名或两名。当事人可从本会或者本会授权的调解机构的调解员名册中共同选定一名调解员,或委托本会主任指定一名调解员,或各选择一名调解员,进行调解。

仲裁规则》的相关规定。

（二）日本

在日本新《仲裁法》修订以来，日本仲裁协会与仲裁机构均相应地修订了各自的仲裁规则，对仲裁与调解相结合的程序进行更为细致的规定，以保证自然公正原则不受到破坏。日本商事仲裁协会（Japan Commercial Arbitration Association，简称 JCAA）于 2004 年 3 月 1 日正式通过了新的《商事仲裁规则》，它同新《仲裁法》于同一日期开始实施。作为一种解决的方法，旧规则关于"与仲裁案有直接利害关系的人可以参加开庭。其他人员是否可参加开庭，由仲裁庭决定"[1]的规定，已为新规则中的"如果所有当事人同意，无论口头或其他方式，仲裁庭应当尽力在仲裁程序中解决争端"[2]的强制要求所代替。缘于

第五条 当事人申请调解，本会或本会授权的调解机构认为符合受理条件的，可以当日受理案件、进行调解、作出调解书。

第六条 调解不公开进行，在调解过程中，当事人或证人向调解员披露的信息，调解员应保密。调解员应根据合同的规定，依照法律，参照国际惯例，根据客观、公正和公平合理的原则进行，以促进当事人互谅互让，达成和解。

第七条 当事人应积极地与调解员合作，按调解员的要求，提交材料和证据，并按时出席调解会议。当事人应根据调解书全面履行相关义务。

第八条 当事人达成和解协议，并要求本会作出具有强制执行力的调解书的，应在本会或本会授权的调解机构的主持下达成仲裁协议，并向本会提出申请。本会认为符合受理条件的，可以当日受理案件，组成独任仲裁庭，根据调解协议作出具有法律拘束力的调解书。仲裁庭组成 7 日内应当作出调解书，特殊情况需要延长期限的，由仲裁庭报本会主任批准。

第九条 当事人达不成和解协议的，本会或本会授权的调解机构有义务指引当事人达成仲裁协议，选择将该纠纷提交广州仲裁委员会并按照该会现行有效的仲裁规则进行仲裁。

第十条 由本会根据调解协议作出具有强制执行力的调解书的，当事人应交纳仲裁费用。仲裁费的承担，除当事人另有约定，由仲裁员根据案件情况和调解结果，最后确定由一方当事人承担或由双方当事人按比例分担。

调解案件收费，以人民币 50 元为起点，根据《广州仲裁委员会仲裁收费办法》减半收取。

[1] 参见日本仲裁协会 1997 年《商事仲裁规则》第 31 条。
[2] 参见日本仲裁协会 2004 年《商事仲裁规则》第 47 条。

日本商事仲裁协会是一个经验丰富的专业机构,并不需要以书面形式确保当事人意愿,因此这项规则允许当事人口头协议约定仲裁员进行调解,从而提高了程序的灵活性。

名古屋(Nagoya)调解与仲裁律师协会于2002年新修订了它的程序规则来确保自然正义的维护。首先,该规则通过在独立章节中规定每个程序而将调解程序与仲裁程序作出区分。其次,建立该条款中提出的机制模型,他们在第32条及第41条中对调解程序和仲裁程序的相互转化作出了详细规定。[1]

日本海运交易所的东京海事仲裁委员会(TOMAC)亦修订了《仲裁规则》,与新《仲裁法》同步施行。但是,有关混合程序的规定没有实质上的改变。这是因为TOMAC在2001年为了回应对其调解程序实践的批评于2001年对此作了重大改革。因此,新规则认可了将调解

---

[1] 第32条:
(1)在任何调解程序阶段,调解员可以确认双方当事人是否想要同意仲裁并据此转入到仲裁程序的意愿。
(2)在调解过程中,当当事人同意仲裁并以提交书面仲裁协议的方式要求仲裁时,调解程序终止并代之以第三章规定的仲裁程序。在这一时候,进行调解的调解员可被指定为仲裁员。
(3)在前款规定的情势下,从一方当事人获得信息,对仲裁裁决中的同类信息及对另一方当事人保密的调解员应当在指定仲裁员之前在信息提供一方当事人同意的情况下将其披露给另一方当事人,并且在第一审时与双方确认仲裁程序的未决问题……
(4)如果信息提供方当事人不同意,调解员应当通知另一方当事人有材料信息且该信息不能被披露。在这种情势下,调解员或许会拒绝被指定为仲裁员……
第41条:
(1)双方当事人可以在仲裁程序的任何阶段以友好解决的方式处理争端。
(2)除非违反了仲裁员义务,不管仲裁程序的范围如何,仲裁员都可以建议双方当事人自主解决全部或部分争端,或如有必要,仲裁程序应当中止并进入第二章规定下的调解程序。
(3)在仲裁程序中,当事人一方可以申请调解,如果另一方同意调解,仲裁程序中止并进入第二章规定下的调解程序。在这种情况下,当事人双方可以指定进行仲裁程序的仲裁员作为调解员。
(4)如果前款所述的调解失败,且调解员宣告调解程序终止,恢复已中止的仲裁程序,在这种情势下,当中止仲裁的仲裁员变成了调解员,仲裁员将会适用第31条第3款至第5款以在细节上作必要的修改。

程序与仲裁程序相独立的改革，并在第 8 条规定的当事人同意基础上规定了从一者转变成另一者的具体程序。第 8 条作了如下规定："①在接受仲裁申请后，为了达成简单、快捷和友好解决双方争端的目的，秘书处建议当事人进行首次调解争端，该争端也是仲裁的主题。如果当事人双方同意依据前款规定调解他们的争端，TOMAC 应当中止仲裁程序，除非调解程序终止。②调解应当由一名调解员实施，该调解员应当由 TOMAC 的主席在前面规定的所涉及的双方当事人达成协议之日起 60 天内指定。③调解程序应当依据 TSE 的调解规则（下文称为"调解规则"），除非本法另有规定。④如果争端由调解解决，提起仲裁的费用依据调解规则将被拨出作为部分初步调查费用及调解费用。⑤在调解尝试失败后的仲裁程序中，只有当双方当事人同意，调解员才有可能成为一名仲裁员。⑥恢复仲裁程序的仲裁费应当是依据仲裁费价目表减去任何已付的调解费的金额。"

除了这项规定以外，第 32 条为解决问题还作出了规定："①双方当事人应被允许在仲裁过程中友好地解决争议。②在仲裁程序的任何阶段，仲裁庭应试图解决双方的整个或部分争议。③一旦依据前面所进行的解决方式失败，仲裁庭应恢复仲裁程序，规定仲裁庭不能作出一项建立在调解程序中获知的任何信息基础上的裁决。"这项规定解决了仲裁庭试图使双方在没有同意基础上解决案件的问题。如果仲裁庭认为调解是适当的，它会建议采用第 8 条规定中的调解，因此第 32 条规定了在仲裁庭自由裁量上的非正式帮助。为了自然正义得到维护，在纠纷解决程序中获知的任何信息都不被允许为裁决目的之考虑。然而，法庭是否确切遵循了这条规则将不会受到像中国规定的深度的审查。因此，自然正义问题和调解实践的消极影响问题未能被充分解决。[1]

（三）印度

印度 1996 年《仲裁与调解法》的第三部分已经对仲裁与调解相结合的程序作出了细致规定，相应地，印度仲裁机构也允许在仲裁程序中

---

〔1〕 参见〔日〕佐藤安信：《日本新仲裁法：它将引起日本调解仲裁实践的变革吗?》，谢慧译，载《仲裁研究》（第 10 辑），第 89～91 页。

进行调解。作为印度最大的全国性仲裁委员会，印度仲裁院（the India Council of Arbitration，简称 ICA）属于非营利性的服务性组织，其职能是促进使用仲裁方式迅速友好地解决工商业争议。ICA 是由印度政府和印度工商会联合会等设立，其成员包括重要的商会和贸易组织以及出口促进会、公共部门企业、公司和商号。ICA 也为解决国际商事争议提供便利。[1] ICA 制订有单行的仲裁规则与调解规则，最新版本的《仲裁规则》与《调解规则》均自 1998 年 3 月 1 日开始生效。其中，《仲裁规则》规定了："除非当事人另有约定，在仲裁程序开始之前，当事人可以选择并要求仲裁庭进行调解并按照仲裁院的调解规则的规定来解决争议。"[2] 据此可知，ICA 允许采用先调解后仲裁的争议解决方式。

（四）新加坡

2007 年 7 月 1 日起生效的新加坡国际仲裁中心（Singapore International Arbitration Centre，简称 SIAC）《仲裁规则》承袭了 1997 年版本支持仲裁中调解的做法。首先，新规则鼓励当事人各方就仲裁程序达成协议，倘若当事人未能就程序达成协议或该规则未作规定，在适用法律所允许的范围内，仲裁庭拥有最为广泛的权力，即"①当事人可以就仲裁审理程序达成协议。②当事人协议缺失或者本规则未载明审理规程的，仲裁庭应当以其认为适当的方式进行仲裁，以保障争议能够公平、迅速、经济及终局性地解决。③首席仲裁员在征询其他仲裁员的意见后，可以自行决定审理程序"。[3] 其次，新规则规定了争议得到和解的情形："当事人自行和解的，仲裁庭可以应一方当事人请求作出合意裁决书，记录和解协议。当事人不需要合意裁决书的，应当书面通知主簿官，确认各方已达成和解协议。仲裁费用一旦交讫，仲裁庭应当解散，仲裁终结。"[4] 据此，当事人之间就仲裁程序，包括仲

---

[1] 参见林一飞：《再论中国仲裁机构改革》，载中国仲裁网：http://www.china-arbitration.com/readArticle.do?id=ff80818111a892960111b015fdc2000c，2008 年 9 月 12 日访问。

[2] 参见印度仲裁院 1998 年《仲裁规则》第 42 条。

[3] 参见新加坡国际仲裁中心 2007 年《仲裁规则》第 15 条。

[4] 参见新加坡国际仲裁中心 2007 年《仲裁规则》第 27 条第 7 项。

裁中的调解程序达成了协议,或者仲裁庭在规定的情形中自由裁量以适当的方式,包括调解方式进行争议的解决。

(五) 英国

1998 年生效的伦敦国际仲裁院 (London Court of International Arbitration,简称 LCIA)《仲裁规则》第 14 条第 1 款规定了当事人可以就仲裁程序达成协议,且仲裁庭也鼓励当事人这样做,采用适合于仲裁案件情形的程序,避免不必要的迟延与费用,以期为当事人之间的争议提供公平、有效且终局的解决方式。第 22 条第 4 款进一步规定了倘若当事人之间存在书面协议,仲裁庭可以依据公允善良、友好调停或诚实信用原则来裁断案件的事实。第 26 条第 8 款则规定了一旦当事人就其争议达成和解,仲裁庭可以根据当事人的书面请求以裁决书的形式记录该和解,但该裁决书应当明确声明,裁决是基于当事人的同意而作出的。和解裁决无需附具理由。倘若当事各方不要求作出和解裁决,仲裁院在收到当事各方书面确认已达成和解后,及在当事各方依据第 28 条支付尚未支付的费用后,仲裁庭应予以解散,仲裁程序完成。[1]

---

[1] See 1998 LCIA Rules:

14.1 The parties may agree on the conduct of their arbitral proceedings and they are encouraged to do so, consistent with the Arbitral Tribunal's general duties at all times:

(i) to act fairly and impartially as between all parties, giving each a reasonable opportunity of putting its case and dealing with that of its opponent; and

(ii) to adopt procedures suitable to the circumstances of the arbitration, avoiding unnecessary delay or expense, so as to provide a fair and efficient means for the final resolution of the parties' dispute.

22.4 The Arbitral Tribunal shall only apply to the merits of the dispute principles deriving from "ex aequo et bono", "amiable composition" or "honourable engagement" where the parties have so agreed expressly in writing.

26.8 In the event of a settlement of the parties' dispute, the Arbitral Tribunal may render an award recording the settlement if the parties so request in writing (a "Consent Award"), provided always that such award contains an express statement that it is an award made by the parties' consent. A Consent Award need not contain reasons. If the parties do not require a consent award, then on written confirmation by the parties to the LCIA Court that a settlement has been reached, the Arbitral Tribunal shall be discharged and the arbitration proceedings concluded, subject to payment by the parties of any outstanding costs of the arbitration under Article 28.

（六）美国

美国仲裁协会（American Arbitration Association，简称 AAA）2003年7月1日开始施行的《商事仲裁规则与调解程序》专门用19个条文规定了商事调解程序。这些规定涵括了当事人的协议（Agreement of Parties）、调解的开始（Initiation of Mediation）、调解请求（Requests for Mediation）、调解员的指定（Appointment of the Mediator）、调解员的资格（Qualifications of the Mediator）、空缺（Vacancies）、代表（Representation）、调解的时间和地点（Date, Time, and Place of Mediation）、争议事项的认定（Identification of Matters in Dispute）、调解员的职权（Authority of the Mediator）、秘密性（Privacy）、机密性（Confidentiality）、不作速记笔录（No Stenographic Record）、调解的终止（Termination of Mediation）以及排除责任（Exclusion of Liability）等。而商事仲裁规则部分，第8条则规定了在仲裁程序的任何阶段，当事人可协商依据上诉的调解程序规定通过调解以达成和解，但是在案件的仲裁员不能担任调解员。在仲裁未决之前提出依据 AAA 规则进行调解的，调解程序的启动不需交付额外的管理费用。[1]

虽然当前尚缺乏立法的支持，在纽约仲裁与调解也是分开的两个程序，但在美国的西岸，对仲裁与调解相结合有着极高的热忱。在海事领域，纽约海事仲裁协会主席 L. C. 布方先生在皇家御准仲裁学会期刊《仲裁》第65卷第3号发表了题为《在海事仲裁协会规则下进行的纽约仲裁》的文章，文章透露了海事争议当事人已经请求仲裁员调解他们之间的争议，且有几件案子已经这样做了。[2]

---

[1] See R-8. Mediation of Commercial Arbitration Rules and Mediation Procedures：
At any stage of the proceedings, the parties may agree to conduct a mediation conference under the Commercial Mediation Procedures in order to facilitate settlement. The mediator shall not be an arbitrator appointed to the case. Where the parties to a pending arbitration agree to mediate under the AAA's rules, no additional administrative fee is required to initiate the mediation.

[2] 唐厚志：《正在扩展着的文化：仲裁与调解相结合或与解决争议替代办法（ADR）相结合》，载《中国对外贸易》2002年第2期，第52页。

（七）国际商会国际仲裁院

作为在国际商事仲裁领域最具有影响力的仲裁机构，国际商会国际仲裁院（The International Court of Arbitration of International Chamber of Commerce，简称 ICC）于 1998 年开始施行《仲裁规则》与《调解规则》。与上述美国仲裁协会不同的是，国际商会国际仲裁院中仲裁员与调解员的职能通过规则予以划分，原则上仲裁员不担任案件的调解员。但是，《仲裁规则》规定了若当事人在案卷按第 13 条规定移交仲裁庭之后达成和解，经当事人要求并经仲裁庭同意，应将其和解内容以和解裁决的形式录入裁决书。[1]

（八）瑞典

瑞典斯德哥尔摩商会仲裁院（Arbitration Institute of Stockholm Chamber of Commerce，简称 SCC）于 2007 年 1 月 1 日开始施行新的《仲裁规则》。该规则规定了在遵守本规则规定以及当事人约定的前提下，仲裁庭可以其认为适当的方式进行仲裁程序；无论如何，仲裁庭应当公正、实际而快捷地进行仲裁程序，给予各方当事人平等、合理的机会陈述案件。[2] 这就涵括了当事人约定以调解方式解决争议的情形。同时，该规则还规定了如果当事人在最终裁决作出前达成了和解，应双方当事人的请求，仲裁庭可以合意裁决的形式记录该和解协议。[3]

第四节　仲裁与调解相结合的程序性与技术性问题

一、仲裁中调解的原则

（一）自愿原则

自愿原则反映的是当事人对可支配权利的处分权。处分原则是民事诉讼当事人有权在法律规定的范围内自由处置自己的民事权利和诉

---

[1] 参见国际商会国际仲裁院 1998 年《仲裁规则》第 26 条。
[2] 参见斯德哥尔摩商会仲裁院 2007 年《仲裁规则》第 19 条。
[3] 参见斯德哥尔摩商会仲裁院 2007 年《仲裁规则》第 39 条第 1 款。

讼权利,包括对程序权利的处分权与对实体权利的处分权,而对实体权利的处分一般是通过对诉讼权利的处分来实现的。[1] 处分原则具有内在的法理基础与宪法基础,台湾学者邱联恭认为,宪法在承认国民主体之同时,亦保障国民有自由权、诉讼权、财产权及生存权;依据此等基本权之保障规定,在一定范围内、应肯定国民之法主体性,并应对于当事人及程序之利害关系人赋予主体权(程序主体地位)。[2] 当事人主体地位是处分原则的核心所在,在遵循程序主体地位的现代民事诉讼中,诉讼程序的存在与发展,是与诉讼主体的存在与诉讼主体权益的存在相联系的,是实现诉讼主体权益的形式。处分原则不仅适用于诉讼程序,同样适用于作为争议解决方式的仲裁程序,尤其是仲裁中的调解程序。在仲裁程序中,当事人选择调解,是其对可支配的权利的处分,此种处分出于当事人的自愿,不能片面追求调解而强制当事人接受调解。具体说来,自愿原则是商事仲裁调解的首要原则,指是否进行调解,何时开始调解,调解的范围、具体内容、方式,以及是否继续进行调解程序,最后是否达成调解协议,均须由当事人自主决定。[3] 可以说,当事人的自愿原则贯穿于整个调解过程,离开了当事人的自愿,仲裁中的调解程序就会丧失其本身的价值。

(二) 公正原则

一种理论,无论它多么精致和简洁,只要它不真实,就必须加以拒绝或修正;同样,某些法律和制度,不管他们如何有效率和有条理,只要他们不正义,就必须加以改造或废除。[4] 在司法领域中实现公

---

[1] 江伟主编:《民事诉讼法学原理》,中国政法大学出版社1999年版,第316~317页。

[2] 邱联恭:《程序选择权之法理——着重于阐述其理论基础,并准以展望新世纪之民事程序法学》,载《民事诉讼法之研讨》(四),台湾三民书局1993年版,第576页。

[3] 杜新丽主编:《国际民事诉讼和商事仲裁》,中国政法大学出版社2005年版,第262页。

[4] [美] 约翰·罗尔斯:《正义论》,何怀宏等译,中国社会科学出版社1988年版,第3页。

正,自古以来一直是人们孜孜以求的目标。以正义女神形象的视角,正义的形象为一蒙眼女性,白袍,金冠,左手提一秤,右手举一剑……白袍,象征道德无瑕,刚直不阿;蒙眼,因为司法纯靠理智,不靠人的感官印象;王冠,因为正义尊贵无比,荣耀第一;秤比喻裁量公平,在正义面前人人兼得所值,不多不少;剑,表示制裁严厉,决不姑息。[1] 此种以司法中的面目出现的正义,与西方传统上秉持司法中心主义的观念有重要的关系,而这一面貌所反映出来的,亦是放诸四海而皆准的准则。公正,是当事人选择仲裁时的合理期待,当事人选择在仲裁中进行调解,其缘由也是在于对仲裁庭主持下的调解能公正地处理争议的希冀。

仲裁中调解的公正,主要包括两方面的内容。其一,程序正义。当仲裁员转换为调解员的身份后,在调解过程中须平等地对待双方当事人,保障各方当事人行使法律允许的正当权利,并为当事人提供对等的机会与手段,不偏袒任何一方当事人。尤其是在对待调解过程中的私访,更应保障当事人平等的听审权与陈述权,给予争议双方陈述案情与质证的公平机会。惟有在坚持程序正义的前提下,方能营造和谐的调解氛围,推动当事人之间的互谅互让,最终达成和解方案。其二,实体公正。纵然调解旨在促成争议双方作出一定的妥协与让步,但是调解的结果仍应当是形成双方当事人都能接受的争议解决的协议,即协议的内容须在公平与合理的基础上,尽量满足当事各方的利益需求。此处最应当克服的是"和稀泥",即为了调和当事人之间的争议而加以折中。缘于调解在我国具有深厚的社会传统根源,为了提高结案率,法院在审理案件中已形成过于强调调解的惯性。而此种为了调解而调解的做法,破坏了调解的内在机理与固有价值,因而经常出现为息事宁人而对当事人不问青红皂白各打50大板的例子。[2] "和稀

---

[1] 利帕:《像章学》(卷三),转引自冯象:《政法笔记》,江苏人民出版社2004年版,第144页。

[2] 乡土社会中的民间调解多为此种,具体例子可参见费孝通:《乡土中国》,三联书店1985年版,第56~57页。

泥"的结果，往往造成当事人原本应当具有的权利受到不同程度的侵害。例如在机器设备买卖合同纠纷中，买方未按合同约定的期限支付卖方100万元货款，逾期付款利息为10万元，违约金为10万元。也就是说，在案件中，卖方可向买方主张的权利请求是120万元。在调解过程中，基于买方企业经济效益出现下滑状态的考量，调解达成了买方在半个月内向卖方支付共计90万元款项的方案。出于能够追回90万元总比什么都拿不回的无奈，卖方作出了让步。但付款期限到期后，买方并未支付相应款项。此时卖方只能申请强制执行，但买方需履行的义务已非支付120万元而是90万元，其间的差价因为调解而"调"没了。卖方并未因为调解而实现权利，其合法利益并未得到切实保护，这对卖方显然是有失公平。因此，调解中坚持公正原则，须做到实体公正，杜绝"和稀泥"。

（三）合法原则

合法原则包括程序合法与实体合法双重内涵。首先，程序是利益衡量获得合法性的依据，调解程序应当依据法律规范与规则所规定的相关步骤、方式、方法等要求进行。程序合法在一定意义上也是程序正义的一种体现。诚如约翰·罗尔斯所言，公正的法治秩序是正义的基本要求，而法治则取决于一定形式的正当过程，正当过程又主要通过程序来体现。[1] 至少在当前，如何解读此种正当过程中的程序，主要是以该程序是否合法来定夺的，因而调解应当依据国家的法律、法规、规章、规则或者社会公德、地方习惯等进行。其次，在进行利益衡量时，作出实质性判断所得出的结论应与现行法律所追求的目标一致。具体体现为，双方当事人所达成的合意不得违反国家的强行性规定、社会公德或公共利益，不得侵犯他人合法权益。在实际案例中，调解双方当事人通过牺牲国家或者他人的利益而达成和解协议，造成了法院在执行和解裁决时发生困难，这一问题下文将作专门阐述。此外，实体合法还要求在对现行法律进行体系化解释时，不能与实质性

---

〔1〕 [美] 约翰·罗尔斯：《正义论》，何怀宏等译，中国社会科学出版社1988年版，第225页。

判断的结果产生矛盾。当然，为避免严格依法解决争议与适用法律的流动性、随意性的矛盾使得合法原则得不到遵守，只要这一判断符合现行法律的基本精神即可，而不必拘泥于刻板的法律条文。

二、调解程序的启动

（一）适合调解的情形

通常说来，当事人之间的争议都存在着让步的可能性，即申请人提出的仲裁请求是其权利的最高要求，而被申请人提出的答辩亦是其抗辩对方权利的最低极限。在双方当事人均将各自利益往轴线的相反方向最大化延长时，就存在着往坐标中心点靠拢的弹性与空间——这是仲裁中调解的前提。同时，基于商业层面的考量，当事人通常也愿意将自身的权利主张从最大化调整到相对合理的可接受的水平——这是仲裁中调解的可能性。当事人对权利要求的微妙变化，在一定程度上暗示着争议具有可调和性，仲裁员可以适时提出调解的建议。这是从整体而言，具体说来，美国学者 M. Beth Krugler 认为，仲裁与调解相结合在下列情形中尤其有效：

（1）当外在的或情绪上的问题阻碍了当事人着眼于达成协议的经济现实（Economic Realities）时，仲裁与调解相结合有助于各方保持对经济现实的关注。没有时间能浪费在对倘若争议由仲裁庭审理时将可能发生什么的猜测。

（2）当律师费可能成为当事人自行达成调解协议的一个障碍时，仲裁与调解相结合无疑能为当事人排除掉这一因素，因为大多数仲裁中的调解是无需另行交纳管理费的。

（3）当一个案子存在一个关键的法律问题可能会阻碍达成一项协议时，对案子将会以一个仲裁裁决（如果不是和解的话）而结束的确定，能使持怀疑态度的另一方当事人重回到谈判桌上。

（4）当各方当事人之间存在着一个持续的关系，且希望此项争议的解决不会影响到他们之间未来的工作关系时，仲裁与调解相结合能有助于当事人以一种省时的方式回到业务中（get back to business）。

（5）当一个案子的价值不足以支付全面审讯的诉讼费用，而一项所需费用较少的终局决定却是当事人的目标时，仲裁与调解相结合提供了这样一个具有成本效益的争议解决方案。

(6) 当达成调解协议的可能性渺茫,但案件的其他因素(例如机密性、早先的决定)都强烈地表明可以迅速作出庭外和解时,仲裁与调解相结合可以确保这种结果的效力。[1]

(二) 提出调解的适当阶段

在仲裁庭刚开始审理案件时,并不适宜马上着手调解的事项,因为双方当事人一般均具有一定的对立情绪。且当事人将争议提交仲裁,是基于仲裁庭对案件辨出是非曲直的期望,仲裁庭过早地提出和解的建议,有可能使当事人产生仲裁员对案件有畏难情绪的误解。通常是在当事人在仲裁庭进行第一轮交锋后,即申请人作出了仲裁请求与事实的陈述、证据开示,被申请人提出了答辩后,案情的争议焦点基本已经浮现,此时出现了调解氛围的可能性。在实践中,大多数仲裁员也都是选择在仲裁庭开庭审理即将结束的阶段才进行调解,因为通过双方当事人在仲裁审理过程中的文件交换、证据交换、开庭陈述以及仲裁庭的调查,仲裁员已经能够把握案件的基本事实,且对争议有了初步的判断,这对仲裁员在调解程序中作出相应的说服工作是颇有裨益的。曹家瑞仲裁员就认为,通常是在审得差不多了,然后再询问当事人之间是否存有和解的意愿,在调解的时候,因为对案子基本上心里有数,调解起来也比较得心应手。[2] 当然,倘若在仲裁程序开始之前,双方当事人已经进行过磋商并达成了和解协议,或者基本达成了和解但仍遗留部分争议未能达成共识而希望仲裁庭予以调解,抑或一方当事人在仲裁申请书或答辩书中表明调解意愿的,仲裁庭可以在组建之后开庭进行调解,或者在听取双方当事人的陈述意见后进行调解。

一般说来,为了促进当事人调解,仲裁员可以向当事人适当说明调解的程序,比如为了增强调解的保密性,仲裁庭在调解过程中可以

---

[1] See M. Beth Krugler, "ADR Update: Are You Maximizing All ADR Has to Offer?", 61 *Tex. B. J.* (1998), p. 1121.

[2] 参见王生长:《仲裁与调解相结合的理论与实务》,法律出版社 2001 年版,附录:《曹家瑞访谈录》。

不作记录也不录音,而在调解不成时,其后的仲裁程序、司法程序和其他任何程序中均不能援引对方当事人或仲裁庭在调解过程中曾发表的意见、提出的观点、作出的陈述、表示认同或否定的建议或主张作为其请求、答辩或反请求的依据。这是因为当事人能否接受仲裁庭提出的调解建议,与当事人从仲裁员处收到的关于调解程序的信息量息息相关,在当事人心存芥蒂的情形下,仲裁员的沟通与信息的释放对当事人能否接受调解是至关重要的。一旦各方当事人同意了调解,则仲裁庭可以立即转入调解程序。这是由于在一些案件中当事人调解的热情有可能不会太持久,同时出于对当事人迅速解决争议的需求的考量,仲裁员应当适时地启动调解程序。

三、调解的方式、技术与规则

缘于调解并没有固定的程序,灵活性较强,因此仲裁员可以采取面对面的调解方式,也可以采取背对背的调解方式,或者采取监督调解的方式,仲裁员要善于因案与因人采用相应的方式。相对而言,实践中最常使用的方式是背对背的方式,即"私访"。虽然仲裁员的私访仍是一个具有争议的问题,各国的法律规范与各个仲裁机构的规则对此持有不同的立场,但这一方式确是促进当事人达成和解的有效途径之一。仲裁员分别听取当事人对争议的看法,可以避免当事人之间相互指责的对抗情绪,同时仲裁员与一方当事人的会见可以使当事人郁结的对立情绪得到宣泄,因而可能会披露一些与案件相关的鲜为人知的内幕或者隐情。仲裁员对双方信息的掌握,使其更易于判断案件的是非曲直,从而提出具有建设性的意见,说服当事人作出妥协与让步,达成最优化的和解方案。

对于不同类型的争议,仲裁员要善于因案与因人采取不同的应对方法。同时,面对特殊的争议,也要依据该争议案件的特殊性进行相应的调解工作。例如国际工程项目争议的调解,因其属于跨国的经济活动、严格的合同管理、风险大以及发达国家市场垄断等特点,与一般的工程项目争议的调解有所不同。当前对国际工程项目争议的调解方式,主要有两种,一种是国际咨询工程师联合会(International Federation of Consulting Engineers,简称 FIDIC)在 1995 年出版的"设计

——建造与交钥匙工程合同条件"（桔皮书）与 1996 年对"土木工程施工合同条件"（红皮书）的增补中，提出的争议裁决委员会（Dispute Adjudication Board，简称 DAB）争议解决方法，另一种是在 20 世纪 70 年代首先在美国隧道工程中发展起来的争议评审委员会（Dispute Review Board，简称 DRB）争议解决方法。但是，DAB/DRB 的调解方式与现在 CIETAC 或中国国际贸易促进委员会（CCPIT）/中国国际商会（CCOIC）的调解方式均有不同。DAB/DRB 的调解方式要求在订立合同之初即由当事双方协议组成 DAB/DRB，这些专家从一开始就可以逐步了解工程项目的情况，委员会的专家每年到工地去两到三次，就合同任一方提交的争议及时现场视察，查阅文件，听取双方和工程师的意见与建议，及时对每一项争议进行调解，写出自己的建议。我国二滩水电站、小浪底水利枢纽、万家寨引黄工程等世界银行贷款大型工程项目均引入了 DRB 的方式调解争议，取得了很好的效果。[1] 倘若 CIETAC 推荐仲裁员进入 DAB/DRB 专家库，应当按照相应的程序进行调解。

在调解的开始阶段，仲裁员一般应尽量避免当事人提出对方无法接受的先决条件，而应让参与调解的各方当事人一秉诚意，友好合作。调解过程中，仲裁员应当注重倾听当事人的陈述，疏导当事人的情绪，同时加以一定的劝解，让当事人走出零和游戏（zero-sum）的困境，争取双赢（win-win），做大蛋糕。西方有"打官司如同做手术"的观念，最坏的和解结果或比最好的审判结果好。除了引导当事人达成和解协议外，仲裁员在担任调解员时亦可向当事人提出和解建议或者和解方案。关于这一问题，目前理论界尚存在争议，但国际律师协会（International Bar Association）于 1987 年制定的《国际仲裁员行为准则》（Ethics of International Arbitrators）规定了当事人请求或同意由仲裁庭提出建议的，仲裁庭整体（或适当时由首席仲裁员）可以向双方

---

[1] 参见何伯森：《国际工程项目争议的调解》，载《仲裁与法律》2002 年第 6 期，第 101 页。

当事人同时提出和解方案，当然最好是在各方当事人都在场的情况下。[1]因此，对于双方提出的条件差距较小时，仲裁员可以应邀为当事人建议一个具体的赔偿数字以作参考；而对于双方底线差距较大，而经过互谅互让仍未能达成较为接近的方案时，仲裁员可以依据对案件是非曲直的判断引导当事人提出更多的选择方案，作出必要但合理的让步；对于仲裁员未能完成当面调解工作而要求当事人庭后协商时，此种协商亦可视为仲裁员调解努力的延伸，仲裁员可以据此作出和解裁决，例如在中国，依据中国国际经济贸易仲裁委员会《仲裁规则》的规定，在仲裁庭进行调解的过程中，双方当事人在仲裁庭之外达成和解的，应视为是在仲裁庭调解下达成的和解。[2]

仲裁员在调解过程中应当遵循的规则很多，唐厚志仲裁员认为，仲裁员作为调解员进行调解工作时，应当遵循以下规则：首先，仲裁员不能在调解过程中对案件仲裁时可能得到的结果发表意见；其次，仲裁员可以在一方当事人不在场时会见另一方当事人，但不得向其会见的当事人就该当事人的案件情况描画成一幅特别暗淡的图画，而且仲裁员与一方当事人的会见必须事先得到双方当事人的同意；再次，如果是由一个仲裁庭审理案件，调解应由整个仲裁庭进行，不是由仲裁庭的首席仲裁员一个人单独进行，而且从来不由当事人指定的仲裁员进行（不由一方指定的仲裁员与该方交谈，或与对方交谈），除非各方当事人另有约定；复次，调解可以在仲裁程序过程中在作出裁决之前任何时候进行，而且"调解阶段"无须与"仲裁阶段"明确分开；最后，由仲裁员转变成的调解员可以应当事人的要求而提出或主动提出和解的具体建议，这个建议必须是公平的。[3]

四、调解程序的终结

联合国国际贸易法委员会《调解规则》（UNCITRAL Conciliation

---

〔1〕参见国际律师协会1987年《国际仲裁员行为准则》第8条。
〔2〕参见中国国际经济贸易仲裁委员会2005年《仲裁规则》第40条第5项。
〔3〕唐厚志：《正在扩展着的文化：仲裁与调解相结合或与解决争议替代办法（ADR）相结合》，载《中国对外贸易》2002年第2期，第56页。

Rules)对调解的结束作出了四种情形的规定:"在下列日期,调解结束:①双方当事人在协议书上签字时,签字之日;②调解员与双方当事人协商后,以书面表示,继续调解已无必要,表示之日;③双方当事人向调解员书面表示结束调解时,表示之日;④一方当事人向另一方当事人,如已任命调解员,则并向调解员,书面表示结束调解时,表示之日。"[1] 就仲裁中调解的结果而言,调解的结束存在两种情形,即在仲裁庭主持下双方当事人达成调解协议而结束,以及双方当事人未能达成解决争议的协议,调解失败导致调解程序终止。

在仲裁庭主持下,当事人经过充分协商,就双方争议在实体权利义务方面达成了一致的协议。此时可以由仲裁庭制作调解书,在调解书中载明仲裁请求以及当事人协议的具体内容,调解书由仲裁员签字,加盖仲裁委员会印章,送达双方当事人。调解书经双方当事人签收后,即发生与仲裁庭作出的裁决书同等的法律效力。[2] 倘若一方当事人在签收调解书前反悔,拒绝签收调解书的,在先前的程序中已经对案由的来龙去脉及争议事项审理清楚的情形下,可以选择不再开庭审理而径直作出裁决;在存在部分争议事实尚未查明的情形下,有必要再开庭对案件争议事实进行审理。倘若一方当事人拒不自动履行和解协议义务的,另一方当事人有权向有关仲裁机构所在地法院或者该方当事人住所地或财产所在地法院提出申请,要求法院进行强制执行。倘若义务一方当事人的住所或者财产所在地位于国外,当事人则可以依据国际司法协助程序提出强制执行的申请。当事人达成和解协议的,仲裁庭也可以根据协议的内容制作裁决书。此种以双方当事人达成的和解协议为内容的裁决书,集调解与仲裁的双重优点,[3] 即裁决具有调解的优点,使双方当事人的

---

[1] 参见联合国国际贸易法委员会1980年《调解规则》第15条。
[2] 参加中国1994年《仲裁法》第52条。
[3] 胡锡庆:《正确适用仲裁调解》,载《政治与法律》2000年第6期,第45页。

意见都得到体现，得到双方当事人的赞同；同时具有仲裁的优点，裁决一作出立即生效，从而克服了当事人签收调解书之前还有可能反悔、拖延时间、甚至还得重新裁决的缺陷。这就传递着仲裁员应当积极引导当事人将达成的和解协议交由仲裁庭制作成裁决书的信息，而这样做无疑更能保护当事人的期待利益，也避免了当事人重回仲裁庭进行争议解决的时间与精力的无谓耗费，以及程序反复给仲裁资源造成的浪费。

当事人达成和解协议，请求仲裁庭依据此协议作出裁决书时，缘于裁决作出的主体是仲裁庭而非当事人且裁决在一定意义上是一份具有命令性与强制性的单独法律文书，因此在具体操作上，和解协议在转化为裁决书时应当注意以下问题：[1]

（1）增加的内容。①裁决内容中应增加表述裁决的依据，即依据法律、仲裁规则、和解协议；②无论当事人是否请求，仲裁庭在作出裁决时裁决内容应该比当事人的仲裁请求内容多出一项，即确认和解协议的效力，确认和解协议有效并不属于超裁事项。

（2）改动的内容，包括一般改动与命令式改动。一般改动是对和解协议的措辞进行符合裁决文书用语的改动。①相对于和解协议中的当事人的称谓通常为"甲方"与"乙方"，在作出裁决时要改为申请人与被申请人。②和解协议中表述一方"放弃"其他仲裁请求，则在裁决中应表述为"驳回"一方的其他仲裁请求；和解协议中一方免除另一方债务的，在裁决中宜改动为仲裁庭免除。例如"上述欠款利息自2008年8月8日起按中国人民银行公布的同期银行贷款利率计算至每笔欠款还清之日止。如乙方于2008年9月8之前如期支付第一期欠款，甲方将免除乙方所有欠款利息"的表述，裁决中应将"则申请人免除被申请人的所有欠款利息"的"申请人"去掉及改变语句，变为"则被申请人的所有欠款利息予以免除"。命令式改动是指将协议中的一般表述改变为命令式的表述。①和解协议中的某一方向另一方支付

---

[1] 参见康明：《商事仲裁与调解相结合的若干问题》，载《北京仲裁》（第61辑），第99~101页。

的一般表述应在裁决中变为命令式的表述——被申请人应向申请人支付多少元人民币；和解协议内容表述为"一方分期赔偿另一方损失赔偿人民币多少元，具体安排为一方于某年某月某日向另一方支付人民币多少元"，在裁决中就应删除"具体安排"的字眼，而将"应"字加上。②倘若裁决涉及的案件已经采取了财产保全措施，和解协议内容包含"一方在依照约定向另一方指定账户支付完毕约定款项且该等款项已实际进入指定账户之日起多少个工作日内，收款方保证向人民法院申请解除财产保全"的表述时，仲裁庭也应将保证等文字改换为命令式的语句。

（3）删除的内容。①在制作裁决书，不必要将仲裁申请书全文照录在裁决书中。这是因为，一方面和解协议已经改变了原仲裁请求的内容，另一方面为弱化输赢这一当事人敏感的问题，为他们营造一个为今后保持良好商业合作关系的氛围，可以根据情况简要摘录一下仲裁申请书中的内容或完全省去。②和解协议中往往存在约束当事人的新内容，但这些新内容与仲裁庭所要作出的仲裁裁决无关，作出裁决时应予以删节。如"一方或任何可能经其授权的人，不得再就该争议或与该争议有关的任何事宜针对另一方向任何法院、司法机关及/或仲裁机构寻求任何方式的法律救济；同时，一方或任何可能经其授权的人，亦不得再就该争议或与该争议有关的任何事宜针对另一方向任何法院、司法机关及/或仲裁机构寻求任何方式的法律救济"，又如"一方、另一方或任何可能经其授权的人不得向任何第三方（包括但不限于新闻媒体、社会公众等）披露与本争议及本协议有关的任何内容"。③和解协议中有些条款不宜变为裁决条款的，可以省去。例如"如果在履行本和解协议的过程中承租人出现一期不履行或者不完全履行缴纳租金义务的行为时，出租人有权向承租人追索所有本协议和原协议条款下已到期租金、未到期租金、迟延利息、设备的选择价格（如有）及其他应付款项；或终止本协议，要求归还、收回、销售或以其他方式处分设备。此外，出租人将有权向承租人追索出租人因执行保护本协议条款下出租人权利而产生的合理费用（包括法律费用）和采取法律允许的其他救济方式。"[1]

（4）不必要的内容。①如果和解协议中对当事人双方的律师费的安排由双方各自承担，而仲裁案件中被申请人又没有提出过反请求，仲裁庭只能在裁决中表述为"申请人的律师费由自己承担"，而不能表述为双方的律师费由双方各自承担。因为在作出裁决时应考虑申请人的仲裁请求内容，否则虽然尚构不成超裁这样原则性的问题，也显得多此一举。②倘若请求仲裁庭依据和解协议作成裁决书，还应考虑二者的衔接问题，避免自相矛盾。比如和解协议的草稿这样表述："如果在某年某月某日前不按和解协议约定的条件支付款项，则和解协议就无效。"依此种和解协议制作裁决书，相当于说裁决书是依一个可能无效的和解协议作成的，将裁决书置于一个很可能无效的地位。此种内容是在专门针对和解协议写的、未考虑要针对其作成裁决书的情形。这样的约定与表述可以是在只要求达成单独的和解协议而不需制作成裁决书的情况，倘若当事人自觉履行协议，则申请人申请仲裁庭撤销案件；倘若协议未得到履行，则申请人可以申请仲裁庭继续进行仲裁。

相对于上述调解成功从而结束调解程序的情形，调解不成时调解程序的两大主体，均有权提出程序的终止。一方面，倘若当事人经过充分协商仍未能达成调解协议的，为杜绝我国法院诉讼中调解久调不决的现象，[2] 仲裁庭应当及时终止调解程序；另一方面，倘若当事人对和解方案分歧较大，难以就争议事项达成共识即认为调解成功的可

---

[1] 这些内容不宜作为裁决内容，一方面是因为其带有选择性；另一方面是因为其具有不确定性，对于未来还不能确定下来的具体债务，是否可以作出裁决内容，这在理论研究上仍存在争议。倘若当事人认为这样的内容对其非常重要，仲裁庭可以采取笼统的表述方式将其作为裁决内容，例如"申请人与被申请人某某授权代表于某年某月某日签订的书面调解协议合法、有效，双方当事人应严格按照该和解协议约定履行相关义务"。

[2] 我国法院过去在进行调解的过程中，往往违反了自愿原则与合法原则，存在着一些诸如强迫调解、违法调解、片面追求调解率以及久调不决等问题。参见杨荣馨主编：《民事诉讼原理》，法律出版社 2003 年版，第 502 页。

能性很小时，任何一方当事人提出终止调解程序的，应当结束调解。例如，中国国际经济贸易仲裁委员会《仲裁规则》就规定了仲裁庭在进行调解的过程中，任何一方当事人提出终止调解或仲裁庭认为已无调解成功的可能时，应停止调解。[1] 调解程序终止后，恢复之前进行的仲裁程序，调解员转换回仲裁员的身份，继续依法对案件争议进行审理，直至作出相应的仲裁文书了解案件。

第五节 和解裁决的风险及其防范与救济

一、和解裁决的效力与特征

经过仲裁庭的调解，双方当事人达成了和解协议，或者当事人在仲裁开始前或仲裁过程中自行达成和解协议，则当事人可以撤回仲裁申请，也可以请求仲裁庭依据和解协议作出裁决书，例如我国《仲裁法》规定了："当事人申请仲裁后，可以自行和解，达成和解协议的，可以请求仲裁庭根据和解协议作出裁决书，也可以撤回仲裁申请。"[2] 中国国际经济贸易仲裁委员会《仲裁规则》也规定了："当事人在仲裁委员会之外通过协商或调解达成和解协议的，可以凭当事人达成的由仲裁委员会仲裁的仲裁协议和他们的和解协议，请求仲裁委员会组成仲裁庭，按照和解协议的内容作出仲裁裁决。除非当事人另有约定，仲裁委员会主任指定一名独任仲裁员组成仲裁庭，按照仲裁庭认为适当的程序进行审理并作出裁决。具体程序和期限不受本规则其他条款限制。"[3] 依据和解协议作出的裁决，即为和解裁决（Consent Award, Award By Consent, Agreed Award）。

与普通裁决不同的是，和解裁决是依据当事人达成的和解协议作出的，裁决内容是当事人通过协商确定的，而非仲裁庭审理的结果。但是，和解裁决是以裁决形式确认和解协议效力的法律文件，其法律

---

[1] 参见中国国际经济贸易仲裁委员会2005年《仲裁规则》第40条第4项。
[2] 参见1994年《仲裁法》第40条。
[3] 参见中国国际经济贸易仲裁委员会2005年《仲裁规则》第40条第1项。

效力与普通裁决相同。这就意味着，和解裁决可以寻求法院的强制执行，也属于《纽约公约》所规定的外国法院应当承认与执行的裁决。和解裁决的这一效力亦是当事人在达成和解协议后通常选择请求仲裁庭作出裁决的重要缘由。杨良宜先生就曾举例说明，此种裁决书是双方在仲裁员背后达成和解，但为了方便将来执行，特别是付款的当事人在国外时，双方会同时协议要求仲裁员作出一个"协议裁决书"。例如双方当事人达成的和解协议要求欠债方在半年内分三次摊还100万美元的债款，和解才结束就显得很重要。因为半年后可能会经常发生变化，届时如果要去欠债方所在地法院请求执行和解协议，将会面临延误或不肯定的境况，但有了和解裁决书，则立即可以依据《纽约公约》来申请承认与执行。[1]

仲裁庭依据和解协议作出裁决时，通常只对和解协议作表面审查或者形式审查。换言之，和解裁决的内容是当事人之间协商的结果，裁决完全依据协议的内容作出。这是和解裁决的第一个显著特征。大部分的仲裁立法与仲裁规则均规定了仲裁庭"应当"依据和解协议的内容制作裁决书。例如英国1996年《仲裁法》规定了："在仲裁程序进行当中，倘若当事人达成和解，则除非当事人另有约定，应适用以下规定：①倘若当事人提出请求且仲裁庭并未反对，则仲裁庭应停止实体程序，且应当将和解以和解裁决的形式予以记录。"[2] 条文的措辞是"shall"，表明了"应当"的语气。我国《仲裁法》规定了："调解达成协议的，仲裁庭应当制作调解书或者根据协议的结果制作裁决书。"[3] 中国国际经济贸易仲裁委员会的《仲裁规则》也规定了：

---

〔1〕 杨良宜：《国际商务仲裁》，中国政法大学出版社1997年版，第511页。

〔2〕 See section 51（1）（2）：

51 Settlement（1）If during arbitral proceedings the parties settle the dispute, the following provisions apply unless otherwise agreed by the parties.

（2）The tribunal shall terminate the substantive proceedings and, if so requested by the parties and not objected to by the tribunal, shall record the settlement in the form of an agreed award.

〔3〕 参见1994年《仲裁法》第51条第2款。

"经仲裁庭调解达成和解的,双方当事人应签订书面和解协议;除非当事人另有约定,仲裁庭应当根据当事人书面和解协议的内容作出裁决书结案。"[1] 这些规定,均反映了仲裁庭在作出和解裁决时,并未对和解协议进行实体审查。

和解裁决的第二个特征是裁决书一般不附具理由,多数的和解裁决均直接引述和解协议的内容。这不仅是出于不伤双方当事人和气的考量,还因为和解协议是当事人对自身财产、诉讼权利等行使处分权的结果,是当事人基于意思自治作出的决定,而非对当事人责任的认定。联合国国际贸易法委员会1976年《仲裁规则》就确定了仲裁庭对和解裁决无须附具理由。[2] 中国国际经济贸易仲裁委员会《仲裁规则》在作出"仲裁庭在其作出的裁决中,应当写明仲裁请求、争议事实、裁决理由、裁决结果、仲裁费用的承担、裁决的日期和地点"的原则性规定的同时,亦作出了两个例外规定,即"当事人协议不写明争议事实和裁决理由的,以及按照双方当事人和解协议的内容作出裁决的,可以不写明争议事实和裁决理由"[3] 当然,这并不意味着否定仲裁庭在和解裁决中对双方当事人的责任作出简单的认定。

充分降低当事人的风险是和解裁决的第三个特征。和解裁决具有与普通裁决相同的执行力,但获得这一裁决无需经过双方举证、庭审辩论等环节,避免了当事人因仲裁或诉讼结果的不确定性而引致的风

---

〔1〕 参见中国国际经济贸易仲裁委员会2005年《仲裁规则》第40条第6项。

〔2〕 联合国国际贸易法委员会1976年《仲裁规则》第34条第1款规定:"在作成裁决前,如当事人双方就争议达成和解,仲裁庭得发出终止仲裁的裁定,如经双方要求并为仲裁庭接受时,亦得用仲裁裁决的形式根据当事人所同意的条款将和解作成记录。仲裁庭对此类裁决无须附具理由。"

〔3〕 参见中国国际经济贸易仲裁委员会2005年《仲裁规则》第43条第2项。

险。同时，在国际上普遍采取措施加速仲裁程序的环境下，[1]和解裁决所花费的时间与机会成本，更能契合当事人追求高效率解决商事争议的期待。相较于仲裁与诉讼对当事人时间与精力的耗费，和解裁决更有利于争议当事人结束争议，从而开展正常的业务活动。此外，缘于和解裁决是按照和解协议作出的，而和解协议是当事人意思自治原则的体现，因而当事人通常都能自觉履行和解裁决，这在很大程度上降低了当事人可能面临被申请人转移财产以及执行费、律师费、甚至是外国执行中的翻译费、公证认证费等费用过高的风险。然而，和解裁决在降低当事人风险的同时，也使得国家利益、社会公共利益以及第三人的利益面临着风险。

二、和解裁决的风险及其缘由

缘于仲裁庭通常只对和解协议作形式审查，和解裁决亦不附具理由，因此仲裁庭难以在整体上把握当事人达成和解协议的背景与意图，也难以对和解协议的实体内容进行深入的审查。当前当事人之间的争议已经不再仅仅是较为简单的买卖合同，争议所涉的法律关系的复杂性、多元性与相关性，都有可能使得争议当事人达成的和解协议侵犯到了国家利益、社会公共利益或者私人利益。当事人有可能是因为不了解法律或实际情况而非恶意地对案外第三方的财产进行了处分，但在多数案例中则是"明修栈道、暗度陈仓"的情形，发生争议的当事双方通过恶意侵犯案外第三方利益的方式达成有利于双方的和解协议，再向仲裁庭提供有限的材料并隐瞒真实案情来获得仲裁庭作出的具有

---

[1] 基于全球经济一体化的趋势，国际民商事流转加速，为更为高效地解决商事争议，西欧各国的仲裁立法与各仲裁机构的仲裁规则均简化了仲裁程序，添加了"快速仲裁"条款，完善"友谊仲裁"制度等。（参见郭树理：《西欧国家晚期仲裁立法改革述评——以英国、比利时、瑞典为例》，载《中国对外贸易》2002年第2期，第32页。）此外，专门的加速仲裁的规则也随之出现，例如斯德哥尔摩商会1999年《加速仲裁规则》（Rules for Expedited Arbitrations of the Stockholm Chamber of Commerce）、澳大利亚仲裁员与调解员协会《商事仲裁加速规则》（Expedited Commercial Arbitration Rules of the Institute of Arbitrators and Mediators Australia）、南非仲裁基金会2001年《加速仲裁规则》（Rules for Expedited Arbitrations of the Arbitration Foundation of Southern Africa）。

强制执行力的和解裁决。因此，仲裁庭作出的和解裁决面临着侵犯国家利益、社会公共利益或者私人利益的风险。以下这两个相关联的典型案例就充分说明了和解裁决的风险。

1994年6月2日，香港公司与北京公司在北京签订了《合作经营北京太阳房产建设有限公司合同书》。合作公司投资总额为3000万美元，注册资本为1200万美元。北京公司提供建设用地及完成"七通一平"的工作等合作条件，香港公司提供有关资金等合作条件。双方不折算投资比例，按各自向合作公司提供的合作条件，确定利润分享办法，北京公司按20%的比例承担风险及亏损。注册资金与投资总额的差额由申请人协助合作公司筹措解决。合作公司成立一年之后的1995年8月29日，香港公司与金河公司签订了《股权转让合同》。香港公司将其在合作公司55%的股权转让给金河公司。转让股权的定价为：香港公司转让给金河公司的股权价格，由成本、费用和期待利益组成。这里的成本、费用是指以香港公司名义投入到合作公司的，而不以合作公司名义对外融资的结果。转让的股权价为：①2200万美元；加②人民币10569万元；加③写字楼竣工后分取建筑面积6000平方米的物业所有权（包括经营权）。这份《股权转让合同》没有经过政府部门批准。1995年9月，香港公司与北京公司以及金河公司签订了一份不同于《股权转让合同》的《权益转让协议》。北京公司同意香港公司转让其在合作公司中55%的权益给金河公司，并放弃优先购买权。香港公司转让其在合作公司中55%的注册资本给金河公司，金河公司支付给香港公司660万美元。香港公司和金河公司不折算投资比例，利润分配、风险和亏损，除北京公司分配和承担的20%外，余下80%按香港公司25%、金河公司55%比例分配和承担。政府部门批准了这份协议。

此后，北京公司、香港公司及金河公司三方签订第二份《权益转让协议》，规定北京公司将其在合作公司20%的权益转让给香港公司。合作公司的利润分配、风险和亏损按香港公司45%、被申请人金河公司55%的比例分配和承担。

1996年8月23日，香港公司与澳门公司签订第二份《股权转让合同》，约定香港公司将其在合作企业25%的股权以1723.8万美元的价格转让给澳门公司。

1996年9月，北京公司、香港公司、金河公司及澳门公司四方签订了第三份《权益转让协议》，约定香港公司将其合作企业25%的权益转让给澳门公司。由澳门公司支付300万美元。香港公司、金河公司及澳门公司三方的利润分配、风险和亏损的分担比例为20%、55%、25%。后政府部门批准了第三份《权益转让协议》。

由于经营合作公司出现争议，香港公司于2005年1月5日以金河公司、北京公司和澳门公司三家为被申请人向贸仲申请仲裁。[1] 主要请求是终止合作合同、对合作公司进行审计、进行清算。

仲裁程序进行中，仲裁庭聘请会计师事务所对合作公司的账目进行了审计。根据《审计报告》，合作企业截止2004年12月31日的资产总额为人民币142,237.61万元，债务总计人民币134,063.99万元（不含服务式公寓），其中欠金河公司、银河公司的债务约人民币125,554万元，为总债务的93.65%。其中有人民币23,786.974万元（660万美元未计作借款）及其利息是金河公司将其购买股权的投资款重复计为对合作公司的长期借款，还有人民币562,517,280元的高额利息可能因借款计划未经董事会同意而无效。合作公司的债务总额实际应不高于人民币7亿元，净资产应在人民币7亿元左右，因此在清算中，香港公司和金河公司拥有的合作公司的服务式公寓以外的项目不会出现资不抵债的情况。

澳门公司在本案中提出仲裁反请求。最后，仲裁庭于2006年4月12日作出仲裁裁决，基本支持了香港公司的仲裁请求，支持了澳门公司大部分仲裁请求。

在此案程序进行当中，贸仲又于2005年7月6日受理了以银河公

---

[1] 此案为中国国际经济贸易仲裁委员会V20050029号案件，作为涉外案件处理。

司为申请人、以合作公司和金河公司为被申请人的一个仲裁案件,[1]且要求仲裁委依和解协议作出仲裁裁决。银河公司申请仲裁的依据是银河公司、合作公司和金河公司于2005年6月1日签订的"协议书"中的仲裁条款和申请人的书面申请。"协议书"第四条约定:"本协议各方一致同意提请中国国际经济贸易仲裁委员会,由该仲裁委员会主任指定一名独任仲裁员,在仲裁庭组成之日起30日适用简易程序,依据本协议条款、本协议各方业已达成的前述有关债权转让及债务抵偿协议以及相关公证文件对当事人间的债权债务再次予以确认并制作仲裁裁决书,仲裁裁决是终局的,对协议各方均具有约束力。"贸仲指定了一名独任仲裁员于2005年7月29日成立仲裁庭,于8月25日根据和解协议作出裁决书。

银河公司请求仲裁庭根据经公证的2004年9月20日《协议书》,确认银河公司因受让金河公司对合作公司借(贷)款合同项下的到期债权,而对合作公司享有债权人民币1,247,192,198.32元(合作公司应于2003年10月30日向申请人履行该债务;自2003年10月30日至付清该债务之日止,每逾期一日,合作企业应按逾期金额的万分之五向银河公司支付违约金);银河公司请求仲裁庭根据经公证的2004年9月20日《债权转让及债务抵偿协议》,确认银河公司因受让金河公司对合作企业的应收款到期债权,而对合作企业享有债权人民币12,611,898.10元(合作公司应于2004年9月20日向银河公司履行债务;自2004年9月21日付清该债务之日止,每逾一日,合作公司应按逾期金额的万分之五向银河公司支付违约金);银河公司最后请求仲裁庭由合作公司承担银河公司处理本案争议而发生的仲裁费、律师费及差旅费等全部费用及开支。

实际上金河公司与银河公司是关联公司,这两个公司的法定代表人和办公地址都是相同的。通过以上情况的粗略介绍,我们可以看出金河公司通过接受股权转让,成为合作公司的控股股东,但它却将本

---

〔1〕 此案为中国国际经济贸易仲裁委员会DX20050209号案件,作为国内案件处理。

应作为投资的股权记为其对合作公司的债权。这一问题最终被中国国际经济贸易仲裁委员会三位仲裁员组成的仲裁庭所识破并不予支持。

然而,金河公司通过与其关联公司银河公司签订《债权转让及债务抵偿协议》进行所谓的合作企业债权转让并获得公证机构的公证,紧接着金河公司又向合作企业发出《债权转移通知书》,妄图在达到《合同法》上关于债权转让成立的形式要件。由于债务人合作公司也被金河公司所控制,因此,金河公司、银河公司以及合作公司三方签订了《债权转让及债务抵偿协议》,然后再次通过公证机构予以公证。

由于相关文件已经经过公证,根据《公证法》以及《民事诉讼法》等法律,他们具有很高的法律效力,一方面经公证的民事法律行为、有法律意义的事实和文书应当作为认定事实的依据;另一方面对经公证的以给付为内容并载明债务人愿意接受强制执行承诺的债权文书,债务人不履行或履行不适当的,债权人可以向有管辖权的法院申请强制执行。但银河公司仍然通过和解协议的形式和仲裁机构依和解协议作裁决的仲裁做法,得到了一份确认其对合作企业享有十几亿人民币债权的仲裁裁决。

在问题出现之前,由于当事人不同、案由不同、经办人员不同,仲裁机构并没有发现所作出的两个裁决之间有什么冲突的地方,而且依和解协议作出的裁决虽然申请仲裁的时间在后,但裁决作出在前。依和解协议作出的裁决一方面不可能有当事人向法院申请撤销它,另一方面也过了撤销仲裁裁决6个月的期限。

根据上述三位仲裁员作出的普通裁决,合作公司合同予以终止、企业予以清算,通过北京市第二中级人民法院予以执行并成立了特别清算委员会。清算过程中,银河公司于2006年7月24日向清算委员会申报人民币188,680.8367万元的债权,第一份依据就是仲裁机构的和解裁决书。显然这在清算中对相关当事人是个非常重大的问题。

时间到了2007年,合作公司清算委员会仍不能对两个裁决作出明确的取舍,他们的意见是要么由贸仲对两个裁决的效力问题作出解释,要么申请法院撤销和解裁决书。最后,贸仲应要求就两个裁决书的效力问题根据裁决书本身的文字表述作出了说明。[1]

体制与规则的不完善,是导致和解裁决风险的主要缘由。一方面,仲裁规则本身只允许对和解协议作形式审查,这显然无法防范当事人通过恶意侵害第三人利益达成和解协议,再请求仲裁庭按照和解协议作出具有执行力的和解裁决。缘于和解裁决所具有的刚性,法院在裁决的承认与执行程序中发现疑点,作出补救也并非一件容易的事。和解裁决不需要仲裁庭的庭审,也就不存在程序瑕疵的问题,而仲裁庭在作出和解裁决时,也已经审查了和解协议所涉及的争议具有可仲裁性,因此,依据《纽约公约》的规定,[2] 法院拒绝承认与执行和解裁决,惟一的理由只能是裁决违背了法院地的公共政策,而这无疑需要法院进行深入的调查,且需经历较为长时间的法律程序。另一方面,体制的缺陷也在很大程度上给当事人合谋攫取非法利益提供了空间。例如,依据司法执行规定,法院在执行划款时不必向被执行人出具发票,申请人从法院账户上领走案款时,同样不必向法院出具发票,这两个"不出具"无形中反倒为漏税行为搭建了一条"安全通道",双方利用法院的执行裁定书应付税务局查账,一般都可以顺利过关。[3] 再例如,缘于国有企业领导人只具有对企业的经营权而没有所有权,在此种责、权、利分离的体制下,个别人可能会对对国家利益或社会公共利益持漠不关心的态度,甚至通过国家或社会利益的损失来换取

---

〔1〕 案例引自康明:《商事仲裁与调解相结合的若干问题》,载《北京仲裁》(第61辑),第115~119页。

〔2〕 See Art. 5 of the 1958 Convention on Recognition and Enforcement of Foreign Arbitral Awards.

〔3〕 潘从武:《法院被当成逃避税款安全通道》,载《法制日报》2005年11月2日,第5版。

个人的实际利益。[1] 申请企业的领导人通过法人意志的途径实现了个人利益,而仲裁庭显然不能由于对法人意志不合理的猜测而拒绝作出和解裁决。

三、和解裁决风险的防范与救济

既判力(authority of res judicata),也称为法律上的确定性,即禁止相同的当事人就同一诉求提起第二次诉讼的积极性抗辩。[2] 作为一种替代诉讼的争议解决方式,仲裁裁决与法院判决一样具有执行力,因此一项和解协议具有终局性。对终局性和解裁决的救济,需要通过法院的司法监督来进行。具体说来,当事人可以向法院申请撤销和解裁决,或者申请不予承认与执行和解裁决。关于仲裁裁决的执行问题,本书后续章节将进行详述,因此此处主要探讨和解裁决风险的防范。

倘若双方当事人中途和解成功,当事人仍然要支付仲裁员已经提供了的服务所产生的费用,至于还没有提供的服务,例如大律师出身的仲裁员喜欢收取一笔取消费(cancellation fee)或保障费(commitment fee),这是为了预订将来开庭的时间,因为仲裁员不能再去在这一段时间内接受其他案件的开庭委任。如果到时候双方和解不再需要开庭,仲裁员虽然没有提供服务(开庭),这笔保证费则是基于补偿

---

[1] 例如,在贸仲审理的一个案件中,申请人天津某公司诉被申请人北京某公司的一起招投标争议案,争议金额1,500万人民币。通过审查双方提交的书面材料和第一次庭审调查,仲裁庭初步认为被申请人违约情节清楚,申请人的仲裁请求将大部分得到支持。但是被申请人要求仲裁庭再次开庭审理本案。第二次开庭审理中,被申请人提出在本案招标过程中申请人领导曾向被申请人索取过20万元的贿赂,如果被申请人败诉被申请人将向有关部门举报申请人领导的违法行为。申请人听到被申请人的以上陈述后立即声明愿意与被申请人讨论通过和解解决争议。几天后双方当事人共同向仲裁庭提交了一份和解协议,请求仲裁庭根据该和解协议作出裁决并不在裁决书表述案情和申请人的仲裁请求。根据该和解协议,被申请人只须向申请人支付100多万元人民币,不及申请人仲裁请求的1/10。申请人的律师口头表示,为了申请人领导的"政治生命"才不得不签这份"城下之盟"。参见董critically、董莉:《论和解裁决——特别述及和解裁决的风险及其防范》,载《仲裁与法律》(第100辑),第116页。

[2] See Bryan A. Garner, *Black's Law Dictionary*, West Group, 1996, p. 546.

仲裁员间接的损失与不便而支付的。[1] 因此，无论是在仲裁庭主持下达成和解协议，还是当事人自行达成和解协议，仲裁庭都有收取费用的权利，而这也意味着仲裁庭应当履行相应的义务，即在一定条件下对争议当事人由于裁决的过错造成的损失承担责任。[2] 而在当前仲裁员作出和解裁决时通常只能作形式审查的前提下，仲裁员承担责任也显得有些不适当。因此，允许仲裁庭对和解协议进行必要的实体审查与合法性审查，以排除当事人在达成和解协议过程中的合谋、欺诈等情形，确证和解协议的内容不会违背法律规范中的强制性规则，不致损害国家利益、社会公共利益以及第三人利益。联合国国际贸易法委员会《国际商事仲裁示范法》关于"如果在仲裁程序中当事各方和解解决争议，仲裁庭应终止仲裁程序，而且如果当事各方提出请求而仲裁庭并无异议，则应按和解的条件以仲裁裁决的形式记录此和解"[3] 的规定，就以"仲裁庭并无异议"（not objected to by the arbitral tribunal）的措辞，赋予了仲裁庭对和解协议进行审查与酌情处理的权利。我国的立法应当借鉴示范法的规定。

基于此，有学者认为，仲裁庭的以下行为，均属于合理的做法：①如果仲裁庭认为和解协议存在违法、显失公平、重大误解、损害国家利益或社会利益等错误或情况，仲裁庭可以向当事人提出修改和解协议的意见。除非有充分的理由，当事人应当接受仲裁庭的意见。②如果仲裁庭怀疑和解协议侵犯了案外人权益，仲裁庭可以要求双方当事人提交相应的权属证明。③如果仲裁庭对于签订和解协议的授权代表的身份和资格有合理怀疑，仲裁庭可以主动进行调查和咨询。④如果仲裁庭对和解协议的内容存在疑惑，仲裁庭可以要求双方当事

---

[1] 杨良宜：《关于国际商事仲裁费用问题的讲座（一）》，载《北京仲裁》（第62辑），第102~103页。

[2] 关于仲裁员的责任问题，本书下个章节将详述。

[3] See UNCITRAL Model Law on International Commercial Arbitration:
Article 30. Settlement (1) If, during arbitral proceedings, the parties settle the dispute, the arbitral tribunal shall terminate the proceedings and, if requested by the parties and not objected to by the arbitral tribunal, record the settlement in the form of an arbitral award on agreed terms.

人作出解释或声明。⑤如果当事人不服从仲裁庭的以上指示，或者对仲裁庭的疑问无法提供充分有效的解释、证明，仲裁庭可以拒绝根据和解协议作出裁决。[1] 虽然按照现行的法律法规与仲裁规则，这些建议或许缺乏明确的依据，但都是为了达到"仲裁应当根据事实，符合法律规定，公平合理地解决纠纷"[2]的原则性要求。

也有学者建议仲裁员一方面要对于依和解协议作出裁决予以特别注意，认真研读案件材料，另一方面裁决书要依据具体情况，其内容加上限制当事人滥用权利以达到危害国家、集体和第三人利益的表述，从而同时保护仲裁机构或仲裁庭。具体内容可以表述为："经审阅当事人所提交的现有全部材料，仲裁庭未发现上述《和解协议》的内容和形式有违中国法律和行政法规的强制性规定，当事人并未主张、仲裁庭亦未发现本案当事人一方不具备签约资格的情形，上述《和解协议》一经签署，即对签约双方即本案申请人和被申请人具有约束力。同时，仲裁庭认为，上述《和解协议》的签订和履行不能损害国家、集体的利益和第三人的合法权益。鉴于本案双方当事人根据《和解协议》提出的仲裁请求仅涉及申请人和被申请人之间债权债务的转移以及相关权利义务的约定，而且申请人和被申请人之间有相当直接的关联关系，本仲裁庭并无权对因此项债权债务的转移以及相关权利义务的约定而对本案之外的善意第三人的权利发生任何影响的裁决。"[3]

在体制方面，对于假借和解仲裁逃避税收问题，缘于当前在法院执行的相关法规中，没有要求法院向被执行人或申请执行人出具发票的规定，且涉税业务也不可能出现在法院具体执行工作范围之内，要想真正保证国家税收不流失，还需要根据执行案款的具体实际情况进一步完善相关的税收管理制度或者另行出台相关规定，如明确单位账

---

〔1〕 参见董纯钢、董莉：《论和解裁决——特别述及和解裁决的风险及其防范》，载《仲裁与法律》（第100辑），第122页。

〔2〕 参见《仲裁法》第7条。

〔3〕 康明：《商事仲裁与调解相结合的若干问题》，载《北京仲裁》（第61辑），第122~123页。

目中如有法院执行案款入账项目,也必须按照相应规定纳税等。同时由法院执行部门予以配合监督,以有效解决税收流失的问题。或者由最高人民法院与国家税务总局结合法院执行工作的特点制定出具有可操作性的法律依据,在具体的制度未出台之前,可由法院代扣、代缴税款。[1] 法院在向申请执行人发还案款时,可根据案件的性质要求领款人提供相应的发票,严把税收关;税务部门可直接介入法院的执行工作,对预发还款的案件进行监督检查,对应纳税的可在案款中直接扣除。[2] 而对于国有企业领导人通过国家或社会利益的损失来换取个人实际利益的问题,则可通过以下措施进行规制:第一,坚持机制和制度创新,规范国企领导人员权力的运作行为。企业内部权力运作行为制衡机制不健全,经济运行中的问题得不到及时监控,企业内部为主的权力制约机制功能不足,是导致权力越轨的主要原因。因此,加强对重要环节的监控是从源头上预防和治理腐败的重要手段,也是规范国企领导人员权力运作行为的有效措施。第二,加强约束机制,合理配权。针对企业"一把手"权力过于集中,容易产生腐败的问题,应对其权力进行淡化、分解,实行交叉管理,以权制权。第三,理顺体制,确保出资人到位。积极探索国有资产的有效监管方法,加强对改制过程的监督,规范改制的决策程序和重大事项的报告制度,防止"内部人控制",赋予监事会对国有企业改制与资产处置的监督权,加强对改制企业的国家审计,健全国企负责人的离任审计制度。[3] 当然,对国有企业体制的深层次改革,亦是防范这一风险的必要举措。

---

〔1〕 法院代扣、代缴税款的方法是借鉴车辆管理部门在办理车辆交易过户手续时直接代收车辆交易税,以及房管部门在办理房屋交易过户手续时,直接收取房屋交易税等。

〔2〕 参见潘从武:《法院被当成逃避税款安全通道》,载《法制日报》2005年11月2日,第5版。

〔3〕 贾丽云、安昌龄:《规范权力有效预防国企领导人职务犯罪》,载《中共石家庄市委党校学报》2005年第6期,第30~31页。

第五章
我国仲裁员责任的定性与建构

诚如香港国际仲裁中心前主席杨良宜先生所言：伦敦国际仲裁院是国际商事仲裁中心，如果把伦敦国际仲裁院那些优秀的仲裁员拉到撒哈拉沙漠办公，撒哈拉沙漠同样也会成为国际商事仲裁中心。英国仲裁员协会前主席 Geoffrey M. Hartwell 教授也曾说过：在国际商事仲裁领域中，没有什么荣誉会高于你被专业同事们或商业伙伴们选择为仲裁员，去处理他们之间的争议，作出他们无法作出的决定。由此可知，仲裁员在仲裁制度中占有很重的分量。纵然任职资格机制，当事人、仲裁机构、司法与社会的监督机制在一定程度上对仲裁员形成制约与监督，且对处于社会精英阶层的大部分仲裁员而言，通过道德规范的倡导和指引，以及通过当事人与社会公众对其进行肯定性评价激发荣誉感，往往比仅仅通过强制力量约束更能有效地令其正当地行使职责。过于强调强制性力量而忽略道德规范的作用，并不符合仲裁制度特性与发展需要；[1] 但是，仅通过加强内心信念与社会舆论监督的方式，存在一定的局限性，从根本上说，建构仲裁员法律责任与行业责任制度，才是对仲裁员勤勉职责、秉公断案的有利而有效的保障。仲裁员责任制度是当今仲裁制度发展过程中一个不容忽视的领域。由于仲裁员与当事人之间的关系既具有契约性又具有司法性，既存在违约关系也存在侵权关系，因此仲裁员承担的法律责任有可能包括民事责任、行政责任，甚至是刑事责任。在确定仲裁员责任的性质后，能否将司法豁免原则扩展适用于仲裁员责任，或者在仲裁员责任论与责任有限豁免的情况下，如何界定仲裁员责任的范围，如何设计仲裁员

---

[1] [英] 施米托夫：《国际贸易法文选》，赵秀文选译，中国大百科全书出版社 1993 年版，第 674 页。

法律责任与行业责任的承担方式,将是本章要探讨的问题。

缘于仲裁的民间性,结合我国商业传统、现代仲裁理念以及较为完善的诚实信用意识缺失之现状,即使当前仲裁制度已获得了迅速的发展,仲裁权仍然需要予以制衡。建立完备的仲裁员法律责任制度与科学合理的行业责任制度,方能使仲裁员勤勉敬业,认真履行职责,同时也能在最大程度上避免司法对仲裁活动的过多介入,维护仲裁的独立性与完整性,从而也使仲裁成为市民社会更为认可与信赖的争议解决方式。然而目前我国《仲裁法》对仲裁员责任问题的规定不够明确与具体,而《刑法修正案》对仲裁员枉法裁决的刑事责任亦存在诸多模糊之处,因而对仲裁员责任的探析,就显得颇具必要性。

第一节 仲裁员责任的定性

一、仲裁员与当事人之间的关系——契约性与司法性

仲裁员的责任严格说来包括三种形式,即当事人施加的责任、道德责任与法律责任,但通常仲裁员责任主要是指仲裁员的法律责任,[1] 即仲裁员违反约定或法定义务而应当承担的责任。仲裁员责任的基础在于仲裁员与当事人之间关系的理论。[2] 关于仲裁员与当事人之间的法律关系,学理上存在三种说法:准合同关系说(Quasi Contract)、合同关系说与特定身份关系说(Special Status)。准合同关系说认为当事人在指定仲裁员时都要求仲裁员合格并且能够提供仲裁服务,而仲裁员接受指定时也知道他在提供服务后能获得酬金,进而符合英美合同法中的所谓偿还请求权(Restitutory-remedies)的构成要件,因此应以准合同关系来规范仲裁员与当事人之间的权利义务。但准合同关系说无法解释仲裁员的全部责任义务,导致仲裁员与当事人之间的

---

〔1〕 参见黄进、宋连斌、徐前权:《仲裁法学》,中国政法大学出版社 2002 年,第68 页。

〔2〕 Emmanuel Gaillard, John Savage, *Fouchard Gaillard Goldman on International Commercial Arbitration*, CITIC publishing house, 2004, p. 600.

法律关系始终处于不确定状态。合同关系说主张仲裁员接受当事人指定并提供专业知识解决争议，在作出仲裁裁决后接受酬金，这是一种劳务合同关系。若当事人不给付报酬，仲裁员可依法向当事人提出请求；若仲裁员在执行职务过程中有懈怠行为或有侵害当事人的不当行为，当事人可依合同诉请仲裁员赔偿。合同关系说又可具体分为委托合同说、雇佣合同说与承揽合同说等类型。特定身份关系说则持仲裁员接受当事人指定后就具有某种"持续性身份"的观点。仲裁员接受指定，即以准司法官（Quasi-judge）的身份执行职务，对当事人有巨大的影响力，除双方当事人同意或法院命令外，仲裁员的职权将持续到仲裁终了之时。仲裁员身份的不可替代性、身份关系的固定性、身份的持续性和阶段性要求国家根据公共秩序赋予仲裁员某些权利，并为其规定某种义务，而这些权利义务的发生与合同关系无关。特定身份关系说以公序良俗、公共利益为标准来决定仲裁员基于其特定身份而发生的权利义务，因无一个宏观的认定标准而只能由个案加以说明。

一般说来，缘于仲裁制度本质上体现着当事人的完全自愿性,[1]因此传统上将仲裁员与当事人之间的关系定位于"合同关系"。合同关系说阐释了仲裁员对当事人的费用请求权，也解决了仲裁员责任的基础问题。在各国立法中，大陆法系国家与阿拉伯国家一般都以合同关系来界定仲裁员与当事人的法律关系，认为仲裁员理所当然地应按照争议当事人的期待提供与当事人在合同中约定的品质相符合的服务。例如法国法律要求仲裁员与争议双方当事人在案件审理之前，共同签署一项协议，内容包括确定争议标的及仲裁员的指定方式；巴黎上诉法院也肯定仲裁员的责任具有合同的性质；德国法律认为仲裁员必须为他非司法性质的行为（包括作为、不作为）按照合同法上的注意义务，负故意或过失的合同责任；瑞典仲裁法规定，仲裁员的法律地位由特别合同决定，该合同并不等同于仲裁协议，虽然仲裁员与当事人

---

[1] See Morris Stone, "A Paradox in the theory of Commercial Arbitration", 21 *Arb. J.* (1966), p. 156.

间的合同并不需要任何形式,而且实际上常常采取默示方式,但仲裁员应保持其作为争议双方的委托人的地位。而英美法系国家则更多采用特定身份关系说,强调仲裁员所执行的职务具有准司法性,仲裁具有疏导诉讼、社会公益等社会性。此种准司法性,为仲裁员责任的豁免与有限豁免奠定了理论基础。

从仲裁的本质而言,仲裁绝非仅是一个契约行为,仲裁员与当事人之间的法律关系亦非一般的民事合同关系。仲裁包括两方面的因素,即合同因素与司法因素。[1] 仲裁员同意进行仲裁,虽然具有合同的一般成立要件,却能产生私法与公法上的双重效果。首先,在合同理论下,仲裁员是责任以与当事方订立的指定协议为基础的专家。[2] 当事人基于信赖而指定仲裁员,并且为此付出了仲裁受理费与案件处理费,而接受了当事人直接或间接指定的仲裁员也已领取或即将领取仲裁报酬,因而仲裁员理应运用其专业知识与社会经验提供符合合同要求的仲裁服务,秉公断案,不偏袒任何一方当事人,当事人也有权接受这种由仲裁员提供的专为公正解决其争议的仲裁服务,这体现了在平等主体之间作出的裁判的公正。其次,缘于仲裁协议涉及的不单是争议双方当事人之间的权利义务关系,还在于仲裁员有权处理当事人之间的纠纷,体现了权力的裁判;同时,国家立法对仲裁员的仲裁权、对仲裁裁决的终局性与强制执行的效力予以认可和保证。此种特殊的服务合同关系的核心在于"司法因素",即其所体现出的公法上的效果。基于仲裁员合同,当事人自愿限制了程序上的诉讼权利,法院的审判权为仲裁员的服务所替代。另一方面,当义务方不自觉履行仲裁裁决时,权利方有权请求法院强制执行,仲裁裁决的效力与民事诉讼程序中的判决效力相当。因此,虽然诸多学者同意仲裁员与当事人之间的

---

〔1〕 [英]施米托夫:《国际贸易法文选》,赵秀文选译,中国大百科全书出版社1993年版,第598页。

〔2〕 See Christian Hausmaninger, "Civil Liability of Arbitrators—Comparative Analysis and Proposals for Reform", *J. INT'L ARB*. 5, 48 (1990), p. 19.

关系存在着契约性,[1] 但是,仲裁员也确实具有"私人法官"(private judges)的身份。法院执行仲裁员作出的裁决,就要承认仲裁员拥有一定的司法权力,因此仲裁员必须具有此种"私人法官"的身份。这并不排斥仲裁员与当事人之间关系的契约性,首先,仲裁员得以审理当事人之间争议的权力,是由双方当事人合意赋予的;当事人授权仲裁员获得此种权力,可以通过直接指定仲裁员的方式,或者通过旨在让仲裁员解决他们之间争议的其他方式来完成。其次,仲裁员同意进行解决当事人之间争议的工作,此种同意表明一个契约的缔结,这个契约创设了仲裁员与当事人之间的权利与义务。[2]

二、仲裁员与当事人之间的关系——违约与侵权

依据民法学原理,民事责任分为缔约过失责任、侵权责任(Tort Liability)与违约责任(Contractual Liability)。显然仲裁员应当承担的并非缔约过失责任,因此,对仲裁员责任的违背,其基础或者建立在契约上,或者建立在侵权上。通常说来,普通法系、民法法系与伊斯兰法都是在仲裁协议和仲裁员与当事人之间的契约关系(仲裁员的责任,The Receptum Arbitri)中寻求仲裁员责任的来源。但是,这些国家对于仲裁员契约责任的基础存有分歧。传统上,民法法系国家和一些大阿拉伯国家强调仲裁员责任的契约性质,并将之作为仲裁员潜在责任的基准。相对而言,普通法系国家则更加注重仲裁员行为的潜在的侵权性质,认为仲裁员的行为是对注意义务的违反。尽管一些案件表明了仲裁员契约责任的范围大于专业注意义务,二者最终均是将责任的基础建立在对义务的违反上。[3]

---

[1] See Alan Redfern and Martin Hunter, *Law and Practice of International Commercial Arbitration*, London: Sweet & Maxwell, 2003, pp. 254~255; Emmanuel Gaillard, John Savage, *Fouchard Gaillard Goldman on International Commercial Arbitration*, CITIC publishing house, 2004, p. 600.

[2] See Emmanuel Gaillard, John Savage, *Fouchard Gaillard Goldman on International Commercial Arbitration*, CITIC publishing house, 2004, pp. 600~601.

[3] Susan D. Franck, "The Liability of International Arbitrators: A Comparative Analysis and Proposal for Qualified Immunity", 20 *N. Y. L. Sch. J. Int'l & Comp. L.* (2000), p. 5.

将仲裁员与当事人之间的关系定位于合同关系，则仲裁员应当承担的责任为违约责任。仲裁员接受当事人的指定，表明合同的成立。从本质上来说，一旦仲裁员接受指定，就有了基于双方当事人的责任与义务。倘若仲裁员破坏了仲裁协议的明示或默示的条款，仲裁员的违约责任即产生了。[1] 例如，按照我国《仲裁法》第31条、中国国际经济贸易仲裁委员会2005年《仲裁规则》第22条、第23条与第24条的规定，仲裁员的指定主要存在三种方式：一是争议双方当事人共同指定一名独任仲裁员；二是争议双方当事人委托仲裁委员会代为指定一名独任仲裁员；三是在约定由合议仲裁庭进行审理时，争议双方当事人各自指定一名仲裁员，然后由双方当事人共同指定一名仲裁员或由双方当事人委托仲裁委员会代为指定第三名仲裁员。在第一种方式中，当事人发出要约指定仲裁员，一旦仲裁员接受指定，则是作出承诺，当事人与仲裁员即达成合意。在遵循契约自由原则的前提下，双方当事人意思表示一致则意味着合同的成立。因此，仲裁员与当事人之间是合同关系。在第二种方式中，仲裁委员会的指定基于当事人的授权，存在当事人的默认，因而在仲裁员接受指定后，当事人与仲裁员之间存在着间接的默示合意。实践中为避免指定的仲裁员存在着某些可能被提出异议如回避的情形，仲裁委员会也常征求当事人的意见。因而可推定出双方合意的存在。在第三种方式中，争议当事人订立的仲裁协议隐含着这样的内容：在被指定的仲裁员符合当事人对仲裁员资格的要求时，一方当事人同意对方当事人所指定的人担任仲裁员，所以一方当事人与对方当事人所指定的仲裁员之间也存在着间接的默示合意。由此观之，在我国，仲裁员与当事人之间是合同关系，因而仲裁员不履行合同义务，承担的应当是违约责任。

仲裁员也有可能会承担侵权责任，这个责任来自于仲裁员的专业义务（Professional Obligation）。第三产业通常都存在对提供服务的人士的专业义务要求，要求每一个进入专业服务行业或者其他具有技术性

---

[1] Murray L. Smith, "Contractual Obligations Owed by and to Arbitrators: Model Terms of Appointment", 8 *ARB. INT'L.* (1992), pp. 20~24.

要求职业的人，需承担在技能与注意义务的合理程度内提供服务的责任。[1] 因此，如果专业人员没有像其他专业人员一样正常地提供合理的技能与尽到勤勉的义务，则违反了专业义务，他们应当对此负责。例如律师、医生、会计师、建筑师、工程师等均有义务以适当的技术与谨慎完成其专业工作，倘若他们没有这样做并造成了当事人的损失，则可能被认定需承担责任。[2] 与这些专业人员一样，仲裁员在仲裁程序中，也负有专业地、有效地解决争议的义务，并有可能因违反此种义务而承担损害赔偿责任。在大陆法系国家，例如德国，仲裁员有可能会因侵权行为而承担责任。伊斯兰法国家虽然没有西方国家关于违约与侵权的分类，可兰经（Qur'an）中确实有关于仲裁员责任的类似于侵权的原则，在伊斯兰教规中，穆罕默德规定当事人选定的任何仲裁员如果不能伸张正义，则将受到上帝的诅咒（Any arbitrator chosen by the parties who does not deliver justice is cursed by God）。伊拉克看起来是接受了基于侵权行为的责任，而在沙特阿拉伯，仲裁员需要对其造成当事人损害的错误行为承担责任。[3]

三、我国仲裁员的法律责任辨析——民事责任与行政责任

我国《仲裁法》第38条规定："仲裁员有本法第34条第4项规定的情形，情节严重的，或者有本法第58条第6项规定的情形的，应当依法承担法律责任，仲裁委员会应当将其除名。"其中，第34条第4项规定："（仲裁员）私自会见当事人、代理人，或者接受当事人、代理人的请客送礼的。"第58条第6项规定："仲裁员在仲裁该案时有索贿受贿，徇私舞弊，枉法裁决行为的。"也就是说，依照现行条文的规定，仲裁员私自会见当事人、代理人或者接受当事人、代理人的请客送礼，情节严重的，或在仲裁案件时有索贿受贿、徇私舞弊、枉法裁

---

[1] Every person who enters into a learned profession undertakes to bring to the exercise of it a reasonable degree of skill and care. See *Lanphier v. Phipos*, [1838] 8 C&P 475, 479.

[2] See Alan Redfern and Martin Hunter, *Law and Practice of International Commercial Arbitration*, London: Sweet & Maxwell, 2003, p. 253.

[3] Susan D. Franck, "The Liability of International Arbitrators: A Comparative Analysis and Proposal for Qualified Immunity", 20 *N. Y. L. Sch. J. Int'l & Comp. L.* (2000), p. 11.

判行为的,应当依法承担法律责任,并在仲裁员名册中被除名。

但是,这样的规定并不明确,仲裁员应当承担的"法律责任"缺乏具体所指,导致我国长期以来,在事实上仲裁员是被免除责任的,[1] 其原因在于我国法院、仲裁庭在作出决定时,是以"以事实为根据,以法律为准绳"为基础,而仲裁员在发生上述情形时,由于没有明确而具体的立法规定,无法作出具体裁决,从而导致的实际结果是仲裁员没有法律责任可以承担。而对于我国《仲裁法》第38条规定的"法律责任"[2],学理上也存在不同的观点。有学者持此责任主要是刑事责任的见解,即因为仲裁员接受请客送礼、收受贿赂、枉法裁判等行为触犯刑法而应追究其刑事责任,[3] 也有学者倾向于认为该责任是有限的民事责任而不是刑事责任或行政责任。[4] 但有一共识即是仲裁员承担的不是国家赔偿责任与违宪责任。广义的国家赔偿责任包括国家依据国际法承担的赔偿责任和国家依据国内法承担的赔偿责任,[5] 而违宪通常是指有关国家机关制定的某种法律、法规和规章,以及国家机关、社会组织或公民的某种行为与宪法的规定相抵触,[6] 仲裁员显然不属于这两个责任的主体。而从前述仲裁员与当事人之间

---

[1] 肖永平、胡永庆:《加入WTO与我国仲裁法律制度改革》,载《中国法学》2001年第2期,第18页。

[2] 根据不同的标准,如行为主体、违法行为所违反的法律的性质、主观过错、责任承担的内容等,法律责任有不同的分类。依据违法行为所违反的法律的性质,法律责任可分为民事责任、刑事责任、行政责任、国家赔偿责任与违宪责任。参见刘金国、舒国滢主编:《法理学教科书》,中国政法大学出版社1999年版,第133~136页。对仲裁员责任的探讨,较有意义的分类是以违法行为所违反的法律的性质、主观过错(下文责任的承担方式中会有相关阐述)为标准。

[3] 杨荣新主编:《仲裁法理论与适用》,中国经济出版社1998年版,第136页;谢石松主编:《商事仲裁法》,高等教育出版社2003年版,第194页;姜宪明、李贵乾:《中国仲裁法学》,东南大学出版社1996年版,第74页。

[4] 阎铁毅、梁淑妍:《关于仲裁员责任制度的思考》,载《中国海商法年刊》(第十三卷),第296页;单国军、吕东等编著:《仲裁实务》,中国发展出版社1998年版,第45页。

[5] 刘静仑:《比较国家赔偿法》,群众出版社2001年版,第99页。

[6] 张文显主编:《法理学》,高等教育出版社2003年版,第148页。

的关系来看，尤其是通过我国仲裁员指定的三种方式的分析，仲裁员和当事人是一种特殊的服务合同关系，即仲裁员接受当事人直接或间接的指定且当事人为此指定付出了费用，而仲裁员也领取了或者即将领取仲裁报酬，仲裁员就应当提供适当的仲裁服务；当事人也有权享受仲裁员提供的专门为公正解决其争议的仲裁服务。因此，倘若仲裁员未能勤勉地履行合同义务，那么仲裁员承担的责任中必然也包含民事责任。

行政责任是指因违反行政法律或因行政法规规定的事由而应当承担的法定的不利后果。行政责任既包括行政机关及其工作人员、授权或委托的社会组织及其工作人员在行政管理中因违法失职、滥用职权或行政不当而产生的行政责任，也包括公民、社会组织等行政相对人违反行政法律而产生的行政责任。由此可知，追究行政责任，必须具备以下几个条件：首先，责任主体的特定性，即必须是国家行政机关或在国家机关工作的国家公务员；其次，行政责任是基于行政法律关系而产生，即在行政管理中，行政主体一方违法或相对方违法所引起；再次，行政责任的追究机关既包括国家的权力机关、司法机关，也包括行政机关。[1] 依照《仲裁法》第10条的规定："仲裁委员会可以在直辖市和省、自治区人民政府所在地的市设立，也可以根据需要在其他设区的市设立，不按行政区划层层设立；仲裁委员会由前款规定的市的人民政府组织有关部门和商会统一组建；设立仲裁委员会，应当经省、自治区、直辖市的司法行政部门登记。"据此，省、自治区、直辖市的司法行政部门只对仲裁委员会进行登记，法律并未规定对其行使行政管理职权。而对仲裁委员会进行监督管理的职权属于社会团体法人——中国仲裁协会。作为社会中间层的仲裁协会，与律师协会一样都是享有一定管理权的民间自治组织。传统观点认为社会中间层是西方市民社会发展的产物，是小政府大社会的产物，是市民分享国家权力的结果，它所享有的行业管理权是国家权力的让渡，但它确是独

---

[1] 唐云峰：《浅析仲裁民事责任》，载《中国国际私法与比较法年刊》（第七卷），法律出版社2004年版，第487页。

立于政府的自我管理组织。[1] 对于中国仲裁协会，立法仅赋予其监督管理仲裁委员会的职权，即中国仲裁协会是仲裁委员会的自律性组织，根据章程对仲裁委员会及其组成人员、仲裁员的违纪行为进行监督。这种监督不应是硬性监督和广泛监督，不具有命令权和处罚、处分权，而应是一种服务性的监督和提高管理的监督。换个视角来看，依照《仲裁法》第14条的规定："仲裁委员会独立于行政机关，与行政机关没有隶属关系。仲裁委员会之间也没有隶属关系。"因此，仲裁委员会并非国家行政机关或司法机关，只是民间性的事业单位法人，仲裁员与仲裁委员会之间并不存在行政管理关系，相互之间不是行政法律关系的相对方当事人，由仲裁员组成的仲裁庭作出的仲裁裁决不同于行政裁决，不产生行政责任。因而，仲裁员在仲裁活动中出现《仲裁法》第38条规定的情形，其所应承担的责任并非行政责任。

笔者认为，《仲裁法》中规定的"除名"制裁，更类似于一种行业责任，而不应当理解为行政责任。除了《仲裁法》中规定的情形外，2002年的《国务院法制办公室关于进一步加强仲裁员、仲裁工作人员管理的通知》进一步要求仲裁委员会建立重大违法违纪事件报告制度，对所聘任的仲裁员、仲裁工作人员发生的重大违法违纪事件，要及时报告所在市人民政府（或商会）和省级人民政府法制机构，并报国务院法制办公室（中国仲裁协会成立前）；同时要求对违法违纪仲裁员实行"禁入"制度，仲裁委员会在对违法违纪的仲裁员依法作

---

[1] 社会中间层是独立于政府与市场主体，为政府干预市场、市场影响政府和市场主体之间相互联系起中介作用的主体。行业协会是由单一行业的竞争者所组成的，具有非盈利性、中介性的一种保护特殊普遍利益的社会中间层组织。行业协会独立于政府，政府附庸性有悖于行业协会的宗旨，但行业组织的管理者地位必须得到政府明示或默示的认可，除非其在政府权力未及之处进行活动。从行业协议产生的历史溯源来看，中世纪欧洲的商人行会在产生之初就谋求政府的认可与保护，以获取商业活动的垄断权，同时也使得商人们共同认可的权力更具权威性。行业组织会使行业同政府的关系得到改善，并通过协商得到一些特权。参见王颖、折晓叶、孙炳耀：《社会中间层——改革与中国的社团组织》，中国发展出版社1993年版，第3页以下；[英] M. M. 波斯坦、E. E. 里奇、爱德华·米勒主编：《剑桥欧洲经济史（第三卷）：中世纪的经济组织和经济政策》，周荣国、张金秀译，经济科学出版社2002年版，第196页。

出除名决定后，应在10日内通过省级人民法制机构（或商会）将名单报送国务院法制办公室，由国务院法制办公室通报全国仲裁机构和有关部门；被除名的仲裁员同时受聘于几家仲裁委员会的，其他仲裁委员会在接到国务院法制办公室通报的10日内必须予以除名；对除名的仲裁员，任何仲裁委员会在任何时候不得再聘请；对仲裁委员会副秘书长以上负责人员因违法违纪行为被解聘的，照此办理。[1] 各地仲裁委员会在结合当地实际情况的基础上，也对《仲裁法》的规定作出了细化规定，例如广州仲裁委员会《仲裁规则》规定"仲裁员在履行职责时，有违反法律或本规则，影响裁决公正性、合法性的，本会主任可责令该仲裁员退出仲裁庭"，且"仲裁员在仲裁案件时有索贿受贿，徇私舞弊，枉法裁决行为的，本会应当将其除名"。[2] 从这些规定来看，报告、除名与禁入措施确实具有行政色彩，但都不具有行政责任的性质，"报国务院法制办公室"也只是在中国仲裁协会成立之前而行使的监督权力，在仲裁协会成立之后，这些监督措施均由仲裁协会来行使。如前所述，仲裁协会是社团法人，这些措施应是作为行业责任而存在的。

四、我国仲裁员的刑事责任辨析——枉法裁决罪

2006年全国人大常委会通过了《刑法修正案（六）》，其中第20条规定在刑法第399条后增加一个条款，作为第399条之一，即"依法承担仲裁职责的人员，在仲裁活动中故意违背事实和法律作枉法裁决，情节严重的，处3年以下有期徒刑或者拘役；情节特别严重的，处3年以上7年以下有期徒刑"。这标志着，我国正式确立了仲裁员的刑事责任——枉法裁决罪。针对仲裁人员的身份和地位有别于国家机关工作人员和其他执法人员，在商事仲裁中仲裁机构与仲裁人员的确定完全取决于当事人的自主选择，将仲裁人员枉法仲裁与司法工作人员枉法裁判并列十分不妥的反对意见，立法机关研究后认为：仲裁是

---

[1] 参见2002年《国务院法制办公室关于进一步加强仲裁员、仲裁工作人员管理的通知》，国法（2002）55号，第4项与第5项。

[2] 参见广州仲裁委员会《仲裁规则》第43条与第44条。

决定当事人权利义务的一种争议解决机制,尽管采用了非官方的形式,但是如同诉讼一样,它的精髓在于要求仲裁员公正不倚,依法裁判。法律规定,仲裁应当以事实为依据,依法独立公正作出裁决。失去公正,仲裁就没有了魂魄,仲裁的价值也无法体现。仲裁人员从身份上讲虽然有别于司法工作人员,但其仲裁活动是依据法律规定进行的、决定当事人权利义务的准司法活动,并受到国家强制力保障。就法律效力而言,生效的仲裁裁决与法院判决并无明显区别。根据我国仲裁法和民事诉讼法的规定,生效的仲裁裁决与人民法院终审判决具有同等的法律效力,一方当事人不履行的,另一方当事人可以申请人民法院执行,受申请的人民法院应当执行。因此,就对当事人权利义务造成的实质损害而言,枉法仲裁与司法工作人员的枉法裁判也无大的区别。从产生的社会危害性和必要性看,对枉法仲裁人员追究刑事责任,并无不妥。[1]

从立法机关的理由来看,增设枉法裁决罪主要是因为仲裁的准司法性以及仲裁裁决的终局性。笔者认为,仲裁的准司法性与一裁终局并非设立枉法裁决罪的充分理由。仲裁是一种自愿解决争议的准司法方法,此种观点已为不少国家所主张,而仲裁裁决的终局性更是各国普遍认可。然而,很少有国家在立法中规定了枉法裁决罪。在各个国家与地区的立法当中,规定了仲裁员承担刑事责任的典型立法是日本的新《仲裁法》。2004年3月开始施行的《仲裁法》第50条关于受贿的规定与第51条关于行贿的规定明确了仲裁员存在收受、索要或约定收受与职权相关的贿赂情形时应当追究刑事责任。以旧法相比较,旧法中这样的条款仅限于在日本有上述犯罪行为,而新法第50条至第55条规定的对仲裁员的腐败行为尤其是贪污的刑事责任,不论该仲裁员

---

〔1〕 参见黄太云(全国人大常委会法工委刑法室副主任):《刑法修正案(六)解读之七:规范仲裁行为维护仲裁公正》,载《人民法院报》2006年8月29日,第5版。

在哪个国家有上述行为。[1] 这与日本《刑法》的规定一脉相承。日本1998年《刑法》规定了"公务员或仲裁员关于职务上的事情，收受、要求或约定贿赂的"是受贿罪，处1年以上有期徒刑。[2] 在瑞典，如果仲裁员的行为构成犯罪（如受贿），除可依刑法进行惩罚外，如造成经济损失的还可要求其承担赔偿责任。[3] 我国台湾地区的"刑法"第124条也规定了："有审判职务之公务员或仲裁人，为枉法之裁判或仲裁者，处1年以上7年以下有期徒刑。"据我国台湾地区学者观点，该罪的立法理由是："公务员就其裁判或仲裁之事件，应恪守法律，为严正公平之判断，若故行枉法，纵非贪婪，亦必徇情，均属妨害国家之威信，人民之法益，宜于处罚，而肃官常。"[4] 除此以外，绝大部分国家的立法并未规定枉法裁决罪。

　　刑法是社会正义的底线，只有当行为侵犯了社会利益，冲破这个底线造成社会危害时，才有国家的刑事追究，所以这个"度"的把握十分关键。对于仲裁发展尚未完善的我国而言，这一点应当谨慎，也避免国外仲裁员到我国参加仲裁作出违背法律的裁决时对应否受到刑事追究的不确定性心存顾忌。而且，刑法控制始终是成本最为昂贵的社会干预方式，非法治社会常态，立法者应当力求以最小的支出——少用甚至不用刑罚（而用其他刑罚替代措施），获取最大的社会效益——有效地预防和控制犯罪。[5] 换言之，应当在充分考虑市场行为的自我调节机制、行业协会的自治机制、行政行为的监管机制等其他的替代性措施后，方可考量是否应采用刑法来干预社会。反映到仲裁领域，仲裁员的不当行为可以通过市场的自我调节机制与行业内部的自

---

〔1〕 [日]中村达也：《日本新仲裁法的几个显著特点》，范文静译，载深圳仲裁委员会网站：http://www.szac.org/zone_details.asp?newsid=63，2008年9月29日访问。

〔2〕 参见日本1998年《刑法》第197条第4款。

〔3〕 林一飞：《国际商事仲裁法律与实务》，中信出版社2005年版，第209页。

〔4〕 （台）孙嘉时编著：《刑法分则》，台湾三民书局1985年版，第87页；转引自宋连斌：《枉法裁决罪批判》，载《北京仲裁》（第62辑），第34页。

〔5〕 陈兴良：《刑法谦抑的价值蕴含》，载《现代法学》1996年第3期，第14页。

治机制予以调整,当事人亦可通过司法监督的方法获得事后救济,因而采用刑法的调整方式显然不妥。当然,随着实践发展,亦不能排除仲裁员枉法行为纳入刑法视野的可能性。因为伴随着仲裁的发展,人们对于仲裁的期待已远远超出了双方当事人的范畴,它里面包含有国家认可,与完全的民间调解有本质区别,因而仲裁责任归入刑法完全有可能。但是必须从国情出发,可以参照日本立法例,慎之又慎,以免打击面宽泛伤害仲裁业发展;同时尽可能与其他责任结合,比如可从民事责任、行业责任过渡到刑事责任。而在当前我国仲裁发展尚未臻于成熟的境况下,将达摩克利斯之剑悬于仲裁员头顶上,斩落的将可能是对仲裁的信任与信心;且这一罪名的设置有可能导致公、检、法机关取得对仲裁裁决的实体审查权,冲击与破坏仲裁一裁终局的基本原则,[1]这对于我国仲裁的持续发展无疑将产生诸多消极影响。

即便是承认了当前立法所设置的枉法裁决罪,且这一罪名兴许在将来较长的一段时期内存在,就《刑法修正案(六)》中的条文而言,枉法裁决罪的立法本身显得不够严密与明确,存在许多值得商榷之处。仲裁不是强制管辖,双方当事人自愿选择仲裁所适用的法律不仅包括国内法、国外法、习惯法,甚至在友好仲裁中还可以是公允善良原则与衡平原则,因此对于在什么情况下追究仲裁员刑事责任解释的空间过于宽泛。参照各国立法例,日本《仲裁法》虽然有关于追究仲裁员刑事责任的规定,但也仅限于追究仲裁员收受、索要或约定收受与职权相关的贿赂的犯罪行为,该刑事责任规定不会产生理解歧义及滥用情形。而我国规定的枉法裁决罪,则有诸多值得问究之处。具体说来,相对于大陆法系国家"递进式的犯罪构成体系",我国"耦合式的犯罪构成体系"在认定犯罪时的逻辑结构时,各个要件是同时认定的,无所谓先后顺序之分,重要的是四个要件同时具备。[2]按照通说,我

---

〔1〕 徐前权:《枉法仲裁罪之批判》,载《广西民族学院学报(哲学社会科学版)》2006年第3期,第124页。

〔2〕 参见陈兴良:《本体刑法学》,商务印书馆2001年版,第198~200页。

国的犯罪构成是指刑法规定的，决定某一具体行为的社会危害性及其程度而为该行为构成犯罪所必须具备的一切客观要件和主观要件的有机统一的整体。[1] 依据此种占主导地位的犯罪构成学说，我国现行犯罪构成体系由犯罪主体、犯罪客体、犯罪的主观方面与犯罪的客观方面四大要件构成。

对于枉法裁决罪的犯罪主体，存在着不同意见。有学者认为，枉法裁决罪只适用于民商事仲裁，也即1994年《仲裁法》所调整的仲裁。[2] 而较为权威的解释则认为，修正案将犯罪主体规定为"依法承担仲裁职责的人员"，是指依据法律、行政法规和部门规章的规定承担仲裁职责的人员，不仅包括依据仲裁法的规定，在独立于行政机关、与行政机关没有隶属关系的仲裁委员会对民商事争议承担仲裁职责的人员，而且包括依据劳动法、公务员法、体育法、著作权法、反兴奋剂条例、企业劳动争议处理条例等规定，在有政府行政主管部门代表参加组成的仲裁机构中对法律、行政法规、部门规章规定的特殊争议承担仲裁职责的人员。[3] 但这样的解释仍存在模糊性，即尚未解释何为"仲裁职责"。依据《仲裁法》的规定，仲裁员几乎都是兼职的，并非仲裁机构的专职人员，仲裁机构又是民间组织，独立于行政机关，仲裁庭也独立于仲裁机构而独立仲裁案件；而仲裁委员会主任或者秘书长仅有权就案件程序问题作出决定，仲裁机构的秘书人员仅负责程序或其他服务工作，专家咨询委员会可以就仲裁庭提请的复杂疑难案件发表意见，但此意见不对仲裁庭产生约束力，以上这些人员的行为，是否都属于"仲裁职责"缺乏明确的法律范畴。[4] 因而无法判定这些

---

[1] 高铭暄、马克昌主编：《刑法学》（上编），中国法制出版社1999年版，第86页。

[2] 吕途、杨贺男主编：《中华人民共和国刑法修正案（六）理解与适用》，中国法制出版社2006年版，第85页。

[3] 黄太云（全国人大常委会法工委刑法室副主任）：《刑法修正案（六）解读之七：规范仲裁行为维护仲裁公正》，载《人民法院报》2006年8月29日，第5版。

[4] 徐前权：《枉法仲裁罪之批判》，载《广西民族学院学报（哲学社会科学版）》2006年第3期，第123页。

人员是否符合枉法裁决罪的犯罪主体要求。惟一可以明确的，仅有仲裁员主持开庭、审理案件并作出裁决的行为是在履行仲裁职责，仲裁员是枉法裁决罪的犯罪主体。而对于仲裁委员会的主任、秘书长以及其他工作人员，则有可能作为枉法裁决罪的共犯。

对于枉法裁决罪的犯罪客体，首先需要明确的是犯罪客体是苏联刑法理论中的一个独特概念，[1] 我国将犯罪客体简单移植，认为犯罪客体是指我国刑法所保护而为犯罪行为所侵犯的社会主义社会关系。[2] 具体到枉法裁决罪上，本罪的犯罪客体应当是法律所保护的正当的仲裁活动和仲裁当事人的合法权益。但是，近年来学者不断质疑犯罪客体是否能作为犯罪构成的要件。作为犯罪构成的要件，应当是犯罪的实体性存在，[3] 而犯罪客体属于一种理论概括，它是抽象的，因而不要求、也不能转化为任何具体的要素内容，至多是作为认识论意义上的理论工具，而不会成为司法过程中操作意义上的推理工具。因此，对于枉法裁决罪而言，主要应分析犯罪构成体系中的犯罪主体、犯罪的主观方面与客观方面。

对于枉法裁决罪的主观方面，无疑只能是故意的心理状态。故意，是指行为人明知自己的行为会发生某种结果，而希望或者放任这种结果发生的心理态度，包括直接故意与间接故意两种情形。[4] 故意的结果是不含价值评价色彩的自然意义上的结果，因为结果的性质属于表明行为程度的客观要素的范畴，因此只要求行为人对其具有认识可能性即可，不要求具有明知。依据刑法理论，在违法性

---

〔1〕 陈兴良：《本体刑法学》，商务印书馆2001年版，第207页。

〔2〕 现行刑法典第13条关于犯罪概念的规定可视为对犯罪客体的侧面描述。根据我国《刑法》第13条规定，犯罪是指"一切危害国家主权、领土完整和安全，分裂国家、颠覆人民民主专政的政权和推翻社会主义制度，破坏社会秩序和经济秩序，侵犯国有财产或者劳动群众集体所有的财产，侵犯公民私人所有的财产，侵犯公民的人身权利、民主权利和其他权利，以及其他危害社会的行为"。

〔3〕 陈兴良：《犯罪构成的体系性思考》，载《法制与社会发展》2000年第3期，第56页。

〔4〕 我国《刑法》第14条规定："明知自己的行为会发生危害社会的结果，并且希望或者放任这种结果发生，因而构成犯罪的，是故意犯罪。"

认识方面，无论是事实错误还是法律错误，并非都能成为阻却故意的事由。能够阻却故意的事实错误，是针对行为对象而言的，分为具体的事实错误和抽象的事实错误。[1] 这些刑法原理，运用到枉法裁决罪的主观方面，首先要求枉法裁决是在明知案件的事实情况与法律规定的前提下故意作出的不实判断，过失不构成本罪。但是在对犯罪目的与犯罪动机没有特殊要求的仲裁语境中，如何认定故意、何种事由可以阻却故意，则是需要探究的难题。仲裁员进行仲裁的自由裁量权主要体现在事实认定与法律适用上，在事实认定方面，有可能缘于仲裁员自身业务素质或者当事人的原因未能查清争议案件事实，由此作出与事实有出入的仲裁裁决；在法律适用方面，有可能缘于仲裁员法律素养与断案技巧不足而导致适用法律的偏差。那么，这些事实认定与法律适用上的偏差，是否属于枉法裁决罪的主观故意则需进一步辨析。一般情形下，所列举的这些事实认定与法律适用的偏差，可以作为阻却故意的事由。但是，其他的情形下如何认定"故意"，特别是"故意"违背事实和法律，《刑法修正案》并未提供具有操作性的规定。

对于枉法裁决罪的客观方面，[2] 因为犯罪的客观方面包括危害行为、危害结果、危害行为与危害结果之间的因果关系；危害行为与危害结果是任何犯罪成立必须具备的犯罪客观方面要件，具体到枉法裁决罪，则是"违背事实和法律作枉法裁决，情节严重的"以及"情节特别严重的"。同时，除危害行为与危害结果外，有些行为必须在特定的时间、地点实施或采取特定的方法、手段实施才能构成犯罪，因此特定的时间、地点、方法成为犯罪构成客观方面的选择要件，这些选择要件对某些犯罪的成立具有决定性的意义，例如非法捕捞水产品罪。枉法裁决罪通常是要求犯罪行为发生在仲裁程序进程中。依据《仲裁法》的规定，《刑法修正案（六）》中关于"违背事实和法律作枉法裁决，情节严重的"的规定，可以解释为仲裁员私自会见当事人、代理

---

[1] 参见张明楷：《刑法学》，法律出版社2003年版，第229页。
[2] 我国《刑法》总则部分没有关于犯罪客观方面的具体规定。

人或者接受当事人、代理人的请客送礼，情节严重的，或在仲裁案件时有索贿受贿、徇私舞弊、枉法裁判行为的，应当依法承担法律责任。但是，这只是枉法裁决罪的部分犯罪情节，对于在仲裁过程中，如何认定"违背事实和法律"、"枉法"以及"情节严重"，都是需要进一步考量的内容。例如在友好仲裁中，经当事人授权同意后，仲裁庭可以不依严格的法律规定进行仲裁，仲裁员作为友好公断人处理案件（decide as amiable compositeur）或者仲裁员以公平与善良（ex bono et aequo）处理案件。[1] 友好仲裁中确定公平合理原则的商人习惯法（lex mercatoria），其核心内容也尚未在世界范围内获得普遍接受。[2] 那么，在友好仲裁中仲裁庭依据商人习惯法作出裁决，此种不适用严格的法律规则的做法，是否构成"违背事实和法律"或者"枉法"？再者，"情节严重"与"情节特别严重"如何定义并如何区分，给当事人造成多大程度的物质损失方能构成情节严重，还是损害了仲裁的声誉才能构成情节严重，而当事人承受的精神损害能否作为情节严重的因素之一？退一步而言，最高人民检察院于1999年发布的《关于人民检察院直接受理立案侦查案件立案标准的规定（试行）》对民事、行政枉法裁判罪所规定的标准[3]可能被类比适用于枉法裁决罪，但这

---

[1] 陈治东：《国际商事仲裁法》，法律出版社1998年版，第13页；郭玉军：《国际商事仲裁中的友好仲裁问题》，载《武汉大学学报（哲学社会科学版）》1999年第6期，第10~11页。

[2] 赵秀文：《国际商事仲裁及其适用法律研究》，北京大学出版社2002年版，第150页。

[3] 该规定第2条渎职犯罪案件第6项民事、行政枉法裁判案作出了如下标准：民事、行政枉法裁判罪是指审判人员在民事、行政审判活动中，故意违背事实和法律作枉法裁判，情节严重的行为。涉嫌下列情形之一的，应予立案：①枉法裁判，致使公民财产损失或者法人或者其他组织财产损失重大的；②枉法裁判，引起当事人及其亲属自杀、伤残、精神失常的；③伪造有关材料、证据，制造假案枉法裁判的；④串通当事人制造伪证，毁灭证据或者篡改庭审笔录而枉法裁判的；⑤其他情节严重的情形。

个标准本身也存在着缺陷。[1] 由此可知,《刑法修正案(六)》虽然设立了枉法裁决罪,但并未对枉法裁决罪的客观方面的认定作出相关规定,这将造成枉法裁决罪在司法实践中适用的困难。

第二节 仲裁员责任论与责任豁免的立法与实践

一、仲裁员责任豁免

(一)司法豁免

在普通法系国家,司法豁免(Judicial Immunity)源于两个裁断法官无须为其司法行为承担责任的案例。Marshalsea 案认为司法外的行为可以导致法官承担个人责任。[2] 而 Floyd v. Barker 案则进一步判定法官只对司法行为豁免。[3] 通常认为司法豁免最早是由在 Bradley v. Fisher 案[4]确立的。在 Bradley v. Fisher 案中,Bradley 起诉美国最高法院 Fisher 法官,因为以 Fisher 为首席法官的法庭发布了一项命令,故意剥夺了其在法庭上担任律师的权利。审理此案的 Field 法官认为基于适当与有效的司法管理的需要,法官对其司法行为享有豁免,即使这个行为可能是有误的,且对原告造成了侵害[5]。具体说来,虽然法庭针对 Bradley 发布了错误命令,但命令的发布是 Fisher 在合法地行使其

---

[1] 该标准的缺陷在于:第一,该标准先入为主,倒果为因,径直以枉法裁判为前提去查看情节,而不先行确定枉法裁判之有无。第二,该标准无意中助长了当事人对司法和法律的不信任,当事人如果不接受法院判决,似乎越闹腾就越有机会使案件得以重审,甚至得到法外补偿。第三,枉法裁判罪的指控无论成功与否,无疑会损害当事法官的事业,该标准无意中使法官在裁判时心有顾忌,有损于其独立判断。第四,该标准也表明,枉法裁判罪的存在是不必要的。其所列举的情形如发生,援引刑法的其他规定亦可调整。参见宋连斌:《枉法裁决罪批判》,载《北京仲裁》(第62辑),第31页。

[2] The Marshalsea Case, 10 Coke's Kings Bench Rep. 68, 77 Eng. Rep. 1027 (K. B. 1612).

[3] Floyd v. Barker, 12 Coke's Kings Bench Reports 23, 77 Eng. Rep. 1305 (K. B. 1607). In Forrester v. White, 484 U. S. 219, 229~30 (1988).

[4] 80 U. S. 335 (1871).

[5] however erroneous the act may have been, and however injurious the consequences it may have proved to the plaintiff. Id. , pp. 346~347.

作为首席法官的职权与义务,是在其权限范围内的司法行为,命令错误只影响这一行为的有效性,而不会影响这一行为的司法性质,亦不会使 Fisher 因此承担赔偿责任。倘若法官丧失独立性,司法的功能也将被显著地破坏。纵使遭到强烈地反对,法庭最终还是认定了法官享有对其在管辖权范围内行使司法职责的行为豁免于民事诉讼的权利,而无论法官的行为出于恶意与故意(Malicious and Wilful Misconduct)。[1]

随后,在 Pierson v. Ray 案中,法庭判定一个被诉称具有恶意行为的法官享有豁免权。[2] Butz v. Economou 案阐明了豁免的基础在于履行的职责本质上是否属于司法。[3] Stump v. Sparkman 案则解释了法官的行为是否属于司法以及责任豁免取决于两方面,其一为法官是否正常行使职责,其二为法官处理当事人争议的行为是否在其司法权限范围内[4]。虽然豁免的范围很广,但终究有所限制,特别是法官对刑事起诉以及弹劾不能豁免。[5] 但总体而言,普通法系国家实行的司法豁免几近是绝对的。

在大陆法系国家,并不存在对司法行为绝对豁免的概念。通常说来,法官要对其所有的不当行为负责,而司法程序的当事人亦能因司法不当行为获得赔偿金。[6] 例如在阿根廷,法官要对其在行使司法职责中的侵权行为所造成的损害与损失承担责任。在西班牙,法官也不能因其职务行为而享有绝对豁免权,相反,法律明确规定了法官应当为其无可辩解的过失与疏忽(Inexcusable Negligence or Ignorance)负

---

[1] See id., p. 357.

[2] 386 U. S. 537 (1967).

[3] 438 U. S. 478, 512 (1978).

[4] "whether it is a function normally performed by a judge" and (2) "whether (the parties) dealt with the judge in his judicial capacity". 435 U. S. 349 (1978).

[5] Dennis R. Nolan & Roger I. Abrams, "Arbitral Immunity", 11 INDUST. REL. L. J. (1996), p. 232.

[6] Christian Hausmaninger, "Civil Liability of Arbitrators—Comparative Analysis and Proposals for Reform", 7 J. INT'L ARB. (1990), p. 13.

责。在荷兰，法官只在以下三种情形中承担责任，其一，法官的行为构成对基本法律原则的疏忽；其二，一方当事人被剥夺了公平与不偏私的待遇；其三，没有其他可资使用的方法能够对损害进行救济。但是，实践中很少适用这一规则，有评论者认为荷兰法对司法豁免的立场与美国与英国的绝对豁免更为相似。[1]

（二）司法豁免在仲裁领域的运用

缘于仲裁员行为的准司法性（Quasi-judicial Nature）以及仲裁员行为独立性保护的需要，有学者提倡将司法领域中的法官豁免扩展适用于仲裁员，即仲裁员对仲裁过程中因其过失或者其他情形而导致的不当行为以及给当事人带来的损失不承担责任。尤其是在普通法系国家，法院显现出将豁免权赋予行使准司法行为的仲裁员的倾向。既然仲裁员与法官同处于裁断者的地位，他们或多或少都执行着相同的职责。[2] 在美国，当仲裁员承担与法官职责相似的责任时，仲裁员豁免于针对其权限内行为所致的责任，即仲裁员责任绝对豁免（Absolute Immunity）。[3] 通过 City of Omaha v. Omaha Water Co. 案[4]、Shepard & Morse Lumber Co. v. Collins 案[5] 以及 Sanitary Farm Dairies, Inc. v. Gammel 案[6] 的考察，与法官职责相似取决于以下三个方面：其一，是否有争议发生；其二，是否有对责任的终局决定；其三，裁决的作出者是否像法官一样进行了庭审并组织了质证。[7]

在美国，仲裁员行使与裁决作出相关的职责时，享有绝对的民事

---

[1] Susan D. Franck, "The Liability of International Arbitrators: A Comparative Analysis and Proposal for Qualified Immunity", 20 N. Y. L. Sch. J. Int'l & Comp. L. (2000), p. 18.

[2] Arbitrators are in much the same position as judges, in that they carry out more or less the same functions. See *Sutcliffe v. Thackrah*, [1974] App. Cas. 727, 735.

[3] Christian Hausmaninger, "Civil Liability of Arbitrators—Comparative Analysis and Proposals for Reform", 7 *J. INT'L ARB*. (1990), p. 16.

[4] 218 U. S. 180, 194~99 (1910).

[5] 256 P. 2d 500, 502 (Or. 1953).

[6] 195 F. 2d 106, 113 (8th Cir. 1952).

[7] William W. Park, "Text and Context in International Dispute Resolution", 15 *B. U. Int'l L. J.* (1997), p. 194.

责任豁免权,而且责任豁免的范围包括了仲裁的疏忽(careless)、重大过失(grossly negligent),或者故意的欺诈行为(intentionally acted in a fraudulent manner)。2000年美国新修订的《统一仲裁法》(Uniform Arbitration Act)第14条前3款对仲裁员的豁免作出了明确规定:"(a)仲裁员或仲裁机构在履行职能时,如同本州法院法官行使其司法职能时一样享有相同的民事责任豁免。(b)本条规定的豁免补充其他法律项下的豁免规定。(c)仲裁员未依据第12条的规定进行披露,并不影响其按照本条享有的豁免。"[1] 这次修订新增加了第14条仲裁员的豁免(Immunity of Arbitrator),本条款意图规定仲裁员对任何民事诉讼(包括民商事仲裁)都可获得豁免权,且不区分中立仲裁员与自选仲裁员(Advocate Arbitrator),统一适用本条款。[2]

具体说来,豁免的范围可以分为下列三个情形:首先,仲裁程序违反仲裁协议或者仲裁规则。例如在 Austern v. Chicago Bd. Options Exch. 案中,仲裁协议中写明了任何仲裁程序的开始均应通知申请人,但仲裁庭并未通知申请人,且在申请人缺席的情况下进行了庭审。申请人对此进行了诉讼。法庭审理后认为,仲裁员进行庭审并作出终局裁决的行为具有足够的司法性,而这充分证明了仲裁员豁免是正当的。[3] 在 Tamari v. Conrad 案中,原告 Abdallah W. Tamari 等人是仲裁案件的当事一方,被告则是仲裁案件的仲裁员。原告诉称仲裁员的选定与仲裁庭的组成违反了仲裁协议以及适用的仲裁规则,据此要求法院裁断仲裁庭组成不合法并撤销该仲裁庭作出的仲裁裁决,但是原

---

[1] See SECTION 14. (a) An arbitrator or an arbitration organization acting in that capacity is immune from civil liability to the same extent as a judge of a court of this State acting in a judicial capacity.

(b) The immunity afforded by this section supplements any immunity under other law.

(c) The failure of an arbitrator to make a disclosure required by Section 12 does not cause any loss of immunity under this section.

[2] 刘国生:《美国统一仲裁法修订评析》,载《政法学刊》2004年第4期,第21页。

[3] 898 F. 2d 882 (2nd Cir. 1990).

告只是质疑仲裁员的权威而未要求仲裁员承担民事赔偿责任。地区法院基于仲裁员豁免于质疑其争议解决权限的诉讼而驳回了原告的诉讼请求，上诉法院确认并维持了原判。依据上诉法院的判决，上诉人应以仲裁程序的瑕疵作为理由来申请撤销仲裁裁决，而不应对仲裁员进行起诉。[1] 其次，仲裁员违反披露义务。例如在 *John Street Leasehold, L. L. C. v. Brunjes* 案中，仲裁员未披露在仲裁程序进行期间另一方当事人的律师代理了他的一项私人事务，因而被当事人起诉要求赔偿损失，但是法院赋予了仲裁员豁免权。[2] 最后，仲裁员在裁决过程中存在偏见。例如在 *Yates v. Yellow Freight System* 案中，原告起诉被告 Yellow Freight System 公司违反了劳动合同，且诉称仲裁员在对原、被告争议的解决过程中对原告存在偏见。法院审理后认为履行有效职责的仲裁员在得到委任后应当享有与司法豁免相似的仲裁豁免，仲裁员履行职责的行为免受当事人提起的诉讼。[3] 此外，在 *Nat. Football League v. Office & Prof. Emp. Int. Un.*（947 FSupp 540, DDC 1996）案、*Wally v. Gen. Arb. Cncl. Of Text. Indus.*（630 NYS2d 627, 1995）案、*Feichtinger v. Conant*,（893 P. 2d 1266, Alaska 1995）案等案例中，仲裁员均豁免于对其履行职责行为的诉讼。[4] 而对于仲裁员欺诈或者合谋的恶意行为，

---

〔1〕 552 F. 2d 778 (7th Cir. 1977).

〔2〕 650 N. Y. S. 2d 649（App. Div. 1996），immunity shields arbitrator's official acts, including non-disclosure.

〔3〕 501 FSupp 101 (SD Ohio 1980).

〔4〕 其他的案例还包括：Austern v. Chicago Bd. Options Exch. , Inc. , 898 F2d 882 (2d Cir 1990), Wasyl, Inc. v. First Boston Corp. , 813 F2d 1579 (9th Cir 1987), Intern. U. United Auto Wkrs. v. Greyhound Lines , 701 F2d 1181 (6th Cir 1983), Baar v. Tigerman , 140 CalApp3d 979, 189 CalRptr 834 (1983), Calzarano v. Liebowitz , 550 FSupp 1389 (SDNY 1982), Corey v. New York Stock Exch. , 691 F2d 1205 (6th Cir 1982), I. & F. Corp. v. Intern. Ass'n of Heat and Frost , 493 FSupp 147 (SD Ohio 1980), Tamari v. Conrad , 552 F2d 778 (7th Cir 1977), E. C. Ernst, Inc. v. Manhattan Construction Co. of Texas , 551 F2d 1026 (5th Cir 1977), reh. granted in part, 559 F2d 268 (1977), cert. den. , 434 U. S. 1067 (1978) 等案例。参见国家仲裁员学会（National academy of arbitrators）网站：http：//www. naarb. org/immunity/reference. html, 2008 年 9 月 25 日访问。

Beaver v. Brown 案[1]、Jones v. Brown 案[2]等案例都判定了仲裁员的不当行为仅仅阻止了仲裁员收取仲裁费用,而不会强加于民事责任。

在证明司法豁免扩展适用于仲裁员的正当性时,法院通常援引的理由是公共政策。联邦政策鼓励仲裁,而"仲裁员是促进此种政策的不可或缺的角色"(Arbitrators are indispensable actors in furtherance of that policy)。[3]将公共政策作为仲裁员责任豁免的理由,主要是基于以下考量:一方面,为保证裁决作出程序的独立性与完整性,仲裁员应得以豁免。赋予仲裁员民事责任豁免是为了保护一种职能或者说是追求司法程序的完整性与独立性,而不是为了保护仲裁员个人。[4]另一方面,豁免有助于确保仲裁裁决的终局性。否则,败诉当事人可能会为了延迟甚至抵制仲裁裁决的执行,而随意指控仲裁员缺乏应有的小心谨慎,并因此提出异议要求撤销裁决或者拒绝承认与执行裁决,而这样显然背离了仲裁的初衷与价值。起草英国1996年《仲裁法》的顾问委员会(the Departmental Advisory Committee)甚至强烈地认为,缺乏某种程度上的豁免,仲裁的终局性将会被破坏。[5]

二、仲裁员责任论

与仲裁员责任豁免相对的,是仲裁员责任论。如前所述,大陆法系国家与阿拉伯国家将仲裁视为一种特殊的契约行为,以合同关系来界定仲裁员与当事人之间的法律关系,因而仲裁员理所当然地应按照争议当事人的期待提供与当事人在合同中约定的品质相符合的服务,故仲裁员不能豁免于因其过错行为而产生的责任。通常说来,阿拉伯

---

[1] 9 N. W. 911 (Iowa 1881).

[2] 54 Iowa 140 (Iowa 1880).

[3] Richard J. Mattera, "Has the Expansion of Arbitral Immunity Reached its Limits After United States v. City of Hayward?", 12 *OHIO ST. J. ON DISP. RESOL.* (1997), p. 787.

[4] Emmanuel Gaillard, John Savage, *Fouchard Gaillard Goldman on International Commercial Arbitration*, CITIC publishing house, 2004, p. 593.

[5] Even the Departmental Advisory Committee drafting of the 1996 English Arbitration Act stated that it felt "strongly that unless a degree of immunity is afforded, the finality of the arbitral process could well be undermined." See Tamara Oyre, "Professional Liability and Judicial Immunity", 64 *ARBITRATION* (1998), p. 48.

国家的法律明确规定了仲裁员的在指定阶段、不适当的退出仲裁程序、未能作出仲裁裁决等情形中的责任。例如在卡塔尔，仲裁员在缺乏合理理由的情况下退出仲裁程序，则要承担对当事人的责任，其他国家例如印度尼西亚也为仲裁员的不当退出规定了责任。[1] 法律明文规定仲裁员责任的还有奥地利等国家，《奥地利民事诉讼法》规定："如果仲裁员不及时履行或不完全履行其在接受任命时所承担的职责，则要对由于他的错误拒绝或迟延给当事人造成的损失承担责任。"[2] 西班牙1988年《仲裁法》第16条第1款也规定，仲裁员可以因其不正当行为或者过失而被起诉。[3]

除了法律明文规定以外，一些国家采用默示的方式表明仲裁员应当承担责任，这些国家一方面没有规定仲裁员的豁免，另一方面对仲裁员的故意、过失行为创设了责任。例如在法国，没有任何制定法明确规定了仲裁员的责任或者豁免，但是当事人却可以以仲裁员未按仲裁合同规定履行职责为由对仲裁员提起诉讼。一般说来，在法国仲裁员对引起其不能履行合同义务的严重过错（faute lourde）、任何重大或故意的过错（any gross or intentional fault）负有合同法上的责任。[4] 此外，仲裁员也有可能因其侵权而承担责任。这样的推断具有法律上的依据，法国《民法典》第1382条规定了："人的任何行为给他人造成损害时，因其过错致该行为发生之人应当赔偿损害。"[5] 瑞典的法律没有明确规定仲裁员责任，但同时也没有任何制定法表明司法豁免可扩展适用于仲裁员。大体上，仲裁员承担责任的原因包括程序妨碍，

---

〔1〕 Susan D. Franck, "The Liability of International Arbitrators: A Comparative Analysis and Proposal for Qualified Immunity", 20 *N. Y. L. Sch. J. Int'l & Comp. L.* (2000), pp. 40~42.

〔2〕 奥地利《民事诉讼法典》（1983年修订）第584条，参见韩健：《现代国际商事仲裁法的理论与实践》，法律出版社2000年版，第193页。

〔3〕 Emmanuel Gaillard, John Savage, *Fouchard Gaillard Goldman on International Commercial Arbitration*, CITIC publishing house, 2004, p. 593.

〔4〕 See Matthew Rasmussen, "Overextending Immunity: Arbitral Institutional Liability in the United", 26 *Fordham Int'l L. J.* (2003), p. 1863.

〔5〕 罗结珍译：《法国民法典》（下册），法律出版社2005年版，第1073页。

未能遵守程序所适用的法律，或者犯了与争议事项相关的罪行。[1]

仲裁员责任论未将司法豁免扩展适用于仲裁员，除了将仲裁视为契约行为，并以合同关系来界定仲裁员与当事人之间的关系的理论基础外，仲裁员与法官职责的区别亦是其中缘由。与法官的权力来源于国家、代表国家行使司法审判权不同，仲裁员对争议事项的管辖权来自于当事人，确切地说是来自双方当事人的仲裁协议（arbitration agreement）、争议产生（a dispute has arisen）以及仲裁员的委任（appointment）。[2] 一方面，此种权力具有私法性质，且主要依赖仲裁员自身的道德素养进行自我拘束，而不会受到诸如选举、弹劾等制度的严格拘束。另一方面，仲裁员一般只需以仲裁规则为指引，凭专业知识与经验从事审理活动，而不会受到类似于法官审判工作中实体法与程序法的双重规制，且仲裁的保密性也使仲裁员在案件的审理过程受到的监督与制约较之法官要少很多。[3] 倘若说法官所受到的弹劾等制度的拘束以及审判活动中的诸多方面的监督与制约在某种程度上得以形成与法官司法豁免的一个平衡，那么仲裁员就不能仅靠内心信念来维持公正的裁断了。因此，仲裁员应当对其不当行为承担相应的责任。由此可知，仲裁员责任论的另一个理论支撑点在于权力的制约与衡平，没有制衡将可能导致权力的滥用，而权力的滥用必然会侵害当事人的合理利益。

三、仲裁员责任有限豁免

在扬弃仲裁员责任绝对豁免与仲裁员责任论这两种理论的基础上，学者们开始提出了仲裁员责任的有限豁免论（Qualified Immunity），认为应当有条件地承认仲裁员在一定范围内的民事责任豁免。[4] 也就是说，仲裁员责任有限豁免原则上承认仲裁员享有责任豁免权，但责任

---

[1] Susan D. Franck, "The Liability of International Arbitrators: A Comparative Analysis and Proposal for Qualified Immunity", 20 *N. Y. L. Sch. J. Int'l & Comp. L.* (2000), p. 46.

[2] 杨良宜、莫世杰、杨大明：《仲裁法（从1996年英国仲裁法到国际商务仲裁）》，法律出版社2006年版，第371页。

[3] 参见谢石松主编：《商事仲裁法学》，高等教育出版社2003年版，第192页。

[4] Christian Hausmaninger, "Civil Liability of Arbitrators—Comparative Analysis and Proposals for Reform", 7 *J. INT'L ARB.* (1990), p. 4.

豁免的范围依据法律的规定有所限制，这是仲裁员责任豁免与仲裁员责任论的一种折中。一些国家承认仲裁员广泛的豁免权，但仲裁员出于恶意（Bad Faith）的行为则不能豁免。例如澳大利亚于2006年9月29日生效的《商事仲裁法》（Commercial Arbitration Act）在对仲裁员或公断人责任（Liability of arbitrator or umpire）的条款中，规定了仲裁员或公断人可以豁免于仲裁程序中的过失或仲裁权限内的不作为，但是要对欺诈行为承担责任。[1] 英国1996年《仲裁法》是仲裁员责任有限豁免的典型立法。该法规定了："仲裁员不对其在履行或试图履行其职权过程中的任何作为或不作为承担责任，除非该作为表明其违反了诚信原则。"[2] 也就是说，在英国，原则上仲裁员可以豁免于民事责任，但仲裁员违背了诚实信用原则除外。此外，《仲裁法》还规定了仲裁员因辞职而产生的责任的豁免除外情形，即倘若当事人与仲裁员就此问题有约定时，从其约定；只有在缺失此种约定时，辞职的仲裁员才可以在通知所有当事人后向法院申请免除因其辞职所导致的责任，经法院审查认为辞职的所有事由均系合理时方以法院认为合适的条件免除该仲裁员的责任。[3]

虽然并没有制定法明确表示，但诸多国家在认可仲裁员责任豁免时往往将故意的不当行为（intentional misconduct）排除在外。在比利时，仲裁法中并没有明确的条款规定仲裁员承担责任或责任豁免，但两个未经报道的案件涉及到了这个问题。在第一个案件中，布鲁塞尔民事法庭认定仲裁员不能受到司法豁免的保护，而应当对其严重过错（serious mistake）导致的损害承担责任。尽管有学者认为这些过错可能包括仲裁员没有合理理由而辞职，或者在规定时限内未能作出裁决，安特卫普上诉法院在1992年的一个裁决中解释了仲裁员只在严重威胁

---

[1] See Section 51 Liability of arbitrator or umpire: An arbitrator or umpire is not liable for negligence in respect of anything done or omitted to be done by the arbitrator or umpire in the capacity of arbitrator or umpire but is liable for fraud in respect of anything done or omitted to be done in that capacity.

[2] See Section 29 (1) of 1996 Arbitration Act.

[3] See Section 25 and Section 29 (3) of 1996 Arbitration Act.

到其中立地位或者欺诈的情形下承担责任。[1] 加拿大的法律中也没有直接规定仲裁员责任豁免的条文，但在 1988 年的 *Sport Maska Inc. v. Zittrer* 案中，仲裁员可以获得如同法官一样的豁免权，[2] 但作为英联邦国家，加拿大亦要求仲裁员对欺诈行为承担责任。

此外，一些仲裁机构的仲裁规则均表明了仲裁员责任的有限豁免原则。美国仲裁协会（American Arbitration Association，简称 AAA）《国际仲裁规则》第 36 条规定："仲裁庭的成员和 ICDR 就按照本规则进行仲裁有关的任何行为或疏忽不对任何当事人承担责任，但对因其有意和故意的不当行为而造成的后果可能承担责任。"[3] 德国仲裁协会（deutsche institution für schiedsgerichtbarkeit，简称 DIS）《仲裁规则》第 44 条规定了仲裁员在实体事项上的决定除出自故意行为外，享有豁免权；在程序事项上，除出自故意与严重过失行为外，享有豁免权。世界知识产权组织（World Intellectual Property Organization，简称 WIPO）《加速仲裁规则》第 77 条规定除非出于故意的损害行为，仲裁员、WIPO 和中心不应因其与仲裁有关的作为或不作为对一方当事人承担责任。[4]

四、对仲裁员责任立法模式的评介

仲裁员责任豁免的出发点在于保证仲裁员不受当事人的不当影响与司法干扰，从而保持仲裁员的独立性以及仲裁程序的独立性和完整性；而仲裁员责任论则侧重于要求仲裁员在职责履行上的勤勉认真，以减少仲裁员滥用职权现象的发生。应当说，这两种立法模式殊途同归，其根本目的都是确保仲裁的公正性。但这两种模式又都存在各自的不足，仲裁员责任的绝对豁免对仲裁员公正性的保障显然力度不够，

---

[1] Decision of the Civil Court of Brussels, June 6, 1980; decision of the Antwerp Court of Appeal, Jan. 21, 1992; See Susan D. Franck, "The Liability of International Arbitrators: A Comparative Analysis and Proposal for Qualified Immunity", 20 *N. Y. L. Sch. J. Int'l & Comp. L.* (2000), p. 36.

[2] *Sport Maska Inc. v. Zittrer* [1988] 1 S. C. R. 564, 38 BUS. L. REP. 221 (1988).

[3] See Rule 36 of International Arbitration Rules.

[4] See Article 77 of WIPO Expedited Arbitration Rules.

且并不能促进仲裁员勤勉职责；而仲裁员责任论不但会使仲裁员在事实认定与法律适用上受到局限，且不加限制地追求仲裁员的责任会导致当事人滥用诉权和司法过度介入，破坏仲裁程序的完整性以及仲裁裁决的终局性，裁决效力的不确定显然有悖于当事人对仲裁程序迅速解决争议的合理期待。因此，笔者倾向于在仲裁员责任绝对豁免与仲裁员承担无限责任之间寻求一种适当的平衡，仲裁员责任有限豁免无疑就是仲裁独立性与公正性相互协调的结果。

从权力制衡、权利与义务一致的要求来看，仲裁员承担民事责任具有必要性。仲裁员在仲裁案件中居于裁决者地位，直接决定着程序的进程与裁决的结果，这样集中的权力理应在合理的监督制约机制中运作，而仲裁员责任制度便是这一机制的有效方式之一。再者，仲裁员有领取酬金的权利，相应地也应该承担不当履行义务的责任，方能体现权利义务的一致性。总体来说，仲裁员是保证仲裁公正的核心，而公正依赖个人修养、道德与业务能力，但还是需要法律来约束。仲裁制度发展到经济全球化的今天，已经日趋完善，但要真正成为一项成熟的制度以更好规制仲裁员的行为，促进仲裁行业的发展，就必须让其行为人承担责任。发达职业的一个标志是其从业人员对他们所服务的人承担个人责任，包括由任何失误所造成的损失的完善的法律制度。因此，英国 1996 年《仲裁法》规定了仲裁员的有限责任。而在此之前，英国判例法赋予仲裁员的责任豁免近乎于绝对豁免，除了欺诈行为外没有其他限制。

例如在 Sutcliffe v. Thackrah 案中，建筑师向一个已经破产的建造商颁发营业执照，给原告造成了损失，因而被起诉要求承担赔偿责任。上诉法院认为建筑师是"准仲裁员"（quasi-arbitrators），因而享有民事责任豁免权。上议院（The House of Lords）认可了仲裁员享有司法豁免权。法官 Reid 认为司法豁免所依据公共政策，应当也适用于仲裁员。豁免的基础，在很大程度上是因为仲裁员行使的司法职能（Judicial Capacity）[1]。

---

[1] See Sutcliffe, [1974] 1 Lloyd's Rep., p.320.

在 Arenson 案中，会计师因作出错误估价致使原告在股票交易中损失巨大，被原告 Arenson 起诉要求承担赔偿责任。上议院再次重申了仲裁员在行使司法职能时享有与法官相同的豁免权。原告认为会计师只是评估人或者实情调查者，因而他们并非履行司法职能。但上议院认为审计员、建筑师以及其他专家都是准仲裁员，而仲裁员或多或少地履行着与法官同样的职能，因而都能在他们行使司法职能时享有豁免权。[1] 但是，已经有部分上议院高级法官（Law Lord）对此提出了异议，毕竟在权力来源上仲裁员与法官存在着根本的差别。此种对仲裁员责任的绝对豁免逐步演变为广泛的质疑，最终使 1996 年《仲裁法》确立了仲裁员责任的有限豁免原则。

同样，采用仲裁员责任论立法模式的国家，也在朝着仲裁员责任有限豁免的趋向发展。例如在法国，在 Castin v. Gomez 案中，仲裁案件的当事人起诉仲裁员违反了适用的仲裁程序规则，要求仲裁员承担《民法典》第 1382 条项下的侵权责任。法院经过审理后，强调了保护仲裁员权威与尊严的需要，认为当事人的起诉是轻率的、不负责的，损害了仲裁员的荣誉，且忽视了仲裁员行使的是当事人委托的职责，因此并未支持当事人的请求。[2] 在 Bompard v. Consorts C. 案中，当事人认为仲裁裁决中在计算应付数额时存在笔误，因而要求仲裁员修改裁决，但仲裁员拒绝了这一要求。当事人遂起诉要求仲裁员承担《民法典》第 1142 条和第 1147 条规定的合同责任，支付损害赔偿金。虽然法院未否认仲裁员可能因其过错行为而承担合同责任，但初审法院以及上诉法院认可了仲裁员行使的是司法职能，当事人诉称的仲裁员的过错行为直接关涉到此种司法行为的实质内容，因而没有支持当事

---

[1] See Arenson, [1976] 1 Lloyd's Rep., p. 179.

[2] October 2, 1985, Castin v. Gomez, 1987 REV. ARB. 84; See Emmanuel Gaillard, John Savage, Fouchard Gaillard Goldman on International Commercial Arbitration, CITIC publishing house, 2004, p. 591.

人诉请。[1] 这两个案例直接表明了法国已经对仲裁员是否应当承担责任作出了区别对待，而不再是一味地追究仲裁员的责任，也在深层次上反映了以往要求仲裁员承担完全责任的法国在司法实践中出现了仲裁员承担有限责任的趋势。

五、我国仲裁员责任的立法模式

我国法律明确规定了仲裁员对特定不当行为的责任，例如《仲裁法》第38条规定："仲裁员有本法第34条第4项规定的情形，情节严重的，或者有本法第58条第6项规定的情形，应当依法承担法律责任，仲裁委员会应当将其除名。"甚至于《刑法修正案（六）》规定了仲裁员的刑事责任。这些不当行为包括了私自会见当事人、代理人或者接受当事人、代理人的请客送礼，情节严重的，或在仲裁案件时有索贿受贿、徇私舞弊，以及故意违背事实和法律作枉法裁决的行为。但是，仍有潜在的基础得以将豁免扩展适用于仲裁员的其他行为。考虑到法律制裁的索贿受贿、徇私舞弊、枉法裁决等行为在性质上的严重性，对于诸如过失等危害性较小的行为能否导致仲裁员的责任，当前仍处于不置可否的状况。全国人大常委会有解释法律的权力，[2] 但并未对仲裁员的责任作出解释。这样的一种境况，让国外学者认为中国对仲裁员责任的规定采用了有限豁免的方式。[3] 笔者认同应当采用有限豁免的立法方式来规定仲裁员的责任，但对于仲裁员责任范围的界定，仍需进一步作探讨。

---

〔1〕 June 13, 1990, *Bompard v. Consorts C.*, 1996 REV. ARB. 476; See Emmanuel Gaillard, John Savage, *Fouchard Gaillard Goldman on International Commercial Arbitration*, CITIC publishing house, 2004, pp. 591～592.

〔2〕 参见《宪法》第67条第4项。

〔3〕 See Susan D. Franck, "The Liability of International Arbitrators: A Comparative Analysis and Proposal for Qualified Immunity", 20 *N. Y. L. Sch. J. Int'l & Comp. L.* (2000), p. 40.

第三节 我国仲裁员民事责任的形式与范围

一、我国仲裁员民事责任的形式

民事责任通常分为违约责任与侵权责任，这亦是民事责任的基本分类。在探究仲裁员与当事人之间的关系——违约与侵权时，已经明确了通过仲裁员指定的三种方式，当事人发出要约指定仲裁员，一旦仲裁员接受指定则是作出承诺，合同因此成立，因此仲裁员与当事人之间是合同关系，仲裁员不履行合同义务应当承担违约责任。当然，这里仍存有一定的疑问，即《仲裁法》第32条所规定的"当事人没有在仲裁规则规定的限期内约定仲裁庭的组成的方式或者选定仲裁员的，由仲裁委员会主任指定"的情形。首先，此种"代指定"并非合同法上的委托行为，因为委托行为是基于当事人的意思自治，而"代指定"在本质上则是法律的强行性规定；其次，"代指定"也不是民法中的法定代理，因为代理的一个显著特征是代理人应以被代理人的名义实施，[1] 而仲裁委员会主任显然不是以当事人的名义指定仲裁员，而是依据法律的授权指定的。这样的表象似乎说明了依据此种方式指定的仲裁员，当事人与仲裁员之间的合意无法形成，合同也就无从成立了。

笔者认为，"代指定"涉及默示合意问题。仲裁的一个重要特征是当事人可以选择程序所适用的法律与规则，在约定仲裁程序所适用的法律与规则时，就表明当事人愿意遵循这些法律与规则的相关规定；在当事人未选择仲裁程序所适用的法律与规则时，通常适用仲裁地法与仲裁机构的规则，于此，既然当事人协议选择仲裁作为争议的解决方式，就默认了接受仲裁的相关规定的约束，自然也包括在规定的期限内未约定选定仲裁员时由仲裁委员会主任指定的方式。因此，仲裁员与当事人之间，存在着一种默示的合意。此种情形类似于合同法上标准合同中的默示条款。在特定类型的合同中，默示条款依赖当事人

---

[1] 张俊浩主编：《民法学原理》（上册），中国政法大学出版社2000年版，第303页。

意向的理论适用范围特别狭窄，在这些合同中所谓的默示条款已经被标准化，而且总是适用默示条款，除非当事人明确排除默示条款的适用。[1] 换言之，当事人选择适用标准合同，在没有明确排除适用默示条款的情形下，默示条款应当被适用。而在仲裁制度中，当事人未选择仲裁程序应当适用的法律与规则时，按照仲裁的一般性原理则适用仲裁地法与仲裁机构的仲裁规则，这样的一般性原理隐含在仲裁制度中，并得到广泛的认可。因此，仲裁委员会的"代指定"行为，并不排斥当事人与仲裁员之间的默示合意，合同的成立也意味着仲裁员将有可能承担违约责任。

至于仲裁员的侵权责任，主要是来源于仲裁员的专业义务，即仲裁员负有专业地、有效地解决争议的义务，倘若有失专业水准并给当事人造成损失，就有可能承担侵权损害赔偿责任。笔者认为，侵权责任在中国的适用，仍存在以下需要探究的问题。首先，在主体上，侵权行为的权利主体是特定的，而义务主体是不特定的人。但在仲裁中，仲裁员的侵权行为所针对的义务主体是特定的，即争议案件的当事人，因此严格来说仲裁员的侵权责任主体似乎有些不适格。其次，在内容上，侵权责任涵括精神赔偿与人身赔偿。那么，仲裁员应否承担由于当事人的信赖利益以及受到的精神伤害而引致的精神损害赔偿呢？至少在笔者所接触到的各国立法与案例中，尚未发现仲裁员精神损害赔偿的相关文献。最后，侵权责任中的非财产责任涵括停止侵害，排除妨碍，消除危险，恢复名誉，消除影响以及赔礼道歉的方式。但就仲裁而言，缘于仲裁的一裁终局，仲裁裁决中的问题须由当事人向法院申请审查，方能达到纠正裁决中的不当之处的目的，仲裁员无权任意改判，因而仲裁员难以实现这些非财产责任，即便是实现了对当事人而言也并不具有实质性意义。所以说，通常情况下，仲裁员承担的民事责任以违约责任为主，实践中仲裁员故意或严重的不当行为致使当事人遭受损失的情况也是鲜有发生的。

---

〔1〕 ［英］P. S. 阿狄亚：《合同法导论》，赵旭东、何帅领、邓晓霞译，法律出版社2002年版，第211页。

二、仲裁员违约责任范围划定的因素考量

违约责任是保障债权实现与债务履行的重要措施，基于这一理念，仲裁员应按合同的约定全面、严格地履行义务。但这并不意味着一旦仲裁员违反合同约定即应当承担违约责任。仲裁员与当事人之间的合同关系是一种特殊的服务合同关系，此种特殊性是由仲裁的特性决定的。在仲裁追求效益的价值取向引导下，考虑到不影响实体裁决的一般性仲裁员非中立化现象，在通常的违约责任范围中收缩仲裁员承担的责任范围是合理的，也是必需的。

追求公正是仲裁传统的基本价值理念，有学者认为仲裁的首要价值目标是公正，因为公正是程序制度的首要价值目标，程序真正永恒的生命基础在于它的公正性。[1] 但随着市场经济的发展，效益[2]作为新的价值理念成为了法学诸多领域的评价标准之一。市场经济作为对社会资源进行高效与合理配置的经济模式，要求快速解决争议，以提高资源优化配置的水平。仲裁直接作用于市场交易行为，以平等主体之间的合同纠纷与其他财产权益作为裁决对象，因而市场经济为仲裁追求效益提出了客观要求，即实现以必要的成本达到效益最大化的目标。仲裁要生存与发展，其基本价值理念必须与市场经济的客观要求协调一致。而从根本上来说，仲裁之所以存在并能发扬光大，就是因为仲裁以效益作为价值准则，即通过当事人自愿选择的私人中介，在不违背社会公共利益和尽量不动用公共权威、不花费公共资源的情况下解决纷争，从而实现市场的有效运转及社会资源的合理配置，使当事人和社会都能得到较大收益或避免较大的损失。[3] 从一定意义上说，对效益的强烈追求淡化了仲裁的缺陷；仲裁因其追求效益而区别

---

〔1〕 谭兵主编：《中国仲裁制度研究》，法律出版社1995年版，第30页。

〔2〕 效益原是经济学的范畴，是指以最小的投入谋求最大的产出。随着近年来经济分析法学（Economic Analysis of Law）的兴起，促进了以资源、成本和效益等经济学范畴来研究法律的方法的发展，效益等本来属于经济学的概念被引入法学领域。参见沈宗灵：《现代西方法理学》，北京大学出版社1992年版，第28~29页。

〔3〕 宋连斌：《国际商事仲裁管辖权研究》，法律出版社2000年版，第30页。

于和优于诉讼,从而在社会冲突救济体系中谋得一席之地。[1] 尤其在国际贸易领域,交易节奏的革命性变化与不断发生的贸易争议使得争端发生后,到一国国内法院涉诉具有很大的不确定性。正是由于国际商事仲裁的快捷与经济,才使商人认为国际商事仲裁是"唯一适合于解决国际交易争议的方法"[2]。

同时,在国际仲裁界流传着一句话:"The arbitration is only as good as its arbitrators."即仲裁的好坏取决于仲裁员。仲裁员是仲裁案件的直接审理者,素有"民间法官"之称。公正、谨慎与合理勤勉地行使仲裁职权是仲裁员向当事人负有的一项基本职能。[3] 学者 Mustill 与 Boyd 认为仲裁员接受指定,就意味着承受了三项责任:专业小心、勤勉职责与中立化;其中,专业小心包括仲裁员以合理的技能与谨慎完成工作,勤勉职责要求在合理时间内履行职责,中立化则指公平对待当事方与仲裁程序。[4] 但在实践中,仲裁员的非中立化现象也时有发生。在1993年美国德莱蒙公司与萨克斯特公司仲裁案件中,当事人向美国第十一巡回上诉法院提起撤销裁决的上诉时,法院即援引了美国仲裁协会和美国律师协会(American Bar Association,简称 ABA)共同制定的1977年《商事争议中仲裁员的行为道德规范》(Code of Ethics for Arbitrators in Commercial Disputes)第7条关于当事人指定的仲裁员可以"偏向于指定他们的当事人,但在其他方面有义务真诚地、廉正公平地尽职"的规定,来评价仲裁员的行为。[5] 该规范在商事仲裁界引发较大争议并受到广泛批评,引起人们对仲裁公正性的质疑。虽然于2004年3

---

[1] 赵健:《国际商事仲裁的司法监督》,法律出版社2000年版,第5~6页。

[2] [英] 施米托夫:《国际贸易法文选》,赵秀文选译,中国大百科全书出版社1993年版,第627页。

[3] 参见邓杰:《伦敦海事仲裁制度研究》,法律出版社2000年版,第132页。

[4] Michael J. Mustill & Stewart C. Boyd, *Law and Practice of Commercial Arbitration in England*, pp. 224~232. (2d ed. 1989),转引自 Susan D. Franck, "The Liability of International Arbitrators: A Comparative Analysis and Proposal for Qualified Immunity", 20 *N. Y. L. Sch. J. Int'l & Comp. L.* (2000), Footnote 11.

[5] 参见高菲:《中国海事仲裁的理论与实践》,中国人民大学出版社1998年版,第173页。

月1日生效的新规范是以单方指定仲裁员"中立"为通常要求,但准则三B款第4项规定了:"在有当事人选任仲裁员参与的仲裁案件中,正如准则九C款之规定,每一位当事人选任仲裁员都可就其是否保持中立与选定其之一方当事人进行商议。"这表明,新规范仍规定允许"非中立"的存在。同时,新规范对"非中立"作出了特别规定,即准则九C款第2项规定了的"如果当事人选任仲裁员得出的结论是当事人无意于他们保持中立,他们应将此结论通知全体当事人和其他仲裁员",以及准则十专门为不适用中立规则的一方当事人选定仲裁员作出的例外规定。[1]

在强调效益时,置身于市场经济运作中的仲裁员要抵制外来利益,在公正与效益的把握中独立审理当事人提交的争议,进而作出合理裁决。在仲裁制度相对于我国而言较为完善的英美国家,现实中存在甚至法规中明确规定允许仲裁员的非中立化,以至于效益与非中立化的影响,使仲裁员的仲裁行为难免出现不妥之处。因而在构建我国仲裁员责任制度、界定民事责任范围时,必然要斟酌这两种情形的特殊性,不能事无巨细地要求仲裁员承担所有过失、有失公平等行为的责任。再者,基于特殊服务合同关系,更缘于我国的仲裁制度是在市场经济中得以发展,仲裁员的民事责任涉及的不仅是法律事项,也牵涉到极其复杂的社会、文化甚至道德等问题。纵观我国仲裁制度的发展历程,它植根于民间惯例,仲裁员受到的道德约束事实上比受到法律的约束强烈得多。[2] 仲裁员的不当行为一经暴露,人们对其品质的评价就会降低,仲裁员在社会上的形象与声誉必然受损,被指定为仲裁员的几率随之降低,而这也仅是其所承担的道德责任。若仲裁员存在《仲裁法》第38条规定的情形,轻者被决定回避,其次被批评、通报或暂时停业,重者则被仲裁委员会除名。从国际商事仲裁的角度,我国涉外仲裁制度的声望是在不存在《仲裁法》、也没有相关仲裁员民事责任

---

〔1〕 关于新规范,参见王定贤译、宋连斌校:《美国商事争议中仲裁员道德准则》,载《仲裁与法律》(第97辑),第124~137页。

〔2〕 郑远民、吕国民、于志宏:《国际私法(国际民事诉讼法与国际商事仲裁法)》,中信出版社2002年版,第273页。

规范的过去近40年间确立起来的。仲裁机构虽属于民间机构,但不是以盈利为目的的商事企业;仲裁员的行为规范与道德约束也存在一定的社会基础。所以,对效益的追求、非中立化的地位以及道德责任的制约等因素,为仲裁员执行职务行为时的特定免责事由提供了浑厚的现实基础,从而收缩了仲裁员承担的违约责任的范围。

三、我国仲裁员民事责任范围的界定

在仲裁员民事责任范围的界定上,既不能一味地追求仲裁结果的公正而设定过分严格的仲裁员责任,亦不能过于强调仲裁程序的完整性与仲裁的效益而赋予仲裁员绝对的责任豁免。一般说来,对仲裁员执行职务时的实体性行为予以豁免,切实保持仲裁员独立性的基本要求。对于认定事实不清、适用法律不当等事实或法律上的实质失误情形,仲裁员是不必然承担民事责任的,因为这些都是仲裁员基于具体个案以及公平正义的考量,并结合业务能力、经验所进行的专业判断,是仲裁具有准司法性的核心所在。仲裁员行使类似于法官的职能时可以获得豁免已为多数国家认可,例如美国的 *Stump v. Sparkman* 案[1]就反映了这一立场。仲裁中的不良行为只是与仲裁程序有关,实质上(无论是在法律上或事实上)的错误裁决并不是不良行为,毕竟这连法官也会判错,是司法中不可避免的风险。[2] 具体说来,可以豁免的实体性行为包括仲裁员在案件审理过程中对案件性质与争议事项的认定,对当事人所提供的证据的采纳,在当事人未约定仲裁程序所适用的法律时的自由裁量等。同样,因这些实体性行为导致裁决被撤销或拒绝承认与执行时,仲裁员也无需承担责任。

当然,仲裁员行使的准司法性行为并非都可以豁免。对于在仲裁程序中的不当行为甚至是恶意行为,仲裁员则无从获得豁免。为了促进和保证仲裁员负责、公正地履行职责,减少仲裁员滥用职权的可能性,对于仲裁员的某些行为,如恶意欺诈、极不负责的敷衍行事、无

---

[1] 435 U. S. 349 (1978).

[2] *Port Sudan Cotton Co. v. Govindaswamy Chettiar & Sons* (1977) 1 Lloyd's Rep. 166. 转引自杨良宜:《国际商务仲裁》,中国政法大学出版社1997年版,第261页。

正当理由的辞职、未按照仲裁规则的规定予以披露、申请回避甚至收受贿赂等，就不应给予豁免。诚如学者 Redfern 与 Hunter 所指出的：要求未公正履行职责的仲裁员给予受害方以经济赔偿是必要的，它可以用以防止或审判不当。仲裁程序违反法定的程序，亦是我国《仲裁法》所规定撤销仲裁裁决的事由。《仲裁法》第 58 条第 3 项规定，当事人提出证据证明裁决有下列情形之一的，可以向仲裁委员会所在地的中级人民法院申请撤销裁决：仲裁庭的组成或者仲裁的程序违反法定程序的。倘若仲裁员是因为上述这些程序上的不当行为导致裁决被撤销，并因此造成当事人损失的，由于这些行为并不具有准司法性，因此仲裁员应当承担责任。

作为世界贸易组织的成员方，我国当前以及今后都面临更多的国际商事仲裁案件，而 WTO 规则透明度的要求也使得仲裁员民事责任制度的建立应明确化。我国《仲裁法》第 38 条关于仲裁员责任的规定不够具体明确，亟待进一步重构其违约责任范围。笔者认为，除却仲裁员私自会见当事人、代理人或者接受当事人、代理人的请客送礼，情节严重，或在仲裁案件时有索贿受贿、徇私舞弊、枉法裁判行为而应当承担责任外，立法还应将仲裁员的民事责任扩展至以下情形：首先，仲裁员超出法律规定或与当事人约定的期限作出裁决或无故退出仲裁的，如使当事人造成损失则应当承担赔偿责任。即使在积极倡导仲裁员责任豁免的美国，仍有判例判定仲裁员应对未及时裁决负有民事责任，认为不公正的延迟裁决不是司法行为，应当承担责任，仲裁员如果不能迅速处理纠纷应该在开始就拒绝接受案件。其次，仲裁员在处理与自己有利害关系的案件时，负有自行披露他所知道的任何可能对仲裁独立性与公正性产生合理怀疑的情形的义务，再由当事人决定仲裁员是否应当回避，未按规定申请回避的仲裁员要承担相应的责任。再次，仲裁员泄露了在解决争端过程中获知的当事人的商业秘密与贸易活动，应承担给当事人造成的损失的赔偿责任。中国国际经济贸易仲裁委员会《仲裁员守则》就规定了仲裁员不得向外界透露任何有关案件实体与程序上的情况，包括案情、审理过程、仲裁庭合议等，亦不得向当事人透露本人的观点与仲裁庭合议的情况。[1] 仲裁的一大优势即是保密原则,仲裁员违反保密原则而造成当事人损失的应当承担赔偿责任。最后,仲裁员未尽到专业小心(professional care)义务而应承担的其他民事责任。这是一个弹性条款,旨在适应变化的司法现实。

第四节 我国仲裁员责任的承担

一、仲裁员民事责任承担的方式

我国关于民事责任承担方式的规定主要集中在《民法通则》与《合同法》。《民法通则》第120条中规定了:"公民的姓名权、肖像权、名誉权、荣誉权受到侵害的,有权要求停止侵害,恢复名誉,消除影响,赔礼道歉,并可以要求赔偿损失。法人的名称权、名誉权、荣誉权受到侵害的,适用前款规定。"第134条规定了:"承担民事责任的方式主要有:①停止侵害;②排除妨碍;③消除危险;④返还财产;⑤恢复原状;⑥修理、重作、更换;⑦赔偿损失;⑧支付违约金;⑨消除影响、恢复名誉;⑩赔礼道歉。以上承担民事责任的方式,可以单独适用,也可以合并适用。人民法院审理民事案件,除适用上述规定外,还可以予以训诫、责令具结悔过、收缴进行非法活动的财物和非法所得,并可以依照法律规定处以罚款、拘留。"《合同法》第七章违约责任中第107条规定了:"当事人一方不履行合同义务或者履行合同义务不符合约定的,应当承担继续履行、采取补救措施或者赔偿损失等违约责任。"第112条规定了:"当事人一方不履行合同义务或者履行合同义务不符合约定的,在履行义务或者采取补救措施后,对方还有其他损失的,应当赔偿损失。"

仲裁自身的特殊性质决定了上述责任承担方式并非都适用于仲裁员。其一,消除影响、恢复名誉与赔礼道歉方式主要是针对给当事人造成了精神损害的行为,而精神损害则主要涉及人格权,大多与身份

---

[1] 参见1994年5月6日修订的中国国际经济贸易仲裁委员会《仲裁员守则》第13条。

有关，不属于仲裁管辖的范围，因此这类责任承担的方式显然不适用于仲裁员。且由于违约行为而导致的痛苦折磨或精神上的压抑而造成的损害，一般来说都是不能赔偿的。[1] 实际上仲裁中因侵权给当事人造成精神损害的可能性不大，因此恢复名誉、赔礼道歉的责任适用于仲裁员的几率就很少。其二，消除危险，返还财产，恢复原状，修理、重做与更换亦不适用于仲裁员责任，因为仲裁员的不当行为与其说是危险，不如说是妨碍更为贴切。再者，返还财产是以仲裁员占有当事人财产为前提的，而在仲裁实务中，仲裁员很少有机会直接接触当事人的财物，更不用说是占有了，因此仲裁员鲜有机会对当事人的财产构成直接的损害。其三，停止侵害、排除妨碍一般也不适用于仲裁员责任。倘若仲裁员与一方当事人有利害关系、存在回避事由而未主动回避的，另一方当事人的利益可能受到侵害，仲裁活动也将遭到妨碍，此时另一方当事人或者仲裁庭有权要求仲裁员回避，此种回避可以视为防止侵害、排除妨碍的一种表现方式。综合而言，结合仲裁员责任的特点来看，仲裁员最有可能承担的民事责任有继续履行、支付违约金与赔偿损失三种方式。基于实践中当事人维护自身权益的需要，仲裁员继续履行不太具有现实可能性，因而此种方式也可以排除。

　　既然仲裁员与当事人之间是一种特殊的服务合同关系，当事人支付仲裁费用就应当获得服务，那么仲裁员一旦因故意或严重过失违反了此种特殊服务合同的要求，损害了当事人的合法权益，就应当向受损害的当事人支付违约金。既然民事责任大多是财产责任，那么赔偿损失对于仲裁当事人而言无疑具有特殊的意义，毕竟仲裁当事人最关心的莫过于其经济损失能否获得补偿。而当合同或法律没有明文规定时，我国司法实践一般以非法所得为民事赔偿数额，[2] 即民事赔偿仅以责任人所得酬金为限，凡是收受的贿赂都将被收缴或返还。而且，

---

〔1〕 ［英］P. S. 阿狄亚：《合同法导论》，赵旭东、何帅领、邓晓霞译，法律出版社2002年版，第469页。

〔2〕 参见詹礼愿：《试评中国内地与港澳台仲裁员责任制度》，载《仲裁研究》2004年第1期，第34页

这种民事赔偿终究是补偿性的，缘于我国民法受大陆法影响较大，传统观点主张损害赔偿的补偿性，以免受害人刻意追求超过实际损失的高额赔偿而获取不当利益，因而不能要求责任人在受害人的直接经济损失之外进行惩罚性赔偿。[1] 因而仲裁员的损害赔偿责任，通常是以部分或者全部退还当事人支付的仲裁酬金加上同期银行利息，以及赔偿当事人为此多支付的交通费、误工费等直接损失的形式来实现。

二、责任承担的风险分散——第三者责任保险机制的引入

当前我国民事赔偿仅以责任人所得酬金为限的做法，使因仲裁员不当行为而遭受的直接经济损失远远超过责任人所得报酬的当事人处于不利境地。虽然各国都出于对期待利益的不确定性以及当事人在合同订立时能否合理公平地预期的考量而对拒绝给予某些基于期待利益的损害赔偿，[2] 我国《合同法》也有类似的规定："当事人一方不履行合同义务或者履行合同义务不符合约定，给对方造成损失的，损失赔偿额应当相当于因违约所造成的损失，包括合同履行后可以获得的利益，但不得超过违反合同一方订立合同时预见到或者应当预见到的因违反合同可能造成的损失。"[3] 但即使排除掉基于期待利益的损害赔偿，当事人的直接损失仍然有可能是巨大的，特别是在国际商事仲裁活动中当事人因仲裁员的不当行为可能遭受的损失是多方面的，也是无可估量的。倘若仲裁员民事责任制度的建立只是为在保证仲裁员独立性的前提下，使仲裁员提高注意义务进而公正裁决，这显然对于利益受损的当事人于情于理都是有失公平的。这时候，在仲裁员民事责任制度中引入第三者责任保险机制，未尝不失为一个综合衡平与更能体现仲裁公正价值的方案。

保险的价值在于分散危险与转嫁风险，将集中起来的保险费用于

---

[1] 郭玉军：《国际商事仲裁中的惩罚性赔偿裁决》，载《法学评论》2000年第1期，第122页。

[2] 张利宾：《美国合同法：判例、规则和价值规范》，法律出版社2007年版，第447页。

[3] 参见《合同法》第113条。

补偿被保险人因合同约定的保险事故所致的经济损失。第三者责任保险（Third-Party Liability Insurance），即以被保险人依法应当对第三人承担的损害赔偿责任为标的而订立的保险合同。[1] 第三者责任保险有助于消除被保险人承担的经济上的损失危险，使被保险人免于承担受害人提出的各种索赔。同时，不仅使被保险人自身将要受到的经济损失得到补救，第三者责任保险还更加有利于确保第三人能够及时获得赔偿，因此第三者责任保险一定程度上同时保障了加害人与受害人双方的利益，从而具有特定的安定社会的效能。[2] 传统上第三者责任保险的承保范围仅限于侵权损害赔偿责任，不涵括契约责任。但随着近年来保证保险等为契约责任风险承保的保险的出现，说明保险人可以为某些合同责任提供保险，因而，承保契约责任的保险，应同样视为责任保险的一种。[3] 在仲裁员责任制度中引入的第三者责任保险，属于职业责任保险，类似于专家责任保险。一旦当事人因执业仲裁员的不当行为导致经济损失，保险人依照合同约定承担对当事人的赔偿责任，这对于无过错的当事人而言，其权益得到了进一步保障。这一机制也充分弥补了实务中仲裁员赔偿额仅限于仲裁酬金的缺陷。

仲裁员责任保险合同，应由仲裁委员会与保险人共同签订，约定以被保险人即仲裁员对受损第三人即当事人的给付为承保风险。责任保险通常是在投保人与保险人在自愿、平等与互利的基础上经协商一致而订立的，但仲裁员责任保险合同应纳入强制责任保险的范畴。强制责任保险是国家因公共政策而推行的险种，是在保险领域内对契约自由的限制；当法律无特别规定时投保人无投保义务。目前世界各国立法例中具有普遍性的强制责任保险只有汽车责任保险、雇主责任保险与律师责任保险三类。如站在当事人的立场，仲裁员责任强制保险

---

〔1〕 我国 2002 年修订的《保险法》第 50 条规定："险人对责任保险的被保险人给第三者造成的损害，可以依照法律的规定或者合同的约定，直接向该第三者赔偿保险金。责任保险是指以被保险人对第三者依法应负的赔偿责任为保险标的的保险。"
〔2〕 （台）吴荣清：《财产保险概要》，台湾三民书局 1992 年版，第 225 页。
〔3〕 赵旭东主编：《商法学教程》，中国政法大学出版社 2004 年版，第 610 页。

更能保障他们的合法权益。仲裁员在为当事人提供专业服务时出现不当行为,造成当事人损害,应当承担赔偿责任。为保证与维持仲裁员专业服务的水平,强化仲裁员的责任意识进而降低仲裁员的赔偿责任风险,推行仲裁员责任强制保险显然具有现实性。实践中,当事人因为不熟悉仲裁实务或有所顾忌,往往很少在仲裁协议中约定仲裁员的责任,以至在与仲裁员的法律关系中处于弱势地位。仲裁员责任强制保险秉承防范优于补救的原则,对当事人与仲裁员双方均有可取之处。

责任保险的标的仅限于因被保险人的行为而意外发生的赔偿责任。违约责任的发生不以违约人的主观过错为条件,违约损害赔偿责任是否为意外责任,应当依照责任保险合同的约定以及违约责任发生的实际情形加以判断。[1] 一般而言,责任保险合同对于承保范围,若未加任何限制,则应当包括因意外事故所致损害的责任、被保险人过失所致损害的责任与履行道德义务所致损害的责任。除非保险单已作明确约定,否则对产生歧义的条款应当作有利于被保险人的解释。因而对于仲裁员因过失造成当事人损失的,即使仲裁员可以免责,保险合同应约定由保险人承担对受损当事人的赔偿责任。

对于被保险人的故意行为,责任保险单一般都约定有故意致人损害的除外责任条款(Intentional Injury Exclusion Clause),即因被保险人故意致人损害行为而发生的赔偿责任,保险人不承担责任。任何人都不得通过保险而转嫁其本人有目的(Intentional)、有意(Willful)或者故意(Deliberate)的行为或者有意识的不作为(Omissions)造成的损害后果。[2] 我国《保险法》没有明文规定被保险人故意造成的损害赔偿责任不得为责任保险的标的。但《保险法》第27条第2款关于"投保人、被保险人或者受益人故意造成保险事故的,保险人有权解除保险合同"的规定应该适用于责任保险,并可以此基础来解释:被保险人故意致人损害而承担的损害赔偿责任,不得为责任保险的标

---

〔1〕 覃有土主编:《保险法概论》,北京大学出版社2001版,第395页。
〔2〕 转引自邹海林:《责任保险论》,法律出版社1999年版,第137页。

的。[1] 但是，保险人对被保险人故意造成第三人损害的赔偿不承担保险责任并不具有绝对的意义。倘若按照法律规定或者保险合同约定，责任保险专为受害人的利益而存在时，保险人不得以被保险人的主观故意为由拒绝承担保险责任。被保险人故意行为致人损害，保险人在向受害人承担保险责任后，可以向被保险人追偿。例如美国联邦第九区上诉法院 1982 年在 *Tringali* 案中认为，汽车责任强制保险是为受害人的利益而设定的保险，被保险人的故意致害行为不属于除外责任。[2] 换言之，汽车责任强制保险具有社会公共利益的性质，被保险人致人损害的心理状态与受害人无关。被保险人的故意行为（包括违法行为或犯罪行为）造成第三人损害，由此引起的赔偿责任，保险人承担保险责任与否，取决于法律规定或保险单的约定，即签订保险合同的双方当事人的协商一致，而不是绝对地排除。在设计仲裁员责任保险合同时，保险合同是由仲裁委员会与保险人共同签订，约定以被保险人即仲裁员对受损第三人的给付为承保风险。此种情形也与雇主责任保险相似。雇主对雇员的故意致害行为所引起的损害赔偿责任，可以投保雇主责任保险。在雇主责任保险中，虽然雇员是在执行职务或者工作时故意致人损害的，但雇员的此种故意行为对被保险人即雇主而言，却是一种意外情形，是非"故意"的。比照雇主责任保险，仲裁员违反《仲裁法》第 38 条的规定时，其行为显然带有明显的主观恶意，无疑属于恶意的不当行为，但是仲裁员的这一故意的不当行为对于仲裁委员会而言则是非"故意"的。虽然仲裁委员会与仲裁员之间并非简单的雇主与雇员关系，但雇主责任保险至少为仲裁员责任保险承保仲裁员故意的不当行为提供了参照。出于借鉴汽车责任保险与雇主责任保险的目的，更缘于国际商事仲裁中当事人因仲裁员收受贿赂等故意行为而承担过重的经济损失，仲裁员责任保险合同也应当承保被保险人即仲裁员因故意行为而给当事人造成的损失赔偿责任。

然而，仲裁员责任保险合同承保仲裁员因故意行为给当事人造成

---

[1] 邹海林：《责任保险论》，法律出版社 1999 年版，第 56 页。
[2] 邹海林：《责任保险论》，法律出版社 1999 年版，第 91 页。

的损失赔偿责任，又引出了一个新问题，即没有了责任承担的顾忌，仲裁员是否还能秉公断案。换言之，将仲裁员的故意行为纳入责任保险的承保范围，是否会助长仲裁员故意的不当行为的发生。这不仅会造成当事人更多的损失，更重要的是与在仲裁员责任中引入第三者责任保险机制的初衷相违背。因此，为了维护仲裁的公正性，有效约束仲裁员的故意行为，使仲裁员能不滥用权力、勤勉职责，保险合同应当规定自负额条款。自负额也称为免赔额，是指在仲裁员应当对当事人承担赔偿责任时，不得请求保险人给付需要由仲裁员自行承担的责任保险单约定的固定或比例金额。倘若保险单约定的自负额为固定金额，则保险人仅以超过该固定金额的赔偿责任部分承担给付责任；倘若保险单约定的自负额为比例金额，则保险人按照保险单约定的比例承担保险给付责任，自负比例部分由仲裁员自行承担。这样，对当事人而言，无论仲裁员是主观过失或故意，都能够获得经济损失的赔偿；对仲裁员而言，保险人区分其过失与故意的主观状态承担不同的保险责任，能够提高仲裁员的责任心，督促仲裁员秉公断案，预防或减少保险事故的发生。此外，仲裁员有《仲裁法》第 38 条规定的行为的，仲裁委员会不仅可以将仲裁员除名，还可以考量设立一种内部"追偿"，作为仲裁委员会因交纳保险费以及名誉上的损失的一种补偿，同时也是作为对仲裁员违法行为的处罚。而枉法裁决罪的出现，更是预防与制约仲裁员故意的不当行为的最大的因素。

在保险金额上，责任保险合同一般无保险金额的规定，而代之以赔偿限额[1]的条款。保险人向受损第三人给付赔偿金的，以保险合同约定的保险金额或保险责任限额为限。因而保险人是否应当对被保险人的赔偿责任承担全部责任，取决于保险单的约定，而实际的赔偿数额应当在赔偿限额内以受损第三人的损失作为判断依据。若保险人不履行和解或抗辩义务，致使被保险人的赔偿责任超过合同约定的赔偿限额的，也可能发生超额赔偿责任。对于仲裁员责任保险合同，一般情况

---

[1] 赔偿限额通常分为保险期间内的累计最高赔偿限额、每次事故赔偿限额、每次事故每人赔偿限额、被保险人的自负额四种。

下保险人应按照每次事故每人赔偿限额承担保险责任，当出现仲裁员故意行为致人损害时则按照被保险人的自负额承担保险责任。考虑到国际商事仲裁案件标的额的巨大，责任保险合同最高限额的确定就具有重要的意义。这可参考律师责任保险在保险期限内被保险人累计赔偿额在100万至350万范围的规定。当然，具体保险金额应由投保人与保险人在意思自治的前提下充分考量各种风险因素，共同协商确定。

三、仲裁员行业责任的建构

从性质上来说，仲裁员行业责任并不属于法律责任的范畴。法律责任是司法机构依据国家法律对仲裁员的不当行为的追究，表现为他律，而行业责任则是由仲裁机构或者仲裁协会依据诸如仲裁规则等行业内的规范性文件通过内部人事管理的途径对仲裁员的不当行为进行追究，表现为行业自律（Self-regulation）。笔者认为，相较于民事责任与刑事责任这样的法律责任，行业责任的性质与特征决定了它更符合仲裁的发展方向。强调行业协会的自治，不仅在于维护行业的健康良性的发展，而且在于会员在更为深刻地意识到个体独立性后对民主的践行将成为其实现自身存在价值的自发需求，而如果一个民主国家的政府到处都代替社团，那么这个国家在道德和知识方面出现的危险将不会低于它在工商业方面发生的危险。[1] 在现代国家，随着社会生活的极大丰富以及公民道德水平的提升，国家逐渐将部分社会管理职能回归于市民社会，因为各种社会关系越来越复杂，无法再用公法或私法加以分门别类，公法因素和私法因素彼此耦合，直至无法分辨清楚。国家从公法中逃遁出来，公共权力职责转移到企业、机构、团体和半公共性质的私法代理人手中；与此同时，也出现了私法公共化的反向过程即公法之私法化。公共权力即使在行使其分配与促进职能时也运用私法措施，公法的古典标准彻底失效了。[2] 特别是在经济全球化浪

---

〔1〕［法］托克维尔：《论美国的民主》，董果良译，商务印书馆2002年版，第638页。

〔2〕［德］哈贝马斯：《公共领域的结构转型》，曹卫东等译，学林出版社1999年版，第178页。

潮的不断推动与市场经济意识在全世界范围内的普遍作用，市民社会已逐渐与国家相分离，成为一个独立的领域，基于此，国家减少对市民社会的干预，私法自治已成为各国普遍接受的原则之一。[1] 而且，相对于国家管理，行业自治的内容更为广泛，方式更为灵活，更能代表该行业从业者的意愿，将更加有利于行业自身的发展，因此可以说社会越进步，行业自治的程度越高。[2] 行业自治的理论同样适用于仲裁领域，因为仲裁就是发端于市民社会，在早期历史上，两个商人对所交易货物的价格或者质量存在争议，于是寻求他们都信任的第三人作出决定，或者两个商人因受损货物发生争议，他们可以通过接受同行的判断来解决争议。[3] 仲裁自始至终都属于市民社会的一部分，具有民间性的本质特征，因而应当被给予更为广泛的自治空间。而且作为一种司法外的争议解决方式，仲裁应当维护其独立性与完整性，司法监督应当保持在适当的范围内，避免对仲裁进行过多的司法介入，因而以行业责任而非法律责任的方式将仲裁员责任问题纳入在仲裁制度内部予以解决，更符合仲裁的独立性要求。

在司法实践中，我国已经有了相关案例表明仲裁员对行业责任的承担。

在2005年的富士施乐仲裁案中，富士施乐公司实业发展（上海）有限公司与天津某大学出版社就合同争议提交天津仲裁委员会仲裁。大约是出于对天津仲裁委员会作出的仲裁裁决不满，一方当事人将手中的一段录像提交媒体。这段25秒的录像显示，在2005年7月6日晚，也就是天津仲裁委员会就合同争议仲裁案件进行第五次开庭审理的当日，富士施乐公司员工、法律顾问、北京某律师事务所律师，与

---

[1] 杨树明、冯佳：《市民社会视野下的仲裁制度》（下），载《仲裁研究》（第7辑），第11页。

[2] 王圣诵：《中国行业自治及其立法》，载《东方论坛》2001年第2期，第56页。

[3] Alan Redfern and Martin Hunter, *Law and Practice of International Commercial Arbitration*, London: Sweet & Maxwell, 2003, p. 3.

作为审理该案的仲裁庭成员之一的某仲裁员在天津一家大酒店里共同就餐。此事被媒体曝光之后，律师事务所很快对该律师作出了处理，天津仲裁委员会在2006年2月9日将该仲裁员除名，并上报国务院法制办。2月13日，国务院法制办公室向全国各仲裁委下发关于该仲裁员违反仲裁法的规定私自会见当事人被除名的通报，要求如有聘任该仲裁员担任仲裁员的，应予除名，今后亦不得再聘任。这就是自我国《仲裁法》实施以来首个被仲裁界"终身禁入"的仲裁员。[1]

对于仲裁员违反仲裁法与仲裁行为规范的行为，仲裁委员会对其追究除名的行业责任的做法并无不当。对于"终身禁入"的行业制裁，在2002年的《国务院法制办公室关于进一步加强仲裁员、仲裁工作人员管理的通知》也能找到依据。[2] 但笔者认为，由属于司法行政机构的国务院法制办作为追究仲裁员行业责任的主体，事实上就是以国家行政权力干预仲裁的自治管理，与仲裁的民间性本质是不符的，也有悖于国际上的通行做法。

---

〔1〕 参见萧凯：《从富士施乐仲裁案看仲裁员的操守与责任》，载《法学》2006年第10期，第46页。

〔2〕 参见2002年《国务院法制办公室关于进一步加强仲裁员、仲裁工作人员管理的通知》（国法〔2002〕55号），通知认为当前我国仲裁存在着一些不容忽视的问题，仲裁员、仲裁工作人员违法违纪现象仍有发生，甚至有的仲裁工作人员利用职务之便，谋取私利，后果严重，受到刑事处罚。这些现象虽然发生在极少数单位和极个别人身上，但造成的影响极其恶劣，必须采取措施予以坚决纠正。通知第4条规定："建立重大违法违纪事件报告制度。仲裁委员会对所聘任的仲裁员、仲裁工作人员发生的重大违法违纪事件，要及时报告所在市人民政府（或商会）和省级人民政府法制机构，并报国务院法制办公室（中国仲裁协会成立前，下同）。仲裁委员会有责任也有义务协助有关部门依法查处仲裁员、仲裁工作人员的违法违纪行为。对隐情不报的，以及不协助查处的，应当追究主要负责人和直接责任人的责任。各仲裁委员会每年要对仲裁员、仲裁工作人员遵纪守法情况作出专项报告。"第5条规定："对违法违纪仲裁员实行'禁入'制度。仲裁委员会在对违法违纪的仲裁员依法作出除名决定后，应在10日内通过省级人民法制机构（或商会）将名单报送国务院法制办公室，由国务院法制办公室通报全国仲裁机构和有关部门。被除名的仲裁员同时受聘于几家仲裁委员会的，其他仲裁委员会在接到国务院法制办公室通报的10日内必须予以除名。对除名的仲裁员，任何仲裁委员会在任何时候不得再聘请。对仲裁委员会副秘书长以上负责人员因违法违纪行为被解聘的，照此办理。"

除了成立全国统一性的自律组织——中国仲裁协会外，还应当完善法律规范与仲裁规则以明确仲裁员行业责任的具体适用。首先须明确的是，倘若仲裁员违反《仲裁法》第38条的规定，即仲裁员私自会见当事人、代理人或者接受当事人、代理人的请客送礼，情节严重的，或在仲裁案件时有索贿受贿、徇私舞弊、枉法裁决行为的，仲裁员的民事责任甚至是刑事责任并不能免除，因为这是法定的责任。仲裁员行业责任可以与法定责任并用，也可以在仲裁员的行为较为轻微，尚不构成法定责任时单独适用，例如减少办案报酬的行业责任。具体说来，追究仲裁员行业责任的情形包括下列不当行为：仲裁员的行为违反了仲裁协议或者仲裁规则的规定；仲裁员未尽勤勉谨慎义务，包括没有合理理由而退出仲裁程序、不当的延期开庭审理、存在回避事由时未主动申请回避、迟延作出仲裁裁决、中间裁决或其他决定；仲裁外的不当行为，包括与一方当事人、代理人私下接触，直接或间接地接受当事人、代理人的请客、馈赠或者其他形式的利益；未能尽到保密义务等行为。

对于仲裁员行业责任的形式，笔者认为可以包括但不限于以下五种形式：其一，通报。仲裁员大多是各个行业的精英，被选任为仲裁员表明了社会对仲裁员专业水准的认可。倘若对仲裁员违规等不当行为在业内实行通报，就是对该仲裁员的一种否定性评价，会进一步触及仲裁员形象与声誉的负面影响，其被指定为仲裁员的几率也会随之减少。其二，减少办案报酬。此种责任形式在实践中并不常用，因为仲裁员的报酬通常并不由仲裁机构决定，而是由仲裁庭自行决定。减少办案报酬的责任形式为北京仲裁委员会所采用，《北京仲裁委员会关于提高仲裁效率的若干规定》就有关于"仲裁员审理迟延，本会将视情况减少其办案报酬"的规定。[1] 其三，撤销委任。仲裁程序启动后，倘若仲裁员未能勤勉履行职责，有可能将承担被仲裁机构或法院撤销委任的行业责任。例如斯德哥尔摩商会1999年《加速仲裁规则》（Rules for Expedited Arbitrations of the Stockholm Chamber of Commerce）第15条就规定了仲裁院可以因仲裁员事实上不能履行职

---

[1] 参见《北京仲裁委员会关于提高仲裁效率的若干规定》第12条第5项。

责或以仲裁员未能以适当的方式履职为由决定撤换仲裁员。[1] 国际商会《仲裁规则》、[2] 伦敦国际仲裁院《仲裁规则》[3] 也有类似的规定。

---

[1] See Article 15 of Rules for Expedited Arbitrations of the Stockholm Chamber of Commerce.

Article 15 Removal of the Arbitrator: ①Where the Arbitrator is prevented from de facto fulfilling his duties or fails to perform his functions in an adequate manner, the SCC Institute shall remove the Arbitrator. ②Before removing the Arbitrator, the SCC Institute shall solicit the views of the parties and the Arbitrator.

[2] See Article 12 (2) of Rules of Arbitration of the International Chamber of Commerce.

Article 12 Replacement of Arbitrators

2. An arbitrator shall also be replaced on the Court's own initiative when it decides that he is prevented de jure or de facto from fulfilling his functions, or that he is not fulfilling his functions in accordance with the Rules or within the prescribed time limits.

[3] See Article 10 of The LCIA Rules.

Article 10 Revocation of Arbitrator's Appointment

10.1 If either (a) any arbitrator gives written notice of his desire to resign as arbitrator to the LCIA Court, to be copied to the parties and the other arbitrators (if any) or (b) any arbitrator dies, falls seriously ill, refuses, or becomes unable or unfit to act, either upon challenge by a party or at the request of the remaining arbitrators, the LCIA Court may revoke that arbitrator's appointment and appoint another arbitrator. The LCIA Court shall decide upon the amount of fees and expenses to be paid for the former arbitrator's services (if any) as it may consider appropriate in all the circumstances.

10.2 If any arbitrator acts in deliberate violation of the Arbitration Agreement (including these Rules) or does not act fairly and impartially as between the parties or does not conduct or participate in the arbitration proceedings with reasonable diligence, avoiding unnecessary delay or expense, that arbitrator may be considered unfit in the opinion of the LCIA Court.

10.3 An arbitrator may also be challenged by any party if circumstances exist that give rise to justifiable doubts as to his impartiality or independence. A party may challenge an arbitrator it has nominated, or in whose appointment it has participated, only for reasons of which it becomes aware after the appointment has been made.

10.4 A party who intends to challenge an arbitrator shall, within 15 days of the formation of the Arbitral Tribunal or (if later) after becoming aware of any circumstances referred to in Article 10.1, 10.2 or 10.3, send a written statement of the reasons for its challenge to the LCIA Court, the Arbitral Tribunal and all other parties. Unless the challenged arbitrator withdraws or all other parties agree to the challenge within 15 days of receipt of the written statement, the LCIA Court shall decide on the challenge.

有所不同的是,我国香港地区 2000 年《仲裁(修订)条例》[1] 将撤销委任的决定权赋予法院。其四,停业。停业是对仲裁员不当行为的一种较为严厉的责任。倘若说通报是竞技场上的黄牌,责令停业就是红牌,是对仲裁员在一定期间内从业资格的剥夺。让仲裁员承担停业的行业责任,不仅是对其不当行为的严厉制裁,同时也给予仲裁员反省与矫正错误的时间,而不是直接予以解聘。其五,除名。除名是仲裁员行业责任中最为严厉的一种责任,除名仅针对仲裁员极为严重的故意不当行为,例如在仲裁活动中故意违背事实和法律作枉法裁决,情节严重的行为。此种责任意味着对仲裁员"终身禁入"的行业制裁,而不仅仅是在该仲裁员任职的仲裁机构被除名。我国《仲裁法》第 38 条规定了除名责任,广州仲裁委员会《仲裁规则》也对除名作出了明确规定:"仲裁员在仲裁案件时有索贿受贿,徇私舞弊,枉法裁决行为的,本会应当将其除名。"[2]

---

〔1〕 香港 2000 年《仲裁(修订)条例》第 25 条第 1 项和第 2 项规定:"①如仲裁员或首席仲裁员渎职或对仲裁程序处理不当,法庭可将其免职。②如仲裁员或首席仲裁员渎职或对仲裁程序处理不当,或者仲裁或裁决是以不适当的方式完成的,法庭可以将裁决撤销。"

〔2〕 参见广州仲裁委员会《仲裁规则》第 44 条。

承认执行篇

第六章
《纽约公约》项下仲裁裁决的承认与执行

作为国际商事仲裁领域极为重要，也是最为成功的公约，《承认与执行外国仲裁裁决公约》（简称《纽约公约》）在世界范围内实施了半个世纪。《纽约公约》只有短短的 16 个条文，却在 50 年的实施进程中，从最初的 24 个缔约国，到现今得到了世界大多数国家和地区的广泛认可，影响力遍及全球商事仲裁领域，在国际商事领域焕发着较强的生命力。《纽约公约》之所以获得广泛认可，源于它所倡导的精义——为了国际经济贸易发展的利益，促进商事争议的有效解决，便利仲裁裁决在世界范围内的强制执行。从公约的实施实践中可以看出，公约得到了缔约国的普遍尊重与执行，并对国际仲裁立法以及各国国内立法及其实践产生了重要与积极的影响，增强了争议解决领域的可预见性与安全性，增强了仲裁在解决国际间商事纠纷方面的效力，促进了经济全球化的进一步发展。中国仲裁与《纽约公约》的交汇点在 1986 年。当年，由第六届全国人民代表大会常务委员会第十八次会议决定加入《纽约公约》。1987 年 1 月 22 日，中国提交了批准书，作了互惠保留和商事保留声明。3 个月后，1987 年 4 月 22 日，公约对中国正式生效。21 年来，中国逐步坚定了践行《纽约公约》的立场——严格履行公约项下的国际法义务。伴随着改革开放后市场经济的建立和我国经济开放度的提高，中国仲裁的立法和司法亦逐步顺应国际商事仲裁的发展潮流，体现了《纽约公约》所倡导的承认与执行外国仲裁裁决的精神。以至于可以断言，公约执行的好坏，成为检验中国投资环境、民主法治建设，以及中国向市场经济转换程度的一个重要标尺。回顾《纽约公约》21 年的施行亦带来现实的思考，无论是宏观上营造对外国仲裁裁决承认与执行的大环境，还是微观上对公约具体条文的解释与适用，都无一例外地表明，为更好地实施公约，中国仲裁需要宽松的发展环境。

第一节　方法论的选择及理论的阐明

一、方法论——法律语境论的引入

从古典自然主义为巴托鲁斯的法则区别说产生奠定思想基础开始，国际私法的理论脉络就渗透着西方法哲学思潮的精神，尤其是19世纪的分析实证法学，更是促进了萨维尼的法律关系本座说理论的形成。当前法律的多元多义化使各国法律发展在趋同的同时，也趋向于多样化，这意味着将长期存在下去的法律冲突需要予以冲突规范与实体规范的规制，更需要"深入、细致地进入各国法律的原生环境去认识它们"[1]，而这也正是坚持传统的法律规范形式及概念分析并从宏观上以及法律的功能、效益、结构等微观方面注入新的生命力的新分析实证法学所进行的研究方式。然而分析实证法学从法律规范到法律规范的路子，诚如美国学者庞德所指出的，分析实证法学"对法律要求的严格性使其很少能参考到社会的需要和个人的利益"，因而他致力于创建一种实用的社会学法学，使"法律规则适应具体的案例，从而更加关注法律规则和判决在现实生活中的运作，即将法律看做一个运作于大的社会背景中的制度"，以更好地保护社会的利益。[2] 特别是国际私法领域中的国际商事仲裁问题，基于《纽约公约》的框架而寻求国际商事仲裁裁决承认与执行的统一标准时，应当要考量各国不同的法律环境，以维持当地的社会秩序与法律秩序。

在这样的背景下，为综合与衡平分析实证法学与社会学法学的研究进路，协调《纽约公约》项下国际商事仲裁裁决承认与执行中各国之间的利益博弈关系，本章试图引入一种法律语境论的研究进路，以此来解释《纽约公约》留给各国内国法自行规定的空间及各国立法差

---

〔1〕 肖永平：《肖永平论冲突法》，武汉大学出版社2002年版，第170页。
〔2〕 徐爱国、王振东主编：《西方法律思想史》，北京大学出版社2003年版，第365页。

异的合理性。缘于仲裁裁决承认与执行的实践性与实用性，对于承认与执行仲裁裁决的程序事项、已撤销仲裁裁决的承认与执行、可仲裁事项以及公共政策等问题的考量应该秉承一种实用主义的精神。无论是各国对外国仲裁裁决理论采纳的剖析，还是对外国做法的参考、借鉴、甚至于移植，都应当在这种实用主义的框架中立足于法律的语境。因为将实用主义的主要原则应用到法律中，意味着"一方面，法律是由实践构成，它是语境性的，有背景地植根于习惯和共同的期待中；另一方面，它是工具性的，是一种达到社会愿望或特定目的的工具，适合于它们的服务目标"[1]。《纽约公约》无疑具有解决实践中各国存在问题的工具性价值，而法律的语境论则不仅有助于解释各国采用保留条款及内国法规定的差异，其更大的意义则在于通过差异与对公约、示范法、立法例、判例与学者学说的语境化探究，来完善我国对外国仲裁裁决承认与执行的立法规定。

　　语境是多向度的，作为本身是高度语境化实践活动的立法，应当被历史化与地方化。任何理论范式、分析视角与价值取向都取决于特定的语境，在不同的法律语境中必然蕴涵着、存在着不同的经济关系、社会关系与文化关系等，法律的背后总有它生成的语境世界。[2] 所谓法律语境论的进路，即坚持以法律制度和规则为关注中心（在这个意义上，它与职业法律人偏好的法律形式主义有一致之处），力求语境化（设身处地地、历史地）理解任何一种相对长期存在的法律制度、规则的历史正当性和合理性（因此它又与法律社会学、阐释学具有一致之处）。[3] 首先，从时间维度上讲，法律的语境要求在研究外国仲裁裁决的承认与执行问题时应当"密切关注本国特定的历史、政治、经

---

　　[1]　苗金春：《语境与工具——解读实用主义法学的进路》，山东人民出版社2004年版，第16页。

　　[2]　田成有：《歧义与沟通：法律语境论》，载《法律科学》2001年第2期，第6页。

　　[3]　苏力：《语境论——一种法律制度研究的进路和方法》，载李贵连编：《〈中外法学〉文萃》（上册），北京大学出版社2004年版，第182页；苏力：《也许正在发生——转型中国的法学》，法律出版社2004年版，第235页。

济和文化关系,以及这种关系的变化"[1]。譬如就执行地国法院可主动审查的可仲裁事项而言,传统上对其认定的客观标准为争议的可诉讼性、可补偿性与可和解性,因而包括美国在内的诸多国家都将不符合这三个标准的证券争议排除在可仲裁事项范围之外。缘于争议事项可仲裁性与一国的社会公共利益有着密切的联系,可仲裁事项范围的限制在当时特定的背景中是合理存在的。然而当历史的车轮不断前行,本国政治、经济与文化发生改变时,尤其是现代商业发展的广泛性与复杂性使得作为商事争议解决机制的仲裁必然要在持续变化改良的法律环境中发展改进。随着日益增多的私人投资者涉足证券市场、美国证券争议持续增加,语境的变化要求仲裁庭应该享有证券争议案件的管辖权,方能缓解法院案件过多的审判压力。1974年的 *Sherk v. Alberto-Culver Co.* 案作为破冰之举,确认了美国在国际商事交易中出现的涉及证券争议的事项可以提交仲裁机构解决,而1989年的 *Rodriguez v. Shearson/American Express* 案甚至将可仲裁事项范围扩大到国内证券争议。因此,从时间维度意义上的语境来把握外国仲裁裁决承认与执行制度,才能达到"惟借过去乃可认识现在,亦惟对现在有真实之认识,乃能对现在有真实之改进"[2]的地步。

另一方面,从空间维度上说,当外国的理论与成果从一个特定的语境世界中移植到另一国的语境中时,"必须放在新的文化语境中进行重新的语境化",换言之,我们的研究方法与价值取向"必须根据新的法律生成语境作出调整,在自己本土历史与社会环境中再语境化"[3]。对于已撤销仲裁裁决承认与执行的立场,就很好地说明这个问题。基于相异的法律传统,各国对《纽约公约》具体条文适用的解释也难免相迥,因此出现了学者的争鸣与各国不同的实践做法。Van den Berg博士主张裁决的效力源于仲裁地国法,若被该国有权当局撤销或宣布无效,该裁决也就不能在任何他国得以承认与执行的不可执

---

〔1〕 田成有:《歧义与沟通:法律语境论》,载《法律科学》2001年第2期,第7页。
〔2〕 钱穆:《国史大纲》,商务印书馆1986年版,绪论第2页。
〔3〕 田成有:《歧义与沟通:法律语境论》,载《法律科学》2001年第2期,第7页。

行论；William Park 教授提出了承认已撤销裁决应当取决于撤销标准的本质，撤销是否出于善意、是否符合根本正义理念的礼让说；Christopher R. Drahozal 教授基于经济分析方法，持是否执行已撤销仲裁裁决应受制于当事人的协议，已撤销裁决可执行性更适合于作为一项违约性规则而非强制性规则的见解；Jan Paulsson 教授则提出了著名的国际标准撤销说。实践中也存在法国法院在 *Hilmarton* 案、美国法院与法国法院在 *Chromalloy* 案中分别作出承认与执行已被裁决作出地法院撤销的仲裁裁决的决定。虽然这些学说及实践做法都存有一定的合理性，但由于语境不同，在借鉴这些学说及做法的基础上，我国仍须基于本国的现实语境作出适当的应对。缘于包括国际商事仲裁在内的中国国际私法学术研究起点于西方理论，因而会不自觉地形成一种以西方理论作为研究中国问题的标准与尺度的自然延续；如果这在理论研究从零开始起步的早期是必经之路的话，那么当前对中国问题的真正思考，就须"建立在对西方范式和模式批判的基础上"。[1] 毕竟不同的理论与不同国家的法律规范的差异，需要"透过法律规范表面，深入其赖以产生的文化背景才能进行比较"[2]，这样的包括文化在内的背景，即是法律语境之所在。

二、承认与执行外国仲裁裁决的理论

首先须澄清的是，虽然论述中将"承认"与"执行"放置一起表述，实践中多数当事人在获得裁决后亦须进行这两种行为，但这并不意味着这两种行为的涵义与目的相同或者须同时对所有的裁决一并施行，譬如对驳回索赔的当事人所有请求的仲裁裁决，被索赔的当事人仅需有关国家的法院承认裁决的效力而无需该法院执行裁决。[3] 对外国仲裁裁决承认与执行的态度与力度，与各国在程序方面采用的理论

---

[1] 杜新丽：《对中国国际私法学术研究方法的点滴思考》，载《政法论坛》2006年第5期，第38页。

[2] 肖永平：《肖永平论冲突法》，武汉大学出版社2002年版，第170页。

[3] Emmanuel Gaillard, John Savage, *Fouchard Gaillard Goldman on International Commercial Arbitration*, CITIC publishing house, 2004, p. 889.

相关。《纽约公约》第3条规定公约裁决的执行程序适用被请求执行地国的法律，但不得较承认或执行本国裁决附加更苛刻的条件或征收过多的费用，[1]实际上是将外国仲裁裁决承认与执行的程序问题交由内国法来解决。一般说来，对于公约裁决的承认与执行，普通法系国家在立法上予以特别规定，适用较为简单的程序；民法法系国家则将公约裁决视同为一般的外国裁决予以执行。综合而言，对于公约裁决与非公约裁决，各国采用的理论主要存在三个。

普通法系国家采用合同学说（Theory of Contract），或称为民事法律行为学说（Theory of Civil Law Transactions），以像对待某一依据民法缔结的合同的方式来考虑某一外国仲裁裁决，认为该外国仲裁裁决包含一个潜在的请求履行或请求损害赔偿的诉讼。[2]将外国仲裁裁决视为合同之债的做法是受到了普通法系国家以债务学说作为承认外国判决理论基础的影响。兴起于19世纪中期的债务学说认为，当具有合法管辖权的外国法院已判处一方当事人应该支付另一方当事人一笔金额后，支付这笔金额就成了一种法律上的债务，可以通过契约债务诉讼使其在本国履行。[3]按照债务学说的观点，在承认与执行外国仲裁裁决时，执行地国法院将外国仲裁裁决视为双方当事人之间创立的一种债务合同，裁决被作为合同之债在法院提起诉讼、法院对裁决的有效性进行程序审查后作出应否执行的决定。但这是普通法下的惯常做法而非法定做法。[4]在具体的条文规定中，则是对仲裁裁决进行司法确认并将其转化为执行地国法院的判决。依英国1996年《仲裁法》第66条第1款与第2款的规定，经法院签发执行许可的裁决即可转化为判决，再通过法院判决或裁决的方式取得执行的效果。[5]美国1925

---

[1] Article 3 of United Nations Convention on the Recognition and Enforcement of Foreign Arbitral Awards.

[2] 郑远民、吕国民、于志宏编著：《国际私法（国际民事诉讼与国际商事仲裁）》，中信出版社2002年版，第364页。

[3] 韩健：《国际商事仲裁法的理论与实践》，法律出版社1993年版，第301页。

[4] 李虎：《国际商事仲裁裁决的强制执行》，法律出版社2000年版，第55页。

[5] Article 66 (1)、(2) of 1996 Arbitration Act.

年的《联邦仲裁法》第 9 条也有类似的"转化判决"条款,允许当事人在仲裁协议中约定将裁决转化为法院判决。第七巡回上诉法院在 *Daihatsu Motor Co Ltd（Japan）v. Terrain Vehicles Inc（United States）* 案中甚至认为约定争议通过仲裁得到"终局解决"的可视为当事人同意将仲裁员的裁决转化为判决。[1]

民法法系国家多采用判决学说（Theory of Judgment），将外国仲裁裁决视同外国判决,一般要求在向执行地国提出申请承认与执行前,该裁决在作出国可执行并由裁决地国予以确认后,由执行地国法院审查后发给执行令。但这一程序则要求具备一定的前提条件。有些国家要求两国存在互惠原则并已签订了相关的国际条约,有些国家以事实上的互惠关系为条件,也有国家以对外国裁决所解决争议的实质问题进行控制为基础,但这种控制在多数国家里只是审查裁决是否违背了当地的公共政策。这一将外国裁决并入外国判决的程序,使得申请人必须先行取得裁决作出地国法院的确认,难免形成了裁决执行的不确定性、时间与费用的负担。在认同仲裁是一种解决国际经贸争议合理有效的途径时,将外国裁决视为外国判决的模式无疑是"最不令人满意的一种方式"[2]。

除了合同学说与判决学说外,亦有一些国家将外国仲裁裁决视同为本国裁决,基本上将适用于执行内国仲裁裁决的规则适用于外国仲裁裁决的承认与执行程序当中。综观各国立法例,法国、德国等国家均采用了此种做法。但是,与法国基本上将适用于执行内国仲裁裁决的规则直接适用于外国仲裁裁决的承认与执行程序不同的是,在德国,1986 年修订的《民事诉讼法》第 1044 条规定了执行外国仲裁裁决应受适用于本国仲裁裁决同样的规则支配,除非德国签订且已生效的条约另有规定。

---

〔1〕 Alan Redfern and Martin Hunter, *Law and Practice of International Commercial Arbitration*, London: Sweet & Maxwell, 2003, p. 482.

〔2〕 参见宋航:《国际商事仲裁的承认与执行》,法律出版社 2000 年版,第 93 页。

第二节　拒绝承认与执行仲裁裁决的理由

一、《纽约公约》规定的拒绝承认与执行仲裁裁决的理由概述

作为缔约成员最多的公约,《纽约公约》被视为"目前为止最为重要的与商事仲裁相关的国际协议"[1],因而公约所致力于的外国仲裁裁决的承认与执行也在世界范围内获得了普遍的认可。《纽约公约》关于拒绝承认与执行外国仲裁裁决的理由主要体现在第5条。依据《纽约公约》的规定,公约的中、英、法、俄与西班牙文各文本同等有效。[2] 同时作准的中文文本为:第5条之一:被请求承认或执行裁决的管辖当局只有在作为裁决执行对象的当事人提出有关下列情况的证明的时候,才可以根据该当事人的要求,拒绝承认和执行该裁决:(a)第2条所述的协议的双方当事人,根据对他们适用的法律,当时是处于某种无行为能力的情况之下;或者根据双方当事人选定适用的法律,或在没有这种选定的时候,根据作出裁决的国家的法律,仲裁协议是无效的;或者(b)作为裁决执行对象的当事人,没有被给予指定仲裁员或者进行仲裁程序的适当通知,或者由于其他情况而不能对案件提出意见,或者(c)裁决涉及仲裁协议所没有提到的,或者不包括仲裁协议规定之内的争执;或者裁决内含有对仲裁协议范围以外事项的决定;但是,对于仲裁协议范围以内的事项的决定,如果可以和对于仲裁协议范围以外的事项的决定分开,那么,这一部分的决定仍然可予以承认和执行;或者(d)仲裁庭的组成或仲裁程序同当事人间的协议不符,或者当事人间没有这种协议时,同进行仲裁的国家的法律不符;或者(e)裁决对当事人还没有约束力,或者裁决已经由

---

[1] Gary B. Born, *International Commercial Arbitration in the United States*: *Commentary and Materials* 6 n. 23 (1994), p. 18. See Stephen T. Ostrowski & Yuval Shany, "Chromalloy: United States Law and International Arbitration at the Crossroads", 73 *N. Y. U. L. Rev* (1998), p. 1655.

[2] Article 16 of United Nations Convention on the Recognition and Enforcement of Foreign Arbitral Awards.

作出裁决的国家或据其法律作出裁决的国家的管辖当局撤销或停止执行。之二：被请求承认和执行仲裁裁决的国家的管辖当局如果查明有下列情况，也可以拒绝承认和执行：（a）争执的事项，依照这个国家的法律，不可以用仲裁方式解决；或者（b）承认或执行该项裁决将和这个国家的公共秩序相抵触。[1]

由此可知，在《纽约公约》框架下，一国法院拒绝承认与执行外国仲裁裁决的理由主要分为两大类：其一，需要由被申请人提起，并由法院予以审查的情形，包括当事人无行为能力或者仲裁协议无效、仲裁程序违反正当程序原则、仲裁庭超裁、裁决不具有约束力或者已被裁决作出地法院撤销；其二，法院可以依职权主动审查而无需被申请人举证的情形，包括争议事项不具有可仲裁性与裁决违背了执行地国的公共政策。总体而言，《纽约公约》的宗旨在于促进仲裁裁决在

---

[1] "Article V: 1. Recognition and enforcement of the award may be refused, at the request of the party against whom it is invoked, only if that party furnishes to the competent authority where the recognition and enforcement is sought, proof that: (a) The parties to the agreement referred to in article II were, under the law applicable to them, under some incapacity, or the said agreement is not valid under the law to which the parties have subjected it or, failing any indication thereon, under the law of the country where the award was made; or (b) The party against whom the award is invoked was not given proper notice of the appointment of the arbitrator or of the arbitration proceedings or was otherwise unable to present his case; or (c) The award deals with a difference not contemplated by or not falling within the terms of the submission to arbitration, or it contains decisions on matters beyond the scope of the submission to arbitration, provided that, if the decisions on matters submitted to arbitration can be separated from those not so submitted, that part of the award which contains decisions on matters submitted to arbitration may be recognized and enforced; or (d) The composition of the arbitral authority or the arbitral procedure was not in accordance with the agreement of the parties, or, failing such agreement, was not in accordance with the law of the country where the arbitration took place; or (e) The award has not yet become binding on the parties, or has been set aside or suspended by a competent authority of the country in which, or under the law of which, that award was made. 2. Recognition and enforcement of an arbitral award may also be refused if the competent authority in the country where recognition and enforcement is sought finds that: (a) The subject matter of the difference is not capable of settlement by arbitration under the law of that country; or (b) The recognition or enforcement of the award would be contrary to the public policy of that country."

外国获得承认与执行,因此作为公约的核心条文,第5条体现了以下特点:首先,拒绝承认与执行仲裁裁决时只能进行形式审查,而不能进行实质审查;且举证责任由被申请执行人承担,倘若被申请执行人反对仲裁裁决的执行须举证证明存在公约第5条第1款所规定的拒绝执行裁决的情形。其次,公约第5条规定的拒绝承认与执行外国仲裁裁决的理由是"穷尽的"(Exhaustive)、"仅有的"(only)[1],除了所列的理由,"公约裁决的承认或执行不应被拒绝"[2]。最后,对于公约第5条所规定的关于拒绝承认与执行仲裁裁决的情形,执行地国法院"可以"拒绝承认与执行;换言之,公约不反对各缔约国法院在出现可以拒绝承认与执行的情形时,对外国仲裁裁决仍然予以承认与执行。但是,关于这一点,无论是理论上还是司法实践中,都存在不同的见解,因此也导致了下文将述及的已被撤销的仲裁裁决的承认与执行问题。实际上,《纽约公约》第5条的规定较为简单,且没有适当的解释,因此各缔约国在执行公约时难免出现对公约的理解与适用的不同观点,而这也正是对该条款进行探究的意义所在。

二、当事人的行为能力

缘于仲裁协议在本质上属于契约,是双方当事人之间的约定,因此仲裁协议应当具备契约生效的一般要件。在合同法上,签订合同的自愿原则与合同自由原则均建立在这样一个假定上,即合同当事人是一个有分析能力的、在掌握充分信息的基础上进行有利于其利益的独立判断的一个人。[3]换言之,当事人的行为能力是合同有效的要件之一。反映到仲裁领域,仲裁协议是否有效,当事人有无提起仲裁的行为能力是其中的一个决定性因素。同时,有学者认为,仲裁协议就其性质而言,实质上是程序法上的契约,因此应当依据诉讼法关于诉讼

---

〔1〕 Alan Redfern and Martin Hunter, *Law and Practice of International Commercial Arbitration*, London: Sweet & Maxwell, 2003, p. 459.

〔2〕 [英] J. H. C. 莫里斯主编:《戴西和莫里斯论冲突法》(下册),李双元等译,中国大百科全书出版社1998年版,第1666页。

〔3〕 张利宾:《美国合同法:判例、规则和价值规范》,法律出版社2007年版,第220页。

行为能力的规定决定当事人是否具有缔约能力。就自然人而言，只有完全民事行为能力人才具有诉讼行为能力；就法人或其他组织而言，具有民事行为能力即具有诉讼行为能力；具有诉讼行为能力的自然人、法人或其他组织即具有缔结仲裁协议的能力。[1]《纽约公约》第5条之一第1款所规定"协议的双方当事人，根据对他们适用的法律，当时是处于某种无行为能力的情况之下"，据此可知，倘若订立仲裁协议的当事人缺乏提起仲裁的行为能力，则构成执行地法院拒绝承认与执行依据该仲裁协议作出的仲裁裁决的理由。然而，《纽约公约》只是规定了"根据对他们适用的法律"，而并未提及"对他们适用的法律"究竟采用怎样的准据法，或者是依据何种连结点来确定。联合国国际贸易法委员会1985年《国际商事仲裁示范法》起草工作组认为，公约的此种规定过于简单化，难以为所有法律体系所接受。[2] 然而，尽管工作组将"根据对他们适用的法律"这一限定性措辞予以删除，但《国际商事仲裁示范法》的条文中依然缺失确定当事人行为能力的法律适用规则。

一般说来，对自然人行为能力的法律适用，国际上通行的原则是依当事人的属人法。[3] 大陆法系国家属人法为其本国法，而普通法系国家属人法通常是指当事人的住所地法。实际上，缘于双重或多重国籍人的存在，尤其是人数不断增长的难民以及联邦国家的公民，以国籍为连结因素难免产生诸多困难；而倘若将住所地作为连结因素，各国对"住所"的定义尚未形成统一的认识，要准确判定一个人的住所地有时要比判定一个人的国籍更为困难。在此种情势下，1986年海牙会议决定在国籍与住所地之间作出折衷，力图寻求一个使分歧各方都可接受的方案；英国代表提出应研究出一个新形式的住所的概念或旨在于"定居下来的惯常居所"（Habitual Residence）的概念。[4] 作为

---

〔1〕参见杨秀清：《协议仲裁制度研究》，法律出版社2006年版，第42页。
〔2〕Third Working Group Report. A/CN. 9/233, para. 41.
〔3〕赵相林主编：《国际私法》，中国政法大学出版社2005年版，第180页。
〔4〕李双元主编：《中国与国际私法统一化进程》，武汉大学出版社1998年版，第587页。

各方投票的结果，1988年海牙《死者遗产继承法律适用公约》采用了以惯常居所为主要连结点，同时辅以多元连结因素的方法。以惯常居所为主、国籍、住所地等为辅的确定当事人属人法的方法逐渐成为属人法国际统一化发展的趋向。同时，出于维护商业关系稳定的考虑，合同当事人的行为能力适用行为地法，即缔约地法成为属人法的重要补充。[1]另一方面，法人行为能力的法律适用规则，各国普遍采用的也是法人属人法，即法人本国法。传统上，法人属人法的确认通常有登记注册地说、主事务所在地理论、营业中心所在地说、资本控制地说等标准。

我国《仲裁法》规定了无民事行为能力人或者限制民事行为能力人订立仲裁协议的，该仲裁协议无效。[2]倘若仲裁协议的当事人具有外国国籍或者含有其他涉外因素时，则依据《民法通则》以及1988年最高人民法院《关于贯彻执行〈中华人民共和国民法通则〉若干问题的意见》进行处理。《民法通则》规定了："中华人民共和国公民定居国外的，他的民事行为能力可以适用定居国法律。"[3]最高人民法院《关于贯彻执行〈中华人民共和国民法通则〉若干问题的意见》第179条至第185条则作了如下规定："179. 定居国外的我国公民的民事行为能力，如其行为是在我国境内所为，适用我国法律；在定居国所为，可以适用其定居国法律。180. 外国人在我国领域内进行民事活动，如依其本国法律为无民事行为能力，而依我国法律为有民事行为能力，应当认定为有民事行为能力。181. 无国籍人的民事行为能力，一般适用其定居国法律；如未定居的，适用其住所地国法律。182. 有双重或多重国籍的外国人，以其有住所或者与其有最密切联系的国家的法律为其本国法。183. 当事人的住所不明或者不能确定的，以其经常居住地为住所。当事人有几个住所的，以与产生纠纷的民事关系有最密切联系的住所为住所。184. 外国法人以其注册登记地国家的法律为其本

---

〔1〕 于富喜：《国际商事仲裁的司法监督与协助——兼论中国的立法与司法实践》，知识产权出版社2006年版，第163页。

〔2〕 参见《仲裁法》第17条第2项。

〔3〕 参见《民法通则》第143条。

国法，法人的民事行为能力依其本国法确定。外国法人在我国领域内进行的民事活动，必须符合我国的法律规定。185. 当事人有2个以上营业所的，应以与产生纠纷的民事关系有最密切联系的营业所为准；当事人没有营业所的，以其住所或者经常居住地为准。"在这两个法律规范中，值得注意的两点是：其一，倘若当事人依其属人法没有行为能力而依其行为地法有行为能力时，我国采取的是以行为地法为准；其二，与我国对内国法人国籍采用登记注册地主义与准据法主义的复合标准不同，外国法人的行为能力依其注册登记地国家的法律，若其在我国进行民事行为则重叠适用我国法律。

在我国司法实践中，执行地法院也存在因当事人的行为能力问题而拒绝承认与执行仲裁裁决的案例。在英国嘉能可有限公司申请承认与执行英国伦敦金属交易所仲裁裁决一案中，法院基于代理当事人订立包含仲裁条款的合同的代理人缺乏能力而拒绝承认与执行仲裁裁决。该案中，重庆机械设备进出口公司业务员孙健于1996年5月29日向嘉能可北京办事处业务员盛邵奎发传真定购电解铜1000吨，总值约258万美元。盛邵奎收到传真后于5月31日传真回复孙健对价格予以确认，并告知合同拿到后，传真会签。6月4日，盛邵奎将一份嘉能可公司已签字的标准合同传真给孙健。合同除约定购销电解铜的相关条款外，还明确了"由本合同引起或与之有关的任何争议或索赔或任何指称的违约行为均应根据伦敦金属交易所的规则和条例通过仲裁予以解决，适用英国法律"的仲裁条款；合同同时还明确了"本合同的解释及其有效性的确定根据英国法律。"同日，孙健在合同上签上自己的名字（未加盖重庆公司的公章，也未向对方提交有关授权证书）后将合同传真给嘉能可北京办事处的盛邵奎。6月6日孙健将此事向重庆公司副总经理作了汇报，副总经理指出孙健在没有授权的情况下签署合同违反了公司的管理规定，责成孙健立即向嘉能可北京办事处说明情况并予以纠正。孙健于当日向嘉能可北京办事处的盛邵奎发传真说明了自己没有授权而签署合同，公司对合同不予认可，合同不能履行的情况。盛邵奎收到传真后于当日发回传真表示"贵司如真的不履约，则会给我司造成损失,对此,我公司将保留索赔的权利。"6月19日,盛邵奎将嘉能可催促履行合同的函件传真给孙健。同年9月3日,嘉能可的仲裁代理人Clyde律师行以快件的方式将仲裁通知发送给重庆公司,该仲裁通知提出因重庆公司未能履行合同,特别是未能开出信用证的违约行为,嘉能可已终止合同,并提出49万美元及利息、费用的索赔;通知同时指定了仲裁员,要求重庆公司于21天内提出反通知,指定仲裁员,并询问重庆公司是否需要仲裁规则。重庆公司收到该通知后,未提出反通知,也未发表任何意见。同年9月18日,Clyde律师行向伦敦金属交易所提交了仲裁申请、立案费和保证金。11月29日,该律师行将索赔意见书寄给重庆公司,正式提出索赔495,000美元以及利息与仲裁费用。12月2日,重庆公司函告嘉能可北京办事处,表明了孙健是无权代表,系个人行为,如产生损失应由孙健个人承担的态度,但未回复Clyde律师行,也未出庭参加仲裁。1997年2月17日,英国伦敦金属交易所仲裁庭作出了缺席仲裁裁决。[1]

  嘉能可公司向重庆一中院申请承认与执行该仲裁裁决。重庆一中院经过审查,认为应当拒绝承认与执行该仲裁裁决。根据我国法院不予执行中国涉外仲裁机构裁决以及拒绝承认与执行外国仲裁机构裁决的报告制度,凡是一方当事人向人民法院申请承认与执行我国涉外仲裁机构或者外国仲裁机构作出的仲裁裁决,倘若法院经审查认为承认与执行该裁决不符合我国参加的国际公约或者互惠原则的,在作出不予执行或者拒绝承认与执行的裁定之前须报请本辖区所属高级人民法院,高级人民法院同意不予执行或者拒绝承认与执行的,应当将审查意见报最高人民法院,待最高人民法院作出答复后才能够作出不予执行或者拒绝承认与执行的裁定。因而在重庆一中院报请重庆高院,而高院同意一中院的处理方式后,重庆高院发出了《关于对英国嘉能可有限公司申请承认及执行英国伦敦金属交易所仲裁裁决一案有关问题的请示》。最高人民法院经研究认为:根据联合国《承认及执行外国仲裁裁决公约》第5条第1款

---

〔1〕 本案案情参见杨弘磊:《中国内地司法实践视角下的〈纽约公约〉问题研究》,法律出版社2006年版,第228~229页。

(甲)项规定,对合同当事人行为能力的认定,应依照属人主义原则适用我国法律。重庆机械设备进出口公司职员孙健与英国嘉能可有限公司签订合同,孙健在"代表"公司签订本案合同时未经授权且公司也未在该合同上加盖印章,缺乏代理关系成立的形式要件,事后重庆机械设备进出口公司对孙健的上述行为明确表示否认。同时孙健的签约行为也不符合两公司之间以往的习惯做法,不能认定为表见代理。根据《中华人民共和国民法通则》第66条第1款和我院《关于适用〈中华人民共和国涉外经济合同法〉若干问题的解答》第3条第1款第4项的规定,孙健不具代理权,其"代表"公司签订的合同应当认定为无效合同,其民事责任不应由重庆机械设备进出口公司承担。同理,孙健"代表"公司签订的仲裁条款亦属无效,其法律后果亦不能及于重庆机械设备进出口公司。本案所涉仲裁裁决,依法应当拒绝承认及执行。[1]

三、仲裁协议的效力
(一)书面仲裁协议的存在

在前述章节中,笔者已经探讨了《纽约公约》对书面仲裁协议的"书面"与"签署"两个形式要件,随着商业实践的发展以及科技的进步,新颁行的立法文件以及各国近期的实践都对仲裁协议的书面形式要件进行了扩展,开始对口头或默示接受仲裁协议、互换形式仲裁协议的接受等问题进行了有益而合理的分析。2006年7月6日,联合国国际贸易法委员会第39届会议审议通过的《国际商事仲裁示范法》,代表了仲裁协议书面形式要件认定的最新发展。2006年修订的《国际商事仲裁示范法》第7条"仲裁协议的定义和形式",进一步放宽甚至取消了对仲裁协议书面形式的限制。缘于与会各方关于对仲裁协议书面形式的要求是否予以保留存在激烈的论争,因此会议最终采取折中方式,通过了两种方案供各国立法机关选择。其中,方案一是保留仲裁协议书面形式要件,但对书面形式进行了扩大化解释;由墨西哥

---

[1] 参见最高人民法院[2001]民四他字第2号。

代表团提出的方案二则放弃了对仲裁协议书面形式的要求。[1] 因此，新修订的《国际商事仲裁示范法》包括两个备选案文，备选案文一"第7条第2款"承袭1985年的版本，规定：①"仲裁协议"是指当事人同意将他们之间一项确定的契约性或非契约性的法律关系中已经发生或可能发生的一切争议或某些争议交付仲裁的协议。仲裁协议可以采取合同中的仲裁条款形式或单独的协议形式。②仲裁协议应为书面形式。③仲裁协议的内容以任何形式记录下来的，即为书面形式，无论该仲裁协议或合同是以口头方式、行为方式还是其他方式订立的。④电子通信所含信息可以调取以备日后查用的，即满足了仲裁协议的书面形式要求；"电子通信"是指当事人以数据电文方式发出的任何通信；"数据电文"是指经由电子手段、磁化手段、光学手段或类似手段生成、发送、接收或储存的信息，这些手段包括但不限于电子数据交换、电子邮件、电报、电传或传真。⑤另外，仲裁协议如载于相互往来的索赔声明和抗辩声明中，且一方当事人声称有协议而另一方当事人不予否认的，即为书面协议。⑥在合同中提及载有仲裁条款的任何文件的，只要此种提及可使该仲裁条款成为该合同一部分，即构成书面形式的仲裁协议。相对而言，备选案文二"第7条"只是简单规定了"仲裁协议的定义"，即"仲裁协议是指当事人同意将其之间一项确定的契约性或非契约性的法律关系中已经发生或可能发生的一切争议或某些争议交付仲裁的协议"，而并未涉及仲裁协议的形式问题。[2]

（二）仲裁协议的准据法

国际商事仲裁协议的法律适用，是指以何种法律作为标准来认定仲裁协议的成立与效力。仲裁协议的准据法对仲裁案件的审理结果有着决定性的作用，亦对承认与执行阶段对仲裁协议效力的认定具有不

---

〔1〕 United Nations Commission on International Trade Law, Report of the Working Group on Arbitration and Conciliation on the work of its forty-fourth session (New York, 23 – 27 January 2006), A/CN. 9/592, para. 46.

〔2〕 2006年修订的《国际商事仲裁示范法》中文版本参见联合国贸易法委员会网站：http://www.uncitral.org/pdf/chinese/texts/arbitration/ml-arb/07 – 86997-c_Ebook.pdf, 2008年10月23日访问。

可估量的作用。在国际商事仲裁中,签订仲裁协议的双方当事人可以在协议中就协议应当适用的法律作出明示的选择。这是当事人意思自治原则的体现,而当事人对仲裁协议准据法的明示选择,则给予了仲裁庭或者法院以确定的法律适用指示,从而促成了案件审理的确定性与可预见性。《纽约公约》第5条第1款(a)项关于决定仲裁协议准据法的冲突规则中,即规定了意思自治原则——"根据双方当事人选定适用的法律"。但是,在商事仲裁实践中,缘于仲裁协议通常表现为主合同项下的一个争议解决条款,当事人鲜就仲裁协议的准据法专门作出明示约定。由此引致的问题是,当事人在国际商事合同中共同选择了适用于主合同的法律,该法律选择条款中约定的法律是否构成合同中仲裁条款的准据法。当前主流的观点认为,主合同中就合同应当适用的法律作出了选择,作为主合同的一部分,仲裁条款也应当适用该法律选择条款中所选择的法律。这不仅是对当事人选择的尊重,同时亦避免了同一合同中不同条款的法律适用不一致的情形。

国际商会国际仲裁院在德国科隆审理的关于意大利的被代理人诉比利时的代理人独占分销合同一案中,当事人就合同应当适用意大利法作出了约定,但并未约定该合同中仲裁条款的适用法律。根据比利时法律,终止合同的通知应当在3年前发出,而当事人在合同中则约定任何一方当事人终止合同只需在合同终止前3个月通知对方即可。本案中,被代理人按合同约定在终止合同前3个月前通知了代理人,双方就此项约定是否有效产生争议。独任仲裁员在裁决中认定,比利时法中有关仲裁协议的有效性的强制性规定不予考虑,既然当事双方在合同中约定了意大利法为合同的适用法律,而意大利法允许当事人就独占批发合同的终止期限作出约定,因此当事人对合同终止期限的约定是有效的,被代理人并未违约,不应当承担任何责任;在合同约定的适用法律有效的前提下,认定合同中约定的意大利法同样是仲裁条款的准据法。[1]

―――――――――

〔1〕 赵秀文:《国际商事仲裁及其适用法律研究》,北京大学出版社2002年版,第36页。

部分学者则主张，当事人在主合同中选择适用的法律，并不当然就是合同中仲裁条款的适用法律。当事人在主合同中约定的一般法律选择条款，意在就合同实质问题的法律适用作出指示，而非指明支配仲裁条款的法律，当事人应当另行采用一种与主合同不同的协议方式来表明仲裁条款的准据法。[1] 此种见解认为应当对争议的实体问题与程序问题加以区别，毕竟当事人在法律选择条款中所选择的法律只是解决当事人实体权利义务争议的法律，而不涉及仲裁协议的有效性问题。于此，笔者认为，直接对当事人在主合同中选择适用的法律即为仲裁条款的适用法律作出肯定或否定的判断都是有失偏颇的。对商事合同条款的解释，应当尽量从商业合理性的角度出发，使解释的结果尽量合理。[2] 因而对当事人的意思自治须进行更为深入的探究。当事人选择了合同应当适用的法律而未就合同中仲裁条款的准据法作出约定，倘若对仲裁地作出了明示选择，且主合同所适用的法律是仲裁地国的法律，则可推定合同的准据法与仲裁协议的准据法是一致的。因为就争议的解决而言，仲裁地与仲裁条款无疑具有最密切的联系，根据最密切联系原则进行选择也将得出适用仲裁地国法律的结果。这样的解释与推论无疑也是合理的。倘若主合同所适用的法律并非仲裁地国的法律，则合同的准据法不一定与仲裁条款的准据法相一致。在此种情形中，可以适用仲裁地国的法律决定仲裁协议的效力，当然也可以像上述国际商会国际仲裁院审理的案件那样认为主合同的准据法决定合同中仲裁条款的准据法。还有一种特殊情形，即虽然当事人未约定仲裁地，但约定了主合同的准据法与仲裁程序应当适用的法律。倘若裁决已经作出，合同中仲裁条款的效力自然依仲裁地的法律来判断；若仲裁程序尚未启动，则可依法院地法进行判断。

---

[1] 韩健：《现代国际商事仲裁法的理论与实践》，法律出版社2000年版，第115~116页。

[2] 参见杨良宜：《合约的解释》，法律出版社2007年版，第23~26页、第174页。

例如在 XL Insurance v. Owens Corning 案中，保险合同中有一条款约定保单根据纽约州的法律解释（Policy shall be construed in according with the internal laws of the State of New York），而另一条伦敦仲裁的条文则说明是"under the 1996 Arbitration Act"。双方在英国法院争议有关仲裁条文的有效性依据何种法律，因为依据纽约州法律所针对的文书仲裁协议，被告认为该保险合同中的仲裁条文并不符合法律规定，而依据英国 1996 年《仲裁法》的规定该仲裁条文则是有效的。审理该案的 Toulson 大法官判定由于仲裁条文述及了英国 1996 年《仲裁法》，所以适用英国法解释仲裁条文的有效性。[1]

在当事人对合同的准据法并未作出明示选择的情形下，自然也缺失对仲裁协议准据法的选择，此时依据国际私法原理适用最密切联系原则对合同的准据法进行判断。而对仲裁协议准据法的确定，亦需要适用最密切联系原则加以权衡。通常说来，虽然主合同未就合同准据法作出选择，但仲裁条款中约定了仲裁机构或者仲裁地的，与仲裁协议具有最密切联系的法律无疑应为仲裁地国的法律，这与仲裁地作为仲裁协议的履行地、仲裁活动应遵循仲裁地法等因素相关。即便是主合同与仲裁条款都未选择应当适用的法律，各国也大多将仲裁地国的法律确定为仲裁协议的准据法。在德国最高法院审理的一个案例中，主合同与仲裁条款均无当事人明示选择适用的法律。最高法院认为没有必要去研究当事人的默示选择，作出了应当适用法国法决定仲裁协议的有效性的判决，因为当事人选择了巴黎作为作出仲裁裁决的地点。[2] 实际上，《纽约公约》第5条第1款（a）项关于决定仲裁协议准据法的冲突规则中，在缺失当事人的意思自治时，就是根据作出裁决的国家的

---

[1] 杨良宜、莫世杰、杨大明：《仲裁法（从1996年英国仲裁法到国际商务仲裁）》，法律出版社2006年版，第120页。

[2] Bundesgerichtshof, 20 March 1980; see also Belgium No. E3/NY7, ICC Award No. 6379. 转引自赵秀文：《国际商事仲裁及其适用法律研究》，北京大学出版社2002年版，第38页。

法律来判断仲裁协议的效力。综观各国的立法，仲裁地法是经常被适用来判定仲裁协议效力的准据法，例如瑞典《仲裁法》在当事人未明示选择情况下，倾向于适用仲裁举行地或裁决作出地法（在很大程度上仲裁举行地即为裁决作出地）来决定仲裁协议的有效性。[1]

此外，在判定国际商事仲裁协议有效性的准据法上还存在一种趋向，即适用倾向于使仲裁协议有效的法律。在浮动仲裁协议（Floating Arbitration Agreement）情形中，缘于当事人在仲裁协议中约定了两个或两个以上的仲裁机构或者仲裁地点，此种对仲裁机构与仲裁地的不确定导致仲裁协议的效力易引发争议。对浮动仲裁条款效力的认定，各国并没有统一的做法。一般说来，既然双方当事人均有仲裁的意愿，只要当事人能对仲裁机构或者仲裁地点作出确定，签订时出于浮动状态的仲裁协议则是有效的，具有可执行性。

1992年著名的"德克萨斯星"轮租金、处理危险品费用争议案中，合同中的仲裁条款规定"本租约项下产生的任何争议均应由被诉人选择在北京或伦敦进行仲裁，仲裁裁决是终局的，对双方当事人均有约束力。"伦敦法院驳回了原告以仲裁条款无效，无法执行为由提起的诉讼，确定该浮动性仲裁条款为有效。当然，本案通过和解方式了结，亦是仲裁与调解相结合解决海事仲裁争议的典型[2]。

我国在司法实践中曾认定了浮动仲裁条款的效力，在《关于同时选择两个仲裁机构的仲裁条款效力问题的函》中，最高人民法院给山东省高级人民法院"关于齐鲁制药厂诉美国安泰国际贸易公司合资合同纠纷一案中仲裁条款效力的审查报告"的答复认为，本案当事人订

---

[1] 参见周子亚、卢绳祖、李双元等译：《瑞典的仲裁》，法律出版社1984年版，第27~28页；高菲：《中国海事仲裁的法律与实践》，中国人民大学出版社1998年版，第98页。

[2] 参见《海事仲裁（上海）通讯》2004年第1期，载中国海事仲裁委员会网站：http://www.cmac-sh.org/tx/0401.doc，2008年10月25日访问。

立的合同仲裁条款约定"合同争议应提交中国国际贸易促进委员会对外经济贸易仲裁委员会,或瑞典斯德哥尔摩商会仲裁院仲裁",该仲裁条款对仲裁机构的约定是明确的,亦是可以执行的。当事人只要选择约定的仲裁机构之一即可进行仲裁。根据《中华人民共和国仲裁法》第111条第2项之规定,本案纠纷应由当事人提交仲裁解决,人民法院对本案没有管辖权。[1] 2006年开始施行的最高人民法院《关于适用〈中华人民共和国仲裁法〉若干问题的解释》则以司法解释的形式进一步肯定了浮动仲裁条款的效力。[2] 据此,浮动仲裁条款的效力经当事人确定后则被认定为是可执行的条款,仲裁条款的效力能够得到确认。

四、正当程序

作为一个情景概念(a situational concept),涵括范围极为广泛的正当程序(Due Process)需要依据问题所处的具体情形确定它的含义。[3]《纽约公约》第5条第1款(b)项规定"作为裁决执行对象的当事人,没有被给予指定仲裁员或者进行仲裁程序的适当通知,或者由于其他情况而不能对案件提出意见",可以作为拒绝承认与执行外国仲裁裁决的理由。由此可知,公约框架下的正当程序主要包括两个方面,即仲裁过程中是否给予当事人适当的通知以及当事人是否得以行使申辩权。公约的此番规定,涵括了两层意思:一是直接对仲裁庭的要求,即仲裁庭必须平等地对待双方当事人,给予双方当事人以同等的陈述意见或提出申辩的机会。仲裁庭未能给予被申请执行人这种机会,就有可能构成程序不当而导致裁决的不予执行;二是针对的是

---

[1] 参见1996年12月12日法函(1996)176号。

[2]《关于适用〈中华人民共和国仲裁法〉若干问题的解释》第5条规定:"仲裁协议约定两个以上仲裁机构的,当事人可以协议选择其中的一个仲裁机构申请仲裁;当事人不能就仲裁机构选择达成一致的,仲裁协议无效。"第6条规定:"仲裁协议约定由某地的仲裁机构仲裁且该地仅有一个仲裁机构的,该仲裁机构视为约定的仲裁机构。该地有两个以上仲裁机构的,当事人可以协议选择其中的一个仲裁机构申请仲裁;当事人不能就仲裁机构选择达成一致的,仲裁协议无效。"

[3] [日]谷口安平:《程序的正义与诉讼》,王亚新、刘荣军译,中国政法大学出版社1996年版,第1页。

当事人的不作为,即当事人必须积极有效地响应和对待仲裁庭给予的机会,如果在仲裁庭适当通知之后被申请人拒绝参加仲裁程序或者消极对待,则应该认定被申请人故意丧失机会,仲裁庭据此进行的缺席审理和作出的缺席裁决是合法有效的,不能被认定为构成不予执行的理由。[1] 换言之,当事人对仲裁庭未能遵循程序正义未提出异议,则构成异议放弃。

在 V/O Tractoroexport v. Dimpex Trading B. V. 案中,被申请执行人认为仲裁庭未向其发出开庭通知,其没有得到陈述的机会等。法院查明,1988年2月4日仲裁庭向 Dimpex 发函,通知开庭日期以及仲裁庭组成,并要求被申请人支付反请求仲裁费。Dimpex 既未支付反请求仲裁费亦未参加庭审。同年5月仲裁庭作出对 Dimpex 不利的仲裁裁决。法院认为,Dimpex 不能认为未得到陈述的机会,且承担其反请求不被接受的风险。因此本案不存在程序不当的事由,裁定执行该《纽约公约》项下的裁决。[2]

(一) 未给予当事人适当的通知

纽约公约关于当事人没有被给予指定仲裁员或者进行仲裁程序的适当通知的规定,在措辞上,"适当"(Proper)一词值得探究。在司法实践中,如何认定给予了当事人指定仲裁员或者进行仲裁程序的通知是否适当,取决于法院的自由裁量权。在 *Vosnoc v. Trans Global Projects*([1998] 1 Lloyd's Rep. 711)案中,关于"by this letter the dispute between our respective companies is referred to the arbitration of three arbitrators in London"的用语,法院认为通知中没有要求被告委任他的仲裁员,而英国1996年《仲裁法》对这方面有明显的要求,因此认定仲

---

[1] 杜新丽:《论外国仲裁裁决在我国的承认与执行——兼论〈纽约公约〉在中国的适用》,载《比较法研究》2005年第5期,第101页。

[2] 林一飞编著:《中国国际商事仲裁裁决的执行》,对外经济贸易大学出版社2006年版,第59~60页。

通知是无效的。[1] 前联邦德国法院也曾经以未将仲裁员的姓名告知当事人作为拒绝承认与执行有关仲裁裁决的理由。在该案中，法院认为，《纽约公约》的规定意味着应将仲裁员的任命通知相关当事人，倘若不予告知，将使被诉人无从核查他持异议的委员会成员是否已被排除在仲裁员之外。对仲裁员提出异议的权利是公平审理的基本权利，无论在何种情况下都不能剥夺。[2] 在这两个案例中，法院对应当给予当事人的通知的认定较为严格。不过，这样严格地认定通知的效力，并不符合商事仲裁的灵活性。缘于仲裁是"私"（Private）的解决争议的方式，这意味着并不需要官方形式的通知，"适当"一词可解释为向当事人提供的关于仲裁员任命和进行仲裁程序的通知必须是充分的。[3] 事实上，英国法院在 *Vosnoc v. Trans Global Projects* 案中的做法并非主流观点，英国法对仲裁通知的要求是非常宽松的。

除了通知内容上的"适当"外，通知的形式也应当被解释为符合通常合理的情形即可，只要能有效送达，即仲裁机构、仲裁庭或者对方当事人尽到了勤勉谨慎的义务，仲裁文件依据仲裁规则所规定的方式准确地送达，就认定为给予了当事人适当的通知。在两起墨西哥案例中，墨西哥被诉人称，按照国际商会和美国仲裁协会仲裁规则，以邮寄方式送达违反了墨西哥法。依墨西哥法，传唤的第一次通知应当面送达给被上诉人本人，这是一项有关公共政策的规则。两案中的两个墨西哥法院明确参照《纽约公约》有关规定，并以同一理由驳回了被诉人的异议，其理由是双方当事人在合同中订入仲裁条款，意味着当事人默示放弃了墨西哥程序法中所确立的手续，尤其是《民事诉讼法典》第605条中关于对人当面传唤的要求。随着电子科技的进步，仲裁通知的方式也处在不断地更新中。

---

[1] 参见杨良宜、莫世杰、杨大明：《仲裁法（从1996年英国仲裁法到国际商务仲裁）》，法律出版社2006年版，第120页。

[2] (1982) VII Yearbook Commercial Arbitration 345. 参见杨弘磊：《中国内地司法实践视角下的〈纽约公约〉问题研究》，法律出版社2006年版，第251~253页。

[3] 杜焕芳：《论国际商事仲裁裁决的撤销理由及其发展趋势》，载《仲裁与法律》第86期，第71页。

在 Bernuth Lines v. High Seas Shipping Ltd. 案中，法官认为，依据英国 1996 年《仲裁法》第 76 条第 4 款的规定，仲裁程序的通知可以采用任何有效的方式进行（by any effective means），本案中仲裁通知是通过电子邮件发送至被送达人的。而被送达人的电子邮件地址记载在 Lloyd's Maritime Directory 2005（劳氏海事通讯录）以及被送达人的公司网站 www. bernuth. com 上，因此法院认定仲裁通知有效。[1] 这个判例确认了电子邮件等电子通讯方式与传统的邮寄、传真等方式在英国法律上具有相同的效力。

---

[1] Bernuth Lines Ltd v. High Seas Shipping Ltd., English High Court, Queen's Bench Division, Commercial Court: Christopher Clarke J. : [2005] EWHC 3020 Comm: 21 December 2005.
The judge held service had been effective. The email address info@ bernuth. com appeared in the Lloyd's Maritime Directory 2005 and on Bernuth's website at www. bernuth. com, where it followed the postal address, telephone and fax numbers given for Bernuth Agencies in Miami. There was no indication either on the website or in Lloyd's Maritime Directory that it was only to be used for cargo bookings.
The Civil Procedure Rules apply to court proceedings and so were not an appropriate benchmark by which to judge whether or not service by email was effective in arbitration proceedings. Section 76 (4) of the Arbitration Act provided for service by any effective means and was deliberately wide. There was no reason why delivery of a document by email-a method habitually used by businessmen, lawyers and civil servants-should be regarded as essentially different from communication by post, fax or telex.
Of course, the email must be sent to the correct address and must not be rejected by the system. If the sender does not require confirmation of receipt, he may not be able to show that receipt has actually occurred. Other practical problems could arise if a company has a number of different email addresses.
But none of these difficulties arose here. The email of 5 May and all subsequent emails were received at the address held out to the world as the only email address of Bernuth. They bore none of the hallmarks of spam. On the contrary, they called for serious attention. The first one came from a firm of lawyers and identified a claim and purported to initiate arbitration proceedings. Subsequent emails came directly from the LMAA arbitrator. The fact that someone at Bernuth decided not to forward them to the relevant managerial and legal staff was an internal failing which had no effect on the validity of service.

在我国，2005年施行的中国国际经济贸易仲裁委员会《仲裁规则》就规定了有关仲裁的一切文书、通知、材料等均可以派人或以挂号信或特快专递、传真、电传、电报或仲裁委员会秘书局或其分会秘书处认为适当的其他方式发送给当事人及/或其仲裁代理人。[1] 实际上为避免一些当事人故意回避或者不参与仲裁程序，大部分仲裁机构的仲裁规则均对仲裁的通知以及文件的送达作出了类似贸仲的专门规定，因此当事人以没有被给予指定仲裁员或者进行仲裁程序的适当通知为抗辩理由来申请拒绝承认与执行仲裁裁决的意图通常难以奏效。

例如韩国的两个案例，在 Kukje Sangsa Co. Ltd. (Korea) v. GKN International Trading (London) Limited (UK) 案中，被申请执行人抗辩的理由之一即是程序不当。但法院认定仲裁庭发出的仲裁通知是适当的，没有证据表明邮件被退出，可以确认此类邮件已到达被申请执行人的伦敦办事处，因此被申请执行人关于程序不当的理由被驳回。在 Hanyang Konyoung Co. Ltd. v. Mantovani O & C S. P. A. 案中，法院认定被申请人关于未得到委任仲裁员、组成仲裁庭的适当通知的理由并无依据。[2] 尤其是当前诸多国家与仲裁机构的仲裁规则在通知送达的方式与结果问题采取更为实用主义的立场，对送达的方式进行细化规定，当事人难以从中捕获到程序瑕疵的迹象。

(二) 未能行使申辩权

日本学者谷口安平认为，与程序的结果有利害关系或者可能因该结果而蒙受不利影响的人，都有权参加该程序并得到提出有利于自己的主张和证据以及反驳对方提出之主张和证据的机会。这就是"正当程序"原则最基本的内容或要求，也是满足程序正义的最重要条件。[3] 对于程序保障来说最重要的就是作为纠纷主人公的当事者能够

---

[1] 参见2005年中国国际经济贸易仲裁委员会《仲裁规则》第68条。

[2] 参见林一飞编著：《中国国际商事仲裁裁决的执行》，对外经济贸易大学出版社2006年版，第197页。

[3] [日] 谷口安平：《程序的正义与诉讼》，王亚新、刘荣军译，中国政法大学出版社1996年版，第12页。

有充分的机会参加程序,在表达自己的主张并提出有利于自己的证据同时,又向对方进行反驳和辩论。[1] 正当程序在仲裁制度中的体现之一,即要求仲裁当事人能够充分行使申辩权,包括当事人充分参加程序,陈述案情、提交证据并进行反驳与辩论等权利。《纽约公约》则将这些权利统称为"不能对案件提出意见"。

依据《纽约公约》的规定,当事人在仲裁程序中未能提出申辩,则执行地国法院可以将之作为拒绝承认与执行仲裁裁决的抗辩理由之一。

在司法实践中,香港高等法院就曾以"被告未得到充分陈述意见的机会"为理由,拒绝承认与执行中国某仲裁机构在帕克里托投资公司(Paklito Investment Limited)诉克劳纳远东公司(Klockner East Asia Limited)一案中作出的裁决。在该案中,帕克里托投资公司与克劳纳远东公司在1988年8月17日签订了买卖盘装电镀钢材的合同,合同约定的交货条件为C&F,[2] 1988年装货,装货港为土耳其伊斯坦布尔,目的港为中国黄埔港。合同中包含有一项仲裁条款,约定凡因合同引起的任何争议事项均提交中国大陆某仲裁机构解决。1988年10月10日至11月19日,货物在制造商的工厂进行检验,检验结果表明货物的状况良好。12月10日,盘装钢材在伊斯坦布尔装船,1989年1月19日抵达中国黄埔港。随后货物转运到中国的海口,1989年2月2

---

〔1〕[日]谷口安平:《程序的正义与诉讼》,王亚新、刘荣军译,中国政法大学出版社1996年版,第91页。

〔2〕C&F在国际商会2000年修订的《国际贸易术语解释通则》(International Rules for the Interpretation of Trade Terms) 中已经改为CFR。CFR(cost and freight... named port of destination) 意为成本加运费(……指定目的港),指卖方负责租船或订舱,支付运费,在合同中规定的装运期限内在装运港将货物交付至运往指定目的港的船上,负担货物越过船舷以前的一切费用和货物灭失或损坏的风险。但交货后货物灭失或损坏的风险,以及由于各种事件造成的任何额外费用,即由卖方转移到买方。但这些术语规则本身并不是国家间通过外交会议制定通过的国际条约,而是被普遍认可的一种国际贸易惯例,国际货物买卖合同双方当事人在采用合同时可以进行修改补充。参见张乃根主编:《新编国际经济法导论》,复旦大学出版社2001年版,第27页。

日,货物在海口卸离船舶。2月14日,海南商品进出口检验局对这批货物进行了检验,商检证书表明:合同项下的钢材存在瑕疵。1989年8月,帕克里托投资公司向贸仲申请仲裁。1990年4月25日,仲裁庭对本案进行了审理。7月,案件审理秘书告知被申请人仲裁庭决定聘任专家对案件进行调查。8月11日,被申请人致函该仲裁机构反对这项指派。9月12日,仲裁庭聘任的专家对货物进行了检验,检验报告送给了被申请人。11月12日,被申请人致函仲裁委,表示希望提交一份答辩状以便就此项报告及由此产生的问题作出答复。11月15日,仲裁庭作出了有利于申请人的裁决。11月20日,仲裁委收到被申请人11月12日的函件。1991年,被申请人再次致函仲裁委,表达了希望获得一个在口头审理中提交新证据的机会,然而被申请人未收到机构的任何答复。仲裁裁决作出后,帕克里托投资公司向香港高等法院申请执行。被申请执行人则辩称仲裁委未给予其充分陈述意见的机会,认为应当不予执行该裁决。[1] 本案的焦点在于,仲裁庭是否依据规则给予了双方当事人充分陈述意见的机会。仲裁庭指派自己聘任的专家对案件进行调查后得出不利于被申请人的结论。被申请人自始即反对此种指派,并致函仲裁委要求对专家报告进行交叉询问,提交进一步的答辩。但仲裁庭未待被申请人的函件到达就作出了不利于被申请人的裁决,且之后未回复被申请人进一步要求口头审理的信函。显然,被申请人在仲裁审理过程中丧失了与申请人平等的、充分的陈述案情的机会。该仲裁裁决的作出违背了《纽约公约》的规定[2],因而未能获得香港法院的承认与执行。

在司法实践中,试图阻止仲裁裁决承认与执行的当事人一般会从

---

[1] 参见赵秀文主编:《国际商事仲裁案例评析》,中国法制出版社1999年版,第243~248页。

[2] 香港1997年回归之前,大陆与香港之间裁决的承认与执行可以适用1958年《纽约公约》。1997年回归之后适用1999年的《内地与香港特别行政区相互执行仲裁裁决的安排》。

下列角度提出其申辩权行使的瑕疵的抗辩：其一，仲裁庭给予的答辩期限过短，以致无法行使或者无法完全行使申辩权；其二，由于准备证据、委托代理人等方面的原因，要求推迟开庭的请求没有得到考虑；其三，己方证人无法在限定时间内到庭陈述或作证，要求延期开庭的申请未获批准；其四，己方提出的证据没有被仲裁庭接收；其五，己方提出的申请某证人出庭作证的申请未获仲裁庭采纳。[1] 由于在仲裁裁决的承认与执行阶段是以程序审查为主，执行地国法院在审查过程中通常会对当事人是否得到了进行仲裁程序的充分通知以及是否获得了充分的机会参与庭审、提交材料予以特别注意。但是，针对上述一方当事人的抗辩事由，如何认定当事人未能充分行使申辩权，以至于构成了对仲裁正当程序的违背，各国法律并没有统一的规定，而通常是以执行地国的本国法作为依据。诚如美国的一个指导性判例所言，《纽约公约》实质上支持适用法院地国的正当程序标准（essentially sanctions the application of the forum state's standards of due process）。但是，这并不意味着仲裁中的庭审须像在法院地国的国内法院一样进行。一般说来，倘若法院认定庭审的方式适当考量了当事人之间的任何协议，且遵循了平等对待原则（principles of equality of treatment），并给予各方当事人适当机会去陈述案情，则被认为是足够的。[2] 作为一般性的原则，正当程序只是要求给予当事人"适当"的陈述意见的机会，倘若当事人未能加以利用，则不能辩驳程序存在瑕疵，否则仲裁程序将无法在保证公正的前提下有效率地解决商事争议。

五、仲裁庭超越权限

仲裁庭的权力主要是当事人在适用法律允许的限度内赋予的，[3] 换言之，仲裁庭得以审理当事人之间的争议案件的权力来自于当事人

---

[1] 杨弘磊：《中国内地司法实践视角下的〈纽约公约〉问题研究》，法律出版社2006年版，第260页。

[2] Alan Redfern and Martin Hunter, *Law and Practice of International Commercial Arbitration*, London: Sweet & Maxwell, 2003, p. 464.

[3] Alan Redfern and Martin Hunter, *Law and Practice of International Commercial Arbitration*, London: Sweet & Maxwell, 2003, p. 247.

的授权。这也就意味着,仲裁庭所能审理的只是当事人在仲裁协议中合意约定的事项。倘若仲裁庭超越权限,作出的裁决"涉及仲裁协议所没有提到的,或者不包括仲裁协议规定之内的争执;或者裁决内含有对仲裁协议范围以外事项的决定",那么可以依据《纽约公约》的规定拒绝承认与执行该裁决。同时,为了体现执行裁决的倾向,公约第5条第1款第(c)项还规定了"对于仲裁协议范围以内的事项的决定,如果可以和对于仲裁协议范围以外的事项的决定分开,那么,这一部分的决定仍然可予以承认和执行"。但是,这部分裁决只有在超越仲裁员权限事项具有偶然性,且倘若拒绝执行该裁决将对申请人极不公正的情形下,方可获得承认与执行。[1] 除了《纽约公约》外,联合国国际贸易法委员会《国际商事仲裁示范法》规定了:"仲裁裁决不论在何国境内作出,仅在下列任何情形下才可拒绝予以承认或执行:(a) 援用的裁决所针对的当事人提出如此请求,并向被请求承认或执行的管辖法院提出证据,证明有下列任何情况:(iii) 裁决处理的争议不是提交仲裁意图裁定的事项或不在提交仲裁的范围之列,或者裁决书中内含对提交仲裁的范围以外事项的决定;如果对提交仲裁的事项所作的决定可以与对未提交仲裁的事项所作的决定互为划分,内含对提交仲裁的事项所作的决定的那部分裁决得予承认和执行。"[2] 此外,诸多国家的立法亦将仲裁庭超裁作为了拒绝承认与执行裁决的理由,例如英国1996年《仲裁法》规定了:"裁决解决的并非当事人的约定或交付仲裁之条款所包含的争议,或包含超出提交仲裁范围的事项的决定。"[3] 仲裁庭超越权限主要存在四种情形。

(一) 仲裁协议约定的范围过于狭窄

判断仲裁庭超裁,首先要考量的因素即是当事人之间订立的仲裁协议的范围。当事人在订立仲裁协议时所采用的措辞,往往决定着仲

---

[1] Albert Jan van den Berg, *The New York Arbitration Convention of 1958*, London: Kluwer law and Taxation Publishers, 1981, p.194.

[2] See Art. 36 of Uncitral Model Law.

[3] See Art. 44 of 1996 Arbitration Act.

裁事项的范围。在仲裁实务中，一些当事人在仲裁协议中确定的仲裁事项的范围过于具体，反而不利于案件的审理。例如在 The Ioanna 案中，仲裁条款为"General Average and arbitration to be settled according to the York-Antwerp Rules 1950 in London"（共同海损依据1950年安特卫普规则在伦敦进行仲裁），法官最后判定仲裁条款赋予仲裁庭的管辖范围只在共同海损的争议，不包括船东向租船人去追讨滞期费。[1] 香港法院处理的 *Tiong Huat Rubber Factory (Sdn) Bhd. v. Wah Chang International* 案中，由马来西亚树胶交易所拟定的标准合同中的仲裁条款为"All disputes as to quality or condition of rubber or other disputes arising under these contract regulations shall be settled by arbitration between the Seller and the Buyer…"，争议由于买方未开具信用证而产生，卖方将争议交付仲裁并获得了裁决后，买方抗辩裁决书无效，因为仲裁庭没有实质管辖权（Substantive Jurisdiction），仲裁条款确定的仲裁庭的管辖权限只局限在货物的质量、大小与重量等方面的争议，而并不包括应否开具信用证。虽然一审法院判定是否出具信用证的争议包括在仲裁条款内，但上诉庭推翻了一审法院的意见，认为"The phrase was not sufficiently wide to embrace the matters in disputes"（仲裁条款的措辞并未宽泛到足以涵盖了所有合同争议）。[2]

由此可知，倘若仲裁协议约定的仲裁事项局限于某项争议或者某些争议，将导致无从将与合同履行相关的所有争议交付仲裁解决。即使是"双方在合同履行过程中产生的争议均提交仲裁解决"这样宽泛的措辞，也无法涵括产生于合同成立之前或者合同履行完毕后的争议。一般说来，倘若当事人意图将与合同相关的全部争议均纳入仲裁庭的管辖范围，可以采用诸如"合同项下的所有争议交由仲裁解决"的用语，或者"产生于合同或者与合同相关的所有争议均交付仲裁解决"

---

〔1〕 杨良宜、莫世杰、杨大明：《仲裁法（从1996年英国仲裁法到国际商务仲裁）》，法律出版社2006年版，第393页。

〔2〕 杨良宜、莫世杰、杨大明：《仲裁法（从1996年英国仲裁法到国际商务仲裁）》，法律出版社2006年版，第394页。

的措辞。例如中国国际经济贸易仲裁委员会的示范仲裁条款为"凡因本合同引起的或与本合同有关的任何争议，均应提交中国国际经济贸易仲裁委员会，按照申请仲裁时该会现行有效的仲裁规则进行仲裁。仲裁裁决是终局的，对双方均有约束力"；北京仲裁委员会的示范仲裁条款也是"因本合同引起的或与本合同有关的任何争议，均提请北京仲裁委员会按照该会仲裁规则进行仲裁。仲裁裁决是终局的，对双方均有约束力"。

(二) 仲裁协议约定不明确

缘于当事人订立的仲裁协议未明确约定仲裁事项，而是笼统地表示将争议交由仲裁解决，由此亦有可能导致超裁的情形。

例如在大连仲裁委员会就山西防爆电机（集团）有限公司与保罗·卡斯特罗（Paolino Castro）之间的技术转让合同纠纷作出了［2004］大仲字第54号裁决和第54-1号裁决后，山西防爆电机（集团）有限公司以仲裁程序与仲裁规则不符、仲裁事项不属于仲裁协议的范围以及申请人未能对裁决事项陈述意见为由，向大连市中级人民法院申请撤销该仲裁裁决。就被申请人抗辩的仲裁事项不属于仲裁协议的范围而言，在本案中，双方当事人在合同中约定的争议解决条款为"双方的合同关系由本合同条款和中华人民共和国的法律制约。仲裁机构为大连仲裁委员会。仲裁决定是最终的，对双方有效"。这样的仲裁条款虽然明确了仲裁裁决的终局性，但显然并未约定明确的仲裁事项，因而难免在如何界定仲裁事项的范围上出现分歧。大连市中级人民法院审查后并未就仲裁庭超裁问题作出回应，而仅以仲裁裁决违背正当程序原则为由认为应当撤销仲裁裁决，即该仲裁裁决具有《民事诉讼法》原第260第1款第2项规定的"其他不属于被申请人负责的原因导致其未陈述意见"的情况，拟裁定撤销该裁决。辽宁省高级人民法院在肯定大连市中级人民法院意见的基础上，认为支付170万元和赔偿170万元是两个完全不同的请求，［2004］大仲字第54-1号补正裁决书在没有事实依据的情况下，将仲裁申请人"支付技术使用费170万元"的仲裁请求变更为"赔偿技术转让费损失170万元"，与《仲裁法》相悖。[1]

最高人民法院在收悉辽宁省高级人民法院的请示后，经研究认为，申请人山西防爆电机（集团）有限公司的撤销申请不符合《仲裁法》第70条及原《民事诉讼法》第260条的规定，依法应予驳回。其中，就仲裁庭作出的仲裁裁决是否涉及仲裁事项不属于仲裁协议的范围问题，最高人民法院答复如下：申请人山西防爆电机（集团）有限公司与被申请人保罗·卡斯特罗签订的合同第11条约定："双方的合同关系由本合同条款和中华人民共和国的法律制约。仲裁机构为大连仲裁委员会。仲裁决定是最终的，对双方有效。"该争议解决条款未明确约定仲裁事项，但在双方当事人未明确排除特定事项仲裁机构无权仲裁的情况下，应推定本案仲裁事项为"因履行合同所发生的一切争议"。大连仲裁委员会有权就双方当事人有关"解除合同"、"赔偿损失"的仲裁请求进行审查，本案裁决事项不存在超裁的情形。[2] 最高人民法院的答复，至少传递着这样一个信息，即倘若双方当事人在仲裁协议中未明确约定仲裁事项，且没有特别约定将某项具体争议排除在仲裁范围之外，则对当事人赋予仲裁庭的权力范围可以理解为与履行合同相关的一切争议，这就涵括了解除合同、赔偿损失等争议事项。

（三）超越仲裁请求

仲裁庭超越当事人的仲裁请求的情形是指在争议发生后，当事人将部分争议提交仲裁庭解决，而仲裁庭对与这部分争议相关的争议也作出了裁断。在通常情况下，对仲裁庭超越提交仲裁的事项作出的裁决的认定对法院而言实为拱手之易，因为区分提交仲裁的事项与未提交仲裁的事项并无任何困难，关键是裁决的内容应直接针对仲裁请求

---

[1] 参见辽宁省高级人民法院关于山西防爆电机（集团）有限公司申请撤销大连仲裁委员会 [2004] 大仲字第54号仲裁裁决一案的请示，[2005] 辽民四他字第3号。

[2] 参见最高人民法院关于是否裁定撤销大连仲裁委员会仲裁裁决的请示的复函，[2005] 民四他字第54号。

及可能出现的反请求。[1] 在实践中，当事人请求仲裁庭确认合同无效而仲裁庭裁定解除合同，抑或仲裁庭裁定当事人给予对方当事人的违约金数额超过了当事人所要求的数额，均是仲裁庭超裁的情形，一方当事人当然可以据此向执行法院申请拒绝承认与执行该仲裁裁决。

在广州湖滨房产开发有限公司与刘小放商品房预售合同纠纷一案中，申请人广州湖滨房产开发有限公司提出仲裁裁决超越了被申请人的仲裁请求范围。根据被申请人的仲裁请求，其请求仲裁庭进行裁决的范围是申请人支付逾期办理房地产权证书的违约金，并没有追究申请人承担逾期办理测绘及权属登记手续的责任，因此仲裁庭无权对此作出裁决。法院对此认定，申请人认为仲裁庭超出被申请人的仲裁请求进行裁决的理由不成立，因为被申请人的仲裁请求是支付逾期办理权属登记违约金的前提条件，申请人迟延办理测绘及权属登记必然会导致迟延为业主办理房屋过户手续，仲裁庭裁决申请人从被申请人提出仲裁申请前两年起计算违约金没有超出被申请人的仲裁请求。[2] 本案的焦点是关于违约金范围确定的问题。实际上，办理测绘及权属登记是为购房人办理权属登记的前提条件，这也就意味着申请人不办理测绘及权属登记的行为将导致无从为业主办理房屋过户登记手续，因此仲裁庭为确定违约金而进行的推理应当在仲裁请求的范围内。换言之，仲裁庭认定应当追究申请人承担逾期办理测绘及权属登记手续的责任，裁决申请人从被申请人提出仲裁申请前两年计算违约金并未超出仲裁权限。

（四）仲裁庭未适用内国法

随着国际商事仲裁理论的发展，商人习惯法开始在仲裁实践中得以适用。商人习惯法（Lex Mercatoria，Law Merchant）产生于中世纪西

---

[1] 宋连斌：《国际商事仲裁管辖权研究》，法律出版社2000年版，第230页。
[2] 陈文君、宋连斌：《因"超裁"拒绝承认与执行仲裁裁决的案例分析》，载《北京仲裁》（第59辑），第116页。

欧商人往来交易之中，是指事实上支配那些往返于商业交易所在的文明世界的各港口、集市之间的国际商人团体普遍适用的一整套国际习惯法规则。二战以后发展起来的新的现代商人习惯法是由制法机构精心制定的表现为国际公约、示范法，以及国际商会等组织公布的文件。商人习惯法可以通过当事人在仲裁协议中的约定而得以适用，倘若当事人未选择通过公平合理的原则解决当事双方之间的争议，而按照仲裁应当适用的仲裁规则仲裁庭可以适用其所认为适当的法律规则时，亦可直接适用商人习惯法解决当事人之间的争议。在实践中，双方当事人有可能并未约定合同应当适用的法律，而仅仅约定了将产生于合同的争议交由仲裁解决。此种情形中仲裁庭可能会适用商人习惯法作出裁决，而这样的裁决则将面临着仲裁庭超越权限的风险。

国际商会国际仲裁院的一个仲裁庭于1979年在奥地利维也纳作出关于申请人土耳其帕巴克公司（Pdbalk Tecaret Sirdeti S. A.）与被申请人法国诺锁洛公司（Norsolor S. A.）之间的代理合同争议的裁决中，适用了商人习惯法。缘于合同没有规定应当适用的法律，仲裁庭即依据国际商人习惯法作出了裁决。[1] 仲裁庭在作出此项裁决的过程中，没有适用任何一方当事人所属国的法律，而是依据公平合理的原则，对代理人由于被代理人终止代理合同而受到的损失作出了裁决，裁定由被代理人由于终止该代理合同而向代理人支付一笔损失费用。裁决作出后，法国诺锁洛公司不服，拒绝执行此裁决，同时向奥地利的一审法院申请撤销此裁决，理由是仲裁庭适用商人习惯法超出了仲裁庭的权限范围。维也纳上诉法院认为仲裁庭所适用的商人习惯法是"world law of questionable validity"（效力值得怀疑的世界法），把它作

---

〔1〕 在1998年的国际商会《仲裁规则》中，商人习惯法的适用得到了确认。1998年《仲裁规则》较之先前版本的一个修订是解决争议适用法律的内容及其确定方法。规则第17条以"法律规则"的术语代替了以往规则中的"法律"用语，倘若当事人未能就适用于解决争议的法律规则作出约定，新规则授权仲裁庭可以直接适用其所认为"适当的"法律规则作出决定，此项规则自然包括为国际商事领域普遍认可的现代商人习惯法。

为应当适用的法律并按照公平原则裁决,超出了其权限范围,因此撤销了在维也纳作出的仲裁裁决。[1] 裁决的撤销也意味着该裁决将难以获得承认与执行。

仲裁庭未适用内国法的情形在美国仲裁中有可能反映为"显然漠视法律"(Manifest Disregard of Law)。"显然漠视法律"肇始于美国最高法院1953年的 *Wilko v. Swan* 案。[2] 占主导地位的观点认为仲裁庭"显然漠视法律"不同于单纯的理解或者适用法律错误,亦与适用法律的错误程度无关,只有当仲裁员知悉并正确陈述了法律后仍不顾法律行事,方构成"显然漠视法律"。[3]

在美国仲裁实践中,"显然漠视法律"已经成为撤销仲裁裁决的一项独立事由。譬如在 *Yusuf Ahmed Alghanim & Sons, W. L. L. v. Toys "R" Us, Inc.* 一案[4]中,科威特公司 Alghanim 与美国公司 Toys "R" Us 于1982年签订了一项商标许可使用与技术援助合同。海湾战争发生后,双方决定变更合同,但并未能就此达成协议。1993年 Toys "R" Us 依据合同中的争议解决条款提起仲裁,仲裁庭根据美国仲裁协会《仲裁规则》在纽约作出了有利于科威特公司的裁决。缘于这是非内国裁决,Alghanim 遂依据《纽约公约》向纽约南区法院申请承认与执行该裁决。但 Toys "R" Us 依据美国《联邦仲裁法》提出了抗辩,认为该仲裁裁决明显不合理,显然漠视法律并显然漠视合同(the award was clearly irrational, in manifest disregard of the law, and in manifest disregard of the terms of the agreement)。纽约南区联邦法院驳回了 Toys "R"

---

[1] 此案后来又上诉到奥地利最高法院,奥地利最高法院认为仲裁庭适用商人习惯法没有超出仲裁协议的范围。参见赵秀文:《论商人习惯法及其适用》,载《法学家》1999年第6期,第43~44页。

[2] 346 U. S. 427 (1953)。

[3] *Sobel v. Hertz, Warner & Co.*, 469 F. 2d 1211, 1214 (2d Cir. 1972); *O. R. Sec., Inc. v. professional Planning Assoc.*, 857 F. 2d 742, 746 (11th Cir. 1981); *Marshall v. Green Giant Co.*, 942 F. 2d 539 (8th Cir, 1991); *Health Servs. Mgmt. Corp. v. Hughes*, 975 F. 2d 1253, 1267 (7th Cir. 1992) 等案例中法院均采用了此种观点。

[4] 126 F. 3d 15 (2nd Cir. 1997)。

Us的抗辩。[1]但第二巡回法院则认为由于裁决在纽约作出,纽约南区法院不仅是承认与执行裁决的法院,亦是撤销裁决的管辖法院,而依据美国《联邦仲裁法》该裁决显然漠视法律,应予以撤销。

尽管有法院认为显然漠视法律并不适用于国际商事仲裁的承认与执行,[2]且显然漠视法律也并非是《纽约公约》项下的拒绝承认与执行仲裁裁决的理由。显然漠视法律可以作为仲裁庭超越权限的一种情形,适用于国际商事仲裁裁决的承认与执行中。美国第九巡回法院裁断的 San Martine Compania de Navegacion v. Saguenay Terminals, Ltd. 案[3]等案例中,都表明此种观点。对在《纽约公约》案件中适用显然漠视法律的可能性,美国法院的实践做法体现了以下特点:美国最高法院建议可在适用《纽约公约》的案件中援引显然漠视的抗辩;尽管有最高法院的判例,但美国下级法院仍有不承认根据《纽约公约》可援引显然漠视抗辩的判决,或者对援引这一抗辩的合理性提出质疑的判决;美国下级法院对《纽约公约》范围外的国际商事仲裁裁决适用显然漠视的抗辩;如果裁决适用的为外国法,美国法院通常不愿意解释外国法并作出仲裁庭显然漠视外国法的判断。[4]不过,这些特点主要是将显然漠视法律视为对美国公共政策的违背,因此构成了《纽约公约》中拒绝承认与执行仲裁裁决的一个抗辩理由。在与仲裁庭超越权限的关联上,通常显然漠视法律是与仲裁员超越权限、使用不正当手段或者有失公正等程序抗辩有着密切的联系。当然,自 Wilko v.

---

[1] The district court concluded that "[t]he Convention and the FAA afford overlapping coverage, and the fact that a petition to confirm is brought under the Convention does not foreclose a cross-motion to vacate under the FAA, and the Court will consider [Toys "R" Us's] cross-motion under the standards of the FAA."

[2] *International Standard Electric Corp. v. Bridas Sociedad Anonima Petrolera, Industrial Y Commercial*, 745 F. Supp. 172 (S. D. N. Y. 1990).

[3] 293 F. 2d 796 (9th Cir. 1961).

[4] 参见郭玉军:《美国国际商事仲裁中的显然漠视法律》,载《法学评论》2001年第2期,第157页。

Swan 案以来，美国法院在具体案件中鲜少认定仲裁庭显然漠视法律，尤其是随着商人习惯法在世界范围内得到了普遍的认可后，即使仲裁庭未适用内国法，亦不会被认定为显然漠视法律。

六、仲裁庭组成或仲裁程序不符合当事人协议或法律

《纽约公约》第5条第1款（d）项规定"仲裁庭的组成或仲裁程序同当事人之间的协议不符，或者当事人间没有这种协议时，同进行仲裁的国家的法律不符"的情形属于执行法院拒绝承认与执行外国仲裁裁决的理由之一。这涉及仲裁程序法的适用问题。所谓仲裁程序法，是指一国制定的或者国际社会通过订立公约所制定的支配仲裁程序的法律原则与规则的总称。对仲裁程序法的理解，须注意两个区别：其一，仲裁程序法与适用于仲裁的实体法并不相同，仲裁程序法的适用具有独立性。在 Compagnie d'Armement Maritime SA v. Compagnie Tunisienne de Navigation SA 案中，除了约定在伦敦进行仲裁的条款外，运输合同与英国并无联系而只与法国有联系，因此仲裁庭认为运输合同受法国法支配，而仲裁程序适用英国法。上诉法院亦支持了仲裁庭的观点，因为法国法与合同具有最密切联系，因此实体争议适用法国法，而仲裁程序受英国法支配。[1] 在 Whitworth Street Estates (Manchester) Ltd. v. James Miller & Partners. Ltd. 案中，英格兰法院亦明确将仲裁程序法与仲裁实体法予以分开。[2] 其二，仲裁程序法仲裁程序规则有别。仲裁程序法不但调整仲裁机构或仲裁庭的内部程序，且确立进行仲裁的外部标准，例如法院强制证人作证、采取证据保全措施、撤销仲裁裁决或拒绝承认与执行仲裁裁决等；而仲裁程序规则则只是调整仲裁内部运作关系，例如仲裁的申请、答辩以及反诉等。也就是说，仲裁程序法不仅构成仲裁庭必须遵守的强制性规范，且是将仲裁与国家权力沟通的媒介，对特定仲裁程序法的遵守将构成仲裁裁决法律效

---

〔1〕 ［1971］A. C. 572.

〔2〕 ［1970］A. C. 583.

力的前提;而仲裁程序规则约束的是仲裁庭进行仲裁活动的程序。[1]这就意味着,当事人对仲裁程序问题达成协议并不相当于当事人对仲裁程序法作出了选择。

仲裁程序法可以依据当事人的意思自治进行选择,《纽约公约》即表明了此种立场。公约将"仲裁庭的组成或仲裁程序同当事人间的协议不符,或者当事人间没有这种协议时,同进行仲裁的国家的法律不符"作为拒绝承认与执行仲裁裁决的理由,较之1923年《仲裁条款议定书》与1927年的《关于执行外国仲裁裁决公约》有了长足的进步,摒弃了这两个日内瓦公约将当事人意思自治与"领域原则"(Territorial Principle)的重叠适用,[2]而是规定当事人的意思自治对解决仲裁程序法律适用问题起着首要作用。联合国1985年《国际商事仲裁示范法》第19条第1款规定:"在不违背本法规定的情况下,当事人各方可以自由地就仲裁庭进行仲裁所应遵循的程序达成协议。"这也是规定在不违背示范法强制性规定的前提下,当事人可以自由协议选择仲裁的程序,包括仲裁机构的仲裁规则、特定国家的程序法,甚至包括当事人认为应予以特别关注的程序事项专门达成的共识。法国1981年《民事诉讼法典》第1494条、瑞士1989年《联邦国际私法典》等法律规范都肯定了当事人可以合意选择仲裁程序法。在司法实践中,*Bergesen v. Joseph Muller Corporation*案中,瑞士联邦法院就认为适用于仲裁程序的法律可由当事人依据意思自治进行选择,仲裁程序首先受

---

[1] 杨弘磊:《中国内地司法实践视角下的〈纽约公约〉问题研究》,法律出版社2006年版,第288页。

[2] 1923年《仲裁条款议定书》第2条规定:"仲裁程序,包括仲裁庭的组织在内,应当依据当事人的意志和仲裁进行地国的法律的规定。"1927年的《关于执行外国仲裁裁决公约》第1条将仲裁须"依据当事人所同意的形式组成,且符合支配仲裁程序的法律"作为承认与执行裁决的先决条件,而此处支配仲裁程序的法律则默示指仲裁进行地法。两个公约在尊重当事人意思自治的同时,又坚守仲裁与仲裁进行地有着本质的固有的联系的观点,应收仲裁地法的支配与控制。此即当事人意思自治与领域原则的重叠适用。

当事人协议支配，无协议时方受仲裁地法支配。[1] 最理想的情形是，当事人选择适用仲裁地法，而国际商事仲裁程序法适用的一般规则亦是适用当事人选择的仲裁地法，这也为国际上重要的仲裁立法所确认。[2] 纵然如此，在实践中当事人明确约定仲裁程序法的情形并不多见，缘于属地优越权，仲裁地程序法仍然对仲裁程序具有显著的影响，无论当事人是否另行选择仲裁程序法，对仲裁地程序法的违背，特别是对仲裁地程序法中强制性规则的违背将导致仲裁裁决被仲裁地国法院宣布无效，进而难以获得其他国家的承认与执行。

倘若当事人未对仲裁程序法进行选择时，适用仲裁地法的观念在国际商事仲裁的理论与实践上都已得到确立。依据所在地理论（The Seat Theory），仲裁进行地是仲裁的所在地（Seat）、审理地（Forum）或者仲裁地（Locus Arbitri）。[3] 仲裁地法之所以获得广泛的认同，一方面在于仲裁地国对在其境内进行的仲裁享有有效的管辖权，除了仲裁地国之外，尚无其他国家能对有关仲裁行使如此全面有效的控制。也正是仲裁地法，使得仲裁裁决取得该国的国籍而成为《纽约公约》所指的外国仲裁裁决，进而获得相关国家的承认与执行。另一方面，国际商事标准合同的广泛应用，亦推动了仲裁地法的适用。例如在海商法领域的租船合同标准格式与海上救助合同标准格式的运用，包括1989年贝尔康标准光船租船合同（Barecon 89 Standard Bareboat Charter）、1993年纽约土产交易所定期租船合同（New York Produce Exchange）、1994年金康合同（Gencon 1994）以及英国1995年劳合社救助合同标准格式（Lloyd's Open Form-LOF95）[4] 等，均明确规定合同

---

〔1〕 参见朱克鹏：《国际商事仲裁的法律适用》，法律出版社1999年版，第75～76页。

〔2〕 See Georgios Petrochilos, *Procedural Law in International Arbitration*, New York: Oxford University Press, 2004, p. 65.

〔3〕 Alan Redfern and Martin Hunter, *Law and Practice of International Commercial Arbitration*, London: Sweet & Maxwell, 2003, p. 81.

〔4〕 1891年，英国律师威廉姆·瓦尔敦首次设计了"劳合社救助合同标准格式"。该合同格式已在2000年进行修改，是目前使用最广泛的救助合同格式。

争议应提交伦敦或纽约仲裁并受英国或美国法的支配。这些合同中所指的英国法或者美国法即包括了仲裁地仲裁程序法在内。除了《纽约公约》外,1961年《欧洲商事仲裁公约》第9条第1款第(4)项、1975年《美洲国家间国际商事仲裁公约》第5条第1款第(4)项基本上遵循了《纽约公约》的规定。在国际商事仲裁实践中,*B. P. Exploration Co. (Libya) Ltd. v. The Government of the Libyan Arab Republic* 案[1]等案例中仲裁庭将仲裁地法作为仲裁程序法的诸多案例都表明了仲裁地法已获得了广泛的适用。

  在确定仲裁程序法后,即当事人协议选择仲裁程序法或者在当事人未协议选择仲裁程序法的情形下适用仲裁地法,倘若仲裁庭组成或仲裁程序不符合当事人协议选择的仲裁程序法或者仲裁地法,由该仲裁庭作出的仲裁裁决则将面临着被拒绝承认与执行的风险。在1994年的 *China Nanhai Oil Joint Service Cpn v. Gee Tai Holdings Co. Ltd.* 一案中,当事人以仲裁庭的组成不符合当事人之间的协议为由,向法院申请拒绝承认与执行仲裁裁决。本案中,被指定的仲裁员出自中国国际经济贸易仲裁委员会深圳分会[2]的仲裁员名册,而非当事人仲裁协议中约定的北京的仲裁员名册。香港高等法院Kaplan法官在判决中亦载明了当事人的这一拒绝承认与执行的抗辩事由得到了证实,在技术上(Technically)仲裁员确实缺失决定该争议的管辖权。不过,Kaplan法官引入了衡平法上的禁止反言原则,认为当事人意识到仲裁庭的组成可能出错,却不向仲裁庭或者仲裁委员会提出对仲裁庭管辖权的任何正式异议,而是就案件的事实问题进行答辩,在作出裁决两年后试图以仲裁员选自有误的中国国际经济贸易仲裁委员会名册作为理由辩称整个仲裁程序无效;既然当事人明知仲裁员选自错误的名册却依然参加仲裁,现在就不能从这一错误中获利。因此,尽管当事人的这一抗

---

[1] (1979) 53 I. L. R. 297.
[2] 中国国际经济贸易仲裁委员会深圳分会已于2004年更名为华南分会。

辩理由获得证实,但执行法院仍然拥有额外的自由裁量权去执行裁决。[1] 但倘若当事人在仲裁过程中并未知悉被指定的仲裁员选自有误的仲裁员名册,执行法院可以拒绝承认与执行该仲裁裁决。但本案也并非属于特例,在中国包装设计公司在荷兰申请执行中国国际经济贸易仲裁委员会裁决案中,一审法院认定,被申请人 SCA Recycling Reukema Trading B. V. 原本可以反对对仲裁员进行代指定,但却没有这样做,因此其异议不能得到支持。[2] 甚至于有的法院认定,即使仲裁庭的组成与仲裁程序与当事人的约定不符,但只要符合仲裁地法,裁决亦是可执行的。在 *Al Haddad Bros. Enterprises, Inc. v. M/S Agapi* 案中,Al Haddad 未指定仲裁员,在伦敦进行的仲裁作出了有利于 Agapi 的裁决。在承认与执行阶段,Al Haddad 提出仲裁庭组成不当,请求法院拒绝执行该裁决。美国特拉华州法院认为,依据仲裁地法即英国法,仲裁程序可由一名仲裁员主持进行;且 Al Haddad 并未对对方当事人的关于指定仲裁员的通知作出回应,因此法院确认了伦敦裁决的效力。[3] 就仲裁制度的发展趋向而言,随着仲裁制度不断趋于完善,各仲裁机构的仲裁规则亦随之臻于精密,因此能更为有效地规制仲裁程序,当事人以仲裁程序的瑕疵为由来达到拒绝承认与执行仲裁裁决的意图通常会落空。

七、裁决的约束力与停止执行

(一) 裁决的约束力问题

"裁决对当事人还没有约束力"是《纽约公约》第 5 条第 1 款第 (e) 项规定的拒绝承认与执行外国仲裁裁决的理由,即将裁决的约束力问题纳入到执行法院的审查范围。理论上对仲裁裁决何时产生约束力这一问题尚未有一致的见解,对《纽约公约》条文的解读方面则主

---

[1] Alan Redfern and Martin Hunter, *Law and Practice of International Commercial Arbitration*, London: Sweet & Maxwell, 2003, pp. 466~467.

[2] 林一飞编著:《中国国际商事仲裁裁决的执行》,对外经济贸易大学出版社 2006 年版,第 65~66 页。

[3] United States District Court, District of Delaware, 635 F. Supp. 205 (D. Del. 1986), aff'd without opinion, 813 F. 2d 396 (3d Cir. 1987).

要存在两种不同的认识。第一种解释认为，裁决依照裁决作出地国法或裁决所依据的法律确定，当仲裁裁决可以被执行或者仲裁裁决符合该法律中某一等同于"约束力"的条件时，该裁决为已发生约束力的裁决；第二种解释则认为，公约并未要求裁决的约束力须依裁决作出地国法律或裁决所依据的法律专门确定，只要裁决作出后，不存在可以采用的对该裁决实质问题提出上诉的追索方式，该裁决便对当事人发生约束力。[1] 第二种解释被称为自治性解释，其结果将使大多数仲裁案件中的裁决具有《纽约公约》意义上的约束力，换言之，仲裁裁决一经作出，即可依据《纽约公约》的规定寻求承认与执行。

  实际上，绝大多数国家的法律以及仲裁机构的规则都明确规定了仲裁一裁终局，即仲裁裁决一旦作出就具有终局效力。例如国际商会《仲裁规则》规定了："凡裁决书对当事人均有约束力。将争议按照本规则提交仲裁，各方当事人均负有毫无迟延地履行裁决的义务，并且在能有效放弃的范围内放弃了任何其他形式的追索权。"[2] 就仲裁裁决的约束力而言，一裁终局中当事人可否就仲裁裁决涉及的实体问题向法院上诉亦会影响到裁决的承认与执行。的确一些国家采取完全上诉（Full Appeal）的方式，即允许当事人对裁决的事实问题以及法律问题向法院提起上诉，但此种请求法院进行全面审查的做法只存在于国内仲裁中。例如法国新《民事诉讼法典》第 1482 条规定，当事人可以对国内仲裁裁决向法院提起完全上诉，除非当事人在仲裁协议中放弃了他们的上诉权，或仲裁员被授权以友好仲裁员的身份行事。[3] 对于国际仲裁裁决，则不能提起此种上诉。普通法系国家则只允许就仲裁裁决中的法律问题进行上诉（Appeal on a Question of Law）。譬如不同于 1979 年《仲裁法》对仲裁裁决事实认定上的错误与适用实体法上的错误分别作出规定，英国 1996 年《仲裁法》第 69 条与第 70 条仅规

---

  [1] 肖永平：《国际私法原理》，法律出版社 2003 年版，第 484 页。
  [2] 参见国际商会 1998 年《仲裁规则》第 28 条第 6 款。
  [3] 参见丁颖：《论当事人对仲裁裁决司法审查范围的合意变更》，载《法学评论》2006 年第 5 期，第 37 页。

定当事人可以对裁决中的法律问题进行上诉,且当事人可以约定排除上诉的权利;同时对上诉规定了较为苛刻的条件,包括向法院提起上诉的裁决一定是实质性地影响了一方或多方当事人的权利、仲裁庭对问题的决定具有明显的错误、或者该被上诉的问题具有普遍的公共重要性、仲裁庭对此作出的决定至少存在重大疑问等。[1] 无论是完全上诉,抑或是就法律问题提起上诉,都表明在裁决作出后任何一方当事人均有可能向法院提起上诉,此时的仲裁裁决就不能认为是终局的。

虽然一裁终局已为绝大多数国家的立法以及仲裁机构的仲裁规则所采用,在一些行业协会的仲裁规则中,亦存在二裁终局为仲裁裁决常态的情形。这些机构的仲裁规则规定了对裁决的上诉程序,即倘若一方当事人对仲裁庭作出的裁决提出异议,则一裁裁决的效力处于待定状态,将由仲裁机构内部组成"上诉仲裁庭"对案件进行审理。

例如在新加坡约翰斯顿公司与连云港外贸公司黄豆粕买卖合同纠纷案中,双方签订的合同明确约定:"双方当事人之间的任何纠纷应首先友好协商解决,如不能达成协议,则应将纠纷提交《谷物与饲料贸易协会仲裁规则第 125 号》指定的仲裁委员会在香港仲裁,且裁决是终局的。仲裁费用由败诉方承担,除非有相反裁定。"谷物与饲料贸易协会(The Grain and Feed Trade Association,简称 GAFTA)的仲裁争议解决机制为二级仲裁制,一级为仲裁,二级为上诉,仲裁双方当事人均有权对一级裁决提起上诉。[2] 在合同履行过程中发生争议后,申请

---

〔1〕 杜新丽:《论国际商事仲裁的司法审查与立法完善》,载《现代法学》2005 年第 6 期,第 170~171 页。

〔2〕 在二级上诉中,由 GAFTA 仲裁员组成的上诉庭将听证上诉案。如一级仲裁是由一名仲裁员裁定,则上诉庭将由 3 名仲裁员组成;如一级仲裁庭是由 3 名仲裁员组成,则上诉庭将由 5 名仲裁员组成。上诉通常比仲裁更为正式,并通常会举行听证会,双方派有经验的商务人员参加。大部分 GAFTA 裁决均能得到遵守。如一方拒绝执行最终裁决,GAFTA 理事会可以将此方不执行裁决的情况通知协会全球所有会员。裁决也可根据《纽约公约》或《日内瓦公约》得到强制执行。参见谷物与饲料贸易协会网站:http://www.gafta.com.cn/zhengyi.htm,2008 年 11 月 3 日访问。

人约翰斯顿公司按合同约定申请 GAFTA 在香港进行仲裁。之后申请人不服 GAFTA 作出的第 12356 号裁决，提起上诉；连云港外贸公司则在与 GAFTA 往来的历次传真中以双方在合同中约定了一裁终局为由多次表明不同意对方的上诉的意见。GAFAT 上诉委员会在致双方的传真中认为："根据提述合同仲裁协议的确切目的，一裁裁决不是终局的，因为已提起上诉，上诉庭可以根据 GAFAT125 号仲裁规则确认、改变、修改或推翻一裁裁决，而且，上诉庭作出的裁决是终局的，最终的，有约束力的。"[1] 本案中，虽然当事人约定了"裁决是终局的"，但"终局"是指在仲裁一裁的终局，抑或是上诉裁的终局，合同中的限定性用语指示不明；因此在当事人合意选择二级仲裁制的争议解决方式情形下，当事人模糊的约定不能认定为排除了仲裁机构关于二裁终局的规定。

（二）裁决被停止执行

《纽约公约》意指的停止执行，是由作出裁决的国家或者据其法律作出裁决的国家的管辖法院依据当事人的申请决定停止执行仲裁裁决。这包含着两层意思：其一，停止执行仲裁裁决的只能是裁决地国或者裁决所依据法律的国家的法院，其他国家停止执行仲裁裁决并不构成承认与执行地国法院拒绝承认与执行裁决的理由。其二，依据公约第 6 条的规定，如果当事人已经向第 5 条第 1 款第（e）项所提到的管辖当局提出了停止执行仲裁裁决的申请，被请求承认与执行该项裁决的法院认为适当时可以延期作出关于执行裁决的决定，也可以依请求执行裁决的当事人的申请，命令对方当事人提供适当的担保。也就是说，并非当事人提出停止承认与执行仲裁裁决的申请，就能获得执行法院中止执行的决定，更不可能构成执行法院拒绝承认与执行裁决的理由。作为被执行对象的当事人必须证明裁决作出国或可适用的仲裁法所属国已经有效地命令停止该裁决的执行，或者在执行法院的要

---

[1] 参见杨弘磊：《中国内地司法实践视角下的〈纽约公约〉问题研究》，法律出版社 2006 年版，第 288 页。

求下提供适当的担保。

第三节 已撤销仲裁裁决的承认与执行

一、已撤销仲裁裁决承认与执行的实践

(一) 德国:坚持传统的不可执行论

《纽约公约》第5条第1款第(e)项将仲裁裁决被撤销作为执行法院拒绝承认与执行外国仲裁裁决的理由之一。缘于承认与执行外国仲裁裁决的前提是存在一个有效的仲裁裁决,而传统国际商事仲裁理论认为,仲裁具有地域性,一项仲裁裁决在一国领域内作出,其效力来源于仲裁地法 (lex arbitri) 或仲裁程序所依据的法律,[1] 仲裁地的法律支配仲裁程序与裁决的可执行性,仲裁地国法院享有撤销仲裁裁决的专属权利;而仲裁裁决被裁决地国法院依法撤销后,一般不再具有法律拘束力。诚如作为《纽约公约》的主要评论者,不可执行论的倡导者 Albert Jan van den Berg 博士主张仲裁裁决的效力源于仲裁地国法,提出了"如果一个裁决被裁决地国撤销,就不能在他国得到执行"的普遍接受规则,也即"一旦裁决被撤销,游戏就结束了"[2],被申请法院没有义务执行该裁决。因此在一般情况下,各国均按对公约规定的常理推定以及出于国际礼让的考量拒绝承认与执行已被外国法院撤销的裁决。例如在德国的案例表明,已撤销裁决不能得到承认与执行。在该案中,申请人从莫斯科海事仲裁委员会获取一份有利于其的仲裁裁决,随后寻求在德国执行该裁决。与此同时,该裁决被莫斯科市法院撤销,并在上诉审中被莫斯科上诉法院撤销。德国 Rostock 上诉法院认定,申请人已经满足了申请执行的形式要件,但由于裁决已经在裁决作出国被撤销而不再对当事人具有约束力,因此执行申请

---

〔1〕 仲裁程序所依据的法律一般为仲裁地法,除非当事人之间另有专门约定。

〔2〕 Ray Y. Chan, "The Enforceability of Annulled Foreign Arbitral Awards in the United States: a Critique of Chromalloy", 17 B. U. Int'l L. J. (1999), p. 186.

应当被驳回。[1]

（二）法国：已撤销裁决承认与执行的先行者

随着晚近仲裁理论的发展，特别是受非内国仲裁理论的影响，司法实践中出现了仲裁裁决被裁决地国法院撤销后，当事人向裁决地以外的国家申请执行，执行地国的法院依据本国法律来判断进而承认与执行该裁决的案例。法国无疑是承认与执行已撤销仲裁裁决的先行者，早在 Yugoslavia v. SEEE（France）案，瑞士法院宣布了于1956年由两位仲裁员组成的仲裁庭在瑞士洛桑作出的裁决并非仲裁裁决后，胜诉当事人 SEEE 在法国申请承认与执行该裁决时，法国里昂上诉法院于1984年裁定准予执行。[2] 在 Pabalk Ticaret Sirketi v. Norsolor S. A. 案中，仲裁庭在奥地利作出裁决，奥地利法院以仲裁庭越权裁决为由将该裁决部分撤销。在强制执行中，法国上诉法院拒绝执行；而后来法国最高法院认为根据《纽约公约》第7条，执行地法院有义务按照其本国法而非《纽约公约》第5条确定是否执行外国仲裁裁决。[3] 此外，在 Socittt Polish Ocean Line v. Socittt Jolasry 案[4] Socittt Unichips Ftnaniiaria v. Gesnouin 案[5] 等案例中，法国法院均执行了已被撤销的仲裁裁决。

其中，最为著名的是 Hilmarton Ltd. v. O. T. V. 案。该案中，英国公司 Hilmarton 因法国公司 O. T. V. 在阿尔及利亚投标成功后拒绝按合同约定向其支付提供咨询的佣金而依据合同中约定的"双方所发

---

［1］ 参见林一飞编著：《中国国际商事仲裁裁决的执行》，对外经济贸易大学出版社2006年版，第176页。

［2］ Court of Cassation (1st Civil Ch.), Yugoslavia v. SEEE November, 18, 1986, RC-DIP 1987. 786.

［3］ Tribunal de grande instance of Paris, March 4 1981; Cour d' appel of Paris, December 15, 1981 and November 19, 1982; Cour de cassation, October 9, 1984.

［4］ Cass. Civ. Ire, 10 Mar. 1993, Socittt Polish Ocean Line v. Socittt Jolasry (1993).

［5］ Paris, 12 Feb. 1993, Socittt Unichips Ftnaniiaria v. Gesnouin [1993] Rev. Arb. 255.

生的争议将交由国际商会仲裁院按照瑞士法律在日内瓦仲裁",将双方争议提交国际商会国际仲裁院。在仲裁院作出不利于 Hilmarton 的裁决后,经 O. T. V. 申请,法国巴黎地方法院于 1990 年 2 月裁定承认与执行该裁决。与此同时,Hilmarton 向瑞士法院提起撤销该裁决的诉讼,日内瓦州法院于 1989 年 11 月以裁决武断(Arbitrariness)为由撤销了该裁决,而联邦法院也于 1990 年 4 月确认了此项撤销。1992 年 4 月,瑞士另一位独任仲裁员作出了与前任仲裁员相悖的裁决,认定 O. T. V. 应当按约定向 Hilmarton 支付佣金。然而尽管最初的裁决已被撤销,O. T. V. 仍向法国法院申请承认与执行该裁决。此案的最终结局是 1997 年法国最高法院以《民事诉讼法典》第 1351 条关于既判力(Res judicata)规定为依据使得已经被瑞士法院撤销的仲裁裁决在法国得到承认与执行。[1]

(三)美国:未形成先例的个案

Chromalloy Aeroservices Inc. v. Ministry of Defend of The Arab Republic of Egypt 案[2]是较为典型的承认与执行已撤销仲裁裁决的案例。在 Chromalloy 案中,美国公司 Chromalloy 与埃及国防部签订了向埃及空军提供直升机零部件的购买、维修与服务合同。合同中订有若产生争议则在开罗适用埃及法进行仲裁的条款,并含有"non-recourse"条款,即仲裁庭的裁决为终局裁决,对双方当事人均有拘束力,任何一方当事人不得提出上诉或采取其他法律措施。在 1991 年 12 月埃及政府单方面终止合同后,Chromalloy 提起仲裁,并获得仲裁庭于 1994 年 8 月作出的有利于己方的裁决,遂向美国哥伦比亚特区地方法院申请强制执行该裁决。1995 年开罗上诉法院认为该仲裁裁决排除了合同应当适用的埃及《行政法》而不适当地适用了埃及《民法典》,因而根据埃方请求撤销了该裁决。但 1996 年 7 月哥伦比亚特区地方法院以美国支持对商事争议作出的终局的具有法律拘束力的裁决的公共政策为由,

---

[1] See Eric A. Schwartz, "French Supreme Court Renders Final Judgment in the Hilmarton Case", *Int. A. L. R.* 1997, 1 (1), p. 45.

[2] *Chromalloy Aeroservices*, 939 F. Supp., p. 908.

1997年1月法国巴黎上诉法院以援引《纽约公约》第7条、法国《民事诉讼法典》第1502条关于拒绝承认与执行的外国仲裁裁决中不包括《纽约公约》第5条第1款第（e）项关于裁决被仲裁地法院撤销的规定为由，分别作出了执行该被埃及法院撤销的裁决的裁定。

Chromalloy案在国际上引起了巨大的反响。反对者如学者Hamid Gharavi认为执行被撤销的裁决可能导致对相同当事人的同一事项的裁决作出的相互抵触的判决的同时存在，进而违背了国际仲裁程序试图所建立的统一性；也使人认为美国法院对外国仲裁裁决实行的"挑剔政策"（pick and choose policy）可能使他们成为替罪羊[1]。在以往的司法判例中，美国的冲突法就承认了外国法院撤销仲裁裁决的判决的既判力[2]。而且继Chromalloy案之后，美国在对已撤销裁决的承认与执行上的立场已发生了转变。

在 Baker Marine (Nig.) Ltd. v. Chevron (Nig.) Ltd. 案中，当事人之间的合同规定争议在尼日利亚依据联合国国际贸易法委员会《仲裁规则》仲裁，规则无规定者，适用尼日利亚实体法解决。裁决作出后，尼日利亚联邦高等法院认为仲裁庭裁决惩罚性的赔款不当，超出了仲裁协议的范围，且仲裁庭所认定的口头证据不当，因此撤销了该仲裁裁决。Baker向纽约北区地区法院申请执行该已被撤销的裁决，法院裁定拒绝承认与执行该裁决，理由是该裁决已经被裁决地法院撤销，根据《纽约公约》第5条第1款第（e）项，理应拒绝承认与执行。联邦第二上诉巡回法院确认了地方法院的裁定[3]。在Baker案作出裁定的两个月后，纽约南区地方法院在 Spier v. Calzaturificio Tecnica S. P. A.

---

〔1〕 赵秀文编著：《国际商事仲裁法》，中国人民大学出版社2004年版，第477页。

〔2〕 20世纪90年代初，纽约南区地方法院在审理国际标准电器公司案中认为鉴于仲裁裁决在墨西哥作出，因而只有墨西哥法院享有撤销该裁决的权利。参见赵秀文主编：《国际商事仲裁案例评析》，中国法制出版社1999年版，第237~242页。

〔3〕 F. 3d 194 (2d Cir. 1999).

案中亦拒绝承认与执行法院撤销的仲裁裁决。该案中，尽管当事人在合同中约定了仲裁员可以依据公平合理的原则进行裁决，但意大利法院认为仲裁员按照公平合理的原则裁决超出了其权限范围，因此撤销了该裁决。如果遵循 Chromalloy 案的先例，意大利法院撤销该裁决的理由显然与美国的公共政策相抵触，美国法院应当依据美国法，承认与执行该已被撤销的裁决。但纽约南区法院认为应当以《纽约公约》为依据判定仲裁裁决的承认与执行，且仲裁按特定国家的仲裁法进行时，该国法院可以适用该特定国家的仲裁法。[1]

当然，对 Chromalloy 案持赞成态度的亦不乏其人，正如 Chromalloy 案的代理律师所言，该案的判决是"支持有拘束力的国际仲裁的人们的重大胜利"（as a major victory for supporters of binding international arbitration）。[2] Cardozo 法官在 Loucks v. Standard Oil Co. of New York 案中也认为在对待公共政策问题上，"我们不要如此视野狭隘以至认为问题的处理与我们不同就是错误的"。[3] 纵然反对者是在《纽约公约》的框架下批评对已撤销仲裁裁决的承认与执行，赞成者最有力的武器确是公约第 5 条与第 7 条的规定。倡导非内国仲裁理论的 Jan Paulsson 就认为美国法院可以依据公约第 7 条而不考虑第 5 条规定执行被埃及法院撤销的仲裁裁决。

（四）其他国家的实践

奥地利最高法院在 DO Zdravilisce Radenska v. Kajo-Erzeugnisse Essenzen GmbH 案中就判决已被斯洛文尼亚法院撤销的裁决可以执行。其依据是 1961 年《欧洲国际商事仲裁公约》和 1960 年 3 月 18 日奥地利与斯洛文尼亚签署的《相互承认和执行仲裁裁决的公约》，两个公约

---

[1] 71 F. Supp. 2d 279 (S. D. N. Y. 1999).

[2] Gary H. Sampliner, "Enforcement of Nullified Foreign Arbitral Awards Chromalloy Revisited", *J. of Int'l Arb*, *Vol.* 1997, 14 (3), p. 142.

[3] *Loucks v. Standard Oil Co. of New York*, 224 N. Y. 99, 120 N. E. 198 (1918) per Cardozo J.

中规定的撤销理由并不包括斯洛文尼亚最高法院撤销裁决所依据的违反了公共秩序的理由。[1] 比利时布鲁塞尔初审法院在 Sonatrach v. Ford, Bacon & Davis Inc. 案中执行了一项已被裁决作出地阿尔及利亚上诉法院撤销的 ICC 裁决。[2] 卢森堡上诉法院也曾在 Sovereign Participations International S. A. v. Chadmore Developments Ltd. 案中认定，裁决作出地国的撤销并不能阻止仲裁裁决的执行，公约第 5 条的授权性规定和第 7 条"更优惠权利条款"的规定是为了尽可能促使最多外国仲裁裁决的执行，卢森堡国内法并没有将撤销作为拒绝承认和执行的理由，因此即使裁决作出地国撤销了裁决，卢森堡仍然可以执行该项裁决。[3]

缘于《纽约公约》作为当代最为重要的商事仲裁公约，截至 2007 年 9 月 30 日，已有 142 个缔约方参加了公约，[4] 公约的权威性已得到各国的认可，因而公约的规定是指导国际商事仲裁的重要依据，承认与执行已撤销仲裁裁决的实践无疑应当在公约的框架下进行。但基于各国相异的法律传统，各国之间对公约具体条文适用的解释也难免相迥；且随着国际商事仲裁的持续发展，公约囿于制定时的现实背景与法学环境的限制也会显现，因此才出现了在 Chromalloy 案等案例中各国对公约第 5 条与第 7 条规定的不同解释，也使得在公约施行 50 周年的当前形势下，对公约第 5 条与第 7 条的适用分析，凸显出了实践指导的意义。

---

[1] DO Zdravilisce Radenska v. Kajo-Erzeugnisse Essenzen GmbH, Supreme Court of Slovenia, decision of October 20, 1993, *reprinted at* 24 YBK. COMM. ARB. 920 (1999).

[2] [1993] J. T. 685, (1989) 7 Bull. A. S. A. 213, (1990) 15 Y. C. A. 370, affirmed, CA Brussels, 9 Jan. 1990.

[3] See Kenneth R. Davis, "Unconventional Wisdom: a New Look at Articles V and VII of the Convention on the Recognition and Enforcement of Foreign Arbitral Awards", 37 *Tex. Int'l L. J.* (2002), pp. 66~67.

[4] United Nations Commission on International Trade Law, Fiftieth anniversary of the Convention on the Recognition and Enforcement of Foreign Arbitral Awards, done at New York on 10 June 1958. Available at: http://daccessdds.un.org/doc/UNDOC/GEN/N07/467/67/PDF/N0746767.pdf? OpenElement, visited on 11/08/2008.

二、《纽约公约》第 5 条第 1 款中"May"的涵义

《纽约公约》第 5 条第 1 款的措辞为"Recognition and enforcement of the award may be refused……only……",其中用语"may"带有授权性还是强制性的涵义存在争议,而对这一词义的理解则是导致各国在承认与执行已撤销仲裁裁决上不同做法的关键所在。美国哥伦比亚特区地方法院在 *Chromalloy* 案中裁定执行被埃及法院撤销了的裁决时认为,公约第 5 条第 1 款第(e)项既然是使用"may",而非"should"、"will"或"must",这就赋予执行地国法院以自由裁量权,意味着执行地国法院拒绝承认与执行外国裁决的义务是选择性的。换言之,公约的语言是"伸缩性的"(Permissive),[1] 第 5 条的适用对于缔约国而言属于"非强制性",缔约国可以根据情况自由裁量。[2] 而且即使裁决在其原作出地国被转化为判决,该判决也不具有域外效力,只是为使裁决在其本国得以执行而采取的一种技术手段,因而这样的裁决仍可依据公约在其他缔约国得到执行。[3]

与此相对应的是,有学者持"may"在正式与庄严语体中失掉了"可能"、"或许"的词汇意义的见解,认为"may"在《元照英美法词典》、《牛津现代法律用语词典》等有时也作"must"或"shall"解,后来法院经常将"may"解释为"must"或"shall",便约定俗成了。[4] 也有学者另辟蹊径,通过对公约条文的深入研究,认为公约条文中"may"并非单独使用,而是与"only"并用,"only"才是条文用语的重点所在,而"only"具有强烈的强调意味,通常表达强制、必须等语气;换言之,通过规定"只可以"不予执行,可推断出公约第

---

[1] Alan Redfern and Martin Hunter, *Law and Practice of International Commercial Arbitration*, London: Sweet & Maxwell, 2003, p. 460.

[2] 杜新丽:《论外国仲裁裁决在我国的承认与执行——兼论〈纽约公约〉在中国的适用》,载《比较法研究》2005 年第 5 期,第 102 页。

[3] 李虎:《国际商事仲裁裁决的强制执行》,法律出版社 2000 年版,第 109 页。

[4] 参见黄雁明:《〈纽约公约〉第 5 条第 1 款中的"May"》,载《北京仲裁》(第 64 辑),第 172~174 页。

5条的规定是强制性的。[1]事实上，拥护第（e）项作为拒绝承认与执行理由的观点更易于寻求到立足点，譬如为了防止仲裁程序中的不公正，裁决地国法院有权在其领域内对裁决进行某种控制。而曾经参加《纽约公约》起草工作的荷兰著名国际仲裁专家桑德斯（Pieter Sanders）教授于其新著《仲裁实践六十年》中，在回忆起当时参加起草公约的情形时指出，公约采用的案文是由荷兰代表团提出的，立法者在公约案文第5条第1款所使用的"may"，事实上是指"shall"，对于执行地国法院可以拒绝执行外国仲裁裁决的理由中，并没有给当地法院的法官留下任何自由裁量权；桑德斯教授进一步从公约的法文文本证实——法文文本中所使用的文字为"必须"（seront refuses），只是由于当时在校对英文的最后文本时的疏忽，没有进行再三推敲，才造成今天人们对"may"和"shall"之间的争议。

此争议的产生在于《纽约公约》并未限制裁决作出国可以撤销或停止执行裁决的理由，以至于在司法现实中，裁决地国法院因公约未就撤销裁决的标准作出规定而以其内国法上的规定作为撤销裁决的依据。1961年《欧洲国际商事仲裁公约》第9条第1款对撤销裁决的标准作出了规定，其规定如下："一缔约国撤销按本公约作出的仲裁裁决，只有在下列情况下，才构成另一缔约国拒绝承认和执行裁决的理由。即裁决是由在该国或按该国法律作出裁决的国家撤销的，并且具有下述理由之一：①仲裁协议的当事人，按对其适用的法律规定，是无能力人；或者按当事人所依据的法律，协议是无效的，如协议中未规定此项法律，依裁决地国家的法律规定，这项协议无效；②请求撤销裁决的当事人，没有得到关于仲裁员任命或仲裁程序的正式通知，或者有其他理由未能出席仲裁；③裁决涉及仲裁申请中没有提及的或不属于仲裁申请项目的一种争议，或者裁决中包含了超出仲裁申请范围的裁决事项；如果仲裁申请范围内的裁决事项可以同仲裁申请范围外的裁决事项分开，则申请范围内的裁决事项可以不予撤销；④仲裁

---

[1] See Georgios Petrochilos, *Procedural Law in International Arbitration*, New York: Oxford University Press, 2004, p. 301

机构的组成和仲裁程序不是按照当事人的协议办理的,或者如无此项协议,不是按照本公约第 4 条的规定办理的。"由此可知,即使是当前对撤销裁决的标准作出规定的《欧洲国际商事仲裁公约》,也只是规定了与《纽约公约》第 5 条第 1 款前四项相同的条件,而没有涵盖公约第 5 条第 1 款(e)项内容,当然也排除了裁决违背公共秩序这一弹性标准。鉴于此,缔约国执行地法院仍然可以执行一个依据另一缔约国内国法规定的除《欧洲公约》第 9 条第 1 款之外的其他理由撤销的裁决,这其中自然包括承认与执行已被裁决地国法院撤销的仲裁裁决。

在这样的背景下,学界出现了各种探究公约第 5 条第 1 款第(e)项规定的意旨的对已撤销裁决是否可承认与执行的标准的学说。除了前述 Albert Jan van den Berg 博士持不可执行论外,William W. Park 教授认为"已被判决撤销的裁决依据礼让应当被承认",除非"作出撤销的判决程序上不公正或违背基本正义的理念"[1],该已撤销裁决才不具有执行力。Christopher R. Drahozal 教授基于经济分析方法,认为"已撤销裁决可执行性更适合于作为一项违约性规则(a default rule)而非强制性规则";在这种经济分析方法下,"当事人被允许通过契约来解决问题——以违约性规则确定已撤销裁决应否具有执行力",总之"国际商事契约双方当事人是解决问题的最佳人选"[2]。这其中以 Jan Paulsson 教授提出的"国际标准撤销"(International Standard Annulments,简称 ISA)最具代表性。该学说认为,"应执行所有裁决,除了以'国际标准'即《纽约公约》第 5 条前四项的规定为由撤销的裁决",以此外的其他理由,包括公约第 5 条第 1 款第(e)项的理由均属"地方标准撤销"(Local Standard Annulment,简称 LSA),仅具有

---

〔1〕 William W. Park, "Duty and Discretion in International Arbitration", 93 *AM. J. INT'L L.* (1999), pp. 813~814.

〔2〕 Christopher R. Drahozal, "Enforcing Vacated International Arbitration Awards: an Economic Approach", 11 *Am. Rev. Int'l Arb.* (2000), pp. 472, 478, 479.

"地方效力"[1],执行地国法院可以执行依此标准撤销的裁决。如瑞士撤销 Hilmarton 案裁决的理由 "仲裁员武断",埃及法院撤销 Chromalloy 案裁决的理由 "仲裁庭适用法律不当" 均属地方标准,因而法国法院与美国法院可以执行已撤销的裁决。然而,这种基于非内国仲裁(Denationalized Arbitration)的学说并未深究仲裁裁决的效力来源,因而不具有普遍的效应。但相对于传统学说不可执行论的显著特点是,上述诸学说都主张在一定的前提或条件下,裁决被撤销并不当然构成一国拒绝承认与执行外国仲裁裁决的理由。当事人选择仲裁,大多是考虑到仲裁程序的便利、保密性、仲裁追求效益的价值取向以及仲裁裁决较之法院判决更易于在外国得到承认与执行,而并非出于适用仲裁地法的目的。因而就法律适用而言,仲裁地法与裁决并无绝对的实质性联系,仲裁地通常被选择作为中立的法庭(Neutral Forum)[2],要求国际商事仲裁裁决均须符合仲裁地国的法律略显苛刻。而且承认仲裁地国撤销判决的既判力,也可能会屏蔽了仲裁作出的公正裁决,毕竟仲裁地国撤销权属于法院的司法审查范畴,虽是基于杜绝仲裁员武断、保障公正裁决的出发点,但终究难免仲裁地国法院本身出现不公正的行为。

三、"更优惠权利条款"的价值探析

《纽约公约》第7条第1款规定:"本公约的规定不影响缔约国参加的有关承认和执行仲裁裁决的多边或双边协定的效力,也不得剥夺有关当事人在请求承认或执行某一裁决的国家的法律或条约所许可的

---

[1] Jan Paulsson, "Enforcing Arbitral Awards Notwithstanding a Local Standard Annulment (LSA)", *ICC INT'L CT. ARB. BULL.* (1998), p. 29.

[2] Alan Redfern and Martin Hunter, *Law and Practice of International Commercial Arbitration*, London: Sweet & Maxwell, 2003, p. 451.

方式或范围内,可能具有的援用该仲裁裁决的任何权利。"[1] 这意味着当事人可以不依据《纽约公约》申请强制执行仲裁裁决,而拥有选择适用被申请承认与执行地国的内国法或该国参与的双边或多边条约的权利,只要当事人认为依据后者比依据《纽约公约》执行裁决的机制更为有利或有效。因此,Van den Berg 博士将该规定称之为"更优惠权利条款"(The More Favorable Right Provision)。[2]

倘若说公约第 5 条第 1 款第 (e) 项赋予缔约国在承认与执行裁决上以自由裁量权,那么第 7 条强制性的措辞"shall"则进一步蕴涵着在内国法存在比公约更有利的规定时,无须按照公约规定来执行裁决的意味。第 7 条明确规定公约"不得"(shall not)影响缔约国签订的其他关于承认与执行仲裁裁决的双边或多边协定的效力,且"不得"(shall not) 剥夺任何一方当事人在依据被请求承认与执行国法律援用该裁决的权利。这显然渗透着强制性的立法意图。如果第 7 条的规定是强制性的,那么第 5 条的"may"规定则必须是授权性的,因为从逻辑上看,若第 5 条的规定是强制性的,也即必须拒绝承认与执行已撤销的仲裁裁决,则使第 7 条的规定失去其作为一个独立条款的价值意义。而且公约第 1 条规定承认与执行裁决适用本公约、第 2 条规定承认书面仲裁协议、第 3 条规定承认裁决的拘束力等多处使用了强制性的措辞"shall",却在第 5 条规定不予承认与执行裁决时使用"may",这其中至少是在表达着应当区别对待的意思。

从对国际立法史脉络的梳理来看,《日内瓦议定书》与《日内瓦公约》迈开了寻求承认与执行国际商事仲裁裁决的第一步。但缘于其中关于裁决终局(Final)的"双重执行许可证"制度,造成执行上的

---

[1] 英文版本的公约表述为:The provisions of the present Convention shall not affect the validity of multilateral or bilateral agreements concerning the recognition and enforcement of arbitral awards entered into by the Contracting States nor deprive any interested party of any right he may have to avail himself of an arbitral award in the manner and to the extent allowed by the law or the treaties of the country where such award is sought to be relied upon.

[2] See Stephen T. Ostrowski & Yuval Shany, "Chromalloy: United States Law and International Arbitrator at the Crossroads", 73 *N. Y. U. L. Rev.* (1998), p. 1658.

诸多不便。《纽约公约》未采用终局一词，而以"拘束力"（Binding）一词代替，只需要各国承认裁决具有拘束力即可。批准公约的大会希望避免仲裁裁决双重执行的情况，[1]即当事人在申请执行时，无须先取得裁决地国司法机关的执行许可证（Exequatur）再请求执行地法院发出执行裁决的裁定。[2]从而使某些当事人在裁决作出国通过提起撤销裁决程序以阻止裁决成为终局而采取的拖延战术归于无望。摒弃"双重执行许可证"制度，使裁决在作出地国是否构成终局，在公约看来并不当然构成执行地国法院执行裁决的前提，以至执行地国法院无须考虑裁决是否进入裁决地国的撤销程序或已被裁决地国撤销，只需斟酌仲裁裁决的有效性即可。正是为了贯彻促进外国裁决能在更大范围内被承认与执行的宗旨，公约第7条创设了更优惠权利条款。因此，公约第7条为当事人选择适用被申请承认与执行地国的内国法或其参与的双边或多边条约而弃用公约，以达到已撤销裁决在被申请执行国得到执行提供了坚实的法律依据。

虽然这只是依据法理、逻辑以及国际商事仲裁的立法史对"更优惠权利条款"存在价值的推定，但实践中的做法恰恰印证了这一推定的适用性。一系列在法国、比利时、美国以及其他国家的案例均已表明，在实践中，当地法（Local Law）较之《纽约公约》的规定有可能更有利于裁决的承认与执行。[3]当内国法存在比公约更有利的执行机制时，法院可依据当事人的请求以内国法来执行裁决，无论该裁决是否构成第5条可拒绝承认与执行的情形。例如公约第5条第1款第（a）项规定仲裁协议的无效可构成拒绝承认与执行的理由，但《德国民事诉讼法典》第1044条规定仲裁协议的无效不构成德国拒绝承认和执行裁决的理由。于是德国最高法院在处理涉及到执行一项在南斯拉

---

〔1〕 [英] J. H. C. 莫里斯主编：《戴西和莫里斯论冲突法》（下册），李双元等译，中国大百科全书出版社，1998年版，第1668页。

〔2〕 Stephen T. Ostrowski & Yuval Shany, "Chromalloy: United States Law and International Arbitrator at the Crossroads", 73 *N. Y. U. L. Rev.* (1998), p. 1656.

〔3〕 Alan Redfern and Martin Hunter, *Law and Practice of International Commercial Arbitration*, London: Sweet & Maxwell, 2003, p. 483.

夫作出的裁决的案件[1]时认为，尽管被告主张仲裁协议不符合书面形式要求因而是无效的，但根据《德国民事诉讼法典》第1044条，除非外国裁决依其应适用的仲裁法（本案即南斯拉夫仲裁法）尚不具有法律效力，否则应在德国得到执行。同时南斯拉夫仲裁法规定，一项仲裁裁决作出后的30天内，当事人可以仲裁协议无效为理由申请法院撤销该裁决。由于本案被告未向南斯拉夫法院申请撤销该裁决，所以该裁决按决定其效力的南斯拉夫法律已经生效，故被告反对执行的理由在德国法院是不能接受的。前文述及的 Chromalloy 案、Pabalk Ticaret Sirketi v. Norsolor S. A. 案和卢森堡法院 Sovereign Participations International S. A. v. Chadmore Developments Ltd. 案均肯定了"更优惠权利条款"的法律价值。

四、已撤销仲裁裁决承认与执行的发展趋势

仲裁已成为解决国际商事争议的首选方法（Preferred Method），[2]随着经济全球化的发展，越来越多的国家成为《纽约公约》的缔约国，商事仲裁的国际化也逐步提上日程。反映在对已撤销仲裁裁决承认与执行问题上，非内国仲裁的发展与地域原则的非地域化，都将影响着《纽约公约》在各国的具体适用。非内国仲裁（Denationalized Arbitration）理论又称为非当地化（Delocalisation）理论，产生于20世纪80年代。在程序适用上，非内国仲裁理论认为国际商事仲裁的程序不受仲裁地国法律的支配或者约束，仲裁裁决的法律效力也不必由仲裁地法赋予，裁决在申请强制执行之前不受任何国家法院的监督，任何国家的法院均不能行使撤销此项裁决的权力。非内国仲裁理论的存在具有一定的合理性。就目前各国仲裁立法现状而言，各国仲裁法多是针对国内仲裁程序而制定的，一般不能满足现代国际仲裁的需要。而且，仲裁地的选择往往具有中立性与偶然性，当事人选择某一仲裁地，

---

〔1〕 黄亚英、李薇薇：《论1958年〈纽约公约〉中的"更优权利条款"》，载《法学杂志》2000年第2期，第9～10页。

〔2〕 Georgios Petrochilos, *Procedural Law in International Arbitration*, New York：Oxford University Press, 2004, p. 1

并不一定意味当事人想适用仲裁地的程序法。在国际立法中，1961年《欧洲国际商事仲裁公约》规定了在临时仲裁中，当事人有权自行指定仲裁员或者确定如果发生争议时指定仲裁员的方法、确定仲裁地点、约定仲裁员遵循的程序；即使当事人未约定而由仲裁庭来决定、或者由商会会长决定，[1] 都表明了仲裁程序不遵循仲裁地法的可能性。1965年《解决国家与他国国民间投资争端的公约》则完全践行了非内国仲裁理论，不仅明确肯定了基于公约设立的"解决投资争端中心"采用"非内国仲裁"的地位，由此作出的"非内国仲裁"裁决也被赋予可执行的效力。在国内立法中，1987年瑞士《联邦国际私法法典》第20章"国际仲裁"体现了非内国仲裁的倾向，[2] 法国1981年《民事诉讼法典》对国际仲裁的非内国化亦持肯定立场。[3] 在司法实践中，Gotaverken Arendal AB v. Libyan General National Maritime Transport Company 案[4] 就很好地诠释了非内国仲裁理论。

依据非内国仲裁理论，国际商事仲裁裁决本来就没有国籍，它是"浮动"的，到处漂泊的，哪个法院执行了它，该法院即赋予了该裁决以当地法律上的效力。执行地法院有权根据自己的法律对其有效性作出认定，该裁决与裁决地法院的法律秩序无关，它是执行地法律秩序的组成部分。[5] 换言之，非内国仲裁理论的本质是不承认裁决地法院依其本国法律撤销国际商事仲裁裁决的效力，而是要依据执行地国的法律去判断在外国作出的国际商事仲裁裁决的效力。也就是说裁决

---

[1] 参见1961年《欧洲国际商事仲裁公约》第4条第1~4款。

[2] 该法第182条规定："①当事人可直接规定或通过援引仲裁规则的方式决定仲裁程序；他们也可约定使仲裁程序服从于某一程序法；②当事人未规定程序的，仲裁员应当根据需要，在必要的范围内，直接或通过援引其法律或仲裁规则的方式，确定仲裁程序。"据此可知，当事人在选择仲裁程序规则上具有充分的自主决定权，而当事人未作选择时，亦未依照传统的做法规定适用仲裁地国的法律，而是由仲裁员直接确定或者通过援引法律或仲裁规则的方式予以确定。

[3] 参见法国《民事诉讼法典》第1494、1495条。

[4] (1981) 6 Y. Comm. Arb. 221.

[5] 赵秀文：《从克罗马罗依案看国际仲裁裁决的撤销与执行》，载《法商研究》2002年第5期，第121页。

地国法院对在其境内作出的国际仲裁裁决的撤销，并不构成其他国家的法院依法执行该国际商事仲裁裁决的障碍，除非裁决地法院是依据全世界所公认的理由来撤销该仲裁裁决。从国际上看，一些国家的立法与司法实践出现了司法监督时间后移的现象，在某些程度上放弃了在本国境内进行的仲裁的司法监督权如仲裁裁决的撤销权，而将司法监督权交给了承认与执行地国。[1] 非内国仲裁理论旨在减少法院对仲裁活动的干预，包括仲裁程序进行之前与裁决作出之后的干预。因此，即使裁决被仲裁地法院撤销，执行地国法院也可无视此项撤销而依据本国法律作出应否承认与执行该被撤销裁决的决定。非内国仲裁意在保持仲裁程序的完整性与裁决的终局性，最大限度地尊重当事人的意思自治。在1998年于巴黎召开的国际商事仲裁会议上，甚至有法国学者基于非内国仲裁理论建议修改《纽约公约》，取消公约第5条第1款第（e）项规定的法院撤销仲裁裁决的条款以及与此相关的第6条的规定。

不过，非内国仲裁理论最遭人诟病的是其始终未能就仲裁的效力来源作出合理解释。既然国际仲裁不受内国法律的支配与控制，则仲裁裁决的法律效力从何而来？尽管一些非内国仲裁理论的倡导者认为依据仲裁的性质，非内国裁决的法律效力来源于当事人"意思自治的、非内国的"体系。[2] 这样的解释无疑难以获得认可，尤其是在国家公权力介入的裁决的承认与执行。例如在前述的 Gotaverken Arendal AB v. Libyan General National Maritime Transport Company 案，[3] 法国上诉法院

---

〔1〕 郭玉军、陈芝兰：《论国际商事仲裁中的"非国内化"理论》，载《法制与社会发展》2003年第1期，第108页。

〔2〕 Albert Jan van den Berg, *The New York Arbitration Convention of* 1958, London: Kluwer law and Taxation Publishers, 1981, p. 33.

〔3〕 该案的基本案情如下：该案中，Gotaverken是瑞典一家大型造船厂，曾与利比亚国家海运总公司签订购买船只的合同，合同含有争议在巴黎依据《国际商会仲裁规则》进行仲裁的争议解决条款。后因合同履行发生争议，仲裁庭作出了有利于Gotaverken的裁决，利比亚总公司不服而向巴黎上诉法院申请撤销该裁决。巴黎上诉法院认为，尽管巴黎是仲裁地，但仲裁程序所适用的并非法国仲裁法，而是《国际商会仲裁庭规则》，因此以对本案无管辖权为由而驳回了该项申请。

于 1980 年 2 月 21 日驳回利比亚总公司关于撤销仲裁裁决的申请,引起了 Albert Jan van den Berg 博士的质疑。他认为既然案件在仲裁,且裁决亦在巴黎作出,倘若法国的仲裁法不能对在巴黎进行的仲裁实施管辖的话,此项仲裁又应当由哪一个国家的法律管辖呢? 法国法院的这一裁断,无异于拒绝公正。[1] 实践中,也未出现完全放弃对在本国进行的国际商事仲裁的监督的国家。至于美国法院承认与执行被埃及法院撤销的 Chromalloy 案裁决,据说这是惟一的一起。[2] 就 Chromalloy 案而言,也许可用非内国仲裁理论来解释,但这却不能代表美国普遍的司法惯例。如前所述,在 Chromalloy 案后,1999 年的 Baker Marine (Nig.) Ltd. v. Chevron (Nig.) Ltd. 案与 Spier v. Calzaturificio Tecnica S. P. A. 案中,美国法院就分别拒绝承认与执行被尼日利亚法院和意大利法院撤销的仲裁裁决。即使是率先实施非内国仲裁理论的法国,在 1981 年的仲裁法中也没有放弃对在其境内作出的仲裁裁决实施监督。[3] 事实上,仲裁地国法院的司法监督是不可或缺的,没有人能否认仲裁裁决存在错误的可能。[4] 而仲裁地国法院撤销仲裁裁决无疑是给予当事人适当的司法救济、保障当事人合法权益的有效方式之一。不少当事人在仲裁协议中约定了由法院对仲裁进行司法监督,甚至进

---

[1] Albert Jan van den Berg, *The New York Arbitration Convention of* 1958, London: Kluwer law and Taxation Publishers, 1981, p. 31.

[2] 赵秀文:《从克罗马罗依案看国际仲裁裁决的撤销与执行》,载《法商研究》2002 年第 5 期,第 122 页。

[3] 依据《法国民事诉讼法典》第 1504 条第 1 款的规定,当事人有权对在法国作出的裁决提起撤销之诉,法国法院有权受理。但这与法国在 Hilmarton 案与 Chromalloy 案中主张的在裁决地国作出的国际仲裁裁决"不构成当地法律秩序的组成部分"相悖,导致了在实践中,对在法国以外的国家作出的国际仲裁裁决的效力由法国法院依据法国法认定应否承认与执行,对在法国本土作出的国际仲裁裁决的效力也是由法国法院依据法国法认定应否承认与执行。

[4] 杜新丽:《论国际商事仲裁的司法审查与立法完善》,载《现代法学》2005 年第 6 期,第 170 页。

一步约定了此种司法监督的程度。[1]

影响已撤销仲裁裁决承认与执行发展趋势的另一个因素是地域（Territory）原则。地域原则渊源于国际法上的属地原则，与非内国仲裁理论相反，地域原则认为一国法院对在本国辖区内进行的国际商事仲裁具有监督的权力，监督的事项包括依据本国法律撤销在本国领域内作出的仲裁裁决，以及依据本国法律承认与执行或者拒绝承认与执行外国仲裁裁决。时至今日，地域原则在国际商事仲裁中依然发挥着重要的作用。在 Chromalloy 案中就适用《纽约公约》而言，法国法院与美国法院绕过公约第5条第1款第（e）项，或将其适用解释为选择性义务，又强调公约第7条"更优惠权利条款"的适用，实质上是以各自的内国法为依据加以判断被外国法院撤销的裁决的效力，是地域原则适用的表现。例如美国哥伦比亚地区法院的判决认为，依据《纽约公约》第7条，倘若作为承认与执行国的美国的内国法比公约本身更有利于对外国仲裁裁决的承认与执行，则可优先适用内国法；而美国《联邦仲裁法》（Federal Arbitration Act，简称 FAA）并未规定仲裁裁决被裁决作出国法院撤销，则不得予以承认与执行，因此哥伦比亚地区法院可以满足 Chromalloy 根据 FAA 提出的执行裁决的合法请求。[2] 这虽然是出于支持仲裁（Pro-arbitration）的政策上的考量，但其中保护本国当事人利益、适用本国法律进行判断的取向不言而喻。

当然，随着世界经济一体化进程的加快，商事仲裁的国际化进程也在逐步发展，各国对仲裁所实施监督的标准随着国际经济交往的发展不断地趋于协调与统一，这就是地域原则的非地域化。在承认与执行外国仲裁裁决的标准上，随着更多的国家加入《纽约公约》，立法

---

[1] 当事人约定法院对仲裁进行司法监督主要有以下几种方法：第一，当事人可以通过选择仲裁地而将他们置于仲裁地国仲裁法的约束执行，包括接受该国撤销仲裁裁决的标准；第二，当事人对仲裁地国法院司法监督的程度作出约定，例如英国、瑞士、比利时与美国等国家的规定。参见张潇剑：《被撤销之国际商事仲裁裁决的承认与执行》，载《中外法学》2006年第3期，第372页。

[2] 丁颖：《美国商事仲裁制度研究——以仲裁协议和仲裁裁决为中心》，武汉大学出版社2007年版，第377页。

机关采用《示范法》作为本国仲裁法立法的范本，严格的地域原则亦将随之弱化，地域原则的非地域化也会有实现的可能性。特别是在当前科技变革时代，电子商务的逐渐普及将掀起商事争议解决机制的变革浪潮，网络争议解决机制（Online Dispute Resolution System）将打破国家之间的地理界限，在线仲裁也在实践中初现端倪。表面上来看，《纽约公约》的制定与适用以地域为基础，受其调整的裁决均是依附于特定国内法律体系因而归属于特定国家并具有特定国籍的裁决。[1] 而在线仲裁作出的裁决作出于虚拟的网络空间，本就不存在仲裁地等概念，无法确定裁决的国籍，因此在线裁决并不在《纽约公约》的适用范围内。"仲裁本座"论的提出，试图在现有国际体制下将在线仲裁纳入《纽约公约》关于外国仲裁裁决承认与执行的框架内。作为一个法律概念而非地理概念，仲裁本座（The Seat of Arbitration）是指法律意义上的仲裁地（Juridical Seat）而非实际的仲裁地（The Place of Arbitration）或地理意义上的仲裁地（Geographical Seat），是仲裁获得必要法律支持和保障的依托或归属；根据"仲裁本座"论，仲裁地首先应由双方当事人约定，若无约定则由仲裁庭或仲裁机构或经当事人授权的其他机构或个人确定。[2] 缘于非内国仲裁理论未臻完善，尚不能形成足以支撑仲裁程序与裁决执行的完备的国际体制，在线仲裁只能立足于现实，依托仲裁地获得内国法律体系的支撑。具体而言，在线仲裁地的确定首先应由双方当事人协商选择，若无选择则由仲裁庭或仲裁机构或经当事人授权的有关机构或个人基于当事人的协议及便

---

[1] 此处需要考量两种情形：其一，传统上依据领土标准取得裁决作出地国国籍的裁决；其二，仲裁虽在一国境内进行，但适用其他国家的法律，裁决取得其他国家的国籍而被本国视为外国裁决。

[2] 邓杰：《伦敦海事仲裁制度研究》，法律出版社2002年版，第56页。

利案件审理等因素予以指定。[1] 经由仲裁本座论的指引，在线裁决得以依据《纽约公约》寻求承认与执行。与传统仲裁相比，在线仲裁于虚拟网络空间中进行，首次实现了向仲裁非内国化的技术性飞跃，此种更为现代化与国际化的仲裁方式代表着后现代仲裁的发展模式，因而不应当对其持怀疑及严格限制的立场。在线仲裁的产生，毋庸置疑将使地域原则的非地域化进程向前推进一大步。

五、我国承认与执行已撤销裁决的现状和将来

当前我国承认与执行外国仲裁裁决主要以《民事诉讼法》的相关规定以及缔结和参加的双边和多边条约为准。具体言之，我国在1986年《全国人民代表大会常务委员会关于我国加入〈承认及执行外国仲裁裁决公约〉的决定》时作出了两项保留，依据互惠保留声明，我国仅对在另一缔约国领土内作出的仲裁裁决的承认与执行适用公约；依据商事保留声明，我国仅对根据我国法律属于契约性与非契约性商事法律关系所引起的争议适用公约。对于非公约裁决，则依据《民事诉讼法》第267条规定的互惠原则予以承认与执行。同时，1995年8月发布的《关于人民法院处理与涉外仲裁及外国仲裁事项有关问题的通知》决定对包括拒绝承认与执行外国仲裁裁决等三项问题建立报告制度。这实际上是赋予最高人民法院对拒绝承认与执行外国仲裁裁决的最终决定权，希冀以此监督各地法院对《仲裁法》与《民事诉讼法》的适用，控制裁决执行上的不当拒绝，使外国仲裁裁决承认与执行建立在更为可靠的基础上，维护仲裁协议的效力以及仲裁的稳定与权威。但这种中国特有的高度集中式的模式也因其手续的繁琐与时间的拖沓

---

[1] 依托"仲裁本座"论，在线仲裁地落空后得以有效填补，在线仲裁因而得以与特定国内法律体系相联系，在线仲裁裁决的国籍于是得以确定，其承认与执行便可有效纳入《纽约公约》的执行体系：首先，若在线仲裁地为承认与执行地国以外的其他国家，则所作出的在线仲裁裁决即为外国裁决，可依《纽约公约》申请承认和执行；其次，虽在线仲裁地为承认与执行地国，但由于在线仲裁适用了另一国的仲裁程序法致使所作出的在线仲裁裁决被承认与执行地国不视为内国裁决而认定为取得所适用仲裁程序法所属国国籍的裁决，则该在线仲裁裁决即为非内国裁决，亦可依《纽约公约》申请承认和执行。参见邓杰：《商事仲裁法》，清华大学出版社2008年版，第308～309页。

导致了司法资源的低效运转。[1] 从长远来看,当前取之不是、舍之不能的报告制度应随着我国仲裁实践的深入与仲裁立法的完善而卸下其使命。具体体到管辖权上,依据2006年《最高人民法院关于适用〈中华人民共和国仲裁法〉若干问题的解释》的规定,当事人申请执行仲裁裁决案件,由被执行人住所地或者被执行的财产所在地的中级人民法院管辖。[2]

在对已撤销仲裁裁决的承认与执行问题上,1987年《最高人民法院关于执行我国加入的〈承认及执行外国仲裁裁决公约〉的通知》规定,只要认定裁决具有公约第5条第1、2款所列情形,就"应当裁定驳回申请,拒绝承认及执行"。[3] 此处措辞"应当"而非"可以",实质上是将法官自由裁量权予以排除。2005年《最高人民法院关于人

---

〔1〕 作为现代法治的基本原则,司法独立是司法公正的必要前提,而司法独立的核心价值在于保障法官的独立。法官独立的内涵之一即是要求在法院内部,法官依据法律与内心确信作出裁决,而不受庭长与院长的干预,也不受上级法院非程序性的指示。从这一角度,报告制度的存在似无法理基础。而且,报告制度易导致实践中马拉松式的外国仲裁裁决的承认与执行过程。例如1997年美国某集团公司与中国某进出口公司之间的仲裁裁决执行纠纷案中,广西南宁市中院历时一年半作出拒绝承认与执行的裁定,尔后最高人民法院审查了两年多,经各种程序后该裁决终于在2004年获得南宁市中院的承认与执行。参见陈卫旗:《对一起"马拉松"式外国仲裁裁决执行案的评析》,载《仲裁研究》(第9辑),第94~97页。

虽然依据最高人民法院审判委员会第1203次会议通过的《关于涉外民商事案件诉讼管辖若干问题的规定》将外国仲裁裁决的承认与执行案件纳入集中管辖范畴,即只有部分地方中院享有承认与执行外国仲裁裁决的权限。但是当前我国法官"来源复杂,良莠不齐",地方法院存在着较为严重的保护主义。(参见肖扬:《人民法院改革的进程与展望》,载《国家行政学院学报》2000年第3期,第5页。)而法律程序的设置是以审级制或分权制来限制恣意与专断的裁量,由于传统上下有序的礼治、建国后左右分明的意识形态认同使我国未走分权之路,而是更侧重于审级方式,通过位阶关系来监督与矫正基层的决定。因此尽管违反了直接审判原则,但基于地方保护主义等现实国情使得仍须有一个权威机构来协调与统一法律的适用。报告制度作为权宜之计正是在这样的基础上建立的。

〔2〕 参见2006年《最高人民法院关于适用〈中华人民共和国仲裁法〉若干问题的解释》第29条。

〔3〕 参见1987年《最高人民法院关于执行我国加入的〈承认及执行外国仲裁裁决公约〉的通知》第4条。

民法院处理涉外仲裁及外国仲裁案件的若干规定（送审稿）》第36条规定："外国仲裁裁决尚未生效、被撤销或者停止执行的，经一方当事人申请，人民法院应当拒绝承认和执行该仲裁裁决。"这一规定再次确认了不应承认与执行已撤销外国仲裁裁决的立场。但当前的这一僵化的规定，在一定程度上"有悖于公约的原意"[1]，使具体实践的操作缺乏必要的弹性，不利于法院就具体个案灵活作出更合乎我国社会公共利益价值取向的公正的裁决，同时对保护我国当事人在国际商事交往中的利益显然力度不够。事实上，不仅是已被撤销的裁决将不能获得我国法院的承认与执行，即便是裁决仍未被撤销，而只是应当事人的申请而启动撤销裁决程序时，相关司法解释也规定了应当中止执行。最高人民法院1998年《关于人民法院执行工作若干问题的规定（试行）》就规定了一方当事人申请执行仲裁裁决，另一方当事人申请撤销仲裁裁决的，人民法院应当依照《民事诉讼法》第234条第1款第5项的规定裁定中止执行。[2] 最高人民法院2005年公布的《第二次全国涉外商事海事审判工作会议纪要》再次明确了人民法院受理当事人撤销涉外仲裁裁决的申请后，另一方当事人又申请执行同一仲裁裁决的，受理申请执行仲裁裁决案件的人民法院应在受理后裁定中止执行。[3] 由此可见我国规定的绝对化。但一方当事人申请撤销裁决，一方当事人申请承认与执行裁决，这是两个彼此独立的程序，管辖的法院也不尽相同，单纯的撤销之诉的提起不应该成为中止执行裁决的有效理由。[4] 退一步说，至少也应当在有关法院作出撤销裁决的裁定后，受理执行裁决申请的法院才具有停止执行该裁决的理由。无论是

---

〔1〕 杜新丽：《论外国仲裁裁决在我国的承认与执行——兼论〈纽约公约〉在中国的适用》，载《比较法研究》2005年第5期，第103页。

〔2〕 参见最高人民法院1998年《关于人民法院执行工作若干问题的规定（试行）》第102条第4项。

〔3〕 参见最高人民法院2005年公布的《第二次全国涉外商事海事审判工作会议纪要》第74条。

〔4〕 杜新丽：《论我国法院对涉外仲裁裁决的司法审查权——论对裁决的撤销》，载《中国国际私法与比较法年刊》（第三卷），法律出版社2000年版，第600页。

涉外裁决，抑或是外国裁决，法院不予执行的都应当是已经明确被撤销了的裁决。

此外，由于我国的法律规范尚未规定"更优惠权利条款"，亦未阐释《纽约公约》第5条与第7条之间的关系，倘若当我国法律存在着比公约更有利的执行机制时，是否可依据第7条对已撤销裁决加以承认与执行尚未有立法的确定。我国法官如果意图承认与执行一项被外国法院撤销的裁决，惟一可以采用的理由即是"否定裁决撤销国法院的决定的域外效力"，然而这种做法因与国际民商事交往的发展不符而风险较大，毕竟美国与法国法院在 Chromalloy 案中作出承认与执行已撤销仲裁裁决的决定时绕开与回避了这个敏感问题，不对外国法院判决域外效力作出评价，而是从《纽约公约》中直接寻找依据。[1] 随着我国仲裁实践的不断深入，尤其是诸多国家和地区将《示范法》作为新立法的蓝本，我国应采取积极的态度应对已撤销裁决应否承认与执行的问题，以维护法律适用的灵活性。在 Chromalloy 案中，法庭选择适用公约第7条，就意味着对裁决的复审权属于执行地国。[2] 依照美国与法国的做法，对已撤销裁决应否承认与执行归根结底取决于各国法院对此所实施的法律与政策。因而，在现存的国际仲裁法律体系框架尚未改变之前，鉴于对已撤销裁决承认与执行作出明文规定的国家尚属极少数，为与国际通行做法接轨，我国不宜对此问题作出绝对化的规定。司法实践中，则在适当情况下借鉴美国与法国的做法，即当当事人在仲裁协议中约定仲裁庭作出的裁决具有终局性、不可以对裁决再追诉，[3] 以及仲裁地法院撤销裁决的理由在我国仲裁法律中尚不存在或违背我国社会公共利益时，以保护我国社会公共利益为出发点，法院可以考量承认与执行该被外国法院撤销的裁决。

---

〔1〕 杜新丽：《论外国仲裁裁决在我国的承认与执行——兼论〈纽约公约〉在中国的适用》，载《比较法研究》2005年第5期，第103页。

〔2〕 See *Matter of Chromalloy Aeroservices* (*Arab Republic*), 939 F. Supp. 907, 909 (D. D. C. 1996).

〔3〕 例如 Chromalloy 案中当事人订立的合同中的 non-recourse 条款。

综合而言,《纽约公约》第 5 条第 1 款第（e）项的措辞"may"赋予缔约国在承认与执行外国仲裁裁决上以自由裁量权,而第 7 条"更优惠权利条款"显然渗透着不得剥夺申请人适用承认与执行地国内国法或该国参与的双边或多边条约的权利的强制性的立法意图。第 5 条与第 7 条在适用上的紧张状态除体现在执行力上,另一方面也体现在统一上,至少两个条文部分融合于它们致力的同一目标：对外国裁决的承认与执行。[1] 但缘于对条文适用存在不同的理解,各国均以本国内国法来权衡应否承认与执行已被仲裁地法院撤销的仲裁裁决。随着各国对仲裁持支持与鼓励政策,在商事仲裁国际化进程不断纵深发展的基点上,各国法院对仲裁所实施的监督标准在国际经济交往当中也会趋于协调、融合与统一。

第四节 强制性规则与公共政策的适用

一、比较法上的切入——强制性规则与公共政策的尝试性界定

《纽约公约》第 5 条第 2 款第（b）项将公共政策列为执行地法院可以依职权主动审查的拒绝承认与执行外国仲裁裁决的理由。在仲裁实践中,在适用公共政策时易于将之与强制性规则相混淆。强制性规则与公共政策的涵义都具有一定模糊性,这也正是各国法院将其作为拒绝承认与执行外国裁决的最后安全阀的原因所在。缘于比较法有助于更好地认识并改进本国法,[2] 任何没有从对外国各种思想的研究中获益的法律制度都不能视为先进的制度,[3] 因而在比较法层面上对二者涵义作尝试性的界定有助于探究其价值与使用功能,从而明确二者在仲裁裁决承认与执行过程中的适用。

---

[1] Stephen T. Ostrowski & Yuval Shany, "Chromalloy: United States Law and International Arbitrator at the Crossroads", 73 *N. Y. U. L. Rev.* (1998). p. 1662.

[2] [法] 勒内·达维德：《当代主要法律体系》,漆竹生译,上海译文出版社 1984 年版,第 11 页。

[3] 梁治平编：《法律的文化解释》,生活·读书·新知三联书店 1984 年版,第 179 页。

强制性规则（Mandatory Rules）的概念源于罗马法时期的"私人协议不能改变公法"（Jus publicum privatorum pactis nutari non potest）的古训。这里的"公法"其外延自是要广于强制性规则。作为内国实体法直接适用的强制性规则理论，是在20世纪国家干预主义观念增强的基础上逐步形成的。综观各国，最早将法律适用的强行性规定提出的是德国法学家萨维尼（Savigny），他认为在某些情况下法律关系只能受内国法律规范的支配，因为这些内国法律规范是为了维护国家利益和社会公共利益而制订的，它们具有强制的、绝对的法律效力。[1] 萨维尼将这些规范称为"严格实定的、强制性法律规则"（strictly positive, mandatory laws），认为其体现了强烈的道德、政治或经济政策，它们不能由外国法替代，故不宜采用多边主义方法。[2] 意大利法学家孟西尼（Mancini）在萨维尼理论的基础上，提出了"公共秩序规则"（lois d'ordre public）的概念，认为这类规则是为保护公共秩序而制定的，能够排除外国法的适用。[3] 此后，在孟西尼的倡导下，法国学者与意大利学者都主张无论案件是否存在涉外因素，法院地法的特定规则必须予以适用。法国学者 A. Pillet 则将法院地国法律中的强制性规定的适用视为一项原则。

现代国际私法文献中，各国表达此种具有强制性适用特征的规则的术语不尽一致，政策规则（lois de police）、直接使用规则（régles d'application immediate, directly applicable rules）、必然适用规则（les régles d'application necessaire）、自行适用规则（self-applicating rules）、绝对规则（absolute rules）、优先规则（priority rules）、强行规范（peremptory norms）、强制规范（imperative）、强制性规则（mandatory rules）、公共秩序规则（lois d'ordre public）、优先法规（overriding stat-

---

〔1〕 徐冬根：《国际私法趋势论》，北京大学出版社2005年版，第397页。

〔2〕 ［美］弗里德里希·K. 荣格：《法律选择与涉外司法》，霍政欣、徐妮娜译，北京大学出版社2007年版，第46页。

〔3〕 韩德培主编：《国际私法》，武汉大学出版社1989年版，第74~75页。

utes)等术语虽略有差异，但其内涵基本一致。[1] 在这些术语中，最为常用的是强制性规则（Mandatory Rules）。依据法国著名学者 Pierre Mayer 教授的观点，强制性规则是直接适用于国际关系的强行性法律条款而无需考虑支配该关系的法律。他列举了竞争法、货币管制法、环境保护法以及禁运、戒严、联合抵制等措施为强制性规则。[2] 但 Zhilsov 教授主张公共政策是法律体系基本原则的体现而强制性规则更倾向于具体的利益或政策，因此 Pierre Mayer 教授所认为的强制性规则实则涵括了公共政策。[3] 在国际层面，能达成共识的，也仅是强制性规则所具有的直接适用性。

虽然理论上对强制性规则涵义的理解存有差异，但各国的立法与实践大都明确了强制性规则的存在。早在伊丽莎白时代，英国法就将强制性规则引入了合同法中，规定违反公共利益和基本道德的合同无效。大陆法系国家中关于强制性规则的规定在民法典或单行法中均有体现，譬如劳工法中的劳工福利保护条款不得由私人协定排除适用，否则协定无效。[4] 我国法律法规中涉及直接适用的强制性规则的条款也颇多，尤以《合同法》第126条第2款的规定为典型，该条款规定了："在中华人民共和国境内履行的中外合资经营企业合同、中外合作经营企业合同、中外合作勘探开发自然资源合同，适用中华人民共和国法律。"强制性规则在仲裁实践中也得到了运用，瑞士联邦最高法院在一比利时公司与意大利公司纠纷案件中就适用了强制性规则。[5]

---

〔1〕 A. N. Zhilsov, "Mandatory and Public Policy Rules in International Commercial Arbitration", *N. I. L. R. XLII* (1995), pp. 90~91. 转引自朱克鹏：《国际商事仲裁的法律适用》，法律出版社1999年版，第286页。

〔2〕 Peter Molife, Hong-lin Yu, "The Impact of National Law Elements on International Commercial Arbitration", *Int. A. L. R.* 2001, 4 (1), p. 19.

〔3〕 Peter Molife, Hong-lin Yu, "The Impact of National Law Elements on International Commercial Arbitration", *Int. A. L. R.* 2001, 4 (1), p. 19.

〔4〕 万鄂湘：《国际强行法与国际公共政策》，武汉大学出版社1991年版，第2~3页。

〔5〕 See Nathalie Voser, "Mandatory Rules of Law as a Limitation on the Law Applicable in International Commercial Arbitration", 7 *Am. Rev. Int'l Arb* (1996), p. 320.

相对于强制性规则而言，对公共政策的界定更具困难性。公共政策（Public Policy）为英美法系国家的称谓，在大陆法系国家一般称为公共秩序（Order Public）、保留条款或排除条款（Vorbehaltsklausel 或 Ausschie Bungsklausel），[1] 或者公序良俗。[2]《纽约公约》对公共政策与公共秩序并未作出区分，公约英文文本采用"public policy"的措辞，而法文文本则使用"ordre public"，因此在通常情况下，公共政策与公共秩序可表达相同意思，亦可互换使用。在英国古谚中，公共政策被比作"一匹难以驾驭的马"，认为"骑上马后你将不知道它要带你往何处，它有可能使你远离有效的法律"。[3] 这形象地表明了公共政策内容的不确定性。此外，公共政策还具有明显的地域性与时间性。公共政策之所以成为国际商事仲裁的中心事项，就在于每个国家都有各自的规定，这个规定有可能与他国规定相异；同时公共政策随着时间而转变，反映着持续变化的社会价值。[4] 毕竟各国遵循的政治、经济与法律制度、道德观念与宗教信仰都有所不同，且国家在各个历史时期所倡导与维护的价值理念都存有差异。

尽管难以赋予公共政策一个确切的且得以普遍接受的定义，但在国际商事仲裁领域，仍可将公共政策依其功能归为两类来理解。第一类是涉及诸如毒品贸易、洗钱等事项，难以想象有国家能公然接受仲裁庭裁决这类由包含了国际不人道事项的合同引发的争议。第二类则表现为一国自身的公共利益，通常指当事人必须遵守的调整特定事项的内国立法。[5] 此种分类实质上是将公共政策划分为国际公共政策

---

[1] 李双元：《国际私法（冲突法篇）》，武汉大学出版社2001年版，第262页。

[2] 彭金年：《国际私法上的公共秩序研究》，载《法学研究》1999年第4期，第112页。

[3] Homayoon Arfazadeh, "In the Shadow of the Unruly Horse: International Arbitration and the Public Policy Exception", 13 Am. Rev. Int'l Arb (2002), p. 43.

[4] Peter Molife, Hong-lin Yu, "The Impact of National Law Elements on International Commercial Arbitration", Int. A. L. R. 2001, 4 (1), p. 19.

[5] See Peter Molife, Hong-lin Yu, "The Impact of National Law Elements on International Commercial Arbitration", Int. A. L. R. 2001, 4 (1), p. 20.

(international public policy)与国内公共政策（domestic public policy），前者基于整个国际商事社会的基本价值观念，而后者立足于一国的现实国情。最早提出国际公共政策有别于国内公共政策的是瑞士学者Charles Brocher，从萨维尼将强制性规则分成两部分的观点出发，Charles Brocher 认为关于权利的个人占有的强行法为"国内公共秩序"（Lois d'ordre public interne），而关于公共的政治、经济及道德的强制性规则为"国际公共秩序"（Lois d'ordre public international）。[1] 如今，将公共政策划分为国际公共政策与国内公共政策，已获得了世界范围内的普遍认可。从国际法协会（International Law Association，简称 ILA）下的国际商事仲裁委员会（Commercial on International Commercial Arbitration）于 2002 年在新德里举行的第 70 届大会上通过的《以"公共政策"拒绝执行国际仲裁裁决的决议》可以看出，发达国家的学者们对公共政策形成了较为一致的看法，即一国的公共政策应当被分为国内和国际两部分，其中国内公共政策应当只对国内商事仲裁案件适用，对国际商事仲裁案件应当适用范围较小的国际公共政策。国际公共政策一词用于称谓一国可能禁止承认或执行国际商事仲裁裁决的所有法律原则和规范，如果这种承认或执行会导致对国际程序公共秩序或国际实体公共秩序的违反。依据这一理念，一国的国际公共政策可分为三个类型，包括①国家希望保护的正义和道德等基本原则；②旨在维持内国基本政治、社会或经济利益的规则（公共政策规则）；和③对其他国家或国际组织承担的国际义务。[2] 显然，这一概念试图包容各国对公共政策不尽一致的涵义。

二、强制性规则与公共政策之关系及适用——基于辩证视角的阐释

国际私法实际上是由内国法律规范所构成的，国际私法本质上也

---

[1] 李双元：《国际私法（冲突法篇）》，武汉大学出版社 2001 年版，第 277 页。
[2] 张宪初：《外国商事仲裁裁决司法审查中"公共政策"理论与实践的新发展》，载《中国仲裁咨询》2005 年第 1 期，第 18 页。

是内国法；[1] 既是内国法，必然要反映该国的基本国情。国家在制定冲突规则时，应考虑到本国政治、经济与文化等诸多因素，在规制本国企业参与国际商事活动的特定事项上则排除外国法的适用而强行适用本国法律。公共政策保留的出发点也在于对本国政治、经济与道德等基本观念的保护与维持，要求企业的经营活动不得触及本国公序良俗的底线。因此，同样作为内国规范的强制性规则与公共政策具有密切的关系。其一，二者都是基于国家的基础利益而存在的，反映了一国在政治经济政策、法律基本原则与公序良俗方面的标准与理念。以强制性规则为例，强制性规则能在国际民商事案件中排除冲突规范而直接适用，就在于它包含了立法者的利益评价与价值判断，它所体现的利益内容是被立法者判断为国家与社会赖以正常运行的基础利益。[2] 其二，强制性规则与公共政策在仲裁实务中以两种方式存在，一为仲裁庭裁断案件时排除或限制外国法的适用，一为拒绝承认与执行外国裁决时法院根据本国强制性规则与公共政策审查协议中约定争议事项的可仲裁性、当事人的适格情况以及裁决作出的程序及其实体内容是否违背强制性规则或承认与执行的结果将有违本国公共政策。

所起作用的相似性让强制性规则与公共政策披上了一层相似的外衣，但实质上二者存有诸多差异。从概念的周延性来看，公共政策的外延要广于强制性规则。有学者将公共政策划分为否定型的公共政策与肯定型的公共政策，前者是指按传统的国际私法规则应当适用外国法时，因其与执行地国的社会经济文化与道德等方面的准则相悖而被拒绝适用；后者是指按一般冲突规范而适用外国法时，坚持无条件地绝对适用本国法。而强制性规则的功能相当于肯定型的公共政策，二

---

[1] 万鄂湘：《国际强行法与国际公共政策》，武汉大学出版社1991年版，第157页。

[2] 杨弘磊：《中国内地司法实践视角下的〈纽约公约〉问题研究》，法律出版社2006年版，第367页。

者可以互换使用。[1] 简言之,公共政策可以分为肯定型与否定型两类,强制性规则是肯定型的公共政策,规定某些法律具有绝对的强制性适用。[2] 我国学者从调整范围的角度,认为强制性规则调整的事项,要么属于公共政策范畴,要么体现了某一具体的政策,[3] 其实也体现了强制性包含在公共政策范畴之内的思想。这说明了公共政策含有着更深的意义,触及更为根本的法律秩序与基本原则。在与强制性规则的比较中,美国第二巡回上诉法院就认为公共政策是在《纽约公约》框架下的限于法院地国最基本的道德与正义理念;瑞士日内瓦州法院也认为违背公共政策即违背了瑞士法律秩序的基本原则,不可饶恕地伤害了人们对正义的感情。[4] 倘若说公共政策体现或者反映了一国的根本的利益或者政策,强制性规则则往往反映或者保护的是一国的具体的利益或者政策。

强制性规则在立法中通常以具体条文出现,如我国的强制性规则广泛分布于证券法、竞争法、税法、货币管制法、征收和国有化方面的法律,以及吸引外资方面诸如授予特许权、投资协议的批准与无效、履行各种法律手续等法律规范。而公共政策则表现为抽象的法律基本原则与善良风俗习惯,鲜少有法律规范对公共政策作出具体的规定。在适用方式上,强制性规则通过立法明确规定了特定法律关系须直接且绝对地适用本国法,完全排除外国法的适用。公共政策在立法中的体现则存有三种模式,其一,1804 年《法国民法典》第 3 条首开先河的间接限制模式,该法典第 3 条规定:"有关警察与公共治安的法

---

[1] A. N. Zhilsov, "Mandatory and Public Policy Rules in International Commercial Arbitration", *N. I. L. R. XLII* (1995), pp. 100~101. 转引自朱克鹏:《国际商事仲裁的法律适用》,法律出版社 1999 年版,第 292 页。

[2] 参见韩德培主编:《国际私法》,高等教育出版社、北京大学出版社 2002 年版,第 146 页。

[3] 参见张潇剑:《强行法在国际商事仲裁中的适用》,载《现代法学》2006 年第 1 期,第 131 页。

[4] Emmanuel Gaillard, John Savage, *Fouchard Gaillard Goldman on International Commercial Arbitration*, CITIC publishing house, 2004, pp. 996~997.

律，对于居住于法国境内的居民均有强行力；不动产，即使属于外国人所有，仍适用法国法律；关于个人身份与法律上能力的法律，适用于全体法国人，即使其居住于国外时亦同。"其二，以1896年《德国民法施行法》第30条为代表的直接限制模式，《德国民法施行法》第30条规定了："外国法的适用如果违背善良风俗或德国法之目的，则不予适用。"其三，1865年《意大利民法典》第11条、第12条采用的合并限制模式，该两条文分别规定了"关于刑法、警察法及公共秩序之法律，凡居住于王国领土内之人，皆应适用"、"外国法之适用，不得违反王国法律之强行规定，或违背关于公共秩序、善良风俗之法律"。而在公共政策的适用上，也存在两种主张，主观说认为倘若作出仲裁裁决所适用的法律本身与执行地国的公共政策相抵触，则可拒绝承认与执行该裁决；客观说则主张承认与执行仲裁裁决的结果或者影响将导致对执行地国公共政策的违背时，才能以公共政策为由拒绝承认与执行该裁决。在司法实践中，一个特定的外国法是否被判定为违反了当地的公共政策，不仅取决于其自身的效力，而且要看特定交易与法院地联系的紧密程度。[1]但相较而言，以适用结果作为评价标准的观点在维护法院地国公共政策的同时，也更利于具体个案中对争议双方利益冲突的合理协调与解决，因此客观说逐渐为各国实践所采用。

三、我国法院的实践——从地方保护主义到利益协调与衡平

我国立法中并无公共政策的提法，代之以"社会公共利益"的称谓。我国《民法通则》规定了："依照本章规定适用外国法律或者国际惯例的，不得违背中华人民共和国的社会公共利益。"[2] 2007年修订的《民事诉讼法》在裁决的承认与执行方面规定了："人民法院认定执行该裁决违背社会公共利益的，裁定不予执行。"[3]对于社会公共利益的涵义，可从《民事诉讼法》关于"违反中华人民共和国法律

---

〔1〕[美]弗里德里希·K. 荣格：《法律选择与涉外司法》，霍政欣、徐妮娜译，北京大学出版社2007年版，第104页。
〔2〕参见《民法通则》第150条。
〔3〕参见《民事诉讼法》第258条第2款。

的基本原则或者国家主权、安全、社会公共利益的,不予承认和执行"〔1〕的规定中管窥一斑,尽管此条文是针对外国判决承认与执行的规定,对于国际商事仲裁裁决的承认与执行亦具有一定的参考意义。不过,如此简单的规定,表明了长期以来,无论是立法机关、司法机关还是行政主管部门都没有对社会公共利益作过任何定义、说明或内涵的宣示,因而这一概念被认为过于宽泛,缺乏必要的透明度和实践性。〔2〕学界对于将公共政策表述为社会公共利益的做法亦存有微词,有学者在考察了44个国家与地区的立法基础上,认为公共政策相对于社会公共利益是属与种的概念,前者可以包括后者,而试图用后者来涵括前者不符合逻辑,因此建议采用国际上通行的"公共秩序"、"公共秩序与善良风俗"或"公共秩序与法律的基本原则"的提法。〔3〕可以说,当前这样过于宽泛的概念,为公共政策的滥用埋下了隐患。已有140多个国家参加的《纽约公约》被视为目前为止最重要的当代与商事仲裁相关的国际协议,但《纽约公约》并未将强制性规则列入拒绝承认与执行仲裁裁决的抗辩理由,因此执行地国为保护本国企业利益与当地法律秩序,通常认为依据违背本国强制性规则的仲裁协议作出的裁决构成对当地基本法律与公共政策的抵触,以求得拒绝承认与执行裁决的效果。

司法实践中,我国法院曾在河南省服装进出口(集团)公司一案体现出了此种立场。在成立河南开大服装公司的合资合同中,河南省服装进出口公司负责合资企业的对美出口配额,并代理出口合资企业的全部产品。但在合资合同履行期间,服装进出口公司以国家规定合资企业不得使用出口配额为由拒绝提供出口配额,且扣留了合资企业

---

〔1〕 参见《民事诉讼法》第266条。
〔2〕 张宪初:《外国商事仲裁裁决司法审查中"公共政策"理论与实践的新发展》,载《中国仲裁咨询》2005年第1期,第27页。
〔3〕 熊育辉:《我国国际私法关于"公共政策"立法的审视》,载《时代法学》2005年第4期,第65页。

的出口结汇款。合资各方按合同约定将因此产生的争议提交了中国国际经济贸易仲裁委员会。仲裁庭裁决合资合同有效,服装进出口公司应当偿付合资各方损失。然而原告在服装进出口公司逾期不履行裁决而向郑州市中院提出执行申请时,法院认为依据我国现行政策与法规的规定,执行该裁决将危害国家的经济利益和社会公共利益、影响国家对外贸易秩序,故依据《民事诉讼法》第260条第2款的规定裁定不予执行。[1]

显然,郑州市中院对社会公共利益的理解值得商榷,其做法已然将社会公共利益转变成保护当地企业利益的安全阀与最后防线。这也反映了我国早期对仲裁的司法对抗性。缘于我国仲裁是在国家行政力量的支持下发展起来,仲裁机构与行政机关客观上存在着错综复杂的关系,仲裁的独立性与准司法性并未被一些法院完全解释,造就了个别法院职员对仲裁的反感情绪和深层次的司法对抗心理。[2] 对仲裁的司法对抗性直接导致了个别法院在承认与执行国际商事仲裁裁决时对社会公共利益的解释与适用过于宽泛。

不过,对社会公共利益宽泛解释的深层次原因还不在于司法对抗性。缘于社会公共利益概念缺乏严格的、具体操作性的法律规范,因而法官对其解释的自由裁量权极易受政治与经济等因素的影响。本案中法院依据国家规定合资企业不得使用出口配额的强制性规则,将当地一个国企的利益作为国家的经济利益和社会公共利益来对待,此种混淆了强制性规则与公共政策,并扩大公共政策内涵的举动有违国际上狭义解释公共政策的趋势,而究其根源则在于我国严重的地方保护主义。当初级状态的市场秩序使多元化的利益分化格局开始显现时,不同地区的企业为了在利益差别化、集团化与地区化的趋势中探寻获

---

[1] 参见陈治东、沈伟:《我国承认和执行国际仲裁裁决的法律渊源及其适用》,载《法学》1997年第4期,第46页。

[2] 李虎:《国际商事仲裁裁决的强制执行——特别述及仲裁裁决在中国的强制执行》,法律出版社2000年版,第151页。

利优势而努力寻求行政与司法权力的保护。因而执行地国法院通过依职权以本国强制性规则与公共政策为由拒绝承认与执行外国仲裁裁决来保护当地企业的经济利益就成为了企业可资利用的资源。我国的司法权威尚未真正树立,地方法院被当作"地方的法院",地方法院的法官被当作"地方的法官"。[1] 法院的经费来源除诉讼费用外,主要是地方政府的财政拨款,而政府的财政收入很大程度上取决于企业的税收。在市场经济尚未健全、政企关系未完全理顺的情况下,尤其是在当前国企经济效益普遍低下的背景下,法院自然要负起为地方经济发展保驾护航,为国企改革发展服务的重任。因此既然法院拒绝承认与执行外国或涉外仲裁裁决能暂时保护当地企业的经济利益,那么这一司法行为就成为可被选择的手段和可资利用的资源,从而导致了基于强制性规则而对社会公共利益的扩大化解释。然而参与国际商事交往的企业一般都在合同项下约定仲裁条款,若外国企业依据仲裁所获裁决向我国法院申请承认与执行时,法院基于保护当地企业利益的立场而以社会公共利益为由拒绝承认与执行该裁决,势必会助长一些企业违反国家法律的强制性规则,影响外商与我国企业之间的商事往来,从长远来看还会影响我国法制环境的国际信誉进而阻碍国家对外经济贸易的发展。

然而,法院对企业的此种保护违背了《纽约公约》"倾向于执行"的宗旨,影响了国际商事往来。西方舆论中也有观点认为中国法律没有使用"公共政策"一词而使用甚至更为模糊的概念"社会公共利益",公共政策似乎可以用来保护某些可能被认为是纯粹的当地利益(purely local interests)。[2] 随着中国纵深融入世界经济贸易体系,如何规制本国强制性规则与公共政策的适用,以期协调与衡平本国企业发展的利益空间与国际经济合作之间的博弈关系,使二者朝着良性运

---

〔1〕 肖扬:《人民法院改革的进程与展望》,载《国家行政学院学报》2000年第3期,第8页。

〔2〕 Alan Redfern and Martin Hunter, *Law and Practice of International Commercial Arbitration*, London: Sweet & Maxwell, 2003, p.474.

转的轨迹发展,就显得尤为重要。在国际上,对公共政策的适用,已朝着避免适用公共政策、即使适用也严格限制其涵义的趋向发展。有学者对140多件援引公共政策抗辩的案件进行统计,其中仅有5件最终得以公共政策为由获得拒绝执行仲裁协议和仲裁裁决的效果。[1] 在前述美国对待破产争议可仲裁性的 Fotochrome, Inc. v. Copal Co., Ltd. 案,美国法院就认为只用裁决的执行违背法院地国最基本的道德与正义观念时,法院方能以公共政策为由否定外国仲裁裁决的执行效力,因此破产争议的不可仲裁的公共政策并不适用于跨国破产案件。一国法院如何解释公共政策,实际上涉及到如何处理支持国际商事仲裁和维护本国公共利益的关系问题,美国法院的实践表明了国内法院不应当狭隘地顾忌本国利益,妨碍国际商事仲裁作用的发挥。[2] 这样的做法,无疑是值得各国法院所借鉴的。

在国际商事仲裁中,在对待公共政策与强制性规则的关系上,并非所有对执行地国强制性规则的违背都构成对外国裁决承认或执行的根据,此种拒绝仅在裁决违背了影响执行地国根本确信或绝对的、普遍的价值时才有效。[3] 尤其是在对国际公共政策与国内公共政策作了区分后,对内国法的一般违反可能并不构成拒绝承认与执行外国仲裁裁决的充分理由,而须是对内国根本法制与道德的违背,因此虽然一国法律中的强制性规则更能集中体现出国家意志与对具体利益的直接保护,但在实践中并非所有的强制性规则都成为公共政策的组成部分。在加拿大上诉法院审理的 Society of Lloyd's v. Saunders 案中,除认为不存在故意欺诈外,法院指出,"公共政策"只涉及一国的根本正义或道德,适用范围很窄;本案中承认和执行违反加拿大某些强制性规则

---

〔1〕 Albert Jan van den Berg, *The New York Arbitration Convention of 1958*, London: Kluwer law and Taxation Publishers, 1981, pp. 366~367.

〔2〕 周成新:《美国法院适用1958年〈纽约公约〉公共政策抗辩条款的实践》,载《法学评论》1992年第5期,第48页。

〔3〕 Emmanuel Gaillard, John Savage, *Fouchard Gaillard Goldman on International Commercial Arbitration*, CITIC publishing house, 2004, p. 996.

(Mandatory Rules) 的判决并不一定违反加拿大的"公共政策"。[1] 尽管这是在判决的承认与执行中适用公共政策问题，但对仲裁裁决的承认与执行中如何解释与适用公共政策亦具有参考作用。在国际商事仲裁领域，汉堡上诉法院曾就1975年相关案件指出并非所有的强制性规则都属于公共政策事项，后者只适用于极端案例。[2] 在 *Inter Martime Management SA v. Russin & Vecchi* 案中，仲裁中败诉一方称仲裁裁决违反了瑞士的公共政策，因其要求支付赔偿时计算复利。但瑞士联邦最高法院判定外国裁决违反瑞士强行法规定并不必然构成违反瑞士的公共政策。印度最高法院在一件仲裁裁决承认和执行案件中也指出，以"公共政策"为由拒绝执行外国裁决仅有违反印度法的事实是不足够的，而必须是与印度法律根本原则、印度的国家利益和印度的公序良

---

〔1〕 在该案中，英国劳埃德保险公司于20世纪90年代到加拿大推销其承保项目的再保险，不少加拿大保险公司参与其中。其后加拿大公司认为劳氏公司销售时没有向他们披露保险项目中的全部风险，拒绝劳氏公司的理赔要求。加拿大公司的理由是劳氏公司在加拿大的销售行为违反了加拿大的证券法，特别是充分披露信息的规定。由于双方合约最后在加拿大订立，劳氏公司成功地中止了加拿大公司在加拿大提出的诉讼，将案件的审理转移到伦敦。

在英国的诉讼中，英国法院拒绝了加拿大公司以欺诈为由的抗辩，认为合约符合英国法和劳氏公司章程，但承认销售行为违反了加拿大有关信息披露的法律。然而法院仍判加拿大公司败诉，理由是上述违法只意味着合约不能在加拿大强制执行，但仍可在英国执行，因为交易并不违反英国的"公共政策"。加方上诉亦被拒绝。此后劳氏公司回到加拿大，要求加拿大法院承认执行英国判决，加拿大公司遂以英国法院违反"自然正义"、劳氏公司欺诈和英国判决违反加拿大"公共政策"为依据抗辩。

在审理中加拿大法院亦考察了其他在美国就同一推销行为展开的诉讼，发现美国法院虽然也认为销售违法，但并未拒绝承认英国判决。据此，加拿大法院认为，本案中合约符合英国法，但不符合加拿大法，这是各国法律不一致所致，而国际私法规则正是要协调这种不一致以保护市场的稳定。本案中所涉及的保险——再保险问题在美国、加拿大、澳大利亚等地都发生诉讼并都集中到英国审理，以期达成一致的结果。如允许加拿大公司自己毁约或不承认英国判决，则可能造成世界保险市场的混乱和不稳定局面。参见张宪初：《外国商事仲裁裁决司法审查中"公共政策"理论与实践的新发展》，载《中国仲裁咨询》2005年第1期，第17~18页。

〔2〕 Oberlandesgericht of Hamburg, Apr. 3, 1975, See Emmanuel Gaillard, John Savage, *Fouchard Gaillard Goldman on International Commercial Arbitration*, CITIC publishing house, 2004, p. 996.

俗相抵触。[1] 前述国际法协会第 70 届大会上通过的《以"公共政策"拒绝执行国际仲裁裁决的决议》的附件亦肯定了仅违反一国的强制性规则不应成为拒绝承认与执行仲裁裁决的理由，即使相关的规则构成了法院地法、合同履行地法或仲裁地法的一部分。

随着我国在世界贸易体系中发挥的作用与日俱增，我国法院在强制性规则与社会公共利益的适用上也逐步与国际做法接轨，对仅关涉部门或地方企业利益案件的立场开始转变，主要基于利益的协调与衡平来具体分析与处理个案。

最高人民法院在 ED&F 曼氏（香港）有限公司申请承认与执行伦敦糖业协会第 158 仲裁裁决一案中，确认了对我国法律强制性规则的违背不当然构成对社会公共利益的侵犯的立场。该案中伦敦糖业协会仲裁庭裁决中国糖业酒类集团公司向 ED&F 曼氏公司支付合同违约金、利息、仲裁费及相关费用共计 1.53 亿元。ED&F 曼氏公司向我国法院申请承认与执行裁决时，被申请人中国糖业酒类集团公司提出抗辩，认为该裁决的合同及其附件违反了我国法律禁止进行境外期货投机交易的规定，裁决的结果认可了双方通过规避中国期货交易管理法律、非法从事境外期货交易取得的非法利益，违反了我国强制性法律的规定，构成了对我国基本法律制度以及社会公共利益的抵触；且英国上诉法院在 1998 年 *Soleimany* 案中确认的法院可依据公共政策保留否定因非法合同取得的非法利益的执行力的判例对我国法院在解释与使用公共政策时具有重要的参考价值。2003 年最高人民法院经审判委员会讨论决定，在给北京市高院的复函中认为双方当事人因履行期货交易合同产生的纠纷在性质上属于因契约性商事法律关系产生的纠纷，依照我国法律规定可以提请仲裁；中国糖业酒类集团公司未经批准擅自从事境外期货交易的行为依照中国法律无疑应认定为无效，但违反我国法律的强制性规定不能完全等同于违反我国的公共政策，因此应当

---

[1] 参见张宪初：《外国商事仲裁裁决司法审查中"公共政策"理论与实践的新发展》，载《中国仲裁咨询》2005 年第 1 期，第 22 页。

承认与执行本案仲裁裁决。[1] 2005年最高人民法院在日本三井物产株式会社向海口市中院申请承认与执行瑞典斯德哥尔摩商会仲裁院第060/1999号仲裁裁决一案中再次确认了对我国强制性规定的违反不一定构成对我国社会公共利益的违背。[2]

由此可见，我国司法实践中法院在适用强制性规则与公共政策时已经开始秉承了时代性与发展性的观点，协调与衡平了地方企业利益与长远利益之间的关系。

四、第三国强制性规则与公共政策的保护——最密切联系原则的引入

仲裁员任何与强制性规则和公共政策相抵触的行为都被认为是司法不当。[3] 为了避免仲裁裁决被作出国法院撤销，仲裁员要遵循裁决作出国的强制性规则与公共政策;[4] 而为保证裁决的有效性，仲裁员在适用法律时也应考量到执行地国的强制性规则与公共政策，否则裁决将无法获得承认与执行。[5] 甚至有学者认为，为保证仲裁裁决的有效性，仲裁员除了适用执行地国法的强制性规则外，别无选择。[6] 由此引致的问题是，若裁决符合执行地国法律的强制性规则与公共政策而违背与案件有密切联系的第三国的强制性规则与公共政策，则执行地国法院应否保护第三国的利益而拒绝承认与执行该裁决。

---

〔1〕 万鄂湘主编：《涉外商事海事审判指导》（2004年第1辑），人民法院出版社2004年版，第12~13页。

〔2〕 万鄂湘主编：《涉外商事海事审判指导》（2005年第2辑），人民法院出版社2006年版，第109~110页。

〔3〕 Hong-lin Yu, "Explore the Void-an Evaluation of Arbitration Theories: Part 1", *Int. A. L. R.* 2004, 7 (6), p. 181.

〔4〕 Eric Sauzier & Hong-lin Yu, "From Arbitrator's Immunity to the Fifth Theory of International Commercial Arbitration", *Int. A. L. R.* 2000, 3 (4), p. 117.

〔5〕 See Hong-lin Yu, "Explore the Void-an Evaluation of Arbitration Theories: Part 1", *Int. A. L. R.* 2004, 7 (6), p. 181.

〔6〕 M. Buchanan, "public policy and international commercial arbitration", 26 *Am. Bus. L. J.* no. 3 (1988), p. 518. 转引自朱克鹏：《国际商事仲裁的法律适用》，法律出版社1999年版，第309页。

要探讨这一问题,首先须明确仲裁庭是否享有适用第三国强制性规则与公共政策的权限。从理论上说,仲裁庭没有义务为任何当事人适用第三国法律中的实体强制性规则或者公共政策。一般说来,一国法律体系中强制性规则与公共政策不具有域外效力,在其主权辖区范围外他国无须遵守。且《纽约公约》第5条第2款第2项中的措辞是"承认与执行地国",明显地没有对第三国公共政策进行考量。[1]然而传统理论在国际商事交往逐步呈现出广泛性与相关性的发展趋势中遇到了挑战。晚近学者们开始认为当事人指定了合同准据法并不必然意味着当事人已意图排除影响合同的所有强制性规则或者第三国公共政策。例如支持仲裁庭享有适用第三国实体强制性规则的权力的新理论认为,国际交易的当事人选定的准据法只适用于当事人之间的私法实体争议,公法性质的实体强制性规则具有独立地位。且某二审仲裁庭于1982年针对奥地利当事人与荷兰当事人买卖纠纷案的裁决以及国际商会第4132号案件的终局裁决都可以对该理论进行佐证。[2]

基于促进国际经贸交流与合作的立场,秉承国际礼让与维护国际社会利益的理念,国家在处理涉外案件时逐渐出现了适用外国强制性规则与公共政策的案例。这其中以英国法院适用印度强制法令的

---

〔1〕 Alan Redfern and Martin Hunter, *Law and Practice of International Commercial Arbitration*, London: Sweet & Maxwell, 2003, p. 472.

〔2〕 前一起案例中,奥地利的卖方当事人与荷兰的买方当事人通过德国的经纪人达成数份谷物买卖合同,这些合同都注明援引标准的合同条件。发生付款争议后,一审仲裁庭作出有利于荷兰当事人的裁决。奥地利当事人以一审仲裁庭拒绝考虑奥地利强行的外汇管制规则为由提出了上诉。二审仲裁虽然也不支持奥地利强行外汇管制规则具有适用性的主张,但明确承认强行的公法规则独立于适用合同关系其他方面的准据法。二审仲裁庭指出,本案合同的准据法为荷兰法律,但在另一国与案件有密切联系的情况下,上诉仲裁庭有权适用该另一国的强行规则。

国际商会第4132号案件的仲裁庭则明确表示,仲裁有权对适用于合同的私法规则与公法规则进行区分,韩国当事人与欧盟当事人之间合同的准据法只适用于它们之间的私法实体争议,在韩国法为准据法的情况下,韩国或欧盟的竞争法的适用性问题可以单独地予以考虑。参见张圣翠:《国际商事仲裁强行规则研究》,北京大学出版社2007年版,第142页。

Regazonni v. KC Sethia Ltd. 案为开端。[1] 而在外国仲裁裁决承认与执行领域中，美国法院在 *Sea Dragons, Inc. v. Gebr. Van Weelde Scheepvaartkantoor B. V.* 案中即以裁决违背了荷兰扣押令与礼让原则相抵触为由拒绝执行一项外国裁决。在该案中，仲裁庭判定荷兰承租人向船东支付债务。在此之前，荷兰已发布了一个扣押令，要求债务人向船东赔付此笔款项；但仲裁庭认为这并不构成承租人的有效抗辩。法院则认为，仲裁庭作出的裁决违反了公共秩序，承认裁决将"背离承认仲裁裁决的一般规则"，因为置荷兰扣押令于不顾，将与建立在对外国法院判决予以尊重基础之上的礼让原则相抵触。[2] 此外，*Regazonni v. KC Sethia Ltd.* 案[3]亦是在承认与执行外国仲裁裁决与涉外仲裁裁决案件中适用外国强制性规则与公共政策的典型案例。相反，如果为一时利益而无视外国强制性规则与公共政策，失去的将是数倍于此的商业潜在利益。美国早期的案例即为明证。哥伦比亚特区巡回法院在莱克航空公司案中主张强制保护本国利益而置英国、荷兰等国的强制性规则与公共政策于不顾的做法，遭到了来自昔日商业合作伙伴的各种报复，许多国家针对美国进行了一系列防范性立法，使"美国公司由于背上了反托拉斯的包袱，已被认为是外国企业中和国际市场上不太理想的伙伴"。[4]

尽管已有国家在承认与执行商事仲裁裁决时考量了第三国的强制性规则与公共政策的适用，但此举显然是相当谨慎的。因为这涉及到如何确定第三国的问题，以及该国的强制性规则与公共政策所保护的利益和本国利益之间的权衡问题。笔者认为，我国在对待第三国的强制性规则与公共政策的保护问题上，可以将冲突规则中的"最密切联

---

[1] 万鄂湘：《国际强行法与国际公共政策》，武汉大学出版社1991年版，第177页。

[2] 574 F. Supp. 367 (S. D. N. Y. 1983). 参见赵健：《国际商事仲裁的司法监督》，法律出版社2000年版，第209～210页。

[3] *Regazonni v. KC Sethia Ltd.* [1958] A. C. 301 (Eng. H. L.).

[4] 万鄂湘：《国际强行法与国际公共政策》，武汉大学出版社1991年版，第183～190页。

系原则"扩展适用到国际商事仲裁裁决的承认与执行中。当我国作为执行地国、法院在对裁决进行审查时首先应当斟酌第三国法律的强制性规则与公共政策是否和裁决所涉争议有关,以确定当事企业之间的交易与该国存在着实质性联系;其次还要衡量这些强制性规则与公共政策所隐含或体现的价值取向,以确定其旨在维护地区或全球的利益而非该国单纯的本国利益。通过这两个步骤,方能在与裁决存有联系的合同履行地国、裁决作出地国、裁决实体问题的准据法所属国以及裁决的承认与执行地国中确定应当适用哪国的强制性规则与公共政策。在仲裁实务中,仲裁庭作出的1996年国际商会第8528号裁决就体现了最密切联系原则。该案中,美国建筑公司和土耳其建筑公司合营合同纠纷中双方当事人约定瑞士法为准据法,但土耳其建筑公司要求适用土耳其有关的税收和出口优惠的强制性规则。仲裁庭认为,瑞士《联邦国际私法》第19条表明,解决该案纠纷不能完全只依据当事人选择的瑞士法而忽视土耳其强制性规则,因为土耳其与案件具有真正足够密切的清晰联系,在违反土耳其强制性规则将遭到罚金处罚的情形下,土耳其建筑公司也有压倒性利益。[1]

综观各国立法例,瑞士《联邦国际私法典》第19条关于适用第三国强制性规则的规定确实具有借鉴的意义。该条表明,至少在以下四种场合中考量合同准据法以外的其他法律中的强制性规则:其一,有明显证据表明外国法律规定被意图强制性适用于案件;其二,案件与该外国法律规定有密切联系;其三,考虑外国强制性规定对一方当事人有优势利益;其四,根据瑞士法律概念,该当事人的相关利益应受保护。虽然这条规定能否适用于国际商事仲裁仍存在不同意见,但此种闪现着最密切联系原则理念与精髓的立法至少为适用第三国的强制性规则提供了切实有效的方法与步骤。同理,以最密切联系原则来判断国际商事仲裁裁决所涉第三国的强制性规则与公共政策应否得以适用,是法官在自由裁量权的范围内对合同履行地国、裁决作出地国、

─────────
[1] 参见张圣翠:《国际商事仲裁强行规则研究》,北京大学出版社2007年版,第152页。

准据法所属国与承认与执行地国的企业利益之间作一全面而实质的权衡，因此具有合理性与可行性。缘于中国长期以来政策与规定的变动处于较活跃状态，要吸引外资，则须提供一个良好的法制环境；且提高企业的国际竞争力，也需要鼓励本国企业参与国际知识产权贸易，因而在本国企业与外国企业发生冲突而涉及该外国强制性规则与公共政策时，法院通过最密切联系原则来考量该国强制性规则与公共政策的适用，以一时之容换取双方的互信与合作，才是对本国企业的长久保护。

总体而言，强制性规则与公共政策的涵义均具有一定的模糊性，以辩证的角度视之，虽然都是基于国家的基础利益而存在、反映国家在政治经济政策、法律基本原则等方面的标准与理念，二者实质上存有诸多差异——强制性规则倾向于直接适用性，而公共政策触及更为根本的社会利益。但强制性规则与公共政策在国际商事仲裁裁决的承认与执行程序中起到的作用却是相似的，即一国法院拒绝承认与执行外国仲裁裁决的最后理由。在当前我国法院体制的独立性因无法获得财政拨款的切实保障而在预算方面从属于行政部门以及市场经济尚未健全与区域经济谋求发展的形势下，地方行政部门依然是当地企业经济效益的重要保护伞，法院也就不可避免地要为地方经济保驾护航，因而出现了地方法院利用立法对强制性规则与公共政策规定的不明朗，在国际商事仲裁裁决的承认与执行程序中通过对违背我国强制性规则的外国裁决的拒绝承认与执行来保护当地企业利益的现象。坦率地说，我国地方法院对当地企业的保护力度显然过重，应当秉承时代性与发展性的观点，转而基于单纯企业利益与长远商业潜在利益的双重考量来协调与处理强制性规则与公共政策的具体适用，以期与国际一般做法接轨。毕竟违反强制性规则并不当然构成对公共政策的违背，否则只会助长一些企业违反国家法律的强制性规则进行涉外商事活动，以至影响我国法治环境的国际信誉，进而阻碍国家对外经济贸易的发展。而当仲裁裁决涉及第三国的强制性规则与公共政策时，基于促进国际经贸交流与合作的立场，秉承国际礼让与维护国际社会利益的理念，可以依据冲突规则中的最密切联系原则进行判断，以一时之容换取长久之便利。

图书在版编目（CIP）数据

国际商事仲裁理论与实践专题研究 / 杜新丽著. — 北京：中国政法大学出版社，2009.9
ISBN 978-7-5620-3569-5
Ⅰ.国… Ⅱ.杜… Ⅲ.国际商事仲裁-研究 Ⅳ.D997.4
中国版本图书馆CIP数据核字(2009)第157388号

书　名	国际商事仲裁理论与实践专题研究
出版人	李传敢
出版发行	中国政法大学出版社（北京市海淀区西土城路25号） 北京100088 信箱8034分箱　邮政编码100088 zf5620@263.net http://www.cuplpress.com（网络实名：中国政法大学出版社） (010)58908325（发行部）58908285（总编室）58908334（邮购部）
承　印	固安华明印刷厂
规　格	880×1230　32开本　13.25印张　350千字
版　本	2009年11月第1版　2009年11月第1次印刷
书　号	ISBN 978-7-5620-3569-5/D·3529
印　数	0001-5000
定　价	30.00元

声　明　　1. 版权所有，侵权必究。
　　　　　2. 如有缺页、倒装问题，由本社发行部负责退换。

本社法律顾问　北京地平线律师事务所